CHILD DEVELOPMENT

영유아발달 개정판

머리말

영유아발달은 인간 발달의 초기에 해당하는 변화를 다루는 학문이다. 영유아기 발달에 대한 탐구와 이해는 학문적 관심사일 뿐만 아니라 발달에 적합한 보육과 교육을 제공하고 지원하는 데 초석을 제공한다. 이에 집필진은 영유아를 돌보거나 교육하는 교사와 상담사 및 영유아발달 연구자나 학자가 되기를 희망하는 분들을 대상으로 영유아발달과 관련된 이론적인 정보 제공을 넘어 현장에서 활용할 수 있는 내용을 제공하려고 노력했다.

영유아기에 대한 연령 구분은 학자마다 목적에 따라 다소 다르겠으나 본서에서는 수정하는 순간부터 초등학교 입학 전까지로 규정하고 이를 다시 태내기, 출생과 신생아기, 영유아기로 구분하여 다루었다. 대학 및 영유아교사 양성기관에서 교재로 활용할 수 있도록 4부 12장으로 구성했다. 제1부에서는 영유아발달의 근간이 되는 발달의 개념 및 발달이론과 함께 발달연구방법을 다루었고, 제2부에서는 태내기 및 출생과 신생아기를 살펴보았다. 제3부에서는 영유아기의 발달 특성을 고려하여 신체, 인지, 언어, 정서, 사회성발달영역을 각 장으로 나누어 소개했으며 이상발달을 포함했다. 제4부에서는 영유아발달에 영향을 미치는 생태학적 맥락으로 가족환경 및 가족 외 환경을 살펴보았다.

학문에 대한 열정으로 공동 저술을 시작했고 지식공동체의 즐거움으로 과정을 채웠다. 각 저자들이 맡은 부분을 집필했으며 윤독과 논평을 통해 완성했다. 제1장과 제2장은 양성은, 제3장과 제4장은 배선영, 제5장은 이윤선, 제6장과 제7장은 김지현, 제8장과 제9장은 김상림, 제10장은 이윤선, 제11장과 제12장은 한준아가 저술하였다. 특히, 이번 개정판에서는 최근 변화된 관련 정책과 통계자료들을 보완하였다.

이 책이 출판되기까지 세세한 관심과 격려로 도와주신 파워북 관계자 분들의 노고에 진심으로 감사드린다. 즐거운 마음으로 본문 속 사진을 제공해 준 부모님과 자녀들(리온, 수민, 유찬, 은서, 현정, 호준)에게 특별히 고마운 마음을 전한다. 끝으로 집필하는 과정을 따뜻한 마음으로 지켜봐준 사랑하는 가족들에게 감사드린다.

2024년 2월

저자 일동

차례

PART 1
발달의 이해

제1부는 제1장 발달의 개념 및 발달이론과 제2장 발달 연구방법으로 구성된다. 제1장에서는 인간의 발달이 어떠한 기본적 원리를 바탕으로 진행되는지 살펴보고, 발달의 단계와 영역에 대해 학습한다. 또한 발달에 대한 연구 결과를 논리적으로 체계화해 놓은 주요 이론들을 상호 비교하고 영유아발달에 대한 통합적 이해를 심화한다.

제2장에서는 발달을 연구하는 과학적 방법에 대해 학습한다. 연구방법의 근간이 되는 철학적 관점에 대해 살펴보고, 연구의 목적 및 특성에 대해 고찰한다. 이후 발달 연구를 실행하는 구체적 방법들을 살펴보고, 연구윤리의 중요성에 대해 논의한다.

CHAPTER 01

발달의 개념 및 발달이론

1. 발달의 개념 | 2. 발달이론

Chapter 01

제1장에서는 인간의 발달을 설명하는 개념들을 살펴보고, 주요 발달이론들을 고찰한다. 먼저, 발달의 단계와 영역을 살펴보고, 발달과정에서 나타나는 보편적 기본 원리를 고찰할 것이다. 또한 발달에 영향을 미치는 유전적 요인 및 환경적 요인을 탐색하고 인간의 발달을 설명하는 체계화된 주요 이론들을 학습한다. 구체적으로 정신분석이론, 인지이론, 학습이론, 동물행동학이론, 생태학적 체계이론을 살펴보고자 한다.

1. 발달의 개념

발달이란 난자와 정자가 결합하는 수정을 생명의 시작으로 보고 이후 죽음에 이르기까지의 전 생애에 걸쳐 일어나는 변화를 의미한다. 발달에 대한 지식은 심리학, 생물학, 의학, 인류학, 사회학 등 다양한 학문 분야에서 밝혀진 것을 종합하여 구축되었다. 또한 과학의 발달, 사회적 변화, 문화적 영향에 따라 변화해왔다.

1) 발달의 단계

인간의 발달을 어떻게 나누느냐는 학자들에 따라 기준이 다르고, 단계의 명칭도 다양하다. 보편적으로 받아들이는 기준은 시간적 흐름이며, 연령에 따른 발달단계stage나 시기phase로 설명해왔다. 여기에서는 태내기, 신생아기, 영아기, 유아기, 아동기로 나누어 설명하고자 한다. 동일한 단계 내에 있더라도 인간의 발달에는 개인차가 있다는 점을 고려해야 한다.

(1) 태내기

태내기는 정자와 난자가 만나 형성된 수정란이 태아로 발달하여 출생하기 직전까지 모태 내의 약 38주의 기간을 말한다. 태내발달은 수정란이 자궁벽에 착상하며 세포분열을 거쳐 각 기관이 형성되고 성장하는 전 과정을 포함한다. 구체적으로, 발아기, 배아기, 태아기로 나눌 수 있다.

(2) 신생아기

신생아기는 출생 이후 약 한 달 동안을 의미한다. 신생아기는 짧지만 태내와는 상이한 새로운 환경에 적응해야 하는 중요한 시기이다. 신생아는 생존에 필수적인 감각능력과 반사능력을 바탕으로 볼 수 있고, 들을 수 있으며, 젖을 빨 수 있고, 피부 접촉을 느낄 수 있다. 신생아는 무기력한 존재가 아니며 독립적인 개체로 성장하기 위한 많은 능력을 가지고 태어난다.

(3) 영아기

영아기는 신생아기 이후 2세까지를 말한다. 이 시기는 발달의 모든 영역에서 일생 중 가장 급속한 성장이 이루어진다. 구체적으로 체중, 신장, 근육, 골격 그리고 급격한 뇌의 발달이 빠른 속도로 일어난다. 새로운 운동기능이 발달하면서 스스로 움직일 수 있게 되고, 점차 독립적으로 세상을 탐색하는 존재가 되어간다. 또한 기본적인 인지능력을 발달시키고 언어를 습득한다. 주 양육자를 포함한 주위 사람들과의 상호작용을 통해 기초적인 사회적 관계를 시작하고, 애착과 같은 정서적 유대도 맺게 된다.

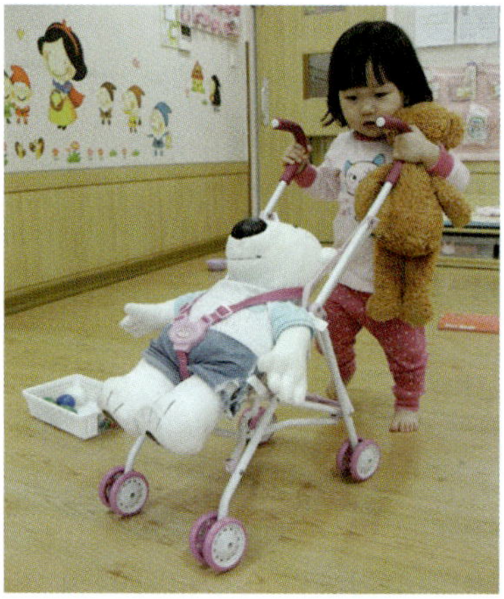

그림 1-1 영아의 운동발달

(4) 유아기

유아기는 3세 이후부터 초등학교 입학 전까지로 규정할 수 있다. 유아기에는 운동능력이 발달하여 뛰고 달리는 등 대근육 활동이 증가하고, 소근육 활동도 발달하게 된다. 자아의 발달로 '나'라는 유일한 존재에 대한 의식도 점차 갖게 된다. 인지능력과 언어능력이 발달하면서 타인과의 원활한 의사소통이 가능해진다. 또래와의 상호작용을 통해 기초적인 사회화

그림 1-2 유아와 영아의 상호작용

를 경험하고, 다양한 놀이를 즐기며 주변 환경을 탐색하고, 자기조절과 통제능력도 향상된다.

(5) 아동기

아동기는 공식적인 교육이 시작되어 초등학교에 다니는 학동기를 통칭한다. 이 시기 아동은 사물에 관한 관심이나 지적 호기심이 강해진다. 한편, 학동기 아동은 생활의 중심이 가족에서 학교로 이동하면서 다양한 변화를 겪는다. 어린이집이나 유치원과는 달리 형식적 교육기관인 학교는 아동에게 규율을 준수할 것을 요구하기 때문이다. 이 시기 아동은 교사와 긍정적 관계를 형성하며, 또래와 우정을 쌓는 동시에 경쟁을 하고, 학습능력을 향상시키기 위해 노력하게 된다.

2) 발달의 영역

영유아의 발달은 신체발달, 인지발달, 언어발달, 정서발달, 사회성발달 등의 영역으로 구체화하여 살펴볼 수 있다. 각 영역의 발달은 상호 연관되어 있으며, 한 영역의 발달은 다른 영역의 발달에 영향을 미친다.

(1) 신체발달

신체발달영역에서는 유전인자의 발현, 뇌와 신경계의 발달, 감각기관의 발달, 체중, 신장, 근골격, 치아의 변화, 대근육과 소근육운동의 발달 등을 다룬다. 영유아는 연령의 증가와 함께 키가 크고 몸무게가 늘며, 근육량이 증가하고, 뇌가 발달하며, 더욱 정교한 운동능력을 갖게 된다. 사춘기에 접어들면 호르몬의 변화와 함께 2차 성징이 나타나고 이후 생식기관의 발달이 이루어진다.

(2) 인지발달

인지발달영역에서는 영유아의 사고, 지능, 기억 등과 같은 정신능력을 다룬다. 인지란 환경을 탐색하고, 지식을 축적하며, 문제를 해결해나가는 모든 정신과정을 말한다. 영유아는 뇌의 발달과 함께 자극을 지각하고, 해석하며, 표상화하고, 기억하는 능력이 향상된다. 또한 언어를 습득하고, 추상적인 개념을 이해하거나 설명하고, 문제를 해결하는 등의 인지능력도 점차 획득하게 된다.

(3) 언어발달

언어발달영역은 음성언어의 습득, 타인과 의사소통하는 법, 문장언어에 대한 이해 등을 다룬다. 영유아의 인지가 발달하면서 상징적 의사소통 수단인 언어를 습득하게 된다. 영유아는 언어로 자신의 생각, 욕구, 감정을 타인에게 전달하고, 타인과 정보를 공유한다. 언어능력의 발달로 놀이와 학습이 가능해진다.

(4) 정서발달

정서발달영역은 정서의 표현, 자신과 타인의 정서에 대한 이해, 정서조절능력 등을 다룬다. 출생 시 쾌와 불쾌로 단순하던 정서는 이후 다양한 종류와 강도를 띠며 분화된다. 영유아는 사회화 과정을 통해 자신과 타인의 정서를 이해하는 능력을 갖게 된다. 또한 자신의 감정을 사회적으로 수용되는 방식으로 표현할 수 있게 된다.

(5) 사회성발달

사회성발달은 주위 사람들과의 관계를 통해 애착을 형성하고, 사회적 관계를 발전시키며, 자아개념을 구축하고, 도덕성이나 규범적 성역할 등을 획득하는 과정을 말한다. 아동의 사회성은 부모, 형제, 또래, 교사와 같은 주요 타자들과 어떤 상호작용을 하고, 대중매체, 지역사회, 문화 등 거시적 환경이 어떠한지에 따라 다르게 발달한다. 사회성이 발달한 영유아일수록 또래에게 높은 인기도를 획득한다.

3) 발달의 기본 원리

인간의 발달에는 보편적으로 나타나는 기본 원리가 있다. 핵심적인 기본 원리로는 방향성, 순서성, 비동시성, 상호연계성 그리고 개인차를 들 수 있다.

(1) 방향성

발달은 일정한 방향의 원리에 따라 진행된다. 진행되는 방향에는 세 가지 원리가 있다.

첫째, 머리 부분이 먼저 발달하고 점차 아래쪽 부분으로 발달이 진행되는 두미 방향cephalocaudal direction의 원리이다. 예를 들어, 영아들은 머리를 가눈 후에 몸통과 팔을 이용해 앉을 수 있고, 이후 다리를 이용하여 걸을 수 있게 된다.

둘째, 몸 중심부에서 말초 쪽으로 발달이 진행되는 근원 방향proximal-distal direction의 원리이다. 태내기를 살펴보면, 심장을 중심으로 몸통 부분이 먼저 생기고 점차 팔, 손목, 손, 손가락 등의 말단부위가 생겨난다.

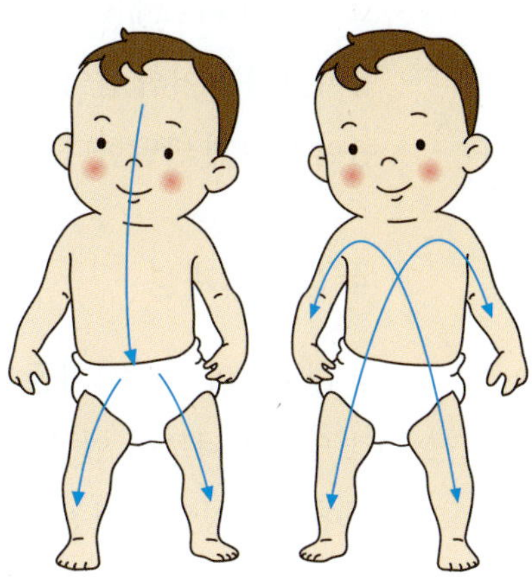

그림 1-3 인간발달의 방향성

셋째, 전체적인 운동기능에서 세분화된 기능으로 진행되는 전체-세분화 방향mass-specific direction의 원리이다. 예를 들면, 물건을 잡을 때 처음에는 손 전체를 사용해 움켜쥐다가 점차 엄지와 집게손가락만을 사용하여 목표한 물건을 잡는 정교한 동작이 이루어진다.

(2) 순서성

발달은 생물학적으로 결정된 기제에 따라 순서대로 진행된다. 예를 들어, 신체발달에 있어서 모든 영아는 머리를 가눈 후에 뒤집기를 하고, 기어다니고 난 후에 앉고 설 수 있으며, 이후 걷고, 뛰는 것이 차례로 가능해진다. 언어발달에 있어서도 영아는 옹알이를 한 후에 한 단어로 의사표현을 하고, 두 단어가 가능해지며 점차 복잡한 문장을 사용할 수 있게 된다. 이처럼 발달에는 일정한 순서가 있으며, 그 순서가 뒤바뀌거나 한 단계를 뛰어넘어 다음 단계로 이행할 수는 없다.

(3) 비동시성

발달은 지속적으로 이루어지는 과정이지만 각 영역에서 특정 발달이 나타나는 시점이나 전개되는 속도에는 차이가 있다. 즉, 인간은 일생 동안 계속 변화하지만 특정한 시기에 특정한 영역이 급격히 발달하기도 하고 천천히 발달하기도 하면서 그 속도가 다르게 나타난다. 예를 들어, 신체발달은 영아기에 급속도록 이루어지고, 유아기에는 어휘 습득 속도가 빨라지며, 사춘기에는 2차 성징이 나타나면서 생식기관이 빠르게 발달한다.

(4) 상호연계성

대부분의 발달학자들은 유아의 발달을 신체발달, 인지발달, 사회정서발달 등으로 영역을 나누어 연구해왔다. 하지만 각 영역의 발달은 독립적인 것이 아니며 연계되어 상호영향을 미친다. 예로서, 생물학적인 뇌의 발달은 아동의 지능에 영향을 주고, 지능의 차이는 인지활동인 학습 결과에 차이를 나타낸다. 학업 성취의 정도에 따라 아동의 정서적 영역인 자아존중감은 달라질 수 있고, 또래관계 내 인기도 같은 사회적 영역도 영향을 받게 된다.

(5) 개인차

발달은 보편적인 순서에 따라 이루어지지만 개인에 따라 나타나는 양상은 다를 수 있다. 발달의 결과는 개인이 지닌 유전적 특성과 환경적 영향으로 차이가 생긴다. 예를 들면, 동일한 12개월 영아들 간에도 성장 속도에 차이가 나서 어떤 영아는 걷고 한 단어 말을 하지만 다른 영아는 아직 기어다니고 옹알이를 하기도 한다. 유전적 특성이 동일한 일란성 쌍생아도 다른 환경에서 성장하면 다른 발달적 결과를 나타낸다. 이는 환경에 따라서도 개인차가 발생할 수 있음을 보여 준다.

4) 발달에 영향을 미치는 요인

발달적 변화를 일으키는 주요 요인을 찾는 것은 발달 연구의 가장 근본적 관심이 되어왔다. 인간의 변화를 야기하는 주요 요인으로 유전적 요인과 환경적 요인에 대한 논의가 계속되어 왔으며, 최근에는 두 요인이 함께 작용한다는 합의가 이루어지고 있다.

(1) 유전적 요인

인간의 발달이 유전에 의해 결정된다고 보는 입장은 성숙론maturationism과 연결된다. 성숙론은 18세기 루소Rousseau에 의해 제기되었는데, 루소는 발달이 유전적으로 이미 결정된 단계 순으로 일어나며 타고난 본성의 힘으로 진행된다고 보았다. 이후 20세기 성숙론자인 게젤Gesell로 이어지면서 모든 인간은 성숙함에 따라 이미 결정되어 있는 잠재적 성장 모형이 자연스럽게 펼쳐진다는 주장으로 발전되었다.

생물학적 특성인 신장, 체중, 외모, 일부 감각기능예 : 시력, 초경 시기 등은 유전에 의해 좌우된다는 사실이 밝혀졌다. 또한 기질, 지능, 성격, 행동 특성, 정신장애 등도 생물학적 유전에 영향을 받는다는 증거가 계속되고 있다. 다양한 과학적 검사도구나 측정기계의 발달로 인해 유전의 영향을 강조하는 주장은 더욱 힘을 받고 있다. 그러나 인간이 나타내는 심리적 복합성과 행동적 다양성을 고려했을 때, 유전의 영향만으로 모든 발달과정을 설명하는 것은 한계가 있다. 유전과 함께 기타 환경적 요인들을 고려하는 것이 보다 타당성 있는 설명이 된다.

(2) 환경적 요인

성숙론에 부정적인 학자들은 환경론environmentalism을 펼치면서 발달의 변화를 학습과 훈련으로 설명한다. 17세기 경험주의 철학자인 로크Locke는 백지설tabula rasa을 주장하면서 인간을 외부 환경에 의해 좌우되는 존재로 설명하였다. 이후 20세기 행동주의 심리학자들인 왓슨Watson이나 스키너Skinner는 개인의 후천적 경험을 강조하면서 환경론의 맥을 이었다.

환경론 입장에서는 유전보다 물리적 · 사회적 환경요인이 발달에 더 중요하다고 주장한다. 이러한 입장에서는 타고난 유전적 특성보다는 가족, 교육환경, 지역사회, 문화적 환경 등이 어떠한 자극과 경험을 제공하는지가 관건이 된다. 영유아가 사물을 탐색하며 인지적 자극을 받을 수 있는 물리적 환경에 놓이고, 심리적 안정과 결속감을 주는 양육자를 만난다면 긍정적으로 발달한다는 논리이다.

환경론은 부모의 역할이나 영유아 보육교육 현장에 주는 시사점이 많다. 유전적 숙명론보다 긍정적 환경 제공에 따른 인간의 발전 가능성에 주목하기 때문이다. 그러나 극단적 환경론자들은 영유아의 타고난 속성에 대한 간과, 부모역할에 대한 과도한 책임 부과, 지나친 환경적 낙관론으로 향하는 위험도 있다.

(3) 유전과 환경 간의 상호작용

유전이나 환경요인 중 어느 하나만이 발달의 과정에 작용하는 것이 아니라 유전과 환경이 모두 상호 관련되어 있다는 견해가 발달적 상호작용론interactionism이다. 발달적 상호작용론자들은 발달을 결정하는 기본 프로그램이 유전 인자에 들어 있다고 본다. 이러한 유전 인자는 표현형을 결정하고 발달의 성향을 조절하지만, 분명한 한계점도 가지고 있다. 그러므로 유전과 환경이 어떻게 결합되어 발달이 일어나는가에 초점을 두어야 한다는 입장이다.

환경의 영향력은 인간의 발달영역에 따라 각기 다르게 작용한다. 환경이 매우 열악해도 특정 행동이나 기능은 평균 수준까지 도달하기도 하고, 반대로 최상의 환경이 주어진다 하더라고 유전적 특성으로 인해 어느 정도까지만 발달하는 한계가 나타나기도 한다. 동일한 유전자를 지닌 쌍생아도 환경에 따라 그 가능성이 표현되는 정도가 달라질 수 있고, 열악한 환경에 놓이더라도 타고난 탄력성으로 이를 극복하기도 하며, 열성 특질을 가지고 태어났더라도 양질의 환경을 제공받아 평균 수준까지 발달할 가능성도 있다. 상호작용론이 주는 시사점은 모든 영유아가 유전적 잠재력을 최대한 발휘할 수 있는 최적의 환경을 제공받아야 한다는 것이다.

2. 발달이론

특정 현상, 환경, 대상 등을 과학적 방법으로 연구하여 얻어진 지식을 논리적으로 구성하여 체계화한 것을 이론theory이라고 한다. 발달이론은 인간이 어떻게 성장하고 변화하는지, 그리고 왜 특정한 양상을 나타내는지를 설명한다. 인간의 발달을 통합적으로 설명할 수 있는 단일 이론은 없으며, 각 이론은 나름의 장·단점을 지닌다. 본 장에서는 정신분석이론, 인지이론, 학습이론, 동물행동학이론, 생태학적 체계이론에 대해 살펴보고자 한다(김상림, 김송이, 양성은, 이윤선, 한준아, 김지현, 2014).

1) 정신분석이론

정신분석이론psychoanalytic theory은 인간의 성격, 감정, 욕구 등의 심층적 내면을 분석하는 데 초점을 두고, 무의식의 중요성을 제기하였다. 정신분석이론의 기초는 프로이트Freud에 의해 구축되었으며 이후 에릭슨Erikson, 융Jung, 아들러Adler 등의 학자들에 의해 발전된다.

(1) 프로이트의 심리성적이론

정신분석이론의 주창자인 프로이트는 1856년 체코슬로바키아의 유대인 가정에서 태어났다. 프로이트는 의과대학에서 신경학을 전공하였으며, 임상 현장에서 신경질환에 관심을 가졌다. 환자들을 치료하면서 최면요법 및 자유연상 등을 사용하여 무의식을 분석하는 데 집중했다.

그림 1-4 프로이트

프로이트는 무의식이라는 개념을 정교화함으로써 외현적 행동 이면에 있는 동기를 분석하였다. 그에 따르면, 인간은 상식이나 이성적 판단보다는 무의식 속의 욕망에 의해 좌우되는 존재이다. 프로이트는 정신적 결정론psychic determinism을 주장하였는데, 이는 인간의 모든 활동은 그 이전의 사건이나 경험에 의해 결정된다는 것이다. 즉, 현재의 행동은 반드시 과거에 그 원인이 있다는 것이다. 특히, 영유아기의 경험이 무의식에 결정적인 영향을 미친다는 것을 밝힘으로써 영유아기가 인간의 전 생애에 미치는 중요성을 강조하게 된다. 프로이트이론의 핵심은 성격의 구조 및 발달단계를 정교화한 점이다.

① 성격의 구조

프로이트에 의하면 인간이 지닌 욕망을 충족하는 과정에는 현실적 갈등이 초래된다. 이 갈등의 해결방법을 이해하기 위해서는 성격의 구조를 파악해야 한다. 프로이트는 성격이 원초아id, 자아ego, 초자아superego로 구성된다고 설명했다.

인간이 출생 시부터 가지고 태어나는 원초아는 생물학적 본능, 선천적 욕구, 즉흥적 충동 등으로 이루어진다. 프로이트는 모든 행동의 원천이 본능에서 나온다고 보았다. 본능은 삶의 본능과 죽음의 본능으로 구분되는데, 특히 프로이트는 삶의 본능을 성 본능과 동일시하면서 리비도libido라고 불렀다.

원초아는 무의식 영역에 존재하며, 쾌락 원리에 의해 지배된다. 원초아가 쾌락만을 추구하고 고통을 회피하기 때문에 현실에서 살아가기 위해서는 이를 조절하는 자아가 필요하다.

자아는 원초아에서 분화되어 나온 성격구조로서 생후 2년째가 되면서 점차 발달하게 된다. 자아는 현실 원리를 따르면서 원초아를 통제하고 상황을 고려하여 타협하는 기능을 한다. 자아는 만족의 지연이나 현실 판단을 통해 적절한 해결책을 찾는 이성적 기능을 수행한다. 건강한 자아를 가진 사람은 내적 욕구를 조절하고, 외적 스트레스를 효과적으로 다루면서 현실에 적응하는 능력이 높다. 반면, 자아가 약한 사람은 방어기제나 병리적인 문제해결방법을 반복적으로 사용함으로써 다양한 정신과적 문제를 겪게 된다.

초자아는 생후 3~4년이 되면서 점차 발달하기 시작하는 양심, 이상, 도덕성 등을 포함한다. 초자아는 본능과 달리 선천적인 것이 아니라 학습에 의해 획득된다. 초자아는 부모나 중요 타자로부터 학습한 사회적 가치와 규범을 내면화하는 것이며, 개인의 행동을 끊임없이 판단하고 감시한다. 특히, 초자아는 원초아의 쾌락 추구에 반대하며, 양심의 원리를 추구하기 때문에 원초아와 충돌이 발생한다. 이러한 초자아와 원초아 간의 긴장을 해소시키는 역할을 자아가 수행해야 하며, 중재 역할을 제대로 하지 못하면 불안이 야기된다. 고통스러운 불안을 감소시키고 자신을 보호하기 위해 사용되는 기술이 방어기제이다. 방어기제에는 합리화, 부정, 억압, 반동 형성, 전이, 동일시, 투사, 승화 등이 있다.

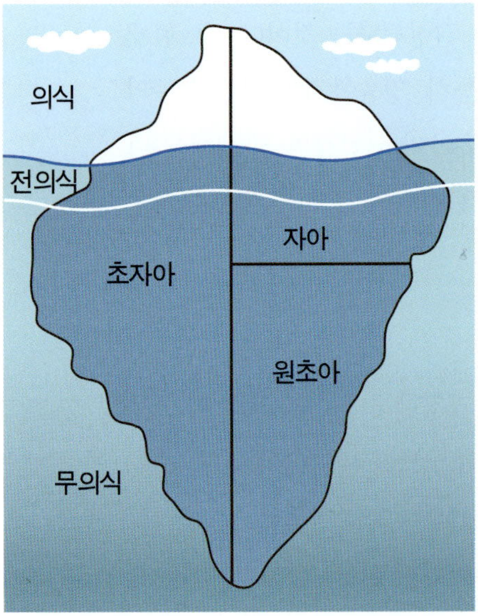

그림 1-5 프로이트의 성격구조 : 빙산 모형

한편, 프로이트는 성격을 물 위에 떠 있는 빙산에 비유하면서 의식, 전의식, 무의식의 차원을 떠다닌다고 하였다. 구체적으로, 인간의 정신세계는 수면 위의 의식, 수면 아래인 무의식, 수면의 찰랑이는 경계 부분인 전의식으로 나뉠 수 있다. 의식은 가벼운 환기로 감지되는 깨어 있는 부분이고, 전의식은 주의를 집중하거나 기억의 재생을 통해 의식화되는 부분이지만, 무의식은 인식되지 않으며 특정한 기회나 상담적 접근을 통해 끄집어내야 하는 부분이다.

② 성격의 발달단계

프로이트는 리비도libido의 이동에 따른 성격의 발달단계를 제시하였다. 리비도는 심리적 에너지로서 특정 행동을 하고자 하는 동기를 유발하고 촉진한다. 리비도가 집중적으로 모이는 신체부위를 성감대라고 하는데, 성감대의 위치는 인간이 태어나서 성장하는 동안 일정한 순서에 따라 바뀐다.

✪ 구강기

출생에서 생후 1년까지를 구강기oral stage라고 하는데, 이때는 리비도가 구강에 몰리게 된다. 이로 인해 영아는 물고, 빨고, 핥고, 씹는 행위를 통한 쾌락을 추구하게 된다. 영아가 이 시기에 모든 사물을 입으로 가져가 탐색하는 것도 구강이 성감대로서 작용하기 때문이다.

구강기의 욕구가 만족되지 못하고 좌절되거나 또는 지나치게 구강기 쾌락에 몰두하면 구강기 고착적 성격이 된다. 성인이 된 후에도 손가락 빨기, 손톱 깨물기, 탐식, 과음, 흡연, 지나친 수다, 욕설 사용 등을 하는 행위는 구강기 고착적 성격의 발현으로 볼 수 있다.

✪ 항문기

항문기anal stage는 1~3세경까지의 시기로 리비도가 입에서 항문으로 이동한 기간이다. 이 시기의 유아는 신경계의 발달로 괄약근을 수의적으로 조절할 수 있게 되면서 배설물을 보유하다가 이를 방출하는 활동을 통해 쾌감을 얻는다.

자신의 신체를 마음대로 움직이고 통제하면서 기쁨을 느끼지만, 자율행동이 늘 성공적이지는 않기 때문에 좌절도 경험한다. 특히, 이 시기에는 배변훈련을 하게 되는데, 양육자가 조급하게 배변훈련을 강요할 경우 항문기 고착적 성격이 될 수 있다. 강박적 항문기 고착 성격은 성인이 된 후 결벽증, 수전노, 수집광 등으로 나타날 수 있다. 반대로 폭발적 항문기 고착 성격은 낭비하고, 지저분하며, 무절제한 성격으로 표현된다.

✪ 남근기

남근기phallic stage는 3~6세경까지의 시기로 리비도가 성기에 집중된 시기이다. 유아는 이 시기에 자신의 성기에 관심을 갖고, 성기에 대한 자극을 통해 쾌감을 얻는다. 이때 남아는 오이디푸스 콤플렉스를 경험하고, 여아는 엘렉트라 콤플렉스를 경험한다.

구체적으로 남아는 어머니를 소유하려는 욕망을 갖지만, 자신보다 크고, 우월하며, 강력한 라이벌인 아버지의 존재를 인식하게 된다. 이때 아버지가 자신의 근친상간적 욕망을 알게 되면 성기를 절단할지 모른다는 거세불안이 유발된다. 결국 남아는 거세불안을 감소시키기 위해 아버지와 대적하기보다는 차라리 아버지를 우상시하는 전략을 선택한다. 이것이 아버지와의 동일시인데, 아버지의 행동, 가치관, 역할 등을 모방하면서 남성적 성역할을 학습하는 것이다.

남아와는 달리 여아는 아버지를 사랑하고 어머니를 경쟁자로 여기는 엘렉트라 콤플렉스를 경험한다. 여아는 어머니를 동일시하며 여성적인 성역할을 학습함으로써 애정을 획득하고자 노력한다. 또한 여아는 남아의 성기를 부러워하는 남근선망을 경험하는데, 프로이트는 여성의 열등의식이 여기에서 비롯된다고 보았다. 그러나 여아의 엘렉트라 콤플렉스 해결과정이나 남근선망에 대한 부분은 프로이트의 논리적 설명이 불충분해서 페미니스트들로부터 아직까지 비판을 받고 있다.

✪ 잠재기

잠재기latency stage는 6~12세경까지의 초등학교 시기를 지칭하며 리비도의 활동이 저하되는 시기이다. 아동으로서도 자신의 내적 욕구가 격렬하지 않기 때문에 비교적 평온하고 행복한 시기를 경험한다. 이 시기에는 부모에 대한 애정을 발달시키고, 또래와의 우정을 쌓게 된다. 학교에서 사회적 · 도덕적 규범을 배우고, 학업을 위해 에너지를 사용하는 시기이다.

✪ 생식기

아동은 12~13세 이후 사춘기가 시작되면서 생식기genital stage에 접어든다. 사춘기가 되면 잠재되어 있던 리비도가 다시 왕성한 활동을 시작한다. 점차 이성에 관심을 가지고 이성으로부터 만족을 얻으려 한다. 이 시기에 원초아, 자아, 초자아 간의 균형을 유지하고 적응하면 이타적이고 성숙한 생식기 성격을 갖게 된다. 하지만 그렇지 못한 경우 권위에 대한 반항, 반사회적 비행, 이성에 대한 적응곤란, 정신장애 등이 나타나기도 한다.

(2) 에릭슨의 심리사회적이론

에릭슨은 1902년 독일에서 출생하였으며, 프로이트의 딸인 안나 프로이트Anna Freud와 함께 정신분석학을 공부하였다. 프로이트의 전통을 이어받았지만 이후 심리사회적 특성에 주목하면서 자신만의 독창적 이론을 발전시켰다. 에릭슨은 정식 학위를 받지 않았지만 하버드 대학교에서 교수직을 제안받아 1994년 사망할 때까지 학계에 이바지하였다.

그림 1-6 에릭슨

에릭슨은 발달이 전 생애에 걸쳐 진행된다고 보고, 프로이트의 5단계를 확장시켜 8단계를 제시하였다. 에릭슨은 각 발달단계마다 심리사회적 위기psychosocial crisis가 존재하는데, 이 위기에서 상반된 심리적 특성의 균형을 획득하는 것이 바람직한 해결책이라고 보았다. 에릭슨은 프로이트가 성적인 에너지를 강조한 데 반해 사회적 관계와 맥락을 중요시하였다. 즉, 성격발달을 개인과 사회적 환경과의 상호작용 결과라고 보고, 심리사회적 이론psychosocial theory을 주창하게 된다.

① 1단계 : 신뢰감 대 불신감(trust vs. mistrust)

에릭슨의 1단계는 프로이트의 구강기에 해당되며 출생에서 1세까지의 시기이다. 이 시기의 주요 발달과업은 영아가 자신을 돌보아주는 주 양육자에 대해 기본적 신뢰감을 형성하는 것이다. 주 양육자는 영아가 배가 고프다는 신호를 하면 수유를 해주고, 졸리면 편안하게 잠을 재워주며, 배변 시 청결하게 뒤처리를 해주는 등의 기본적 욕구를 해소시켜주는 역할을 수행하게 된다. 주 양육자가 아동의 신체적 · 심리적 욕구에 민감하고, 일

그림 1-7 신뢰감 대 불신감

관되게 반응할 경우 영아는 양육자에 대한 안정적 신뢰감을 형성하게 된다. 이 시기에 영아가 주 양육자에 대해 형성한 신뢰감은 이후 타인에 대한 신뢰감으로 확장될 수 있다.

반면에 양육자가 비일관적이고, 충동적이며, 둔감한 경우 영아는 양육자와 세상에 대해 불신감을 갖게 된다. 자신의 욕구가 주 양육자에 의해 일관되게 충족되리라는 믿음과 주변 환경이 안전하고 예측 가능하다는 초기 경험은 후에 대인관계를 형성하는 데 중요한 영향을 미친다.

② 2단계 : 자율성 대 수치심 및 회의감(autonomy vs. shame and doubt)

그림 1-8 자율성 대 수치심 및 회의감

에릭슨의 2단계는 1~3세까지의 시기로 프로이트의 항문기에 해당한다. 이 시기에 아동은 혼자 걷게 되고, 괄약근을 통제하는 등의 신체운동능력이 향상된다. 특히, 배변훈련을 하게 되면서 스스로 배설과 보유를 조절하는 경험을 하게 된다. 배변 통제가 성공하면 유아는 자율성에 대한 자신감을 얻으며 새로운 도전을 시도하면서 기쁨을 느낀다.

특히, 이 시기 유아는 언어발달로 인해 자신의 의사를 적극적으로 표현하는 것이 가능해진다. "싫어" 또는 "내 거야" 등의 자기주장적 언어적 표현이 자율성을 나타내는 신호라고 여길 수 있다. 이 시기 유아는 신체 및 인지발달 특성을 바탕으로 자신의 의지대로 과업을 선택하여 수행하고자 하는데, 이러한 시도가 성공할 경우 자율성을 획득할 수 있다. 그러나 아직까지 미숙하기 때문에 혼자 힘으로 과업을 수행하면서 실패할 가능성이 높고, 이 경우 수치심과 자기능력에 대한 회의감을 경험하게 된다.

③ 3단계 : 주도성 대 죄책감(initiative vs. guilt)

에릭슨의 3단계는 3~6세까지의 시기로 프로이트의 남근기에 해당한다. 앞선 2단계에서 시작된 자기의지가 더욱 강화되고 적극적으로 표현되는 시기이다. 이 시기 유아는 에너지가 외부로 향하면서 세상에 대한 호기심이 증가하고, 환경을 적극적으로 탐색하며 변화시키고, 놀이를 통해 새로운 시도를 한다. 또한 부모나 교사에게 끊임없이 질문하면서 세상에 대한 인지적 탐색을 활발히 한다.

유아는 자유롭게 세상을 탐색하고 새로운 시도를 하면서 주도성을 획득할 수 있으나 주도적 행동이 저지당하거나 처벌을 받게 되면 위축될 수 있다. 이 경우 유아는 잘못했다는 죄책감을 경험하면서 자기 억제를 내면화하게 된다. 특히, 이 시기는 유아가 동성의 부모와 자신을 동일시하면서 양심, 죄책감, 도덕성의 기본을 획득하는 특징을 지닌다. 유아의 주도적 행동이 위험을 초래하거나 사회적 규범을 크게 위반하는 경우가 아니라면 양육자는 유아의 행동에 지지를 보내는 것이 바람직하다.

그림 1-9 주도성 대 죄책감

④ 4단계 : 근면성 대 열등감(industry vs. inferiority)

에릭슨의 4단계는 6~12세경까지의 시기로 프로이트의 잠복기에 해당되며, 학동기라고도 불린다. 이 시기 아동은 학교에서 형식교육을 받으며 인지적 기술 및 공동체에 적응하는 훈련을 경험한다. 또한 읽고, 쓰고, 셈하는 등의 기초적 인지기술을 학습하기 위해 근면해야 한다.

학동기 아동은 또래 그룹에 적응하기 위해 가족원에게 사용하던 것과는 다른 사회적 기술을 익혀야 한다. 또한 장난감을 가지고 놀던 허용적 상상세계에 머무르지 않고 규칙과 경쟁이 지배하는 현실세계에 적응해야 한다. 만일 이 시기 발달과업에 실패할 경우 아동은 열등감을 갖게 되고, 근면성이 결여된 행동을 나타낸다.

그림 1-10 근면성 대 열등감

⑤ 5단계 : 정체감 대 정체감 혼미(identity vs. identity confusion)

에릭슨의 5단계는 12~18세경을 포괄하는 청소년기로서 프로이트의 생식기에 해당된다. 에릭슨은 이 시기가 생애발달에서 가장 중요한 자아정체감을 획득하는 단계라고 강조했다. 정체감은 일생 동안 지속적 노력을 통해 구축하는 것이기는 하지만, 청소년기의 자아정체감 형성이 가장 기본이 된다고 할 수 있다.

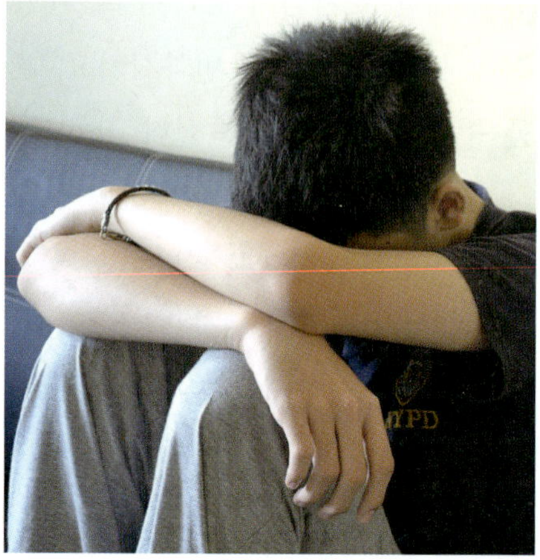

그림 1-11 정체감 대 정체감 혼미

청소년은 급격한 신체의 성장, 호르몬의 변화, 성적인 성숙, 새로운 사회적 압력 등을 경험하게 되고, "나는 누구인가?"라는 존재론적 질문을 하게 된다. 자신의 능력이 어느 정도이고, 자신이 선호하고 혐오하는 것은 무엇이며, 미래에 무엇을 하고 싶고, 자신에 대한 가족의 기대는 무엇이고, 사회적으로 바람직한 것이 무엇인지 등의 질문을 스스로에게 하게 된다.

자신의 능력, 역할, 책임 등에 대한 현실적 파악을 하고, 적절한 선택과 결정을 하는 과정에서 자아정체감을 획득할 수 있다. 그러나 이 과정은 혼란을 동반하기 때문에 많은 청소년들이 이 시기에 고민, 방황, 갈등 등을 겪게 된다. 이러한 과정이 지속되면 정체감 혼미에 빠지게 되고, 극단적으로 비행이나 자살 시도 등의 형태로 표현되기도 한다.

그림 1-12 친밀감 대 고립감

⑥ 6단계 : 친밀감 대 고립감(intimacy vs. isolation)

에릭슨의 6단계는 대략 20대의 청년기 또는 초기 성인기라고 볼 수 있다. 자신에게 몰입되어 있었던 청소년기를 거쳐서 이제는 타인에 대한 성숙한 관심을 나타내는 시기이다.

이 시기에는 타인과 친밀한 관계를

맺고, 애정을 나누며, 상호신뢰하고, 깊은 공감을 나누는 과업을 수행해야 한다. 일반적으로 친밀한 관계는 동거나 결혼으로 발전한다. 그러나 친밀감이란 자아정체감을 굳건히 형성한 독립적인 개인들 간의 결합에서 가능하다. 정체감 혼미상태에서 타인에게 몰입되는 것은 성숙한 친밀감이라고 보기 어렵다. 만일 이 시기에 타인과 건강한 친밀감을 형성하지 못하면 사회적으로 고립되고 자기몰두에 빠질 수 있다.

⑦ 7단계 : 생산성 대 침체성(generativity vs. stagnation)

에릭슨의 7단계는 성인기 전반을 아우르는 시기로서 삶의 각 영역에서 생산성을 발휘해야 한다. 생산성이란 생물학적으로는 자녀를 출산하고 양육하는 것을 의미하지만, 사회적으로는 후세대를 양성하고 지원하는 행위까지도 포괄한다. 또한 직장에서 전문능력을 발휘하여 성취를 이루는 것도 생산성을 실현하는 것으로 볼 수 있다. 스스로 몰입하고 노력하여 생산성을 제대로 획득하는 것이 중요한데, 이에 실패하면 침체감을 느끼게 된다. 일상이 권태롭고, 우울하며, 무기력하고, 불평불만을 하는 것이 침체성의 전형적 표현으로 볼 수 있다.

그림 1-13 생산성 대 침체성

⑧ 8단계 : 통합감 대 절망감(integrity vs. despair)

에릭슨의 마지막 8단계는 노년기에 해당한다. 노인은 살아온 날들을 반추하고, 그 속에서 의미를 찾아 특별한 후회 없이 자신의 삶을 인정하는 작업을 해야 한다. 이를 통해 자신의 죽음에 대비하고 받아들이는 수준에 이르는 것이 필요하다.

한편, 노년기는 신체적으로 쇠약해지

그림 1-14 통합감 대 절망감

고, 질병이 발생하며, 경제력이 감소하여 빈곤의 확률이 높고, 친구나 배우자의 죽음을 목격하는 힘든 시기이기도 하다. 노인이 자아에 대한 통합감을 획득하지 못하면 삶에 대한 후회, 슬픔, 억울함, 분노 등으로 절망감을 경험하게 된다. 이러한 절망감이 내적으로 향하면 노인 자살로 이어지기도 하고, 외부로 향하면 세상에 대한 분노를 표현하는 화풀이 노인범죄로 나타날 수 있다.

2) 인지이론

인지이론은 영유아가 성장하면서 어떻게 인지가 변화하고, 어떤 기제에 의해 이러한 변화가 일어나는지를 설명하는 이론이다. 인지란 주의집중, 기억, 상징화, 범주화, 계획 수립, 문제해결, 창조 등의 모든 정신 활동을 포괄한다. 본 장에서는 인지이론의 대표적 학자인 피아제Piaget와 비고츠키Vygotsky의 이론을 살펴보고자 한다.

(1) 피아제의 인지발달이론

피아제는 1896년 스위스에서 태어나 21세에 동물학 박사학위를 취득한다. 이후 지식의 근원에 대한 의문, 즉 '인간의 지식은 어떻게 발달하는가?'에 관심을 두면서 아동의 인지를 분석하였다. 자신의 세 자녀를 대상으로 다양한 실험, 관찰, 면접을 실시하면서 독창적인 인지발달이론을 구축하게 된다.

그림 1-15 피아제

피아제이론의 핵심은 아동의 인지과정이 성인과는 질적으로 다르다는 주장에 있다. 피아제는 인지발달이 유기체와 환경과의 상호작용으로 이루어지는 적응과정이며, 단계를 거쳐 발달한다고 설명했다.

① 주요 개념

✪ 인지구조

피아제는 유전적으로 신생아가 가지고 태어난 능력이 세상에 적응하기 위한 기본 장치로서의 역할을 수행한다고 보았다. 하지만 유전을 기반으로 하는 생물학적 성숙이 중요하더라도 환경의 영향을 무시할 수는 없다고 보았다. 피아제가 주장한 인지발달이란 개체가 환경과 상호작용을 통해서 적응해 가는 과정이다. 이런 측면에서 피아제는 인지구조의 발달이 유전과 환경의 상호작용에 의한다는 상호작용주의자라고 할 수 있다.

피아제는 인지발달의 이해를 위하여 도식scheme이라는 개념을 주장하였다. 도식은 사물이나 사건을 이해하기 위한 기본적 정신구조basic mental structure라고 할 수 있다. 신생아는 빨기나 잡기 같은 기본적 반사를 가지고 태어난다. 이후 반사행동을 반복하면서 점차 행동도식, 상징도식, 조작적 도식 등을 형성해 나간다. 즉, 기본적 도식만을 지니고 태어난 인간은 적응과정을 통해 새로운 도식을 개발하고 기존의 도식을 변화시킨다.

✪ 인지기능

피아제는 아동이 환경을 적극적으로 탐색하고 경험하면서 세상을 이해하는 능동적인 구성주의자라고 보았다. 아동은 생애 초기에는 제한된 도식만을 가지고 있지만 동화assimilation와 조절accommodation을 통해 새로운 환경에 적응adaptation한다.

동화는 기존의 도식을 가지고 외부의 경험을 이해하는 방식이다. 반면, 조절은 기존의 도식만으로는 외부 자극을 해석할 수 없기 때문에 기존의 도식을 변경하거나 새로운 도식을 생성하는 과정이다. 예를 들어, '다리가 4개인 동물은 개'라는 도식을 이미 가진 유아가 개를 목격하여 "개"라고 부르면 기존의 도식에 변경을 가할 필요 없이 동화를 통해 대상을 이해할 수 있다. 하지만 유아가 고양이를 보고 "개"라고 하면 주위 성인들이 이를 수정하여 "고양이"라고 알려준다. 유아는 기존의 도식으로 이해되지 않는 대상을 만남으로써 '다리가 4개인 동물이지만 강아지와는 다른 특징을 가진 고양이'라는 새로운 도식을 생성할 필요를 느낀다. 이를 조절이라고 개념화할 수 있다.

유아는 현재 경험한 지식이 기존에 가지고 있던 정보체계와 불일치하면 인지적 갈등을 느끼고 불평형상태를 경험한다. 이때 유아는 기존의 사고에 새로운 도식을 형성함으로써 조절의 필요성을 느끼며, 이를 통해 기존의 도식과 새로운 자극 간의 평형을 이룬다. 피아제는 경험과 인지 사이의 불일치를 해소하는 사고의 노력을 평형화로 설명한 바 있다.

② 인지발달단계

✪ 감각운동기

인지발달의 첫 번째 단계는 감각운동기sensory stage로서 출생 후 2세경까지 지속된다. 감각운동기는 반사운동기, 1차 순환 반응기, 2차 순환 반응기, 2차 순환 반응의 협응기, 3차 순환 반응기, 정신적 표상기의 하위단계로 나누어진다.

감각운동기 영아는 최초의 도식이라고 할 수 있는 생득적 반사를 통해 세상을 탐색한다. 자신이 직접 보고, 듣고, 맛보고, 냄새 맡고, 만져보아야만 자극을 이해하며, 상징적이고 추상적 사고는 불가능하다. 이 시기를 감각운동기라고 하는 이유는 감각기관을 통해 세상을 인식하고 운동기능을 통해 반응하기 때문이다. 하지만 감각운동기 후반으로 가면서 영아는 대상영속성object permanence 개념을 획득하기 시작한다. 대상영속성은 사물이 눈에 보이지 않더라도 존재하고 있음을 아는 것이다. 예를 들어, 주 양육자가 눈앞에서 사라지면 영원한 이별로 생각하던 영아가 점차 주 양육자가 어딘가에 있으며 다시 돌아오리라는 개념을 갖게 되면서 다른 반응을 나타낸다.

표 1-1 감각운동기의 하위 6단계

하위단계	시기	적응행동
반사운동기	출생~1개월	생득적 반사행동을 한다.
1차 순환 반응기	1~4개월	자신의 신체와 관련된 흥미로운 활동을 반복한다.
2차 순환 반응기	4~8개월	주위 환경이나 외부 대상에 대해 흥미로운 활동을 반복한다.
2차 순환 반응의 협응기	8~12개월	목적을 이루기 위해 의도적인 행동을 반복한다.
3차 순환 반응기	12~18개월	문제해결이나 흥미로운 결과를 위해 새로운 방식을 다양하게 시도한다.
정신적 표상기	18~24개월	상징을 사용하기 시작하며 행동하기 전에 사고한다.

출처 : 이영 외(2015) ; 조복희, 도현심, 유가효(2016) 참고.

✪ 전조작기

인지발달의 두 번째 단계인 전조작기preoperational stage는 2~7세경까지 지속된다. 전조작기는 전개념적 사고기와 직관적 사고기로 나누어진다. 감각운동기와는 달리 사물에 대해 상징과 심상을 사용하는 표상능력이 증가하고, 상징놀이를 즐겨한다. 유아는 다양한 언어를 구사할 수 있게 되며, 놀이를 통해 구체적 조작기술을 발달시킨다. 하지만 아직까지 사건들의 논리적 관계를 내면화시키는 조작적 사고가 불가능하기 때문에 '전'조작기라는 명칭을 사용한다.

전조작기의 특징은 물활론적 사고, 직관적 사고, 자기중심적 사고 등이다. 먼저 물환론적 사고는 무생물을 생명체와 같이 의식이 있는 존재라고 믿는 것이다. 유아는 놀잇감이나 다양한 사물에 생명이 깃들어 있다고 믿다가 구체적 조작기로 들어서면서 점차 과학적 생명관을 획득한다.

둘째, 직관적 사고는 감각에만 의거해 판단하는 것을 말한다. 예를 들어, 전조작기 유아에게 각각 5개씩의 구슬 세트를 두 줄로 나란히 늘어놓게 하고 유아와 함께 개수를 센다. 두 줄 모두 각각 5개씩임을 확인하고, 유아가 보는 앞에서 한 줄에 놓인 구슬들 간의 간격을 넓혀서 길게 늘어뜨린다. 유아에게 어느 쪽 구슬이 더 많은지를 질문하면 유아는 길게 늘어뜨린 구슬 줄의 수가 더 많다고 대답하는 경향이 높다. 이는 유아가 실제 개수에 대한 추상적 사고를 하지 못하고 시각적 자극에만 의존하는 직관적 사고를 하기 때문이다. 이러한 직관적 사고 때문에 전조작기 유아는 사물의 외형적 변화가 발생해도 특정한 양과 질에는 변화가 없음을 인식하는 보존개념을 획득하기가 어렵다.

셋째, 자기중심적 사고는 타인의 관점에서 사고하지 못하는 것이다. 이는 타인이 처한 상황을 이해하면서도 자신의 이익을 우선시하는 이기적인 것과는 다르다. 전조작기 유아는 인지적으로 타인의 입장을 이해하지 못해서 공감도 하지 못하는 것이다. 예를 들어, 전조작기 유아에게 엄마의 생일선물을 고르라고 하면 자신이 좋아하는 장난감을 고르는 것이 빈번하다. 이는 엄마의 선호가 자신과 다르다는 것을 알지 못하고, 자신의 관점을 일반화시키는 자기중심적 사고의 표현이다.

✪ 구체적 조작기

인지발달의 3단계는 구체적 조작기concrete operational stage로서 7~12세경까지 지속된다. 이 시기에 아동은 보존개념을 획득하는데, 이는 동일성의 원리, 가역의 원리, 보상성의 원리를 이해함으로써 가능하다. 동일성의 원리는 모양이 변해도 질량은 변하지 않을 수 있다는 것을 이해하는 것이다. 가역의 원리는 지각의 변화를 역으로 거쳐 가면 본래의 상태로 되돌아갈 수 있음을 이해하는 것이다. 보상성의 원리는 한 차원에서의 손실이 다른 차원에서 보상되어 다시 균형을 이룰 수 있음을 인식하는 것이다.

구체적 조작기 아동은 사물들의 공통점과 차이점을 이해하게 되어 유목 포함, 분류, 서열화 등을 할 수 있게 된다. 또한 탈중심화되어 대상의 여러 특징이나 상황의 다양한 측면을 고려하는 다면적 사고를 하게 된다. 자기중심적 사고에서 벗어나 타인의 입장, 감정, 관점 등을 추론하고 이해할 수 있는 조망수용능력이 획득되면서 또래와의 상호작용도 원활해진다. 하지만 이 시기 아동의 논리적 사고는 완전하지 못하다. 자신에게 익숙한 상황이나 구체적 사물을 다루는 것은 논리적이나 추상적이고 가설적인 문제의 해결은 아직까지 미숙하다.

✪ 형식적 조작기

피아제이론의 마지막 단계는 형식적 조작기formal operational stage로 사춘기경에 시작된다. 형식적 조작기에 도달하면 과거의 경험을 통해 문제를 해결하고, 체계적, 과학적, 논리적, 추상적 인지기능이 가능해진다. 이 시기의 특징은 조합적 사고 및 연역적 추리를 사용한다는 것이다. 즉, 문제를 해결하기 위한 다양한 대안들을 살펴보고, 가설을 도출하며, 그 가설에 입각해서 결론을 내릴 수 있게 된다. 피아제는 인지발달의 마지막 단계로 형식적 조작기를 제시하였지만, 모든 사람이 이 단계에 도달하는 것은 아니라는 주장도 제기되고 있다.

한편, 이 시기에는 사랑, 도덕성, 이상주의적 사고 등도 특징적으로 나타난다. 자신과 상대방의 사고를 함께 고려하는 것에 능숙해지면서 사회관계도 유능해진다.

(2) 비고츠키의 사회문화적 인지이론

비고츠키Vygotsky는 피아제와 같은 해인 1896년에 러시아의 유태인 부모 밑에서 태어났다. 다양한 학문적 분야에 관심을 가지고 사회, 문화, 역사적 맥락이 아동의 발달에 미치는 영향을 독창적으로 분석하였다. 비고츠키는 결핵으로 37세에 요절하였기 때문에 천재성을 발현할 기회가 제한적이었다.

비고츠키는 사회적 상호작용이 인지발달에 미치는 영향에 주목했다. 아동은 성인과의 상호작용을 통해 자신이 속한 문화에 부합되게 사고하고 행동하는 것을 배우므로 아동이 처한 문화적 · 사회적 맥락을 고려하지 않고 인지발달을 논할 수 없다는 것이다. 피아제가 인지발달의 범문화적 보편성을 강조한 데 반해 비고츠키가 문화적 특수성을 강조한 이유도 여기에 있다. 비고츠키가 아동의 인지발달에 미치는 문화와 사회의 영향을 강조했기 때문에 그의 이론은 사회문화적 인지이론으로 불리고 있다. 비고츠키는 세대를 이어 전수해 온 역사적 축적물, 언어, 가치 등을 포괄하는 개념으로 문화를 바라보았다.

그림 1-16 비고츠키

비고츠키의 이론에서 중요한 개념으로 근접발달영역zone of proximal development을 들 수 있다. 이는 아동이 스스로 문제를 해결할 수 있는 실제적 발달 수준과 교사나 부모의 도움을 받아 문제를 해결할 수 있는 수준인 잠재적 발달 수준 사이의 영역을 의미한다. 근접발달영역이 시사하는 바는 부모나 교사가 아동의 현재 발달 수준을 이해하고 이에 맞는 교수법을 실시하여 아동의 발달을 지원해야 한다는 것이다. 또한 아동이 스스로 문제를 해결할 수 있도록 적절한 비계scaffolding를 제공하는

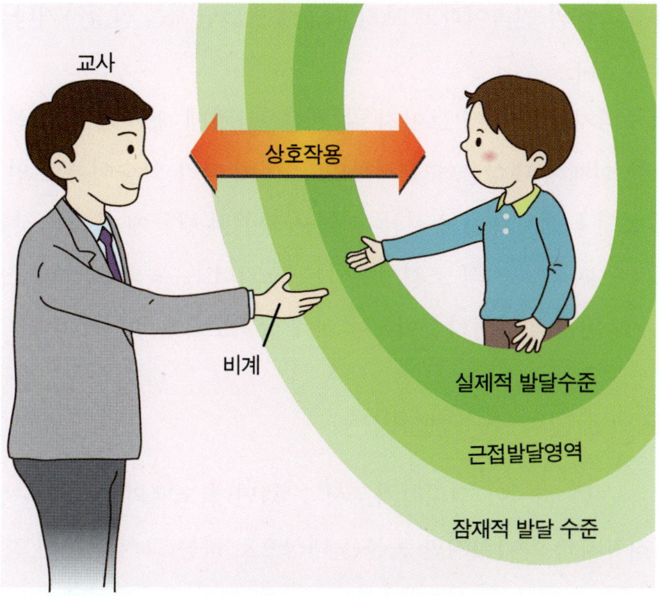

그림 1-17 근접발달영역

것도 중요하다.

비고츠키는 인간이 물리적 도구를 사용하는 것과 같이 정신적 능력을 확장하기 위해 심리적 도구들을 개발했다고 보았다. 현 상황을 파악하고 의사소통을 하기 위해 사용하는 심리적 도구로서 대표적인 것이 언어이다. 비고츠키에 따르면, 유아의 인지적 발달은 사회문화적 상호작용에서 주고받는 언어와 같은 상징체계의 내면화를 통해 이루어진다. 사고의 발달을 통해 언어가 습득된다고 본 피아제와 달리 비고츠키는 언어와 사고는 각각 분리된 기능으로 발달을 하다가 점차 서로 관련을 맺으며 서로의 발달에 도움을 주는 관계로 발달한다고 주장하였다. 비고츠키가 인간발달의 생물학적 측면을 간과했다고 비판을 받지만, 인지발달에 있어 사회적 맥락의 중요성을 강조한 점은 현재까지도 커다란 교육적 시사점을 주고 있다.

3) 학습이론

행동주의 심리학에 기반을 둔 학습이론은 인간이 백지상태로 태어난다는 로크Locke의 철학을 바탕으로 한다. 환경적 요인이 선천적 요인보다 아동발달에 중요하며, 환경을 어떻게 통제하고 조작하는가에 따라 행동을 변화시킬 수 있다고 본다. 인간의 생애를 학습의 연속이라고 보기 때문에 발달단계를 설정하거나 연령적 특성을 정리하지 않았다.

초기 행동주의자들은 눈에 보이지 않는 정신과정에 대한 분석 대신 객관적으로 관찰이 가능한 실체적 대상을 중요시하였다. 이에 따라 학습이론도 인지나 정서와 같은 내면적 심리 특성보다는 측정할 수 있는 외현적 행동에 관심을 갖는다. 여기에서는 파블로프Pavlov의 고전적 조건형성이론, 스키너Skinner의 조작적 조건형성이론, 반두라Bandura의 인지적 사회학습이론에 대해 살펴보고자 한다.

(1) 파블로프의 고전적 조건형성이론

파블로프Pavlov는 러시아 생리학자로서 1904년에 노벨의학상을 수상하였다. 파블로프는 심리학자가 아니었지만 동물을 대상으로 하는 그의 이론이 인간행동의 많은 부분을 설명하기 때문에 아동발달에서 중요한 위치를 차지하게 되었다.

파블로프는 개가 음식무조건 자극의 냄새를 맡으면 타액을 분비하는 본능적인 현상무조건 반응에 주목하였다. 실험을 위해 개에게 음식을 줄 때마다 종을 울려서 음식과 종소리 자극을 연합시켜 계속 제시하였다. 결과적으로 개는 음식이 없이 종소리만으로도 침을 흘리는 반응을 나타내었다. 그 자체만으로는 타액을 분비시킬 수 없는 종소리조건 자극가 음식과 연합되어 반복 제시되면 개는 이를 학습하여 타액 분비 반응조건 반응을 유발하는 것이다. 파블로프의 연구 결과는 고전적 조건형성으로 불린다.

그림 1-18 파블로프

파블로프의 고전적 조건형성을 아동에게 적용한 연구자가 왓슨Watson이다. 그는 11개월 된 영아에게 쥐를 보여 주었다. 처음에 영아는 쥐를 두려워하지 않았으나 이후 쥐를 보여 줄 때마다 큰소리무조건 자극를 내서 공포 반응무조건 반응을 유발시켰다. 처음에 쥐를 무서워하지 않았던 영아가 실험이 반복되자 쥐조건 자극만 보고도 공포 반응조건 반응을 유발하게 되었다.

왓슨은 일련의 실험을 통해 인간의 모든 행동은 학습된 것이라고 간주하는 극단적 학습론자의 입장을 취하였으며, 특히 행동주의라는 단어를 처음 사용하였다. 행동주의자들은 인간의 정서, 가치관, 태도 등도 이와 유사한 과정을 통해 학습될 수 있다고 주장하였다.

그림 1-19 파블로프의 실험

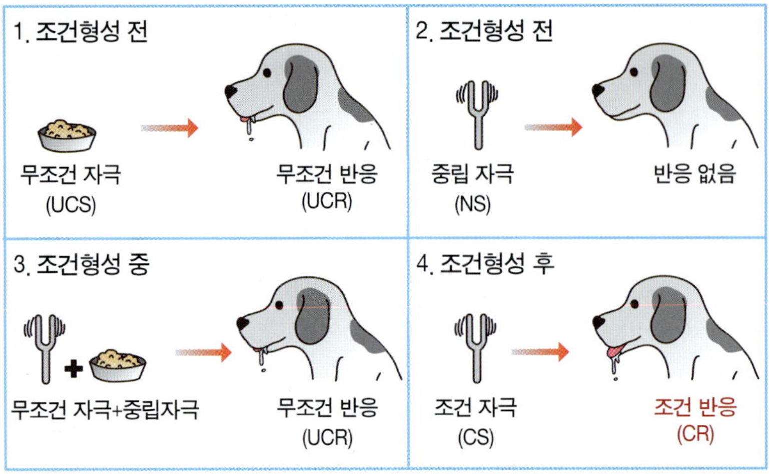

그림 1-20 파블로프의 고전적 조건형성

(2) 스키너의 조작적 조건형성이론

스키너Skinner는 1905년 미국에서 출생하였으며, 행동주의 심리학자로서 명성을 떨쳤다. 스키너는 왓슨과 같이 엄격한 행동주의자로서 심리학이 외현적 행동의 연구에 한정되어야 한다고 주장하였다. 그는 유기체가 유전적 특성을 가지고 있음을 인정하였지만 환경이 인간의 행동을 어떻게 통제하는가에 초점을 두고 연구하였다.

그림 1-21 스키너

스키너는 강화와 처벌이라는 기제에 주목하여 자신의 독창적인 조작적 조건형성이론을 정립한다. 그 원리는 특정 행동이 강화를 받으면 재발할 확률이 증가하고, 처벌을 받게 되면 재발할 확률이 감소한다는 것이다. 예를 들어, 유아가 특정 행동을 했는데, 칭찬을 받으면 앞으로도 그 행동을 반복할 것이고, 벌을 받으면 그 행동을 중단할 것이다. 스키너는 아동발달이 본능이나 생물학적 성숙 같은 내적 요인보다는 상이나 벌 같은 외부 자극에 의해 형성된다고 주장했다.

스키너의 핵심 개념인 강화는 유기체의 특정 행동이 발생하는 빈도를 증가시키는 기제로서 정적 강화와 부적 강화로 나눌 수 있다. 정적 강화는 유쾌함을 증가시키는 것으로서 상, 선물, 칭찬 같은 것이 정적 강화물이 된다. 반면, 부적 강화는 혐오상

그림 1-22 스키너 상자

태를 제거시키는 것으로서 특정 행동을 하면 현재 처한 불쾌한 상태가 감소되는 것이다. 예를 들어, 전기가 흐르는 상자 안에 들어간 쥐는 지렛대를 누르면 전기가 차단되는 것을 발견함으로써 계속 지렛대를 누르는 행동을 반복한다. 부적 강화는 처벌과 다른데, 처벌은 어떤 행동이 발생할 확률을 감소시키는 것이다. 이러한 기제를 통해 스키너는 인간의 행동을 조성하고 학습시키는 것이 가능하다고 주장하였다.

(3) 반두라의 인지적 사회학습이론

반두라Bandura는 1925년 캐나다에서 출생하였다. 초기에는 스키너의 영향을 받았지만, 인간의 능동적인 자기 규제 및 자기효능감에 관심을 갖게 되면서 자신의 독창적인 인지적 사회학습이론을 정립하였다.

그림 1-23 반두라

반두라이론의 근본은 발달과정이 개인과 환경 간의 상호작용에 의한다는 상호결정론이다. 이는 외부환경에 의해 행동이 형성되고 좌우된다는 초기 행동주의에서 벗어난 것이다. 반두라는 환경이 아동의 성격과 행동을 조성한다는 스키너나 왓슨과 달리 개인, 행동, 환경 간의 관계는 상호작용적이라고 주장했다. 인간은 인지적 사고과정을 거치기 때문에 자극에 무조건 반응하는 것이 아니라 자신이 원하는 것을 선택하며, 환경의 영향을 받기만 하는 것이 아니라 환경에 영향을 미치기도 한다는 것이다.

그림 1-24 반두라의 보보인형 실험

출처 : http://stanford.edu/dept/psychology/bandura/papers/papers-agression.html

반두라는 인간의 복잡한 행동은 자극과 반응, 강화, 소거 등의 조건형성이론만으로 설명하는 데 한계가 있으며, 인지능력을 간과해서는 안 된다고 보았다. 인지능력으로 인해 직접 강화나 처벌을 받지 않고 타인의 행동을 관찰하고, 이를 모방함으로써 학습이 가능해진다. 예를 들어, 물건을 집어던진 친구를 교사가 처벌하는 것을 목격한 아동은 자신은 그런 행동을 하지 않아야겠다는 생각을 할 수 있다. 또 장애아동을 도와준 친구를 교사가 칭찬하는 것을 본 아동은 자신도 그런 행동을 해야겠다고 결심할 수 있다. 관찰학습 또는 모델링을 통해 아동은 타인의 행동을 인지적으로 재현하고, 자신도 그러한 행동을 하거나 또는 하지 않게 된다.

반두라가 주장한 모델링 효과는 이후 행동수정 분야에서 각광을 받게 된다. 반두라의 관찰학습을 효과적으로 활용하기 위해서는 몇 가지 주의점이 있다. 바람직한 행동의 모범을 반복적으로 하며, 단순한 것에서 시작하여 점차 복잡한 것으로 진전하고, 행동뿐 아니라 언어로 설명하는 것이 효과적이며, 다양한 시각적 자료나 직접적인 몸 움직임을 이용하는 것이 좋고, 잘할 때마다 칭찬을 해주는 것이 필요하다.

4) 동물행동학이론

동물행동학이론은 진화론에 근거를 두고 인간발달에 미치는 유전적 · 생물학적 역할을 강조한다. 동물행동학의 기본 가정은 모든 종은 진화의 산물이며, 종 특유의 행동이 생물학적으로 프로그램화되어 생존 가능성을 높인다는 것이다.

대표적인 학자는 로렌츠Lorenz와 보울비Bowlby가 있으며, 최근 사회생물학으로 전개되어 주목받고 있다. 사회생물학자들은 인간의 사회적 행위를 생물학적 개념으로 설명하여, 발달이 유전과 환경의 상호작용이기는 하지만 근본적으로 유전적 인자가 발달의 모든 측면을 통제한다고 본다.

(1) 로렌츠의 각인이론

로렌츠는 1903년 오스트리아에서 태어나 줄곧 동물학을 연구하다가 1973년에 노벨생물학상을 수상하였다. 로렌츠는 알에서 나온 청둥오리가 부화 직후 13~16시간 사이에 목격한 움직이는 대상을 어미로 인식하여 따라다니는 것을 발견하였다. 그 후 다양한 동물을 대상으로 생후 초기의 특정한 시기에 대한 관찰을 계속하였다.

로렌츠는 생후 초기에 어떤 대상에 노출됨으로써 그 대상에 애착을 보이고 추종행동을 하게 되는 것을 각인이라고 개념화하였다. 각인은 생후 초기 제한된 기간 내에서만 일어나는데, 이를 결정적 시기라고 한다. 만약 결정적 시기 동안에 각인이

그림 1-25 로렌츠의 각인 효과

되지 않으면 이후에는 그 행동을 습득하기 어렵다. 각인이론은 인간발달에 적용되어 영유아가 제한된 기간 내에 특정한 적응행동을 습득하도록 생물학적으로 준비되어 있으며, 이러한 행동을 발현시키기 위해서는 적절한 환경적 지원이 있어야 한다는 시사점을 주었다.

(2) 보울비의 애착이론

보울비Bowlby는 1907년에 영국에서 태어나 의학을 공부하였다. 보울비는 동물행동학에 기반하여 어머니와 영유아의 애착관계를 분석하였다. 애착이란 영아가 자신을 돌보는 주 양육자와 강한 정서적 유대를 맺는 것을 말한다. 영아에게 생물학적으로 프로그램 되어 있는 미소 짓기, 옹알이하기, 잡기, 매달리기, 울기 등은 모두 애착행동으로 볼 수 있다. 영아는 선천적 의사소통 신호를 통해 부모와 상호작용을 하는데, 이러한 행동은 부모의 보살핌을 유도하며 애정을 기울이도록 하는 것이다.

그림 1-26 보울비

보울비는 제2차 세계대전 후 전쟁 고아들을 관찰하면서 애착에 대한 실증적 자료를 수집한다. 그의 결론은 영아가 생의 초기에 주 양육자에 대한 확고한 애착을 형성하지 못하면 이후 친밀한 대인관계를 맺지 못하는 등 심리정서적 어려움을 겪게 된다는 것이다. 보울비의 애착이론은 후에 에인스워스Ainsworth 등의 학자에게 이어져 보다 정교화된다. 에인스워스는 '낯선 상황 실험'을 통해 어머니와 아동의 애착을 유형화하는 데 공헌하였다. 에인스워스가 구분한 안정 애착이나 불안정 애착 유형은 생애 초기 양육의 중요성에 대한 시사점을 주었다.

5) 생태학적 체계이론

브론펜브레너Bronfenbrenner는 러시아에서 출생한 후 미국으로 이주하여 성장하였다. 발달심리학 박사학위를 취득한 후 1948~2005년 사망할 때까지 코넬 대학교에서 인간발달 및 가족학을 가르치며 아동학계에 공헌하였다.

브론펜브레너는 아동이 가족, 이웃, 학교, 지역사회, 국가, 대중매체 등 여러 가지 환경의 영향 속에서 성장한다는 점에 주목하였다. 이후 아동의 발달을 사회문화적 관점에서 접근하여 생태학적 체계이론ecological systems theory을 주창하게 된다. 브론펜브레너이론의 기본 전제는 인간이 단순히 환경의 영향을 받는 수동적 존재가 아니라 환경을 재구성하면서 성장하는 역동적 실체라는 것이다. 이러한 측면에서 개인과 환경 간의 관계는 상호호혜적이다.

생체학적 체계이론은 아동을 둘러싼 미시체계, 중간체계, 외체계, 거시체계, 시간체계를 가정한다. 먼저 미시체계는 대면접촉을 통해 아동에게 직접적으로 영향을 주는 환경을 말한다. 가족, 친구, 학교, 이웃 등이 여기에 해당되며, 아동이 거주하는 주거환경과 같은 물리적 맥락도 포함한다.

둘째, 중간체계는 미시체계들 간의 관계를 의미한다. 즉, 아동이 적극적으로 참여하는 미시체계들 사이의 연결망이라고 볼 수 있다. 예를 들어, 가족 내 부모와 어린이집의 교사는 각각 아동의 미시체계가 된다. 하지만 교사와 부모와의 관계는 중간체계를 형성한다. 교사와 부모가 상호존중하고, 친밀하며, 아동에 관한 정보를 공유할 때 긍정적인 아동의 발달을 촉진할 수 있다. 반면, 교사와 아동이 적대적이라면 부정적인 중간체계의 영향으로 아동의 발달은 저해될 수 있다.

셋째, 외체계는 아동과 직접 상호작용하지는 않으나 미시체계에 영향은 주는 사회적 환경을 말한다. 구체적인 예로는 부모의 직장, 교육부, 대중매체 등을 생각해 볼 수 있다. 부모의 직장이 가족친화적인 곳인지 그렇지 않은지에 따라 아동에게 미치는 영향이 달라질 수도 있다. 또한 교육부가 어떤 입시정책을 시행하는가에 따라 아동은 영향을 받게 된다.

넷째, 거시체계는 미시체계, 중간체계, 외체계에 포함된 모든 요소뿐만 아니라 보다 포괄적인 문화적 환경까지 포함한다. 문화적 신념, 태도, 전통, 규범 등의 추상적인 가치들은 아동에게 영향을 미친다. 예를 들어, 효에 높은 가치를 두는 거시체계에 속한 아동은 그렇지 않은 거시체계에 속한 아동에 비해 부모에 대한 순종이나 자식으로서의 의무에 대한 압박을 더 받을 것이다.

끝으로, 시간체계는 전 생애에 걸쳐 일어나는 변화와 사회역사적 환경을 의미한다. 아동이 어떤 시대에 출생하여 성장하였는가에 따라 발달에 차이를 나타낸다는 것이다. 예를 들어, 엄격한 가부장 가치를 지닌 조선시대에 출생한 아동에 비해 21세기에 태어난 아동은 평등하고 친밀한 부모-자녀관계 속에서 성장할 것이다. 출생집단 간 시간체계가 아동의 발달에 영향을 미친다고 볼 수 있다. 브론펜브레너 이론은 아동 개인만을 분석의 대상으로 하던 기존 이론과 달리 아동을 둘러싼 다양한 환경을 포괄적으로 다루었다는 점에서 공헌하는 바가 크다.

CHAPTER 02

발달 연구방법

1. 연구방법의 관점 | 2. 발달 연구의 목적 | 3. 발달 연구의 접근방법 | 4. 발달 연구의 설계 |
5. 발달 연구의 순서 | 6. 연구의 윤리

Chapter

02

제2장에서는 아동발달을 연구하는 과학적 방법에 대해 고찰한다. 연구방법이란 단순한 기술(technique)이 아니며 철학적 관점을 바탕으로 어떻게 지식을 창출하고 구축할 것인지에 대한 체계적 접근방식이다. 연구방법의 관점, 발달 연구의 목적, 접근방법 등을 살펴보고, 발달 연구를 실행하기 위한 구체적 설계방법, 순서, 그리고 연구윤리에 대해 논의하겠다.

1. 연구방법의 관점

연구란 과학적 방법을 이용하여 특정 현상이나 문제를 이해하고 해결하는 과정이라고 할 수 있다. 연구를 하기 위해서는 방법론에 대한 이해가 필요하다. 방법론이란 세상을 바라보는 인식의 틀을 근거로 연구문제의 초점, 연구자와 연구대상의 관계, 자료 수집과 분석방법을 포괄하는 논리체계를 말한다. 발달 연구의 대표적인 방법론으로는 실증주의positivism를 철학적 기반으로 하는 양적 연구와 해석주의interpretivism를 기반으로 하는 질적 연구를 들 수 있다.

1) 실증주의 관점의 양적 연구

실증주의자들은 자연과학과 사회과학이 동일한 방식으로 연구 가능하다는 전제에서 시작한다. 예를 들어, 자연현상에는 '중력의 법칙'과 같은 객관적 법칙이 있는데, 이를 발견하는 것이 자연과학자의 역할이다. 이와 마찬가지로 실증주의자들은 생애발달, 가족관계, 또래관계 등의 인간현상에도 보편적 법칙이 있고, 이를 발견해야 한다고 주장한다.

실증주의자들은 자연과학에서 사용하는 가치중립적이며 수량화된 양적 연구방법을 사용하여 일반화를 추구한다. 양적 연구는 기존 선행 연구나 이론에서 가설을 도출하고, 이 가설을 검증하기 위해 자료를 수집하며 분석하는 연역적 논리를 사용한다. 자료 수집을 위해 대규모의 연구대상에게 표준화된 척도나 검사, 통제된 실험, 구조화된 관찰 등을 실시하며, 통계적 분석으로 자료를 처리한다.

2) 해석주의 관점의 질적 연구

해석주의자들은 단순한 법칙으로 장기간의 생애발달, 복잡한 내적 심리과정, 대인 간 상호작용, 집단역동, 사회현상 등을 설명하려는 시도를 비판한다. 인간이 처한 다양하고 복합적인 사회적 · 문화적 · 역사적 맥락의 특수성에 주목해야 한다고 본다. 해석주의자들은 인간을 대상으로 특정 변인을 단순하게 수량화하여 일반화하는 것을 비판하며, 주로 질적 연구방법을 사용한다.

최근 발달 연구에서도 질적 방법에 대한 관심이 증가하고 있다. 아동을 대상으로 하는 질적 연구는 연구참여자의 언어발달 수준에 따라 면접을 실시하기도 하고, 아동이 있는 자연스러운 맥락예 : 어린이집의 놀이 상황에서 또래들 간의 상호작용이나 교사–아동 간의 상호작용을 문화기술적으로 관찰하기도 하며, 아동이 그린 그림이나 만든 작품 등의 시청각자료를 분석하기도 한다. 교사나 부모를 직접 심층면접하여 아동의 발달에 관한 정보를 얻거나 또는 양육에 관한 경험을 탐색하는 것도 질적 방법을 이용한 발달 연구의 예가 될 수 있다.

2. 발달 연구의 목적

발달 연구는 이론을 바탕으로 하며, 양적 또는 질적 방법을 사용하여 실증적 자료empirical data를 분석하는 검증과정을 거친다. 아동의 발달을 연구한다는 것은 개별 부모의 양육 경험, 직관, 상식의 수준을 넘어 과학적 결과를 산출하기 위함이다. 구체적으로 발달 연구의 목적은 다음과 같다.

1) 기술

기술description이란 연구하는 대상의 특징이나 현상의 과정을 있는 그대로 기록하여 서술하는 것이다. 발달 연구가 필요한 이유 중 하나는 영유아의 연령이 증가함에 따라 신체 및 운동영역, 언어영역, 인지영역, 사회정서영역에서 어떤 변화가 일어나는지를 정확하고 객관적으로 기록하는 것이 중요하기 때문이다. 축적된 기술자료를 통해 보편적인 발달의 과정이 무엇인지 알 수 있고, 평균적인 발달 수준 및 개인차에 대한 지식을 얻을 수 있다. 평균 발달 수준에 대한 정확한 기술은 발달 이상이나 장애 정도를 판단하는 근거가 된다.

2) 설명

발달 연구는 생애 전반에 걸친 변화를 설명하고자 실시된다. 어떤 변화가 언제 나타났는가를 기술한 후, 특정 변화나 현상이 발생하게 된 인과관계와 전후 맥락을 밝히는 것이 설명이다. 예를 들면, 사회성발달 측면에서 또래 인기아와 비인기아가 점차 구분된다. 발달 연구는 왜 어떤 아동이 인기가 있고, 어떤 아동은 소외되는지 원인을 밝혀볼 수 있다. 이러한 발달의 각 영역에서 발생하는 개인차의 원인을 분석하고 설명할 수 있다면 아동에 대한 효과적 지도와 개입이 가능해질 수 있을 것이다.

3) 예측

발달 연구는 앞서 축적한 기술적 정보와 이에 대한 설명을 통해 일정한 법칙을 발견하여 앞으로 발달이 어떻게 전개될 것인지를 예측하기 위해 필요하다. 예를 들어, 유아의 언어발달이 연령에 따라 어떻게 진행되는지를 관찰하여 기술할 수 있다. 또한 언어능력은 생물학적 뇌발달과 환경적 학습자극에 기인한다고 설명할 수 있다. 만일 영양이 결핍되어 뇌발달이 부진하거나 부모로부터 방임되어 적절한 언어적 자극을 받지 못한 유아를 발견한다면 이 유아의 언어발달 수준이 평균보다 낮으리라는 것을 예측할 수 있다. 또한 유아가 평균적 언어발달 수준에 도달하기 위해서는 적절한 영양공급, 뇌발달, 인지적 자극, 학습환경이 필요하다는 전문가적 제안을 할 수 있게 된다.

3. 발달 연구의 접근방법

발달을 연구하는 접근방법에는 대표적으로 종단 연구와 횡단 연구가 있다. 두 가지 접근의 차이는 자료 수집의 반복성 및 연구대상의 동일성 여부라고 할 수 있다.

1) 종단 연구

종단 연구는 동일한 연구대상을 추적하면서 일정한 간격을 두고 반복 측정하여 자료를 수집한다. 이는 연령에 따른 발달 변화를 설명하는 데 유용하다. 예를 들면, 2017년 1월에 3세가 된 유아 1,000명을 표집하여 이들의 대근육운동발달 수준예 : 걷

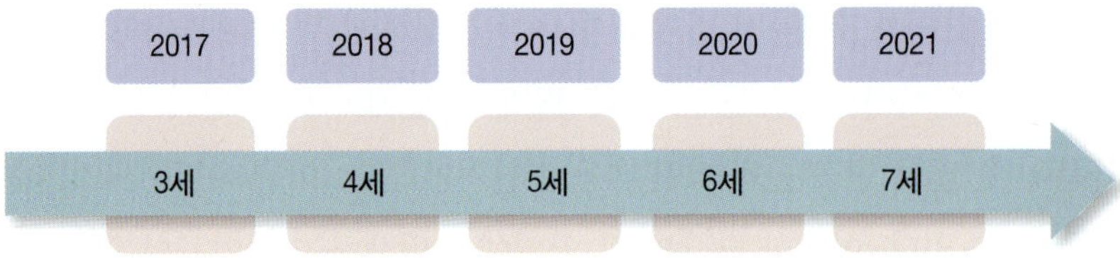

그림 2-1 종단 연구 : 동일집단 추적

출처 : http://sjmilk.tistory.com/66

기, 뛰기, 방향 바꾸기, 자전거 타기, 계단 오르기 등을 측정한다. 이후 매해 1월마다 이들을 다시 찾아가 동일한 검사로 반복 측정한다고 가정하자. 만약 이를 5회 반복한다면 1,000명의 유아가 5년간 나타낸 대근육운동발달의 경과, 평균치, 개인차 등을 구할 수 있을 것이다.

종단 연구는 발달 연구에서 그 효용성이 높으나 현실적인 어려움 때문에 대규모 연구비가 지원되는 경우에 가능하다. 비용이 많이 들고, 장시간 소요되며, 연구대상이 중간에 탈락되는 경향이 높다는 어려움이 있다.

2) 횡단 연구

횡단 연구는 서로 다른 연령의 집단으로부터 동시에 자료를 수집하여 비교하는 접근이다. 종단 연구의 현실적 어려움 때문에 대부분의 발달 연구는 횡단 연구로 이루어져 왔다. 예를 들어, 3세, 5세, 7세 연령의 유아 각 100명씩을 대상으로 2017년 1월 1일에 어휘력 검사를 실시했다고 하자. 이는 동일한 시점에서 각기 다른 연령집단을 비교하는 것으로서 3, 5, 7세의 어휘능력발달이 어떻게 유사하고 어떻게 다른지를 분석하는 데 유용하다.

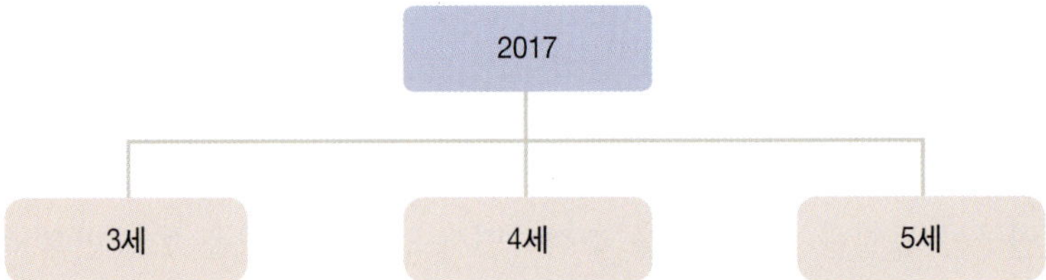

그림 2-2 횡단 연구 : 상이한 집단을 동일 시점에 측정

횡단 연구는 단기간에 다양한 연령층의 대상으로부터 자료를 수집할 수 있어서 시간, 비용, 에너지 면에서 효과성이 높다. 그러나 동일한 대상을 추적한 것이 아니므로 발달 경로를 과도하게 해석해서는 안 된다.

4. 발달 연구의 설계

연구의 설계란 연구문제를 해결하기 위하여 적절한 대상을 모집하고, 자료를 수집하며, 분석방법을 고안하는 구체적인 계획이다. 발달을 연구하는 데 대표적인 연구설계로는 관찰 연구, 조사 연구, 실험 연구를 들 수 있다(조성연, 이정희, 황혜정, 나종혜, 양성은, 2008).

1) 관찰 연구

관찰 연구는 연구자가 직접 현장을 보면서 또는 동영상을 녹화해서 실시한다. 관찰 계획을 세울 때는 무엇을 관찰하고, 어떻게 관찰하며, 관찰한 내용을 어떻게 기록하여 분석할지를 고려한다. 관찰방법은 연구주제와 관련된 사건을 서술형식으로 기록하는 일화기록법부터 구체적인 행동목록을 준비하여 특정 행동이 출현할 때마다 표기하는 행동목록법까지 다양하다. 관찰은 통제된 실험실 상황에서 이루어질

그림 2-3 관찰 연구

수도 있고, 자연적인 상황에서 이루어질 수도 있다.

예를 들어, 어린이집의 놀이실 상황에서 유아의 친사회성에 대한 관찰 연구를 진행할 수 있다. 먼저 친사회성이라는 추상적 개념을 실제 상황에서 찾아내기 위해서는 친사회적 행동을 조작적으로 정의하는 것이 필요하다. 연구자는 선행 연구들을 바탕으로 물건 나누기, 양보하기, 칭찬하기, 공감 표현하기 등으로 친사회적 행동을 규정할 수 있다. 이후 친사회적 행동을 일화식으로 기록할지, 행동목록법이나 평정척도를 이용해 기록할지 결정한다. 관찰법은 언어적 발달이 미숙한 영유아를 대상으로 하는 발달 연구에 효과적이며, 관심 있는 사건이나 행동의 전후 맥락을 파악할 수 있고, 상호작용을 포착할 수 있다는 점에서 유용성이 높다.

2) 실험 연구

실험 연구는 통제된 실험 상황을 설정하여 특정 현상이 발생한 원인을 밝히고, 연구 결과를 일반화하여 유사한 상황에서의 예측을 목적으로 한다. 실험 연구에서는 독립변인과 종속변인 간의 인과관계를 밝히기 위해 가외변인을 통제하는 인위적 상황을 만든다. 실험 연구를 위해서는 실험집단과 통제집단을 설정해야 한다. 실험집단은 처치를 받아서 그 처치의 효과를 나타내는 집단이고, 통제집단은 실험집단과의 비교를 위해 어떤 처치도 받지 않는 집단이다.

예를 들어, 음악 활동이 유아의 사회성에 어떤 영향을 미치는지를 연구한다고 가정하자. 먼저, 출발선을 측정하기 위해 실험집단과 통제집단의 유아를 대상으로 사회성검사를 실시한다. 두 집단의 사회성 수준이 유사하다는 것을 확인한 후 처치를 실시한다. 실험집단 유아에게는 교사가 매일 음악 활동을 30분 이상 실시하고, 통제집단 유아에게는 특별한 활동을 하지 않는다. 음악 활동 이외에 다른 모든 교육 내용은 동일하도록 조절한다. 일정 기간 동안 처치를 지속한 후 두 집단의 유아를 대상으로 사회성검사를 재실시한다. 두 집단의 사후검사 점수를 비교하여 실험집단이 통제집단보다 사회성점수가 높다면 음악 활동이 사회성을 향상시킨다는 결론을 도출할 수 있다.

실험 연구는 원인이 되는 변인을 조작함으로써 인과관계를 규명할 수 있다는 장점이 있다. 하지만 특정 변인을 조작하고 나머지 변인을 통제한다는 가정 자체가 자

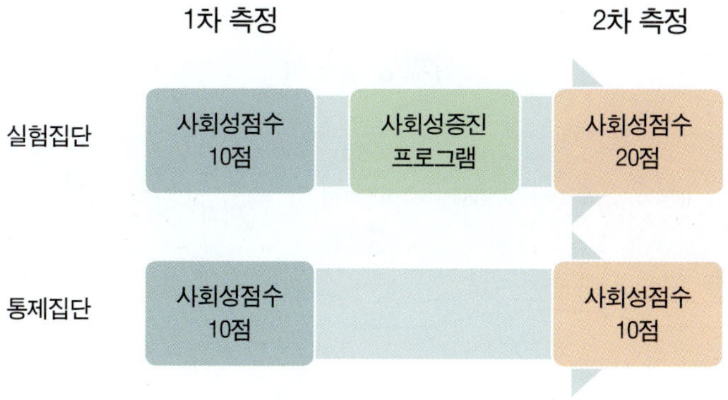

그림 2-4 실험 연구의 예

연스러운 상황에서는 불가능하다. 인간을 대상으로 실험 연구의 결과를 해석할 때는 주의가 요구된다.

3) 조사 연구

조사 연구를 위하여 연구자는 질문목록을 작성하고 연구대상으로부터 필요한 정보를 획득한다. 조사 연구의 대표적 자료 수집방법에는 질문지법과 면접법이 있다. 질문지법은 연구대상이 질문지를 읽고 스스로 응답을 하는 것이 일반적이다. 하지만 언어적 발달이 아직 미숙한 아동을 대상으로 할 때는 부모나 교사가 대신 정보를 제공할 수 있다.

질문지는 전통적으로 지필식 검사였으나 최근 인터넷을 이용해 온라인상에서 작성하는 방법이 확산되고 있다. 질문지법을 실시하기 위해서 중요한 것은 질문지 문항이 변인을 타당하고 신뢰롭게 측정하는지에 대한 검증이다. 질문지법은 단시간에 다수의 연구대상으로부터 자료를 얻을 수 있는 장점이 있다.

조사연구의 또 다른 자료 수집방법으로 면접법을 들 수 있다. 양적 조사 연구에서는 엄격히 구조화된 방식을 따르는데, 연구자가 모든 연구대상에게 동일한 문항을 동일한 순서와 동일한 방식으로 질문을 하여 대답을 기록한다. 한편, 질적 연구에서는 심층면접법을 사용한다. 개방적 질문을 통해 연구참여자의 심리를 분석하는 데 초점을 둔다. 면접은 연구자와 연구대상이 직접 마주하여 대화를 통해 진행하

사회성 질문지

질문	내용	전혀 그렇지 않다	약간 그렇지 않다	보통이다	약간 그렇다	매우 그렇다
12	나는 친구들과 사이좋게 지낸다.					
13	나는 함께 쓰는 물건을 조심히 사용한다.					
14	나는 쓰레기를 아무 곳에나 버리지 않는다.					
15	나는 실내에서 큰소리로 떠들지 않는다.					

그림 2-5 질문지 문항의 예

는 것이 일반적이지만 전화면접을 하는 경우도 있다. 면접은 불확실한 정보를 반복해 질문할 수 있으며, 누락되는 자료가 최소화되고, 연령 제한이 거의 없다는 장점이 있다. 반면, 개별적으로 자료를 수집해야 하므로 시간과 경비가 많이 들며, 면접자가 다수인 경우 면접자들 간의 일치도가 쟁점이 될 수 있다.

5. 발달 연구의 순서

발달 연구는 질적 방법을 사용하는지 양적 방법을 사용하는지에 따라 다소 차이는 있지만, 일반적으로는 다음과 같은 과정을 거친다.

1) 연구주제 선정

발달 연구의 주제는 연구자 개인의 관심, 선행 연구에 대한 검토, 사회적 요구를 고려하여 선정된다. 먼저 연구자는 관심을 가져온 연구주제에 대해 선행 연구나 기존 이론을 고찰해야 한다. 기존 연구의 결과가 정확한지 재검증해 볼 수도 있고, 새로운 상황이나 다른 연구대상에게도 그대로 적용되는지 확장해 볼 수도 있다. 예를 들어, 일본 아동들의 창의성을 분석한 다른 연구자의 선행 연구를 보고, 이 결과가 한국 아동들에게도 적용되는지 확인하기 위해 유사한 절차를 실시해 비교해보는 것도 좋은 연구주제가 된다.

또한 연구자는 현실적인 사회적 요구를 검토하여 연구주제를 선정하게 된다. 예를 들어, 아동학대 사건이 증가하면서 이에 대한 사회적 관심이 높아지고 있다. 연구자는 아동학대를 유발하는 부모의 특성, 학대를 받은 아동의 발달 특성, 이에 대한 전문적 개입방법에 대한 연구를 실시하여 결과를 발표할 수 있다. 연구란 현실과 괴리되어서는 안 되며, 아동과 가족을 위한 실천적 해결방안을 제시할 수 있어야 한다.

2) 선행 연구 고찰

선행 연구 고찰은 연구주제와 관련된 현재까지의 경향성을 파악하는 데 목적이 있다. 연구하고자 하는 주제가 해당 학문 분야에서 현재까지 어떤 방법으로 진행되었고, 일관되게 나타난 결과는 무엇이며, 불일치되어 논쟁이 되는 부분은 무엇이고, 아직까지 다루어지지 않은 내용은 어떤 것인지를 파악하기 위해 기존 자료를 고찰한다.

3) 연구설계 및 실행

선행 연구 고찰을 바탕으로 연구자는 자신의 연구문제와 가설을 설정하고, 연구방법을 선택하여 설계를 실시한다. 연구설계에 따라 연구대상을 모집하고, 자료를 수집한 후 분석하게 된다.

연구대상을 선정하는 과정을 표집sampling이라고 하는데, 이는 연구자가 관심을 갖는 전집population으로부터 표본sample을 추출하는 과정을 말한다. 예를 들어, 우리나라 5세 유아전집의 대근육운동발달에 관심이 있는 연구자가 있다고 가정하자. 본 연구자가 우리나라 5세 유아를 전부 만나는 것은 불가능하기 때문에 이들을 대표하는 소수집단표본의 유아만 선정하여 조사를 하게 된다. 표본으로부터 얻어진 결과로 전집을 설명하는 것을 일반화라고 한다.

연구대상으로부터 자료를 수집하는 방법은 질문지법, 면접법, 관찰법, 실험법 등이 있다. 이를 통해 실증적 자료가 수집되면 자료의 특성에 맞는 분석이 실시된다. 양적 연구자는 자료를 수량화하고, 통계적 방법을 적용하여 분석한다. 반면, 질적 연구자는 자료의 의미를 도출하고, 연구대상이 놓인 사회문화적 맥락에 맞게 해석하는 방식을 취한다.

4) 연구 논문의 작성

자료 분석을 통해 연구문제에 대한 결과를 얻으면 연구 논문 또는 보고서를 작성한다. 논문은 선택한 주제를 연구해야 할 필요성, 선행 연구 조사에 따른 연구문제 설정, 과학적 방법에 따른 자료 수집과 분석, 그리고 결과를 도출한 과정을 체계적으로 기술한 것이다. 논문은 연구 결과가 어떻게 해당 학문 분야에 기여하며, 실용적 측면에서 어떻게 사용될 수 있는지를 제언하게 된다.

6. 연구의 윤리

연구윤리research ethics란 연구자가 연구를 수행하면서 지켜야 할 원칙과 행동 양식을 말한다. 연구윤리는 구체적으로 연구자로서의 연구윤리와 인간을 대상으로 하는 연구윤리로 나누어 볼 수 있다(송하나, 강민주, 신나나, 양성은, 2016).

먼저 연구자로서의 연구윤리에 따라 연구자는 진실성integrity을 확보하여야 한다. 연구진실성과 관련된 원칙에는 정직성, 신중함, 개방성, 자유, 공로credit, 교육, 사회적 책임, 합법성, 기회, 상호존중, 효율성, 연구대상에 대한 존중을 들 수 있다.

- 연구자는 연구 결과를 위조, 변조, 왜곡하지 않고 정직해야 한다.
- 연구자는 연구 시 발생할 수 있는 오류를 최소화하는 신중함을 지녀야 한다.

- 연구자는 자신의 연구과정을 밝히고 타인이 검증할 수 있도록 개방성을 지녀야 한다.
- 연구자는 연구주제를 선정하고 연구방법을 선택할 수 있는 자유를 가져야 한다.
- 연구자는 자신의 공로를 인정받는 동시에 책임도 져야 한다.
- 연구자는 학문 후속세대를 교육할 의무가 있다.
- 연구자는 합법적 테두리 안에서 연구를 진행해야 한다.
- 연구자는 연구에 필요한 자원을 사용할 기회를 부여받아야 한다.
- 연구자는 학문공동체를 건설하고 상호존중해야 한다.
- 연구자는 자원을 낭비 없이 효율적으로 사용해야 한다.
- 인간을 대상으로 하는 연구에서 대상자의 권리 및 존엄성을 침해해서는 안 된다.

이 밖에도 연구자로서의 연구윤리에는 부정행위 금지에 대한 원칙이 있다. 연구 부정행위는 연구개발과제의 제안, 수행, 결과 보고 및 발표 등에서 행해진 위조, 변조, 표절, 부당한 저자 표시, 부당한 중복 게재, 연구 부정행위에 대한 조사 방해행위 등이 있다. 교육부는 연구윤리 확보를 위한 지침2015. 11. 3, 교육부훈령 제153호을 개정하면서 연구자들이 저질러서는 안 되는 부정행위를 명시하였다. 연구자는 지원받은 연구비가 연구 결과의 객관성에 영향을 미치는지, 연구비 집행이 정당하게 이루어지는지, 연구대상에 대한 보호와 존중이 이루어지는지, 자료를 수집하고 분석하며 보관하는 절차가 적절한지, 연구 결과를 공개하고 출판하는 과정이 적절한지, 공동연구의 권리와 책임이 정당하게 지켜지는지, 연구자의 사회적 책임을 묻는 동시에 지적재산권을 보호하는지, 그리고 다양한 이해관계가 충돌할 때 이를 관리하는 시스템이 운영되는지 등을 검토해야 한다. 연구 부정행위가 발생된 경우에는 해당 연구자가 소속된 기관의 연구윤리규정에 따라 후속조치가 취해진다.

한편, 연구대상이 인간인 경우에는 인간대상 연구윤리를 반드시 준수해야 한다. '생명윤리 및 안전에 관한 법률'2015. 12. 29, 법률 제13651호 제2조 제1호에서는 인간을 대상으로 대인 간 상호작용을 통하여 수행하는 연구 또는 개인을 식별할 수 있는 정보를 이용하는 연구를 인간대상 연구로 정의한다. 해당 법률이 강조한 내용의 핵심은 연구가 인간의 존엄과 가치를 침해해서는 안 되며, 연구대상자의 인권과 복지가 우선적으로 고려되어야 한다는 것이다. 구체적으로는 다음과 같은 내용으로 정리해 볼 수 있다.

첫째, 연구는 대상자들의 자발적 참여를 원칙으로 한다. 연구자는 연구대상자에게 연구의 목적, 자료 수집방법, 예상되는 위험 등에 관한 구체적인 정보를 제공한 후 이들의 자발적인 참여 동의를 받아야 한다. 연구대상이 비록 아동일지라도 참여 의사를 구두로 확인해야 하며, 만일 읽고 쓰기를 할 수 있는 연령이면 서면동의를 받는 것이 바람직하다. 특히, 아동은 미성년자이므로 반드시 부모보호자의 동의가 필요하다. 연구가 진행되는 과정에서 연구대상자가 참여를 중단하고자 할 때도 연구대상자의 자율성이 존중되어야 한다.

둘째, 연구는 대상자들의 비밀을 보장해야 한다. 연구대상자의 사생활이 보호되어야 하며, 사생활을 침해할 수 있는 개인정보는 당사자가 동의하거나 법률에 특별한 규정이 있는 경우를 제외하고는 비밀로서 지켜져야 한다. 연구대상의 사적 자료가 유출되지 않도록 수집 및 보관에 주의해야 하며, 일정 기간이 경과되면 수집한 자료는 폐기하는 것이 바람직하다. 아동이 자료 수집 때 연구자에게 한 이야기를 부모나 어린이집에 노출하는 것이 아동의 권리에 위배된다는 것도 숙지해야 한다.

셋째, 연구는 무해no harm의 원칙을 바탕으로 해야 한다. 즉, 연구대상자의 신체적 · 정서적 · 사회적 안전이 충분히 고려되어야 하며, 위험을 최소화해야 한다.

넷째, 연구대상이 취약한 환경에 있는 개인이나 집단인 경우 이들을 보호하기 위한 추가적인 보안책이 필요하다. 취약대상으로는 미성년자, 노인, 장애인 등을 예로 들 수 있다. 취약대상을 연구에 참여시키기 위해서는 이들의 보호자로부터 연구 참여에 대한 서면동의를 받는 것이 필요하다.

인간대상 연구에 참여하는 연구대상의 권리, 안전, 복지를 보호하기 위해 연구를 수행하는 교육기관, 연구기관, 병원 등에서는 독립적으로 기관생명윤리위원회 Institutional Review Board : IRB를 설치해야 한다. 인간을 대상으로 하는 연구를 계획하고 수행하려는 경우, 연구자는 소속기관 IRB의 심의를 거쳐 승인을 받아야 연구에 착수할 수 있다. IRB에서는 소속 연구자들이 수행하는 모든 연구 계획의 윤리적 측면, 과학적 타당성, 연구대상자로부터 적법한 절차에 따라 동의를 받았는지 여부, 연구대상자의 안전에 관한 사항, 연구대상자의 개인정보보호 대책 등을 심의하고, 승인된 연구의 수행 및 결과를 조사하며, 연구자를 위한 윤리지침 마련 등의 업무를 수행한다.

연구 설명문 및 참여 동의서

연구 제목	
연구기관/부서 및 주소	
연구자 성명, 소속 및 연락처	연구책임자, 공동연구원 등(동의서 서명 연구원 포함)

연구 참여 권유

본 연구자는 귀하에게 (   )에 관한 연구에 참여하시길 요청합니다. 본 설명문은 연구 참여를 결정하는 데 도움이 되도록 연구의 목적, 내용, 위험(불편감), 이익, 귀하의 정보를 포함한 자료관리 등에 대한 내용을 포함하고 있습니다. 주의 깊게 읽으신 후 궁금한 점이나 분명치 않은 점이 있으면 질문하여 주십시오.

1. 연구의 배경 및 목적

2. 연구방법 및 절차

연구기간, 대상자 수, 자료 수집 절차, 자료 수집 도구 등(질적 연구 시에는 면담 시 녹취, 동영상 촬영 가능성에 대한 정보, 면담 시 이용될 질문 목록 등을 포함)

3. 불편감, 위험 및 이익 가능성

- 신체적, 심리적 불편감 및 위험, 연구 참여에 소요되는 시간
- 안전사고 발생 시 절차 및 사고 처리에 소요되는 비용 지불의 주체
- 연구 참여에 따른 금전적 보상 유무와 정도

4. 연구 참여와 중지 : 자발적 참여 및 중단, 동의 철회, 연구자 측에 의해 연구가 중지될 수 있음 등

5. 개인 정보 및 비밀 보장 : 개인정보보호, 사생활/익명성 보장, 자료관리, 보관기간(연구 종료 후 3년까지 보관 후 폐기가 원칙) 등

6. 연구 관련 문의 : 연구 관련 문의는 연구자에게(24시간 연락 가능한 연락처 포함), 대상자의 안녕 및 권익에 대한 문의는 인하대학교 기관생명윤리위원회(032-860-9158)로 하도록 안내

귀하께서 연구 참여에 동의하신다면 아래 부분에 서명을 하십시오.

연구 참여자 성명		서명		서명일	
부모/법정대리인 성명 (해당 없을 시 행 삭제)		서명		서명일	
연구자 성명		서명		서명일	

그림 2-6 인하대학교 IRB 연구동의서 샘플

PART 2
생의 시작

제2부에서는 태내에서 생명이 시작되는 인간발달의 첫 순간부터 신생아기까지 생의 초기 발달에 대한 내용을 다룬다. 제3장에서는 생명의 시작, 태내 발달과 그에 영향을 미치는 요인과 태내기 발달을 위한 부모의 역할을 살펴보고 있다. 제4장에서는 출산과 신생아, 그리고 이 시기의 부모역할에 대해 알아본다. 이 장들을 통해 생의 초기 발달의 특징을 이해하여 영유아발달의 기반을 형성하는 데 도움을 주고자 한다.

CHAPTER 03

태내기 발달

1. 생명의 시작 | 2. 태내 발달 | 3. 태내 발달에 영향을 미치는 요인 |
4. 태내기 발달을 위한 부모의 역할

Chapter 03

인간의 생명은 어머니의 자궁에서 정자와 난자가 만나 수정이 이루어지는 순간부터 시작된다. 태아는 이후 약 280일을 어머니의 자궁 안에서 보내게 되는데, 이 시기를 태내기라고 한다. 태내기는 수정된 세포가 세포분열을 통해 점차 눈, 귀, 팔다리, 내장기관 등 신체기관을 형성하고 기능을 갖춰가면서 한 인간이 되어가는 극적인 변화의 시기이자 인간발달의 최초 단계이다. 태내기 환경이 출생 이후의 성장과 발달에도 큰 영향을 미친다는 점이 알려지면서 태내 발달의 중요성이 더욱 부각되고 있다. 이러한 사실은 유전학과 태아에 대한 연구가 발전, 누적되며 그 중요성이 더욱 강조되고 있다. 본 장에서는 생명이 어떻게 시작되며, 태내 발달의 단계와 태내 발달에 영향을 미치는 요인, 태내기 발달을 위한 부모의 역할에 대하여 살펴보겠다.

1. 생명의 시작

1) 유전

인간은 태어날 때 부모로부터 신체 및 성격적 특성을 물려받는데, 이를 유전이라고 한다. 부모로부터 자녀에게 전달되는 특성이나 기질을 유전인자gene라고 하며, 이것은 염색체chromosome 속에 들어 있다. 인간뿐 아니라, 모든 종種은 한 세대에서 다음 세대로 특성을 전달하는 유전 법칙이라는 기제를 가지고 있다. 모든 인간이 다른 동물로부터 구분되는 것은 인간 종種 특유의 염색체를 가지고 있기 때문이며, 인간 개인별로 서로 다른 것은 사람마다 염색체 속에 각기 다른 유전인자를 지니고 있기 때문이다.

(1) 유전의 기초

염색체는 DNA의 결합으로 이루어진다. DNA는 나선형 계단 모양을 하고 있는데, 계단의 난간처럼 보이는 DNA의 긴 두 줄의 나선은 계단과 같은 짧은 가닥으로 연결되어 있다. 이 짧은 가닥의 구성 성분에 따라 DNA의 유전인자 배열이나 특성이 달라지는 것이다.

생식세포인 난자와 정자를 제외하고 인간을 구성하는 모든 세포는 46개, 23쌍의 염색체를 가지고 있다. 난자와 정자는 각각 23개의 염색체를 가지고 있으며, 난자와 정자가 합쳐 수정란이 되면서 다시 46개, 23쌍의 염색체를 가지게 된다.

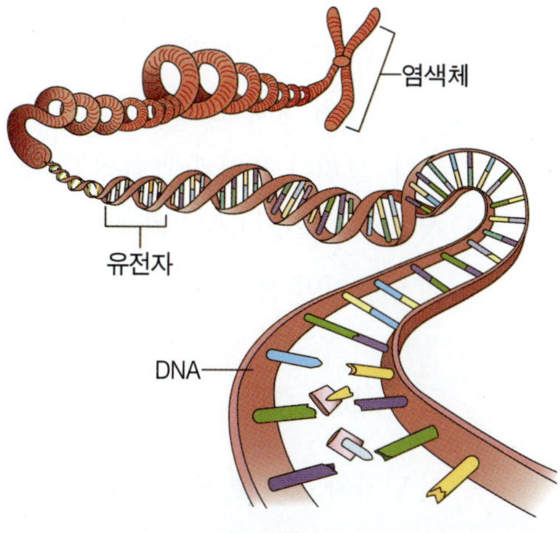

그림 3-1 나선형 계단 모양의 DNA와 DNA가 결합해서 구성된 염색체

개인마다의 독특한 염색체의 유전인자 구성과 배치를 유전형genotype이라 하는데, 실제로 겉으로 드러나 관찰할 수 있는 개인의 특성은 표현형phenotype이라 한다.

유전의 법칙에는 표현형으로 나타나는

표 3-1 우성인자와 열성인자의 예

우성인자	열성인자
검은 머리카락	갈색 머리카락
정상모	대머리
곱슬모	직모
빨간 머리카락 외	빨간 머리카락
보조개	보조개 없음
정상 청력	청각장애
정상 시력	근시
원시	정상 시력
혈액 A형	혈액 O형
혈액 B형	혈액 O형
Rh+형	Rh−형

출처 : Berk(2005)에서 일부 발췌.

우성인자와 나타나지 않는 열성인자가 있다. 부모로부터 우성과 열성, 두 인자를 모두 받은 자녀는 우성인자가 표현형으로 나타나지만, 열성 유전자만을 전해 받은 자녀는 열성인자가 표현형이 된다.

유전적 차이에서 나타나는 인간의 특성은 그 영역에 따라 다르다. 표 3−1에서 보는 것처럼 신체적인 특징은 대부분 유전에 의해 결정되나 정신병은 유전과 0.3~0.5의 정적 상관을 보이며, 지능이나 기질은 유전과의 상관이 0.5~0.8 정도로 높다. 그러나 유전과 관련된 더 많은 연구가 진행된 현재, 인간의 유전의 법칙은 우성인자와 열성인자의 기제만으로 설명하는 것보다 훨씬 더 복잡하게 작용한다는 것이 일반적인 견해이다.

(2) 성별의 결정

난자와 정자를 제외한 신체의 어느 세포 속에나 존재하는 염색체는 23쌍으로, 그 중 22쌍은 상염색체이며, 마지막 23번째 쌍은 성염색체이다. 이 성염색체에 의해 성별이 정해지게 된다.

수정 시 난자와 정자로부터 각각 23개씩 새로운 46개의 염색체 배합이 만들어진

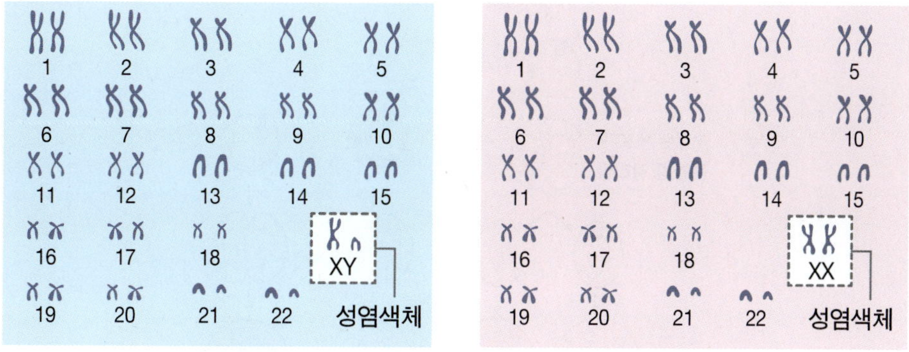

남자의 염색체　　　　여자의 염색체

그림 3-2 염색체 배합에 따른 성별의 결정

다. 여성의 난자는 X 염색체만 가지고 있으나, 남성의 정자는 X 염색체와 Y 염색체를 반반씩 가지고 있다. 따라서 난자와 정자가 결합할 때 X 염색체를 가지고 있는 정자와 난자가 만나면 XX로 여아가 태어나고, Y 염색체를 가지고 있는 정자와 난자가 만나면 XY로 남아가 태어나는 것이다. 즉, 정자가 가지고 있는 성염색체에 따라 성별이 정해지는 것이다.

정자의 절반은 X 염색체를 가지고 있고, 나머지 절반은 Y 염색체를 가지고 있으므로 산술적으로는 남아 또는 여아로 성이 결정될 확률은 50 : 50으로 동일하다. 그런데 Y 염색체를 가진 정자가 X 염색체를 가진 정자보다 쉽게 난자와 결합하므로, 수정 시에는 남녀의 비율이 130 : 100 정도이다. 그러나 유전자의 결함이나 자연유산의 위험이 남아의 경우가 더 높기 때문에 출생 시 남녀의 비율은 106 : 100 정도가 된다(정옥분, 2015).

(3) 쌍생아

일반적으로 임신은 한 개의 난자와 한 개의 정자가 만나 하나의 수정란으로 시작되어 한 명의 아이가 탄생하게 된다. 그러나 쌍생아가 태어나는 경우도 있다. 쌍생아는 일란성 쌍생아와 이란성 쌍생아가 있다.

일란성 쌍생아는 그림 3-3에서 보듯이 한 개의 난자와 한 개의 정자가 수정된 수정란이 발달 초기에 2개의 배아로 분할되어 따로 성장하게 된다. 같은 유전인자를

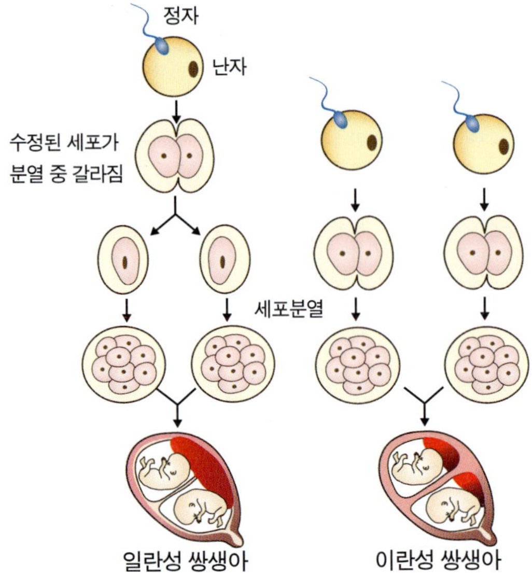

그림 3-3 일란성 쌍생아와 이란성 쌍생아의 수정과정

공유하기에 유전적으로 동일하여 신체적 · 성격적 특성이 유사하며 수정과정에서 성염색체가 이미 결정된 뒤에 나뉘어 발생한 것이기 때문에 같은 성별이다. 하지만 수정란이 분리될 때 유전물질이 정확하게 나누어지는 것은 아니기 때문에 외모상으로 100% 똑같은 모습은 아니다.

이란성 쌍생아는 두 개의 난자가 배출되어 두 개의 정자와 각각 수정된 후 태내에서 성장하여 태어나는 경우이다. 약 50%의 유전물질을 공유하여 외현적으로 서로 다르며, 성별도 다를 수 있다. 이란성 쌍생아는 가족력이나 인종에 따라 그 출산 비율이 다르다고 알려져 있다. 최근에는 난임 시술기술이 발전하며, 임신의 성공률을 높이기 위해 과배란을 유도하면서 난자를 많이 배출시켜 이란성 쌍생아가 많이 태어나고 있다.

2) 수정

인간 생명의 시작은 어머니의 몸에서 세상으로 나오는 탄생의 순간보다 훨씬 이전부터 시작된다. 난자와 정자가 여성의 생식관에서 결합하는 그 순간부터 생명이 시작되는데, 이 결합을 수정이라고 한다.

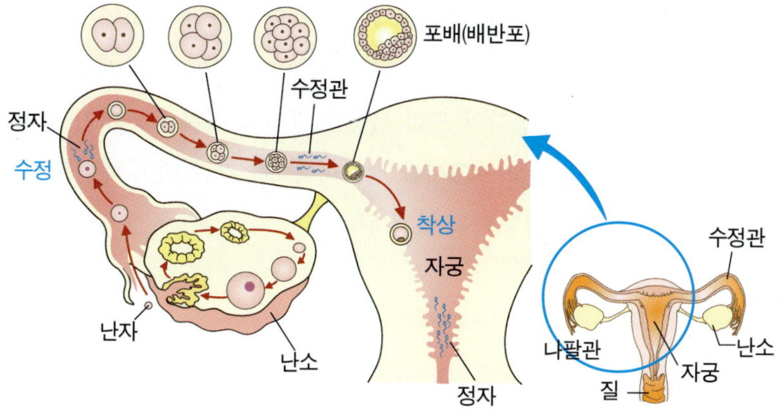

그림 3-4 배란에서 착상까지

난자는 둥근 모양의 직경 0.14~0.2mm로 그 크기가 인체에서 가장 큰 세포이다(김영옥, 백혜리, 최미숙, 황윤세, 2012). 난자는 성숙한 여성의 월경주기보통 28일의 중간에 두 개의 난소에서 한 개씩 순서를 번갈아가며 배출되는데, 이것을 배란이라고 한다. 배란된 난자는 스스로 움직일 수 없으나 나팔관 속 융모의 수축운동으로 자궁까지 갈 수 있다. 배란된 난자의 생존기간은 약 24시간 정도이며, 이때에 난자가 정자를 만나면 수정이 이루어진다(그림 3-4).

정자는 긴 꼬리를 가진 올챙이 모양이며 크기가 난자의 약 40분의 1로 난자보다 훨씬 작다. 한 번에 사정되는 정액 속에 들어 있는 정자의 수는 평균 4억~5억 개 정도로 여성의 질 속으로 사정되면 꼬리 운동과 근육의 수축, 호르몬의 영향으로 자궁

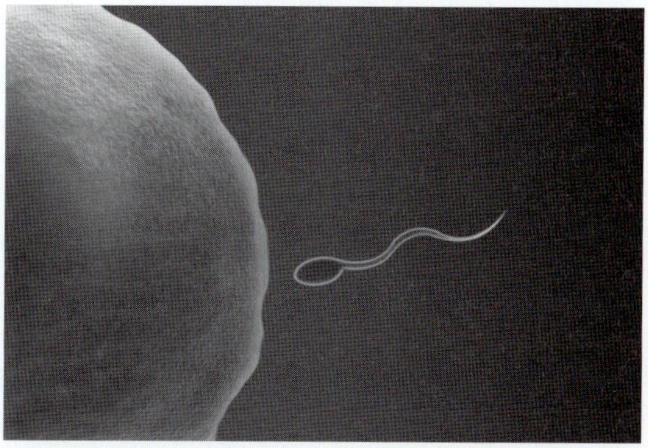

그림 3-5 난자를 향해 돌진한 정자는 단 한 마리만 난자와 결합을 이룬다.

을 거쳐 나팔관까지 헤엄쳐 간다. 헤엄쳐 간 정자 중 하나만 난소에서 배란되어 내려오고 있던 난자와 결합을 하게 된다(그림 3–5). 이 과정에서 한 개의 정자만 난자의 세포막을 뚫고 들어가면 정자의 꼬리 부분은 잘리고 정자와 난자가 결합하여 수정란이 된다. 정자의 수명은 48~72시간 정도이다. 이 기간 내에 배란된 난자와 수정이 이루어지지 않으면 수정능력을 잃게 된다.

3) 착상

착상은 수정란이 자궁내막에 파고 들어가서 혈관 속에 달라붙는 현상으로 이때부터를 '임신'이라고 본다. 배란에서 수정까지 걸리는 시간이 24시간이며, 수정 후

임신 자각증상

새로운 생명은 출생까지 모체 안에서 극적인 발달과 성장을 하게 된다. 이러한 생명체를 품고 있는 한 여성의 몸은 이 생명을 태내에서 보호하고 성장시키기 위해 그에 맞는 준비를 한다. 호르몬과 자율신경의 변화가 그 대표적인 것으로 이로 인해 모체는 다음과 같은 여러 신체적 · 정서적인 변화가 나타난다.

- 생리를 하지 않는다 : 생리는 배란이 된 난자가 착상되지 못했을 때 자궁의 내막에서 떨어져 나오면서 일어나는 현상으로, 생리가 멈추는 것은 임신을 알리는 대표 신호이다.
- 이유 없이 피곤하고 졸립다 : 여성 호르몬인 프로게스테론의 영향으로 나타나는 증상이며, 이는 새로운 생명을 보호해야 하는 임산부의 몸을 위한 자연스러운 변화이다.
- 감기에 걸린 것처럼 체온이 높아진다 : 임신을 하면 황체호르몬이나 자율신경의 변화로, 평소 생리 예정일이 되면 내려가던 체온이 내려가지 않고 계속 평균 이상으로 유지된다. 37.2~37.3℃의 미열이 18일 이상 계속되면 임신일 가능성이 매우 높다.
- 가슴이 붓는 느낌이고 아프다 : 유선의 발달과 호르몬의 영향으로 생리 때처럼 유방이 단단해지고 아프다.
- 입덧을 한다 : 가벼운 구토증상이 나타나거나 구토증상은 없으나 메스꺼움을 느끼기도 한다.
- 소변을 자주 본다 : 임신으로 인해 커진 자궁이 방광을 압박해서 일어나는 증상이다.

이러한 증상은 임신을 생각해 볼 수 있는 것이지만 임신이 이러한 증상을 모두 수반하지 않을 수도 있고, 반대로 이러한 증상이 나타나도 임신이 아닌 다른 원인에 의한 것일 수 있으므로, 임신의 정확한 판단에는 의사의 진단이 필요하다.

출처 : 강중구, 고재환, 김영훈, 김은성, 김진영, 노정래, 박문일, 이정재, 임옥룡(2007).

자궁에 착상하는 데 약 일주일 정도가 소요된다. 수정란으로 시작된 하나의 생명체에는 정자와 난자에 있던 아버지와 어머니의 유전적 정보를 지니고 키, 피부색, 머리카락 모양 등 대부분의 유전적 형질이 결정되어 빠른 속도로 성장해 나간다. 수정된 날로부터 출생까지 태아는 자궁 안에서 태반을 통해 영양을 공급받으며 성장하게 된다.

2. 태내 발달

태내 발달prenatal development은 수정의 순간에서 출산에 이르기까지 약 280일, 40주 동안으로 출생 이후의 다른 어떤 시기보다 빠른 발달 속도와 극적인 발달과정을 거친다. 태아의 발달단계는 발아기germinal stage, 배아기embryonic stage, 태아기fetal stage의 세 단계로 나누어진다.

1) 발아기

발아기는 배종기, 배란기라고도 하며, 수정이 된 순간부터 수정란이 자궁벽에 착상되기 전까지 약 2주 동안을 의미한다. 수정란이 아기가 되기까지 거쳐야 할 첫 번째 과정은 양적 성장이다. 인체를 이루는 세포의 개수는 약 50조~120조 개에 이른다. 단 하나의 수정란이 이 정도의 개수로 불어나기 위해서 수정란은 수정 즉시 2분 분열을 시작한다. 세포의 크기가 커지지는 않고, 분할이 일어나는 것으로 그

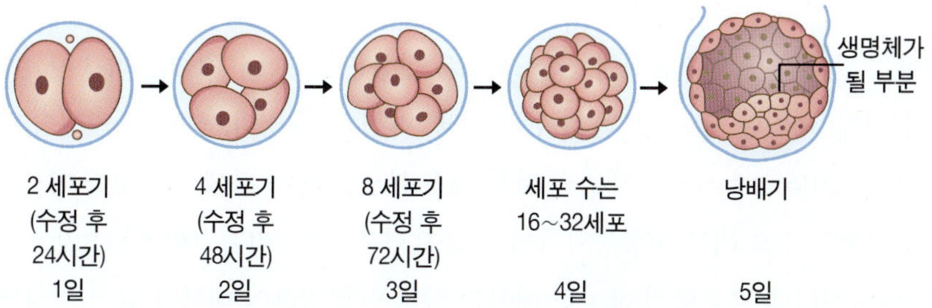

그림 3-6 수정란에서 낭배기까지 세포분열을 거듭하는 모습

림 3-6에서 보듯이, 2일 후에는 4개의 세포로, 그리고 수정 후 1주일이 지나면 약 100~150개의 세포로 분열된다(정옥분, 2015).

이 시기에는 두 가지 측면에서 중요한 발달이 일어난다. 첫째, 앞서 말한 계속되는 세포분열을 거듭하는 것이고, 둘째, 수정이 된 후 수정란은 세포분열을 하는 동시에 나팔관 내부의 융모 운동과 나팔관의 수축작용으로 3~4일 정도 후에는 자궁 속으로 내려와 1~2일 정도 떠돌아다니게 된다. 이후 수정란은 정착을 하게 되는데, 이를 착상이라 한다(그림 3-4 참조). 배란기 난자의 배출 후 착상까지는 10~14일 정도 걸리며 여성은 자신의 몸 속에서 이러한 변화를 전혀 느끼지 못한다. 착상과 동시에 발아기는 끝나고 배아기가 시작된다.

2) 배아기

배아기는 수정란이 자궁벽에 착상한 때인 수정 후 3주차부터 8주까지의 시기이며, 이전까지 자유롭게 떠다니던 수정란이 자궁벽에 착상하여 어머니에게 의존적인 관계를 형성하게 된다. 또한 인간으로서 필요한 대부분의 주요 기관과 신경계통이 분화되고 형성되는 시기이다. 자궁벽에 착상한 배아는 외배엽etcoserm, 내배엽endoderm, 중배엽mesoderm의 순으로 세 개의 분리된 층으로 분화된다. 각 부분은 이후에 다음과 같은 신체의 주요 기관과 신경조직이 되므로, 인간이 갖추어야 할 신체기관과 조직은 이 시기에 모두 형성되는 것이다.

- 내배엽 : 소화기관, 호흡기관, 간, 췌장, 내장 등의 신체 내부기관으로 발달
- 중배엽 : 순환기관, 생식기관, 배설기관, 근육, 골격 등으로 발달
- 외배엽 : 피부, 손톱, 발톱, 머리카락, 신경계, 감각기관, 뇌, 척수 등으로 발달

배아기 말이 되면 엄지손가락만한 크기로, 신장은 3~4cm, 체중은 약 14g 정도로 작지만(이영, 이미란, 홍희영, 한성희, 민성혜, 박신진, 유영미, 신혜원, 민현숙, 정지나, 문영경, 2015), 이 시기는 배아의 빠른 세포 분열을 통해 위에서 설명한 대로 신경계통과 신체의 주요 기관이 형성되기에 그 중요성은 매우 크다(그림 3-11 참조).

또한 이 시기에 자궁벽에 착상된 배아는 양막을 형성하여 태아를 감싸고 양막 속은 양수로 가득 차게 되어 외부의 충격으로부터 태아를 보호하고 적절한 온도를 유

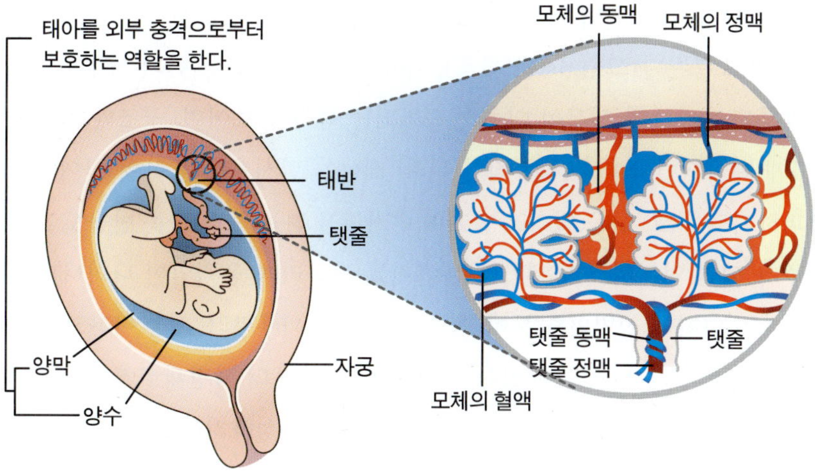

그림 3-7 태반과 탯줄

지시켜주는 기능을 한다. 또한 태반을 형성하는 동시에 탯줄이 발달하여 태아를 자궁벽의 태반과 연결시켜준다. 이를 통해 어머니의 혈액 속의 영양분이 태반을 통해 태아에게 전달되어 생명을 유지하게 해주고, 태아로부터 배출된 배설물도 태반을 통해 어머니의 몸으로 와서 배출된다.

이뿐만 아니라 태아에게 나쁜 영향을 줄 수 있는 니코틴이나 알코올 등의 약물, 풍진 등의 병균 등도 태반을 통해 태아에게 전달되기도 한다(정옥분, 2015). 따라서 태내 환경에 각별한 주의가 필요한 시기이다. 앞서 설명한 대로 이 시기에는 신체구조나 신경계 발달이 형성되므로 이를 저해하는 사건이 발생하면 출생 이전부터 영구적인 손상을 입기 쉽다는 것이다.

한편, 배아기는 모체가 태아의 존재에 대해 적응하는 시기이다. 임신한 여성들 중 상당수가 메슥거림과 구토 등의 입덧을 경험하게 된다. 입덧의 원인은 분명하게 밝혀져 있지는 않지만 태반에서 나오는 물질에 대한 거부반응의 하나로 설명된다. 대부분 임신 5~6주 사이에 시작되며, 16~18주가 되면 사라진다.

3) 태아기

흔히 수정이 되고 난 후부터 태어나기 전까지를 태아라고 부르기도 하나, 엄격하게 말하면 태아기는 9주부터 출생할 때까지의 기간으로 이 시기는 배아가 성장한 태아fetus라고 부른다(그림 3-11 참조). 태아기에는 새로운 기관의 형성보다는 배아기에 발달된 기관들의 성장이 더욱 가속화되는 특징을 보이며, 구조와 기능이 보다 정교하게 획득되면서 더욱 활동적이 된다. 태아는 반사운동을 하여 빛이나 자극이 오면 피하기도 하고, 입을 벌리고 삼키며 손가락을 빠는 등의 생존 반응도 보인다.

12주가 되면 인체의 모양새가 갖추어지고 팔다리의 움직임이 나타나며 남녀의 외부 성기가 나타나 성별의 구분이 가능하다. 16주 이후부터 '태동'이라고 하는 태아의 움직임을 어머니가 느낄 수 있다. 태아를 이전보다 더 생명체로 느끼고 능동적으로 표현하는 존재로 인식하는 계기가 되어 교감을 형성하려고 노력하게 된다. 태아의 움직임은 모체의 정서상태와 연관이 깊다. 어머니가 스트레스나 기타 여러 요인 등에 의해 공포, 불안과 같은 부정적인 정서를 느끼는 경우 태아의 움직임이 활발해지기도 하고 느려지기도 한다(이영 외, 2015). 20주경 태반이 완성되므로 유산의 위험이 이전보다 상대적으로 적어진다. 태아는 태반을 통해 어머니의 면역성을 얻어 출생 후 6개월경까지 여러 질병에 대한 저항력을 지니게 된다.

24주경 손가락을 빨기 시작하여 출생 후 모유를 먹기 위한 준비로 '빨기'와 '삼키기'를 한다. 28주가 되면 태아는 미숙아로 태어난다 하더라도 인큐베이터에서 양육이 가능할 정도로 충분히 성장하게 된다. 일반적으로 체중이 1.5kg 정도이면 생존이 가능하고, 2.3kg 이상이면 인큐베이터에서 양육하지 않아도 된다(정옥분, 2015).

태아기 마지막 3개월 동안, 태아의 체중은 급격히 증가한다. 그로 인해 태아는 점차 자궁 내에서 더 많은 자리를 차지하게 되어, 상대적으로 움직임을 위한 공간이 줄어들게 된다. 출생 1주일 전 태아의 평균 몸무게는 3~4kg, 키는 약 50cm에 도달한다. 36주경에는 대부분의 태아가 머리가 아래로 간 자세로 정착하게 된다. 이는

표 3-2 태내 발달단계별 주요 변화

단계	기간(임신 이후)	주요 변화
발아기	0~2주	수정란이 세포분열하여 접합자가 자궁벽에 착상
배아기	3~8주	대부분의 기관과 신경이 형성됨
태아기	9~38주	• 신체 크기에 있어 매우 빠른 성장을 보임 • 모든 신체 기능이 작동하기 시작

출처 : 이영 외(2013).

자궁 내에서 가장 많은 자리를 확보하도록 해주고, 출산을 보다 쉽게 할 수 있는 자세이기 때문이다.

태내 발달단계별 주요 변화 양상을 표 3-2에 제시하였다.

3. 태내 발달에 영향을 미치는 요인

태내 환경은 외부로부터 자극이 어느 정도 차단되는 비교적 안전한 곳이다. 그러나 태내 환경이 적절하지 못한 경우, 그 영향은 태아에게 치명적인 것이 될 수 있다. 특히, 기본적인 신체 조직과 신경이 형성되는 태내기 초기 2~3개월은 자궁 내의 작은 변화에도 매우 민감하므로 각별히 주의해야 한다. 또한 대부분의 아기들이 정상아로 태어나지만 일부 아기들은 선천적인 결함을 가지고 태어나기도 한다. 태내 발달에 영향을 미치는 요인은 크게 유전적인 요인과 환경적인 요인이 있으며, 유전적인 요인은 유전인자 이상과 염색체 이상으로 나누어진다.

1) 유전적 요인

(1) 유전인자 이상

유전인자의 이상은 부모로부터 유전적 손상을 지니고 있는 한 개의 유전인자를 물려받아 나타나는 것으로, 우성인자와 열성인자에 대한 결함으로 나누어진다. 먼저 우성인자에 의한 질병은 열성인자의 결함보다 드물다. 그러나 보유하고 있어도 표현되지 않을 수 있는 열성인자의 결함과는 달리, 결함이 있는 경우 반드시 발병하게 된다. 이러한 질병의 대부분은 오래 살지 못해 자녀를 낳지 못하며 본인을 마지막으로 가계 유전에서 제거된다(Berk, 2015). 우성인자에 의한 대표적 질병은 '헌팅턴병Huntington Disease'이 있다. 이는 4번 염색체의 우성인자에 의한 유전병으로, 본인도 질병에 대해 모르다가 자녀에게 우성 유전인자를 전달한 뒤인 35~40세 이후가 되어서 발병하기 때문에 이 질환은 유전에 의해 계속된다. 주요 증상은 중추신경계의 퇴화로 인해 신경세포가 파괴되면서 근육경련, 우울증을 보이고, 자신의 의지와

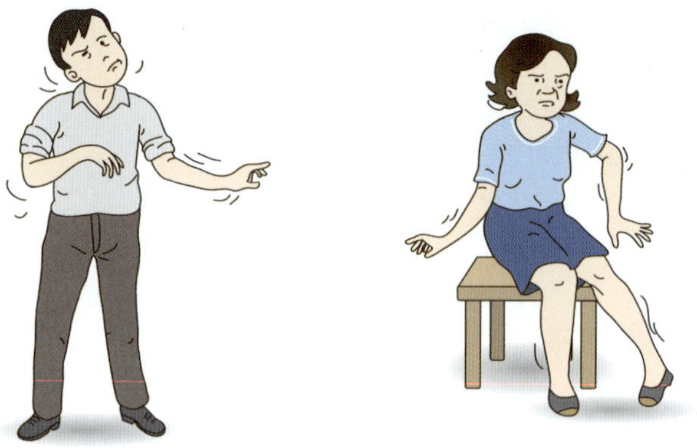

그림 3-8 헌팅턴병의 예

관계없이 걸을 때 팔다리를 흐느적거린다(DeHart, Sroufe, & Cooper, 2004).

유전인자에 의한 이상의 대부분은 열성인자에 의한 것이다. 이 경우 양쪽 부모로부터 모두 열성인자를 물려받았을 경우 나타나고, 한쪽 부모만 결함이 있는 열성인자를 가지고 있는 경우 자녀는 그 결함을 보유하되 나타나지는 않는다. 열성인자에 의한 질병 중 가장 많이 나타나는 것은 '페닐케톤뇨증Phenylketonuria : PKU'이다. 신생아 만 명당 한 명의 비율로 발병한다. 이는 효소의 결핍으로 인해 페닐알라닌을 체내에서 분해하지 못해서 독성이 신경조직에 축적되어 신경계에 손상을 일으켜 지적장애와 운동장애가 나타난다. 이 밖에 '타이삭스병Tay-sacks Disease', '백색증Albinism', '낭포성 섬유증Cystic Fibrosis', '시클세포 빈혈증Sickle-cell Anemia' 모두 열성인자에 의한 질병이다. 열성인자에 의한 질환의 경우 그 보인자를 가지고 있는지 여부를 임신 중인 예비 부모의 혈액검사나 유전자 분석으로 진단 가능하다(Berk, 2015).

(2) 염색체 이상

염색체의 이상이 발달문제의 주요 원인이 되기도 한다. 대부분의 염색체 이상은 난자와 정자가 생성되는 감수분열 시의 오류에 기인하여, 염색체의 수 또는 조합의 이상으로 결함이 나타난다. 염색체 이상에 의한 결함의 원인도 상염색체 이상과 성염색체 이상에서 기인한 것으로 나누어진다.

① 상염색체 이상

그림 3-9 다운증후군 남자의 모습

먼저 상염색체의 결함으로 인한 질병을 살펴보면, 가장 흔히 나타나는 이상이 800명 중 한 명의 비율로 나타나는 다운증후군Down syndrome이다. 1866년 다운Landon Down이 발견하여 발견자의 이름을 따서 다운증후군이라 명명하였다. 이는 23쌍의 상염색체 중 21번째 염색체가 한 쌍이 아니라 3개가 되어 전체 염색체의 수가 47개인 경우이다. 다운증후군은 출생 후 2년 이내에 결함이 나타나기 시작한다. 지적장애와 언어문제를 가지고 있으며, 신체적 특징으로 구분된다. 목이 짧고 굵으며 얼굴이 둥글고 납작하다. 또 코가 낮고, 미간이 넓으며, 눈꼬리가 올라가 있다.

다운증후군의 원인으로 어머니의 연령이 지적되고 있다. 그림 3-10은 어머니의 나이가 많을수록 다운증후군이 증가하며, 만 35세 이후에 극적으로 증가하는 것

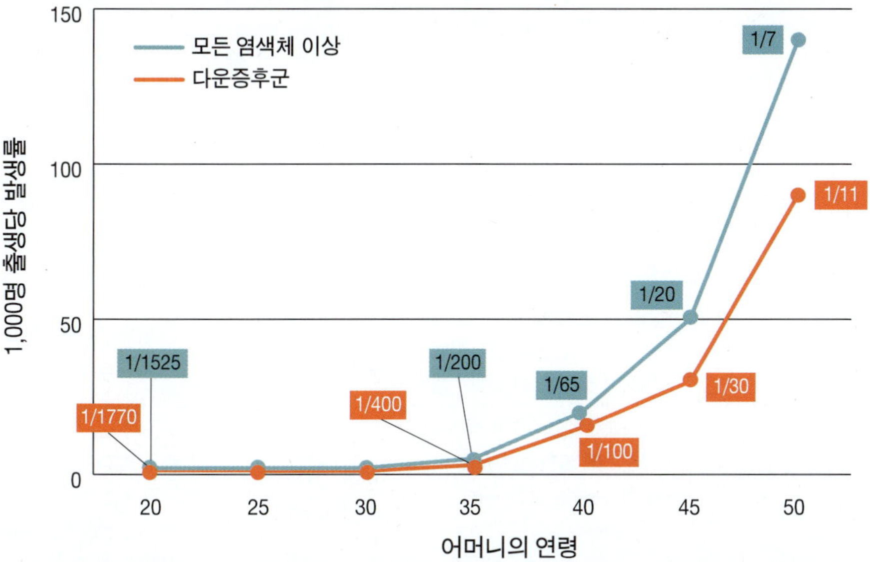

그림 3-10 어머니 연령에 따른 다운증후군과 모든 염색체 이상 위험성

출처 : Berk(2015).

을 보여 준다. 이에 대한 이유로 여성의 난자는 출생 시부터 가지고 태어나므로, 연령이 증가할수록 난자의 노화로 인해 염색체 비분리현상이 일어나 태아의 21번 염색체가 하나 더 많을 가능성이 제기되고 있다(강문희, 임미혜, 정정옥, 김광자, 금승경, 2015).

다운증후군 이외에 상염색체 장애는 심각한 발달 결함이어서 유산이 일어나거나 태어난다 해도 유아기 이상 생존하지 못한다.

② 성염색체 이상

성염색체에 의한 결함은 성염색체 중 하나가 더 많거나 없는 경우이다. 우선 남자에게 일어나는 이상을 살펴보면, 정상적인 남성의 성염색체는 XY인데, XXY 유형을 가지는 클라인펠터증후군Klinefelter syndrome, XXY이 있다. Y 염색체가 있으므로 겉으로는 남성이기는 하나, X 염색체가 하나 더 있으므로 정자 산출 등 성적인 발달이 뒤떨어지는 등 남성적 특징이 약하다. 또한 XYY 증후군은 정상적인 남자보다 키가 훨씬 크고, 치아가 큰 것이 특징적이다.

표 3-3 성염색체 이상

이상	특성	발생률	치료
XYY 증후군	• 가외 Y 염색체로 평균 이상으로 큰 키, 큰 이 • 여드름, 남성성 발달 • 생식능력 정상	남아 1,000명 출산 중 1명	특별한 치료가 필요하지 않음
클라인펠터증후군(XXY)	• 가외 X염색체로 키가 큼 • 여성 같은 신체지방 분포 • 사춘기에 불완전한 성적 발달 • 불임, 손상된 언어지능	남아 900명 출산 중 1명	성적 특징 발달을 위한 사춘기 호르몬 치료, 언어능력 치료하는 특수교육
삼중X증후군(XXX)	• 가외 X 염색체 • 키가 크고 손상된 언어지능 • 여성성 발달과 생식능력 정상	여아 500~1,250명 출산 중 1명	언어능력문제를 치료하는 특수교육
터너증후군(XO)	• X 염색체의 결손으로 작은 체격 • 사춘기에 불완전한 성적 발달 • 불임, 손상된 공간 지능	여아 2,500~8,000명 출산 중 1명	아동기 신체 성장과 사춘기 성적 발달을 촉진하기 위한 호르몬 치료, 공간능력문제를 치료하기 위한 특수교육

출처 : Berk(2015).

여성에게 나타나는 이상으로 삼중X증후군Triple X Syndrome, XXX은 성염색체에 X가 하나 더 많은 것으로, 영아기부터 결함이 나타나기 시작하며, 보통의 여성에 비해 키가 크고 언어적 결함을 다소 보이는 것을 제외하면 다른 신체적 · 성적 발달에 문제는 없다. 터너증후군Turner syndrome, XO은 성염색체인 XX 염색체에서 X 하나가 없는 XO로, 전체 염색체 수가 45개이다. 터너증후군 여성은 신체적인 결함을 가진다. 즉, 키가 작고 목이 짧아 얼굴과 어깨가 붙어 있으며 2차 성징이 나타나지 않는다. 또한 그림을 그리는 것, 좌우 구별, 이정표 따라가기, 표정 변화 알아채기 등 공간관계에 어려움을 보인다. 표 3-3은 성염색체 이상별로 그 특성과 발생 빈도, 치료 방법이 제시되어 있다.

2) 환경적 요인

태내 발달상태에 영향을 미치는 환경적 요인은 주로 모체와 관련된 것으로, 모체의 신체적, 심리적 건강은 태내 발달에 큰 영향을 미친다. 우리나라를 포함한 동양에서는 태교를 강조하였는데, 조선시대 대표적인 태교서 《태교신기胎教新記》에서는 임산부의 먹을 것, 삼가야 할 언행 등을 설명하며(장재천, 2009), 태내 환경의 중요성을 강조해 왔다. 이러한 태내 환경의 중요성은 현대에 들어서 과학적으로 밝혀지고 있다.

(1) 어머니의 영양

어머니의 영양은 태내 발달에 가장 중요한 요인으로, 태아는 성장과 발달에 필요한 모든 영양을 탯줄을 통해 모체에 의존해 받아들이기 때문에 어머니의 영양상태는 태아발달에 결정적이다. 또한 태아가 성장함에 따라 모체에서 태아를 보호하는 자궁과 태반 등의 발육을 위해 임산부는 평상시보다 양질의 영양소를 많이 섭취해야 한다. 적정 체중을 가진 임산부의 경우, 임신 기간 동안 11~16kg 정도의 체중 증가는 어머니와 아기의 건강을 위해 요구되는 것이다. 임산부가 체중 증가를 염려해 다이어트를 하거나 영양섭취가 부족한 경우 유산, 사산의 가능성이 높으며, 출생 시 저체중, 중추신경계 이상, 뇌 발달 손상, 신체적 미성숙이나 선천성 기형의 가능성이 높다.

어머니의 전반적인 영양상태도 중요하지만 단백질과 비타민, 엽산, 철분, 칼슘 등의 무기질은 태아의 근육과 골격, 신경계의 형성과 발달에 필수적인 영양소이다. 태아의 성장과 생후의 기초 건강을 위해서 어머니의 균형적인 영양섭취와 보충이 반드시 필요하다.

(2) 어머니의 연령

여성은 일반적으로 생리를 시작하는 10대 초반에서 폐경이 되는 50대 전후까지 출산을 할 수 있는데, 태아나 어머니에게 최적의 출산 연령은 23~28세라고 알려져 있다. 의학적으로는 임산부의 연령이 만 35세를 넘을 경우 노산老産이라고 한다. 최근 우리 사회는 여성의 초혼 연령이 30세로 진입하였고, 여성들의 평균 첫 출산 연령도 1995년에는 26.5세였지만 20년간 4.7세 올라가 2015년에는 31.2세로 증가하였다(통계청, 일 · 가정양립지표, 2016). 이를 반영하듯 2015년 35세 이상 고령의 산모 구성비는 24%로 사상 최고치를 기록하였다. 임산부의 연령이 높을수록 유산을 하거나 유전적 결함을 가진 아기를 출산할 가능성이 높아 주의가 필요하다.

한편, 어머니의 나이가 너무 어릴 경우에도 위험성이 있다. 아직 생식기관이 충분히 성숙하지 못한 10대가 임신을 하는 경우, 미숙아를 낳을 가능성도 크고 병원에 가기를 꺼리는 것으로 인한 문제들이 발생한다.

(3) 어머니의 정서

임산부의 정서상태는 태아에게도 직접적으로 연결된다. 어머니가 공포나 불안 등의 스트레스를 받으면 인체는 이에 대한 반응으로 어머니의 두뇌, 심장, 몸통의 근육으로 다량의 혈액이 보내진다. 상대적으로 자궁에 가는 혈액이 감소되며 태아는 충분한 산소와 영양을 공급받지 못한다. 이러한 임신 중 어머니의 스트레스 상황이 지속되면 출생 후 아동의 불안, 짧은 주의집중, 분노, 공격성, 과잉행동, 낮은 지능의 가능성이 높다(Lazinski, Shea, & Steiner, 2008).

한 실험을 통해 임산부의 정서상태가 태아에게 미치는 영향을 알아보았다. 피험자인 임산부들에게 헤드폰을 씌우고 음악을 들려준 후 초음파로 태아의 움직임을 관찰했다. 대부분의 태아들은 클래식이든 대중음악이든 가리지 않고 엄마인 임산부가 좋아하는 음악이라면 모두 활발하게 움직였다. 이 실험은 태아가 음악을 직접 들을 수 없게 고안한 실험이었으므로, 연구자들은 태아가 어머니의 감정에 반응한다고 결론을 내렸다.

어머니가 정서적으로 편안하면 태아도 행복하다. 스트레스 관련 태내기 문제들은 아내를 지지해 주는 남편, 가족, 친구들이 있을 때 크게 감소한다(Glover, Bergman, & O'Connor, 2008). 따라서 임산부들을 위한 긍정적인 사회적 지지와 연결망을 강화하는 것은 태내기 문제들을 예방하는 데 도움이 될 수 있다.

(4) 어머니의 질병

어머니가 감염성 질병에 걸리는 경우, 일반 감기와 같은 대부분의 질병은 질병 자체가 배아나 태아에 영향을 미치지 않는다. 그러나 몇몇 질병들은 심각한 결과를 초래한다.

① 풍진

풍진은 발열, 귀 뒤, 목 뒤의 림프비대와 통증 등의 증상을 보이는 질병으로, 일반 성인에게는 가벼운 질환이다. 그러나 임산부가 임신 초기에 풍진에 걸리게 되면 바이러스를 통해 태아는 선천성 풍진 증후군이 나타나, 시각장애와 청각장애 또는 심장병, 신경계 이상 등이 나타난다. 임신 5개월 이후에는 임산부가 풍진을 앓아도 태아에게 그 영향이 나타나지 않는 것으로 보고되어 있다. 풍진은 예방접종을 통해 미리 예방할 수 있는데, 예방접종 후에는 풍진 균이 체내에 남아 태아에게 영향을 줄 수 있으므로 3개월 이후 임신을 해야 한다.

② 당뇨

당뇨는 신진대사에 이상이 있는 유전병이다. 임산부가 당뇨를 앓는 경우, 혈당과 인슐린 분비 수준이 높아 태아가 필요 이상의 당을 공급받게 되어 크기가 커지게 되므로 정상분만이 어려운 경우가 많다. 또한 태아의 유산율이 당뇨에 걸리지 않은 산모보다 3배 더 높으며 태아의 신체적 · 신경학적 결함을 초래한다. 임산부가 임신 전부터 당뇨를 앓는 경우도 있고, 임신을 한 뒤 당뇨에 걸리는 경우도 있으므로 이에 대한 관리가 필요하다.

③ 성병 및 에이즈

임산부가 매독, 임질과 같은 성병이나 에이즈AIDS에 감염된 경우, 태아에게 치명적인 영향을 미친다. 매독은 성관계를 통해 감염되는 질병으로 임신 초기 어머니의 태반을 통해 태아에게 전달되면 대부분 유산되거나 사산되며, 태어날 경우 중추신경계 이상으로 정신지체, 청각 상실을 보인다. 어머니가 임질에 걸린 경우 임질 균이 출산과정에서 태아의 눈에 들어가 시각장애를 유발할 가능성도 있다.

에이즈는 인체 면역 결핍 바이러스Human Immunodeficiency Virus : HIV에 의해 면역체계가 파괴되는 질병으로, 어머니가 에이즈에 감염된 경우 자녀에게 혈액이나 수유를 통해 전염시킨다. 이 바이러스는 간질, 점진적인 두뇌 무게 감소로 두뇌 손상을 일으킨다. 태내기 에이즈에 걸린 영아의 반 정도는 생후 1년 안에 사망하는 것으로 알려져 있다.

이 밖에 임산부가 덜 익은 고기 또는 생고기를 먹거나 개, 고양이, 토기 등과 같은 애완동물 등에서 발견되는 기생충톡소포자충, Toxopolasmosis에 의한 감염이 있다. 감염된 임산부의 40%가 태아에게 전염을 시키고 이는 태아의 눈과 두뇌 손상을 일으키므로, 임산부는 익힌 고기를 먹고, 애완동물 접촉에 신중을 기하는 것이 필요하다(Berk, 2015).

(5) 어머니의 약물 복용

어머니가 약물을 복용할 경우 탯줄을 통해 약물의 영향이 그대로 전달되는데, 태아는 아직 간이나 위의 기능이 미숙하기 때문에 약물의 대사나 배설이 이루어지지 않고 약의 성분이 그대로 몸에 축적된다(제일병원, 2015).

특히, 임신 초기 수정란이 착상을 끝낸 후 임신 3주차부터 시작되는 배아기에는 배아가 모체에 의존하여 전적으로 영양을 흡수하여 신체 조직과 신경이 형성되기 시작하므로, 어떤 약물에도 노출되지 않는 것이 가장 안전하다(그림 3-11).

임신 전에는 질병의 치료를 위해 흔히 복용하던 약물이 임신 중 태아에게 미치는 영향은 표 3-4와 같다.

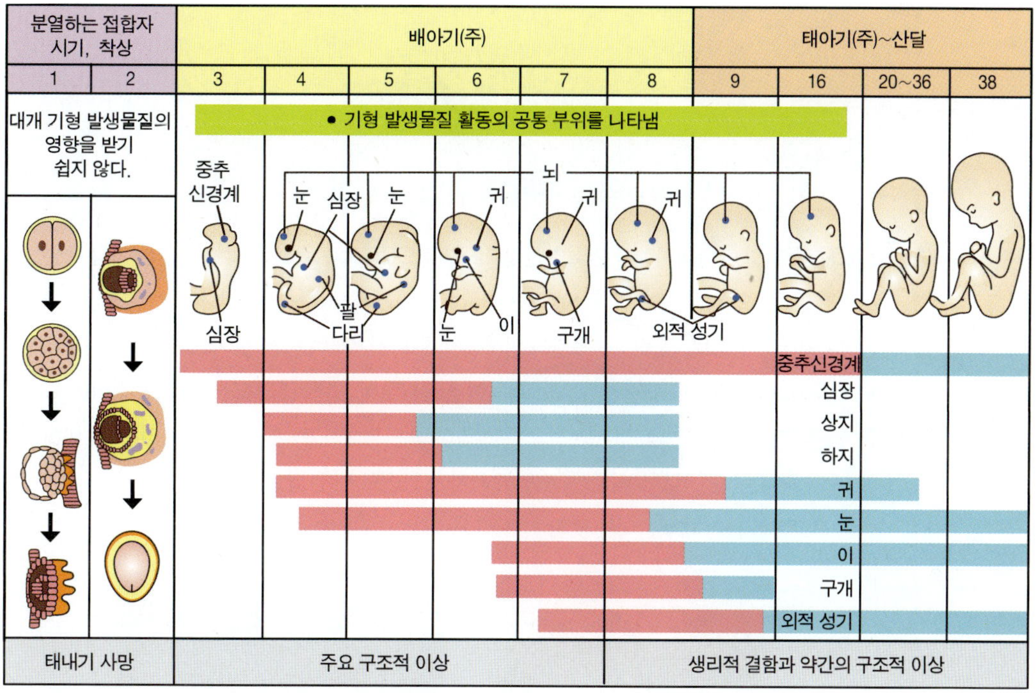

* 분홍색 : 매우 결정적으로 영향을 미치는 시기임

그림 3-11 태내기 동안 기형 발생물질이 영향을 미치는 시기
출처 : Berk(2015).

약물이 임산부의 건강을 유지하기 위해서 도움이 될 수 있지만 태아에게는 돌이킬 수 없는 부정적인 영향을 미칠 수 있으므로, 임산부는 약물 복용 여부와 약물 복용 시 빈도와 양 등을 의사와 상담을 통해 항상 신중하게 고려해야 한다.

표 3-4 일상적 약물이 태아에 미치는 영향

약물	영향
항생제	태아의 청각 결함, 골격성장 이상, 미숙아 출산
진정제	입덧이나 멀미를 멎게 하는 진정제는 중추신경계 영향
아스피린	태아에게 출혈이나 위장장애 발생
비타민	특히, 비타민 A의 경우 과다 복용 시 중추신경계나 비뇨 생식기 기형
호르몬제	안드로겐은 여아 태아의 생식기를 남성화
카페인	커피 외에도 차, 코코아, 초콜릿, 음료 등에 함유. 태아의 저체중과 유산을 증가시킴. 임신 중기 이후 하루에 연한 커피 1~2잔은 괜찮지만 일상에서 섭취하는 다른 음식에도 카페인 성분이 있으므로 총량을 고려하여 되도록 적게 섭취하도록 권장됨

생각해보기

임산부 약물 복용의 위험성을 알리는 사건

1960년 독일의 제약회사에서 만들어진 탈리도마이드(Thalidomide)에 의한 선천성 기형 유발 사건은 임산부의 약물 복용 위험성에 대해 경각심을 가지게 해주는 사건이다. 임산부의 입덧을 진정시켜주는 약물로, 처음에는 독일과 영국에서 주로 사용하다가 곧 전 세계 50여 개 나라에서 사용하기 시작했다. 그러나 이 약을 복용한 임산부들이 기형아를 출산하면서, 위험성이 드러나 판매가 중지되었는데, 전 세계적으로 만 명이 넘는 피해자가 나타났다. 임신 후 42일 이전에 이 약을 복용하면 100% 사지가 없거나, 사지가 있어도 매우 짧고 손 · 발가락의 수가 비정상인 기형아를 출산하게 된다는 것이 밝혀졌다.

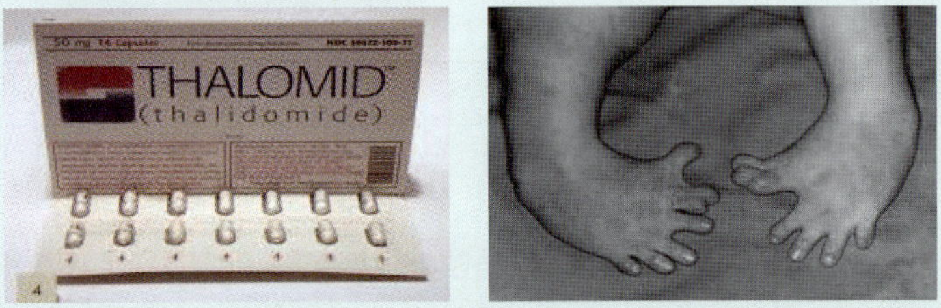

탈리도마이드와 복용의 부작용으로 출생한 아이의 발가락 수가 7개이며 서로 붙어 있고, 발이 안쪽으로 휜 기형의 모습

(6) 어머니의 음주와 흡연

① 음주

술은 임산부가 마시는 양이 적더라도 태반을 통과하는 속도가 빠르고 태아는 아직 알코올 분해능력이 없어, 그 영향력이 크며 직접적이다. 알코올은 태내 발달 초기 신경세포의 발달을 방해하고, 세포 성장에 사용해야 할 산소를 알코올 대사를 위해 빼앗아 간다. 따라서 태아는 뇌손상을 가지고 태어나며 신체 성장이 늦고, 코의 길이가 짧으며 윗입술이 얇고, 인중이 평평한 것을 특징으로 하는 얼굴 기형을 지닌다. 특히, 알코올 중독현상을 보이는 임산부의 태아는 태아알코올증후군Fetal

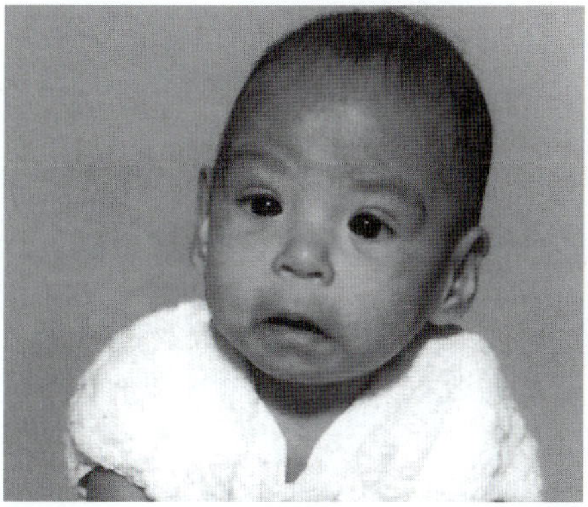

그림 3-12 태아알코올증후군의 아이, 외형상 윗입술이 얇고 인중이 매끄러우며 눈의 좌우 길이가 짧은 특징을 보임

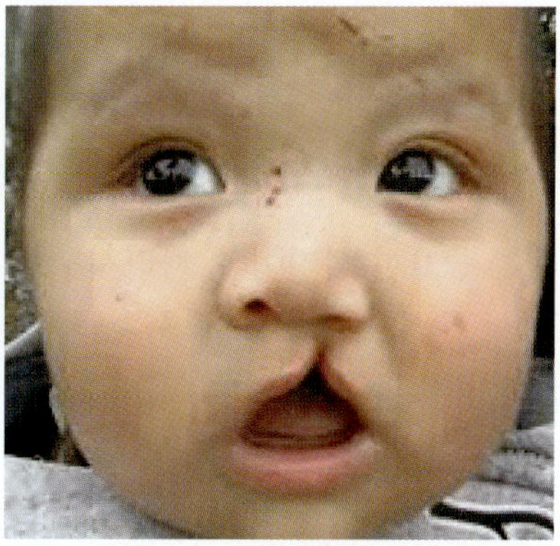

그림 3-13 임산부의 흡연으로 인해 구순구개열을 가지고 태어난 아기

Alcohol Syndrome : FAS을 보이게 된다. 위에서 기술한 결함과 함께 주의력결핍, 과잉행동 등의 행동적 문제도 함께 나타난다. 음주는 아무리 적은 양이라도 절대 안전하지 않다.

② 흡연

담배에 있는 니코틴은 중독물질로, 어머니가 흡연을 하면 혈관을 수축시키고 자궁으로 혈액이 공급되는 것을 감소시킨다. 이에 따라 태반이 비정상적으로 성장하여, 모체에서 태아에게로 가는 영양소의 전달을 감소시켜 태아의 체중 증가 저조를 초래한다. 또한 니코틴은 혈액 속에 탄산가스의 함량을 증가시켜 중추신경계에 손상을 입히고 성장을 저하시킨다. 따라서 임산부의 흡연은 저체중아 출산의 대표적인 원인으로 꼽히며, 태아가 태반에서 일찍 박리되어 나타나는 조산, 유산의 확률이 높다. 또한 태어난 아기의 경우 구순구개열이 많으며, 지적 수행능력이 떨어지는 경우가 많은 것으로 보고되어 있다.

임산부에게는 간접흡연도 태아의 발달에 부정적 영향을 미친다. 또한 남성이 흡연하는 경우 비흡연 남성에 비해 정자 수와 정자의 운동력이 감소되고, 기형 정자가 발견되는 경우가 더 많기에 태아가 직·간접적으로 흡연환경에 노출되지 않도록 하여야 한다.

4. 태내기 발달을 위한 부모의 역할

태내기는 인간발달 전체를 놓고 보았을 때 비록 짧은 기간이지만 발달에서 초석이 되는 중요한 시기이다. 따라서 어머니는 우수한 태내 환경을 만들고자 하는 노력과 함께, 아버지를 포함한 가족과 주위 사람들의 배려와 지지가 필요하다. 동시에 임신 기간 동안 여성의 신체와 생활에 많은 변화를 초래하므로 이에 대한 적응도 필요하다.

1) 임신에 대한 긍정적 태도

태내기에 이루어져야 할 일차적인 과제는 임신 자체를 긍정적으로 받아들이는 일이다. 임신을 계획하고 기다린 대부분의 부부는 기쁘게 임신 사실을 받아들인다. 그러나 여러 가지 이유로 임신을 기대하지 않았던 부부는 임신 사실을 받아들이는 것부터 쉽지 않을 수 있다. 이런 경우에는 남편과 아내가 함께 임신을 긍정적으로 생각할 수 있도록 인생의 계획을 수정한다든지, 임신으로 인해 수반되는 문제를 해결할 수 있는 대안을 적극적으로 찾아보는 노력을 하는 것이 필요하다.

또한 임산부는 태내기에 대한 지식을 갖추는 것이 중요하다. 태내의 태아발달과 임신으로 인한 임산부의 신체 및 심리적인 변화에 대한 정확한 지식을 가질수록 임산부 자신에게 일어나는 변화에 긍정적으로 대처할 수 있고, 건강한 자녀를 출산하기 위해 적극적으로 노력할 수 있기 때문이다. 임산부는 입덧, 체중 증가, 우울증 등으로 인해 정서가 불안해지기 쉽다. 그러나 이에 대한 원인과 적절한 대처방법을 알고 있다면, 불안과 두려움의 부정적 정서보다는 태내 자녀의 발달에 따른 자신의 변화를 감지하며 행복감과 기대감을 가지고 긍정적으로 태내기를 보내는 데 도움이 될 수 있을 것이다. 이는 임산부 자신의 적극적인 노력이 선행되어야 하며, 동시에 가족원으로부터의 정서적 위안도 필요하다. 친지나 친구들과 경험을 교환하는 것도 바람직한 방법이다.

2) 아버지의 적극적 참여

임신 기간 중 남편의 정서적 지지는 아내로 하여금 임신과정에 편안하게 적응해 나갈 수 있게 한다. 아버지 자신이 임신은 아내에게 일어난 일이 아니며, 수정부터 출산, 이후 자녀 양육을 계속 같이 해나가는 존재로서 인식하는 것이 중요하다. 자녀가 출생하기 전인 태내기부터 자녀 양육에 아버지가 참여하는 방법에는 태교가 있다. 태아는 4개월경이면 청각이 발달한다. 태교에는 특별한 방법이 있는 것이 아니라, 아버지가 아이에게 말을 걸고, 이야기를 하며 함께 태동을 느껴보는 것은 태아에게 출생 후 아버지의 목소리에 친숙하게 한다. 뿐만 아니라 아버지 자신이 자녀의 존재와 성장에 대해 인식하고 심리적으로 준비하게 하여, 이후 긍정적인 부모-자녀관계에도 큰 영향을 미친다.

또한 아버지는 실제적으로 자녀 출생 후 양육하는 데 발생하는 양육비 등에 대한 계획을 세우고, 이를 위한 경제적 준비를 아내와 함께 충분히 함으로써 자녀 출산 및 양육이 부모 개개인의 삶을 더욱 풍요롭고 의미 있게 하는 경험이 될 수 있도록 노력하는 자세가 필요하다.

3) 출산 준비

분만이 반드시 예정일에 이루어지는 것은 아니므로 임신 말기에는 미리 출산에 대한 준비를 하고 있어야 한다. 일반적으로 대부분의 임산부는 병원에서 출산을 하게 된다. 출산할 병원이나 출산 후 휴식할 장소를 미리 정해 두고, 임신 말기에는 정기적으로 검진을 받도록 하며, 진통을 알아차리고 병원으로 가는 것이 바람직하다.

임신 후반부가 되면 대부분의 임산부는 신체적으로 힘이 들고, 출산에 대한 막연한 두려움으로 정서가 불안해지는 경향이 있다. 한편, 남편의 경우에도 이러한 아내의 모습에 불만을 갖거나 부부관계를 마음대로 하지 못하는 것에 대한 불만이 쌓일 수 있다(이영 외, 2015). 따라서 이 시기에는 남편과 아내가 서로의 변화와 요구를 이해하면서 아기가 태어난 이후의 삶의 변화에 대해 예측하고 함께 준비하는 시간을 가지는 것이 필요하다. 특히, 부부가 함께 어떤 부모가 되고 싶은지, 어떤 아이로 키우고 싶은지 등 부모로서 어떤 역할을 할지 마음가짐이나 태도에 대해 함께 이야기 나누는 경험은 이후 부모로서의 적응에 매우 중요하다.

CHAPTER 04

출산과 신생아기 발달

1. 출산 | 2. 신생아기 발달 | 3. 출산과 신생아를 위한 부모의 역할

Chapter 04

출산은 의학적으로 분만이라는 용어로 쓰이며, 자궁 내 태아와 태반을 포함한 그 부속물이 만출력에 의해 산도를 통과하여 모체 밖으로 배출되는 현상을 말한다(서울대학교병원 의학정보, 2016). 출산은 어머니와 아기 모두에게 경이로운 일이지만, 양쪽 모두에게 생명의 위협을 감수하는 충격적인 경험이다. 지금까지 산모의 고통이 주로 관심사였으나, 태아 역시 출산과정에서 스트레스를 많이 받는 존재로 그에 대한 연구도 이루어지고 있다. 신생아는 출생 후 한 달 동안의 아기를 의미한다. 이 시기는 매우 짧지만 태내 환경에서 일상 환경으로 적응하며 이후의 발달의 기초를 닦아나가는 중요한 기간이다. 본 장에서는 출산의 과정과 안전한 출산에 대해 살펴보고, 신생아기의 특징과 부모의 역할에 대해서 알아보겠다.

1. 출산

아기는 태내 발달 기간을 거쳐 출산과정을 통해 세상으로 나오게 된다. 출산 예정일은 마지막 생리 시작일을 기준으로 40주, 280일 되는 날로 계산한다. 보통 임신 37주 이후 분만하는 경우를 만삭분만이라 하고 임신 37주 이전에 분만하는 경우는 조산 또는 조기분만이라고 칭한다. 반면, 임신 42주 이후에 분만하는 경우는 과숙분만이다.

임신 말기가 되면 태아가 골반으로 내려와 어머니의 아랫배가 불러지고 태아의 움직임이 줄어든다. 대표적으로 가벼운 진통과 요통은 출산이 가까워졌음을 알리는 신호이다.

1) 출산과정

출산과정은 개구기, 만출기, 후산기의 세 단계로 이루어진다.

(1) 개구기

개구기는 진통이 시작되어 자궁 경부가 태아의 머리를 통과시킬 수 있도록 10~12cm 정도 열리는 기간을 말한다. 소요되는 시간은 임산부에 따라 개인차가

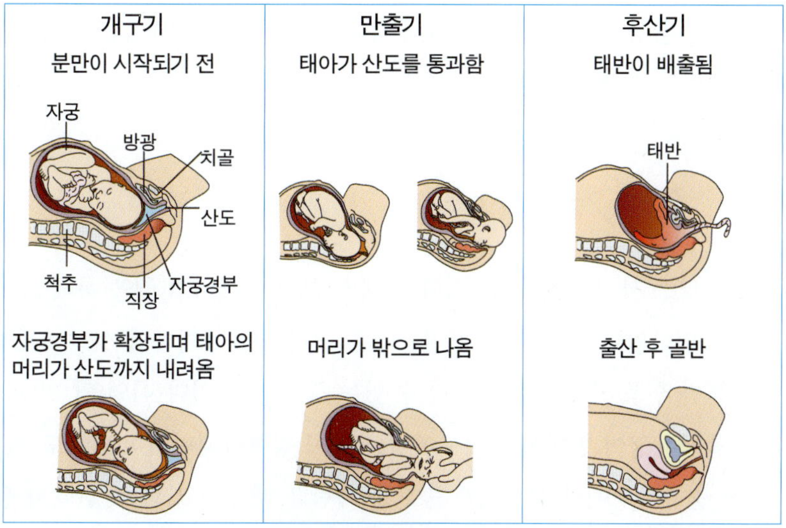

그림 4-1 출산의 단계

매우 크지만 일반적으로 첫 출산의 경우 평균 12.5시간, 두 번째 이후 출산에서는 7.3시간이 걸린다(조성연 외, 2014). 아기가 통과할 수 있을 만큼 자궁 경부가 열리기까지 활발한 자궁 수축이 규칙적으로 일어나야 하기 때문에 진통이 점점 강하고 빈번해지는 시기이다.

(2) 출산기

태아가 완전히 열린 자궁 입구와 산도를 통해 밖으로 나오는 때까지를 출산기라고 한다. 보통 첫 출산은 1~3시간, 두 번째 이후 출산은 이보다 반 정도의 시간이 덜 소요된다(김영옥 외, 2012). 이때 어머니는 자궁이 수축될 때마다 복부에 힘을 주어 아기가 스스로 몸 밖으로 나올 수 있도록 도와주어야 한다. 대부분의 태아는 임신 말기가 되면 머리를 아래로 향한 상태로 있다가 머리부터 나오나, 약 3%는 엄마와 같은 방향으로 서 있다. 이런 경우는 자연분만이 어려워 수술을 하게 된다. 출산기에 아기는 어머니 몸 밖으로 나오지만, 태반과 탯줄은 여전히 어머니의 몸과 연결되어 있다.

(3) 후산기

후산기는 아기가 태어난 후 어머니의 자궁이 수축되면서 태반이 자궁벽에서 떨어져 나와 탯줄과 함께 배출되는 단계이다. 평균적으로 5~15분 정도 걸린다. 이러한 출산의 과정을 통해 40주 동안 어머니 자궁 속에서 자라던 태아는 모체와 분리되어 하나의 독립된 존재로서 삶을 시작한다.

2) 대안적 출산방법

임신 38~42주 사이에 수술 등 의학적 개입 없이 어머니의 질을 통해 태아를 낳는 방법을 자연분만이라고 한다. 자연분만은 어머니와 아기와의 심리적 유대감이 강해지고, 분만 후 즉시 모유수유를 할 수 있는 좋은 점이 있다(이영 외, 2015). 그러나 이러한 출산과정이 병원에서 이루어지는 것이 정형화되면서 비판점도 제기되고 있다. 첫째, 출산과정에서 산모에게 중요한 사람은 배제되고 의사, 간호사 등과 같은 낯선 의료진과 같이 있게 되는 것, 둘째, 출산 직후 아기는 신생아실로 옮겨져 어머니와 격리되는 것, 셋째, 출산의 과정을 질병처럼 취급하여 산모가 환자로 간주되는 것이다(김영옥 외, 2012).

따라서 최근에는 병원의 분만실 밖에서 출산과 분리되어 있던 아버지가 출산의 과정에 함께 참여하거나, 출산 시 어머니의 고통을 감소시키기 위한 약물 사용 여부를 가족과 어머니 자신이 선택할 수 있도록 하거나 태아의 입장에서 보다 적응하기 쉽도록 출산환경을 맞추는 등의 다양한 출산방법이 대안적 출산방법으로 소개되어 있다.

그 종류로는 라마즈 분만Lamaze birth, 르봐이에 분만Leboyer birth, 수중분만, 무통분만, 제왕절개 분만caesarean section 등이 있다(표 4–1). 각 방법마다 장점과 함께 위험성도 있으므로 충분히 이해하고 선택할 수 있어야 한다.

표 4–1 대안적 분만방법

분만방법	내용
라마즈 분만	프랑스 의사 라마즈가 개발한 분만법. 진통 시 연상법, 이완법, 호흡법을 사용하여 진통 중인 산모의 통증을 완화시키는 방법. 남편과 함께 분만 전 4~5주 동안 선행학습이 필요하며, 출산과정에 남편이 함께하며 학습한 내용의 코치 역할을 하여 아내의 진통을 줄여 부부간 정서적 유대를 강화함
르봐이에 분만	프랑스 의사 르봐이에가 소개한 분만법. 출산과정이 태아 입장에서 덜 충격적이도록 분만실을 자궁 안과 같은 환경으로 조성해 줌. 어둡고, 따뜻하며 조용한 방, 출산 직후 아기를 어머니 배 위에 올려두어 심장소리를 듣고 안정을 취한 뒤 탯줄 자르기, 양수와 비슷한 온도의 물 속에서 부모가 아기에게 마사지를 해주는 방법
수중분만	양수와 비슷한 조건의 물속에서 출산하는 분만법. 욕조에서 앉은 자세로 남편의 격려를 받으며 자연분만하여 진통이 적고 태아에게도 익숙한 환경이라는 장점이 있음. 반면, 물과 욕조로부터 감염의 위험성이 있음
무통분만	출산 동안 약물을 모체에 주입하여 어머니의 고통을 감소시키는 방법. 초기에는 모체에 투여된 약물이 태아에게 전달되어 생후 부정적 영향을 미친다는 연구 결과로 꺼렸으나, 최근 기술의 발달로 태아에게 영향을 미치지 않음이 보고됨에 따라 많이 사용됨
제왕절개 분만	로마의 황제 줄리어스 시저가 이 방법으로 출생하여 명명됨. 의학적으로 자연분만이 불가능하다고 판단될 때 복부와 자궁을 절개하는 분만법. 자연분만보다 단점이 있고, 출산 후 어머니의 더딘 회복 등으로 반드시 필요할 경우 사용될 것이 권장됨

3) 출산과 관련된 문제

(1) 조산

조산은 38~40주인 임신 기간을 다 채우지 못 하고 아기가 태어나는 것으로, 일반적으로 28~37주 사이에 아기가 태어나는 경우를 말한다(이영 외, 2015). 이 경우 대체로 아기의 체중이 2.5kg 미만인 미숙아로 출생하는 경우가 대부분인데, 문제는 호흡장애증후군respiratory distress syndrome과 뇌출혈brain hemorrhage이다. 호흡장애증후군은 온도와 산소량이 조절되는 인큐베이터에 들어가 보호를 받게 된다. 조산의 주요 원인은 어머니의 영양부족, 흡연과 음주, 약물 복용, 질병이나 생식기관 미성숙10대의 임신, 쌍생아 임신이 꼽힌다.

(2) 유산

유산은 임신 24주 이전에 태아가 자궁 밖으로 배출되는 것을 말한다. 자연유산과 인공유산이 있는데, 자연유산의 대부분은 임신 12주 이전에 발생하며, 대표적인 원인은 태아의 염색체 이상 등 태아 자체의 이상으로 인한 것이 대부분이다. 자연유산은 분만 횟수가 많을수록, 또 부모의 연령이 높을수록 증가하는 경우가 있다. 어머니의 흡연과 음주, 자궁 이상 등도 원인이 된다. 인공유산의 경우는 어머니의 건강상의 문제로 유산을 시도하는 경우이며, 이는 비합법적인 낙태와는 다른 것이다.

최근 결혼 시기가 늦어지며 임산부의 연령이 높아지고 있다. 임신을 계획한 여성은 충분한 휴식과 적절한 운동을 하고, 어머니와 태아를 고려해 균형적인 영양소를 갖춘 음식을 고루 섭취하는 것으로 건강을 유지해야 하며, 또한 흡연과 음주를 삼가고 약물 복용에 주의를 기해야 유산과 조산의 가능성을 낮출 수 있다.

(3) 산소결핍증

어머니와 연결된 탯줄을 통해 숨을 쉬던 아기들은 스스로 호흡하는 방법을 터득하여 폐로 호흡을 한다. 출생 후 1분 이내에 아이가 울음을 터뜨려 스스로 숨을 쉬도록 하는 처치가 이루어진다. 그러나 이러한 과정에서 어머니를 통한 산소 공급이 중단된 후 아기가 자가 호흡을 하지 못하거나, 출산 중 탯줄이 아기에게 꼬이거나 조여져서 산소 공급이 원활하지 못한 경우를 산소결핍이라고 한다. 신생아는 성인보다 산소 결핍상태를 더 오래 견딜 수 있지만 그 상태가 3분 이상 경과되면 영구적인 뇌손상을 입게 되거나, 사망 등 심각한 결과를 초래할 수 있다(정옥분, 2015).

2. 신생아기 발달

출생 후 첫 한 달 동안의 아기를 신생아라고 한다. 짧은 기간이지만 280일간 지내온 태내 환경과 전혀 다른 환경에 적응해야 한다는 점에서 생의 초기 매우 중요한 시기이다. 아직 충분히 성숙하지 못한 신체기관으로 숨쉬고, 먹고, 자는 등의 적응은 매우 힘든 적응과정을 요한다. 그러나 신생아는 생존에 필요한 성인의 보호와 관심을 불러일으키기 충분한 능력을 가지고 있다. 본 장에서는 신생아가 가지고 있는 신체적 특징, 생리적 기능, 감각기능, 반사행동에 대해서 알아보고자 한다.

1) 신생아의 신체적 특징

아기라고 하면 뽀얗고 통통해서 귀엽다는 이미지가 먼저 떠오르지만 태어난 신생아의 외모는 그다지 매력적이지 않다. 태내의 양수 안에서 있었기 때문에 피부는 붉고 쭈글쭈글하며 눈은 퉁퉁 부어 있고, 황백색의 각질처럼 보이는 태지vermix caseosa로 싸여 있다. 태지는 어머니의 자궁 안에 있을 때 양수로부터 태아의 피부를 보호해 주고, 분만 시 윤활유의 역할을 하여 태아가 자궁에서 쉽게 빠져나오도록 돕는다. 출산 후에는 세균 감염을 막아주는 보호막 구실을 하는데, 시간을 두고 자연적으로 말라 떨어지거나 없어진다(이영 외, 2015). 아기는 점차 시간이 지나며 태어날 때와 다른 귀엽고 보송보송한 모습을 갖추게 된다.

신생아는 몸에 비해 머리가 커서, 머리가 신체의 4분의 1 정도에 해당한다. 뇌의 무게 또한 평균 350g으로 성인의 뇌 무게인 1,350g의 4분의 1을 차지한다. 신생아의 평균 머리둘레가 약 33cm, 가슴둘레는 약 32cm로 머리둘레가 가슴둘레보다 큰

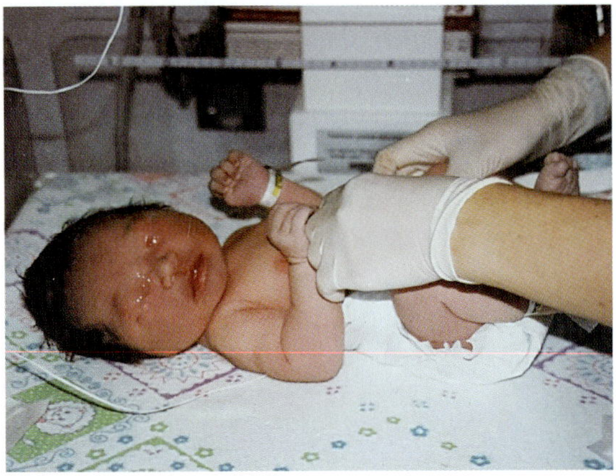

■ 그림 4-2 갓 태어난 신생아의 모습

편으로, 두뇌발달이 태내기에 급속도로 이루어졌음을 알 수 있다. 갓난아기 정수리 앞쪽을 만져보면 물렁물렁한 부위가 있다. 일명 '숫구멍'이라고 하는 대천문과 그 뒤쪽에 있는 소천문이다. 이는 머리뼈가 한 개로 이루어진 것이 아니라 여러 개가 모여 형성되는데, 아직 완전히 붙지 않은 채 남아 있기 때문에 나타나는 것이다. 태아가 어머니의 산도와 골반을 빠져나올 때 머리 모양이 일시적으로나마 변형될 수 있고, 생후 뇌가 자랄 수 있도록 공간을 둔 것이다. 두개골이 완전히 닫히지 않았기 때문에 누르면 위험하지만 일상생활에서 특별히 주의할 것은 없다. 소천문은 생후 6~8주면 닫히고 대천문은 생후 14~16개월에야 닫힌다.

우리나라 신생아의 경우 출생 시 평균 키는 50cm 전후, 평균 몸무게는 2.5~4.0kg을 정상으로 보며 3.0~3.5kg이 평균적이다. 태어난 지 일주일 동안은 태어날 때 가지고 있었던 수분이 증발하고 태변이 빠지면서 일시적으로 몸무게가 5~10% 정도 감소되지만 출생 후 약 열흘 안에 출생 시 몸무게를 회복하여, 이후부터는 빠른 속도로 체중이 증가한다.

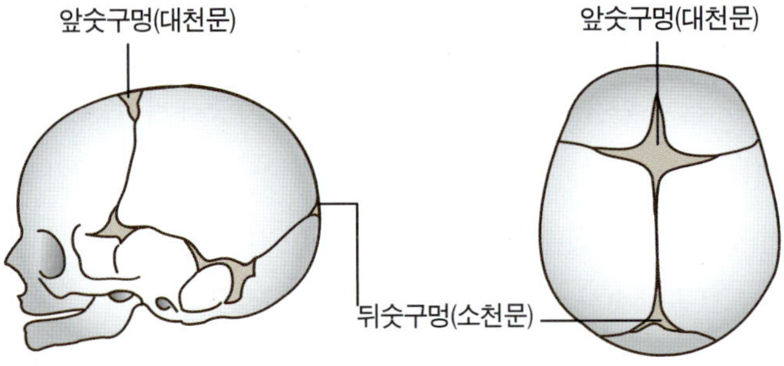

■ 그림 4-3 신생아의 대천문과 소천문

2) 신생아의 생리적 기능

어머니의 태반을 통해 산소와 영양분을 공급받던 태아는 출산과 함께 스스로 생존을 위한 다양한 기능을 수행해야 한다. 신생아는 호흡하고, 혈액순환을 하며, 체온을 조절하고, 배설하는 기능을 가지고 태어나는데, 성인은 그 특징을 잘 이해하고 적절한 도움을 주어야 한다.

(1) 호흡

태내의 탯줄을 통해 산소를 공급받아 호흡하던 태아는 출생하면서 첫 울음과 더불어 스스로 호흡을 하게 된다. 신생아는 배와 가슴을 이용하여 복식 호흡을 하는데, 성인의 거의 두 배 정도로 1분당 30~50회 빠르게 호흡한다.

(2) 체온조절

신생아의 평균 체온은 36.7~37.5℃로 성인보다 다소 높은 편이다. 땀샘이 완전히 발달하지 않아 체온조절능력이 떨어지고, 피하지방층이 얇아서 외부의 온도에 민감하게 반응한다. 출생 직후 신생아가 춥거나 덥지 않도록 옷이나 속싸개를 이용하여 일정한 체온을 유지시켜 주어야 한다. 피하지방층은 임신 후기 마지막 2개월간 발달하기 때문에 임신 기간을 충분히 채우지 못하고 태어난 조산아는 체온조절능력이 떨어질 수 있으므로 체온을 따뜻하게 유지하는 데 더 신경써야 한다(강문희 외, 2015).

(3) 소화

신생아는 이미 빨기, 삼키기 등 젖을 먹기 위한 반사행동을 태아 때부터 할 수 있고, 소화 효소들을 가지고 태어나 젖을 소화하는 데 어려움은 없다. 그러나 성인이 J 자 모양의 구부러진 형태의 위를 가지고 있는 데 반해 신생아의 위는 아직 I 자 모양의 수직 형태여서 한 번에 많은 젖을 먹으면 쉽게 토한다. 이는 젖을 먹을 때 같이 흡입한 공기가 바깥으로 나오면서 음식물이 같이 역류하기 때문이다(이영 외, 2015). 그러므로 젖을 먹은 뒤에는 반드시 트림을 하여 젖과 함께 흡입된 공기를 밖으로 나오게 해주어야 한다.

모유는 출산 후 1, 2일 정도 지난 뒤 분비된다. 그중 최초로 분비되는 끈끈하고 짙은 노란색의 초유初乳는 신생아에게 필요한 면역 성분과 항체가 포함되어 질병으로부터 아기를 보호해 주므로, 어머니가 질병을 앓고 있는 등 특별한 상황을 제외하고는 아기에게 먹이는 것이 도움이 된다.

(4) 배설

신생아는 생후 4~5일 동안 끈끈하고 검은 녹색의 태변을 본다. 태변은 태아기 때 장내에 축적된 노폐물이 나오는 것으로, 출생 후 24시간 안에 태변이 없으면 장의 이상을 의심할 수 있다. 신생아의 대변 횟수, 색깔, 묽기 등을 잘 살펴봄으로써 건강상태를 파악할 수 있다. 한편, 소변은 신생아기에 조금씩 하루에 10~20회 정도 보지만, 월령 증가에 따라 한 번에 보는 소변의 양은 늘고 빈도는 줄어들게 된다. 대 · 소변을 보는 양상은 건강상태의 지표가 되므로 신생아를 보살피며 파악할 필요가 있다.

(5) 수면

신생아의 평균 수면시간은 하루에 16~20시간 정도로 대부분을 잠을 자면서 보낸다. 즉, 낮과 밤을 구분하지 못하고 배가 고프면 2~4시간마다 깨었다가 다시 잠이 들기를 반복한다. 수면 중 약 50% 이상은 REMRapid Eye Movement 수면으로, 눈동자가 빠르게 움직이고 심박동과 호흡이 불규칙하게 나타나며 몸을 움직이는 특징이 있다. 가끔씩 자면서 입꼬리를 올리며 미소를 짓는 것처럼 보이기도 한다. 나머지 수면은 비REM 수면으로 심박동과 호흡이 규칙적이면서 눈동자의 움직임도 없고 조용히 깊은 잠을 취한다. REM 수면은 대뇌 속의 혈액의 흐름을 촉진시켜 뇌가 자극을 처리할 수 있는 능력을 갖추도록 돕는 역할을 하는 것으로 알려져 있다. 따라서 월령이 증가하여 뇌가 정보처리 역할을 능숙하게 하게 될수록 전체 수면에서 REM 수면의 비율은 서서히 감소하게 된다.

3) 신생아의 감각기능

아기는 출생 전부터 감각기능이 발달하여, 출생 시 청각, 촉각, 미각, 후각 등 시각을 제외한 감각기관이 상당히 발달한 채로 태어난다. 수동적인 생리적 기능과 더불어 능동적인 감각기능을 통해 신생아는 환경에 적응해 나간다.

(1) 시각

신생아의 시각능력은 다른 감각기능보다 덜 발달되어 있다. 감각기능 중 가장 늦게 발달하지만 정보의 80%를 시각으로 얻기 때문에 매우 중요하다. 어떤 대상에 시선을 고정시키는 능력은 생후 첫 1~2주 이내에야 가능해진다. 시각능력은 다 발달되지 않은 상태이기 때문에 20~30cm 정도 떨어진 거리, 엄마가 아기를 안고 있을 때 볼 수 있는 거리 정도에서 대상을 인식할 수 있으며, 생후 12주 정도 지나고 나서야 어른의 얼굴 표정을 인식할 수 있다(강문희 외, 2015).

많은 사람이 신생아는 세상을 흑백으로 지각한다고 믿고 있으나, 실제로는 출생 시부터 빨간색과 초록색을 구분할 수 있으며, 이후 4개월이 되면 빨간색, 초록색, 파란색 그리고 노란색을 구별할 수 있는 것으로 밝혀졌다. 다만, 성인이 보는 것보다 좀 더 뚜렷한 시각 대비를 필요로 한다(신명희, 서은희, 송수지, 김은경, 원영실, 노원경, 김정민, 강소연, 임호영, 2013).

신생아의 첫 놀잇감 모빌과 초점 책

아기가 태어나 첫 번째 놀잇감으로 모빌과 초점 책을 준비해 준다. 신생아의 시각발달과 관련지어 살펴보면, 4개월 이전까지는 색깔 구분이 없는 흑백 모빌이나 흑백으로 이루어진 책을 제시해 주는 것이 바람직하다. 너무 멀리 떨어져 있으면 볼 수 없으므로 아기로부터 20~30cm 떨어져 있는 곳에 제시해 주는 것이 적절하다. 이후 4개월 즈음하여 삼원색을 중심으로 선명한 색의 모빌을 제시해 주는 것이 시각발달에 도움이 된다.

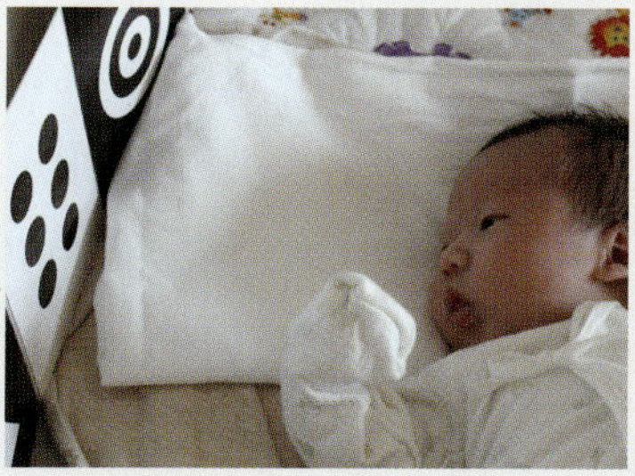

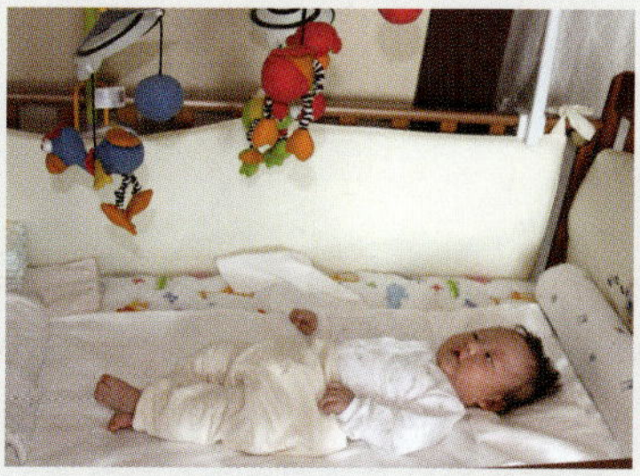

생의 초기 흑백 자극에서 점차 다양한 색깔의 자극을 경험하는 아기

CHAPTER 04 출산과 신생아기 발달

(2) 청각

청각은 임신 7주경 이소골 auditory ossicle이 생겨나 태어나기 4개월 전부터 초보적인 기능을 하며, 태어나기 1개월 전에는 어느 정도 크기의 소리에 반응할 정도로 발달되어 있다. 신생아는 다양한 소리를 들을 수 있고, 생후 3주경 낯선 사람의 목소리보다 주 양육자인 어머니의 목소리에 더 민감하게 반응한다(김영옥 외, 2012). 따라서 어머니가 아기에게 자주 말을 걸거나 자장가를 불러주어 목소리를 들려주는 것은 아기와 어머니의 유대감 증진과 신생아의 안정감을 위해 도움이 된다.

그림 4-4 어머니가 말을 걸어 목소리를 들려주는 것은 신생아에게 안정감을 준다.

(3) 후각

후각은 태어나면서부터 잘 발달되어 있어, 생후 몇 주 이내에 여러 가지 냄새를 구별할 수 있다. 신생아는 바나나와 같은 단 냄새가 나면 그쪽으로 얼굴을 향하며 관심을 보이지만, 암모니아와 같은 강한 냄새를 맡으면 얼굴을 돌리며 찡그린다. 또한 생후 6일 된 신생아에게 엄마 젖 냄새를 묻힌 거즈 수건과 그렇지 않은 거즈 수건을 코에 가까이 대었더니 엄마의 젖 냄새가 나는 거즈 쪽으로 고개를 돌린다는 연구 결과가 있다(Porter, Makin, Davis, & Christensen, 1991). 즉, 이를 통해 신생아도 후각능력이 꽤 발달해 있음을 알 수 있다.

그림 4-5 얼굴 양쪽에 거즈가 제시되자 X 표시가 된 엄마 젖이 묻은 쪽으로 얼굴을 향하는 아기

(4) 미각

미각은 나이가 들면서 완전히 발달하나 태내에서도 어느 정도 기능을 한다. 신생아에게 단물을 빨게 하면 삼키고 짜거나 쓴 것을 주면 내뱉으며 인상을 쓴다. 단맛 선호는 태내기부터 나타나는데, 양수 속에 설탕물을 주입하면 임신 4개월의 태아가 이전보다 더 빠른 속도로 양수를 삼키는 것이 관찰되었다(이영 외, 2015). 이는 태아기부터 단맛에 대한 선호가 생기기 시작한다는 것이다. 어머니의 젖이 단맛이 난다는 것을 고려할 때 단맛에 대한 선호는 인간이 생존하기 위한 적응기제라고 생각할 수 있다.

(5) 촉각

촉각도 태어나기 전에 어느 정도 발달된 것으로 알려져 있다. 덥거나 추운 것에 대한 반응이나 피부에 닿는 아픈 자극에 대한 반응도 촉각의 범주에 속한다(조복희 외, 2016). 신생아는 피부 감각이 특히 발달되어 있어 얼굴과 손, 발바닥이 예민하다. 또한 온도 감각이 잘 발달되어 있어, 차거나 뜨거운 자극에 민감하게 반응한다. 옷을 벗겨 차가우면 울음으로 불쾌감을 표시하거나 뜨거운 우유에 우는 반응을 보인다.

어머니를 포함한 주 양육자와 신생아 간의 안고 어루만지는 신체 접촉은 신생아의 정상적인 성장과 발달을 위해 필수적이다. 어머니가 안고 수유를 하는 것은 신체적 접촉뿐 아니라, 아기가 태내에서 듣던 어머니의 심장소리를 듣고 안정감을 줄 수 있어 중요하다.

4) 신생아의 반사행동

반사reflex행동이란 외부 자극에 대한 무의적이고 자동적인 행동 반응을 의미한다. 신생아는 본능적으로 20~30개의 반사행동을 가지고 태어난다. 이러한 반사행동은 신생아가 외부세계에 적응하고 생존해 나갈 수 있는 기반이 되지만, 생후에 신경계가 발달해감에 따라 1년 이내에 의식적인 행동으로 대체되거나 사라지는 특징이 있다. 반사행동은 크게 생존반사와 비생존반사로 나뉜다.

(1) 생존반사

생존반사는 인간의 생존과 관계된 것으로 외부의 위험에서 신생아를 보호하는 역할을 한다. 젖 찾기 반사, 빨기 반사, 삼키기 반사 등 주로 생의 초기 생명 유지를 위한 수유와 관련된 것들이 많다.

① 젖 찾기 반사

젖 찾기 반사rooting reflex는 근원반사라고도 한다. 신생아의 입 주변을 손가락 등으로 톡톡 치는 자극을 가하면 그 자극물을 향해 머리와 입을 돌리고 입을 벌리며 빨려고 하는데, 이 행동을 젖 찾기 반사라고 한다. 신생아가 본능적으로 어머니의 젖을 찾을 수 있도록 하는 행동으로, 특히 배가 고프거나 자극물의 위치가 입과 가까울 때 강하게 나타난다. 따라서 신생아가 배가 고픈지 알아보기 위한 방법으로 사용되기도 한다. 생후 2~3개월이 지나면 자발적인 고개 돌리기로 대체된다.

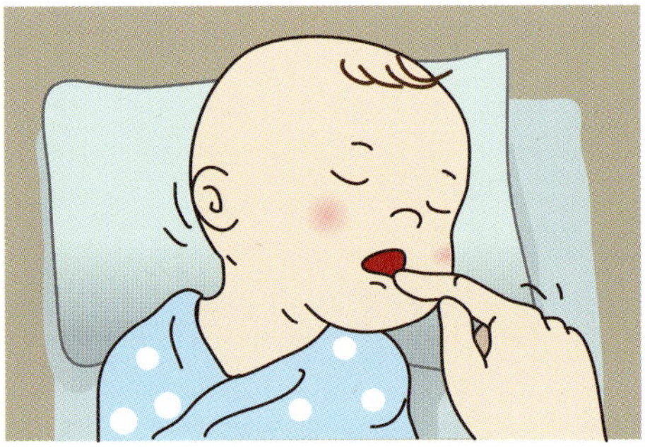

그림 4-6 젖 찾기 반사

② 빨기 반사

신생아들은 입에 닿는 것은 무엇이든지 빨려고 하는데, 이를 빨기 반사sucking reflex라고 한다. 이는 아기가 어머니의 젖을 빨게 하는 행동이 되는 것이다. 특히, 빨기는 호흡과 삼키기 반사가 함께 일어나야 하는 복잡한 과정으로, 성장하면서 4개월 이후가 되면 의식적으로 빠는 행동으로 대체된다.

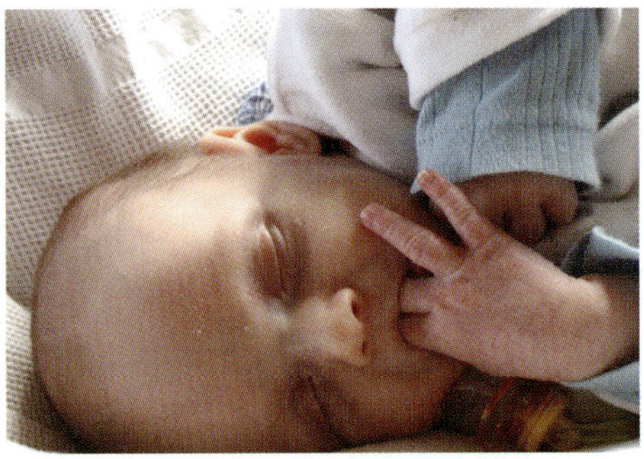

그림 4-7 빨기 반사

③ 기침, 재채기, 하품반사

기침 반사, 재채기 반사, 하품반사 등은 호흡과 관련되어 생존 가치를 가지고 있는 반사행동들이다. 기침 반사와 재채기 반사는 기도를 깨끗이 하는 기능을 하며, 하품반사는 한 번에 다량의 산소가 요구될 때 산소를 공급하는 기능을 한다(이영 외, 2015).

이 외에도 생존과 관련된 반사행동으로, 갑작스러운 강한 빛에 눈을 깜박이는 눈 깜박거리기 반사, 주변의 밝기에 따라 눈동자의 크기를 조절하는 동공반사 등이 있다. 이는 성인이 되어서도 그대로 남아 있는 반사행동이다.

(2) 비생존반사

비생존반사는 원시반사라고도 하는데, 생존과 직접적인 관련성은 없지만 신경계의 정상성 여부를 판단하는 지표가 된다. 즉, 신생아가 태어난 직후 이러한 반사행동을 보이지 않거나 출생 후 수 개월이 지난 후 의식적이고 자발적인 행동으로 대체되지 않으면 신경계통에 문제가 있는지 살펴보아야 한다.

① 모로반사

모로반사Moro reflex는 발견한 모로Moro라는 학자의 이름에서 비롯되었다. 신생아를 안고 있다가 갑자기 바닥에 내려놓거나 큰 소리 등으로 신생아가 놀라면 손가락을 펼친 상태에서 양팔을 옆으로 벌리고 무언가를 안으려고 하는 반사행동이다. 생후 6개월 정도 지나면 사라진다.

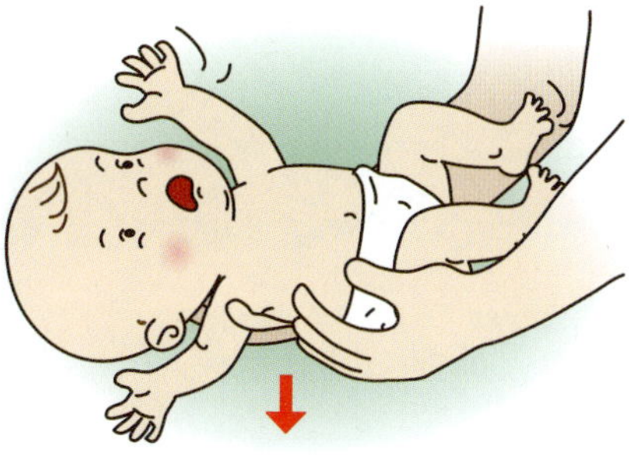

그림 4-8 모로반사

② 잡기 반사

잡기 반사grasping reflex는 신생아의 손바닥에 손가락이나 어떤 물체로 자극을 가하면 손바닥에 닿는 것을 꽉 잡는 반응을 나타내는 행동이다. 이때의 잡는 힘은 매우 강해서 공중에 1~2분 매달릴 수 있을 정도이다. 자발적으로 잡는 행동을 준비하는 행동으로, 이 힘은 점차 약해져서 생후 3~4개월이면 의도적인 잡기 행동으로 대체된다.

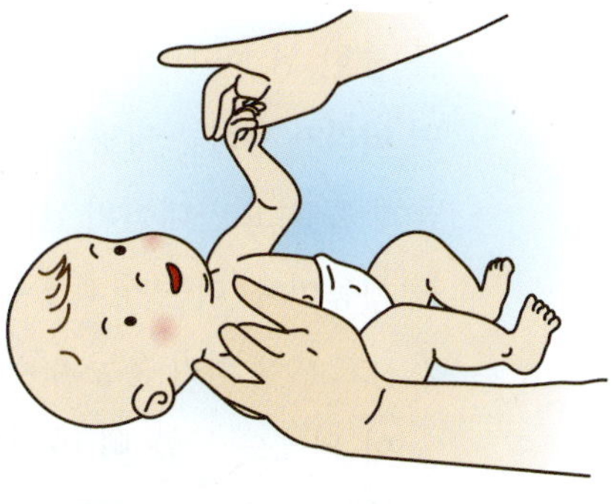

그림 4-9 잡기 반사

③ 걷기 반사

걷기 반사stepping reflex는 신생아의 겨드랑이를 두 손으로 받치고 발바닥을 편편한 바닥에 닿게 하면 무릎을 구부리며 두 다리를 번갈아가며 움직이는데, 마치 걷는 것처럼 보이는 행동이다. 생후 2개월쯤 사라졌다가 생후 1년쯤 되면 자발적인 걷기로 대체된다.

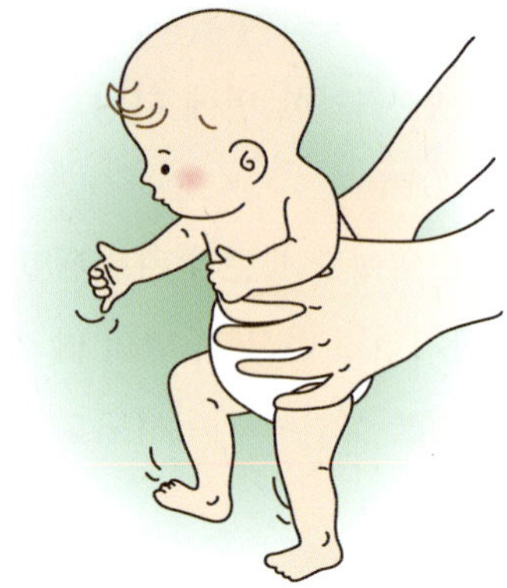

그림 4-10 걷기 반사

④ 바빈스키 반사

바빈스키 반사Babinski reflex는 신생아의 발뒤꿈치에서 발가락 쪽으로 발바닥을 건드리면 아기가 발가락을 부채살처럼 쫙 폈다가 오므리는 반응을 보이는 것이다. 일반적으로 생후 6개월경부터 사라지기 시작한다.

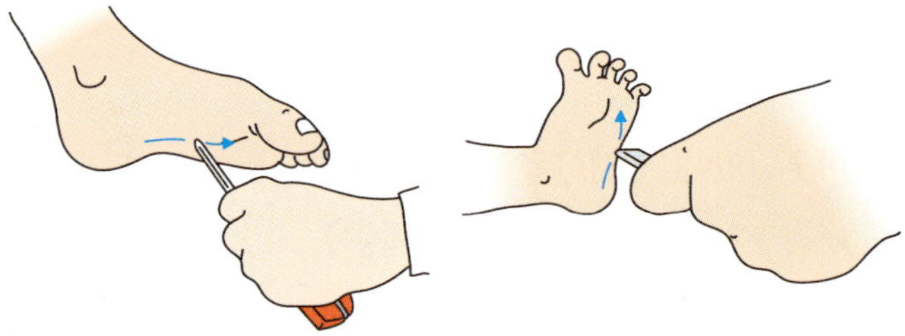

그림 4-11 바빈스키 반사

⑤ 긴장성 목 반사

긴장성 목 반사tonic neck reflex는 신생아를 눕힌 뒤, 아기의 머리를 한쪽으로 돌리면 머리가 향하는 방향으로 한 팔과 다리를 곧게 쭉 펴고 반대편의 팔과 다리는 구부리는 행동이다. 이는 생후 5~6개월경이면 사라지고 후에 뻗기 운동의 기초가 된다.

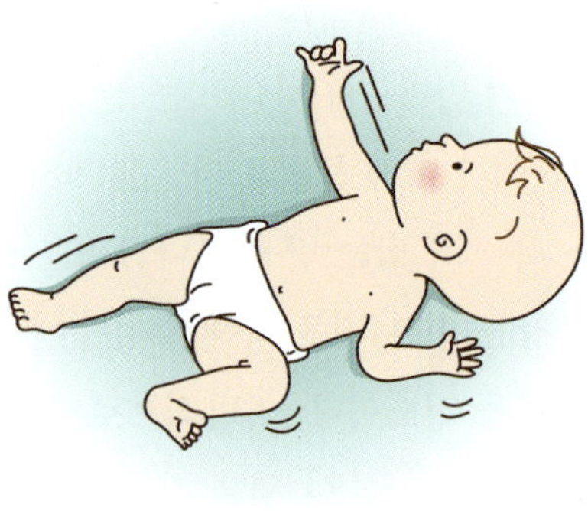

그림 4-12 긴장성 목 반사

이 외에도 무릎 뼈 아래를 가볍게 두드리면 갑자기 다리를 뻗는 무릎반사knee-jerk

reflex, 신생아의 얼굴을 물 속에 담그면 수영을 하는 듯 손을 휘젓고 다리를 버둥거리는 수영반사swimming reflex 등이 있다.

성인이 되어도 사라지지 않는 무릎반사를 제외한 모든 반사행동은 생후 1년 이내에 신경계 발달에 따라 의식적인 운동행동으로 변하게 된다. 그러므로 생후 1년이 지난 아이가 반사행동을 보인다면 신경계의 이상을 의심해 볼 수 있는데, 이는 아기의 다른 능력도 함께 고려해서 평가해야 한다.

3. 출산과 신생아를 위한 부모의 역할

부모는 새 생명의 출산이라는 신비감과 경이감을 누린 것도 잠시, 아기를 돌보고 적응하느라 정신 없는 생활을 하게 된다. 이러한 과정에서 경우에 따라서는 우울감을 크게 느껴 어머니와 아기 모두 안 좋은 영향을 받기도 한다. 세상에 막 태어나 적응해야 하는 아기의 특성을 충분히 알고, 부모로서 역할 변화를 감당하여 적응해 나가는 것이 중요하다. 특히, 처음 부모가 되며 누구나 힘든 이 시기에 정확한 관련 지식과 주변인들의 정서적 지지는 건강한 신생아발달을 도울 수 있다.

1) 신생아에게 민감하게 반응하기

울음은 신생아가 젖, 위안, 자극이 필요하다는 것을 부모에게 전하는 수단이다. 그러나 처음 부모가 된 입장에서는 아기의 울음이 무엇을 의미하는 것인지 알 수가 없어 당황스럽고 답답해한다. 보통 아기들이 우는 이유는 대 · 소변으로 인해 기저귀가 젖었을 때, 배가 고플 때, 잠이 와 잠투정을 부릴 때, 자극이 없어 심심할 때 등이다.

아기의 울음은 훌쩍이는 것에서부터 악을 쓰며 우는 것까지 강도가 다양하고 복잡한 자극이다(Wood, 2009). 아기의 출생 후 부모는 아기와 생활하는 시간이 늘어나면서 아기의 울음소리를 듣고 배가 고픈 것인지, 잠투정을 부리는 것인지, 상황적인 맥락을 총 동원하여 그 이유를 파악할 수 있게 된다. 여기에는 부모의 민감성이 요구된다. 민감성은 아기의 울음을 포함하여 아기의 표정이나 몸짓 등 아기가 보내는

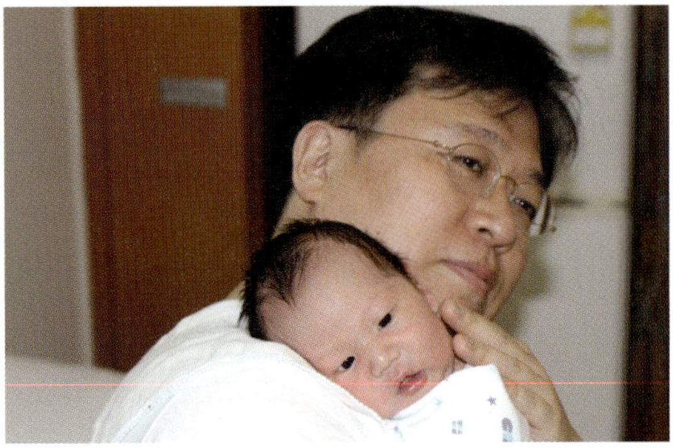

그림 4-13 안기를 통한 접촉은 신생아에게 안정감을 준다.

작은 단서나 신호를 빠르고 정확히 잘 알아채는 능력이다. 부모가 아기와 함께하는 일상이 누적되며 민감성의 안테나를 키워나갈수록 그 정확도는 높아진다.

아기가 우는 원인을 알아챘으면 부모는 울음의 원인이 해소될 수 있도록 그에 적절한 반응을 일관되게 보여 주는 것이 필요하다. 원인별로 해결방법이 다르지만 아기가 울 때 흔히 달래 주는 방법은 안아 주는 것이다. 아기가 울 때마다 안아주면 흔히 '손탄다'고 하여 울며 보챌 때마다 안아주지 말라는 주장도 있다. 하지만 아기가 울 때는 다 이유가 있으며, 특히 신생아 때는 자주 안아주는 것이 아기의 정서적인 안정에 도움이 되므로 일단 부모가 관심을 가지는 것이 좋다(하정훈, 1997).

신생아기를 겪으며 어려운 것 중 하나는 기본적으로 깨어 있는 시간은 적지만 밤낮의 구분이 없다는 것이다. 태내의 280일 동안을 어두운 어머니 자궁 안에서 탯줄을 통해 영양을 공급받았기 때문에 밤과 낮을 구분할 필요가 없었던 것이다. 아이가 밤에는 잠을 자야 한다는 것을 알게 되는 시기는 대략 생후 3~4개월경이다. 2~3개월부터는 밤낮을 구분하는 데 서서히 적응해 나가도록 낮에 많이 먹이고 활동하게 하면, 밤에 좀 더 오래 자게 된다(하정훈, 1997).

신생아 시기는 한 달이라는 짧은 시기이지만, 다른 어떤 발달 시기와 확연히 구별되는 독특하면서도 중요한 시기이다. 이에 대한 바른 지식과 이해가 있을 때 부모는 그것을 바탕으로 민감하게 신호를 알아차릴 수 있고 적절히 반응할 수 있을 것이다.

2) 부모기에 적응하기

아기의 출생은 부모가 되는 기쁜 마음으로 그 역할을 수행하게 하지만, 한편으로는 전적으로 한 생명체를 돌봐야 하는 막중한 책임이 생기는 일이다. 이와 함께 임신과 출산을 경험하는 동안 여성은 감정 기복이 매우 심하다. 여성호르몬이 임신을 유지시키기 위해 임신 기간 동안 계속 증가하다가 출산 후 급격히 감소하는 호르몬의 변화로 인한 우울감, 익숙하지 않은 육아와 신생아를 돌보며 수면 부족에서 오는 스트레스, 출산 후 외모와 신체의 변화로 인한 불만족, 그러나 그것을 벗어나지 못하고 신생아와 집 안에서 24시간 함께 있어야 하는 현실이 복합적인 요인으로 작용하여 부모기의 전환을 어렵게 한다.

실제로 출산 후 85%에 달하는 여성들이 일시적으로 우울감을 경험하지만(국민건강정보포털 의학정보, 2016), 대부분은 일상적 생활에 장애를 초래할 정도로 심각하지 않다. 이런 경우를 산후우울감baby blues이라고 하는데, 대개 분만 후 2~4일 내로 시작되어 2주 이내에 호전된다. 대부분의 경우 자연적으로 없어지지만 산후우울증postpartum depression으로 이행되는 경우도 있다. 주로 우울, 짜증, 눈물, 불안 및 기분 변화 등의 증상이 나타나는데, 산모 자체도 문제가 되지만 산후우울증을 겪을 경우 신생아도 스트레스를 나타내는 혈중 코티졸cortisol이 정상아보다 크게 높아지기 때문에 아기가 자란 후에 스트레스에 민감한 체질을 갖게 된다.

따라서 출산 전 정신과 신체를 건강하게 관리하고, 부모 됨에 대하여 미리 준비하여 출산과 양육에 대해 편안한 마음으로 임할 수 있어야 한다. 주변 가족들과 친구와 출산 후 변화에 대해 대화를 나누며 출산에 대한 현실적인 기대를 하고 적절한 계획을 세우는 것도 도움이 된다.

중요한 것은 부모 됨은 어머니인 여성 혼자만의 노력이 아니라, 아버지가 되는 남편의 참여와 정서적 지지가 필요한 것이다. 또한 남편이 이를 충분히 공감하고 행동하는 것이 중요하다. 신생아기부터 아버지가 아이의 감정에 민감하고 즉각적으로 반응하며, 몸과 마음으로 사랑을 표현하고, 신체접촉을 많이 할 경우 아기는 사회인지능력이 보다 뛰어난 아이로 성장할 수 있었다. 따라서 아버지가 아기를 보살펴 주고 사랑하는 일은 곧 아내를 행복하게 하는 일이며, 부모-자녀 간의 친밀한 유대 형성을 촉진하는 일이다(이영 외, 2015).

부모의 역할은 포기하거나 남에게 미룰 수 없는 것이다. 개인적으로 노력을 했음에도 불구하고 산후우울증 등의 이유나 다른 이유로 부모로서 전환이 힘들다면 주변 사람들과 이야기를 나누고, 필요하다면 전문가와 상담을 하여 심신이 건강한 부모로서의 역할을 하는 것이 자녀의 발달뿐 아니라 성인인 부모의 발달과업 측면에서도 중요하다.

영 유 아 발 달

PART 3
영유아기 발달

영아기는 인간의 생애 중에서 급속한 발달이 이루어지는 시기이다. 간신히 목을 가눌 수 있던 영아는 걷고 뛸 수 있을 정도로 빠른 속도의 신체발달이 이루어지며, 다른 사람과 의사소통이 가능할 만큼 언어발달이 진행되고 인지적 성장 역시 급속도로 이루어진다.

유아기는 영아기 이후인 3세부터 초등학교 입학 이전인 5세까지의 시기를 말한다. 유아기는 영아기에 비해 속도는 완만하지만 꾸준한 신체적 성장이 이루어진다. 풍부한 어휘를 습득하며 다른 사람과의 의사소통이 활발해지고 가정 이외의 환경에서 다양한 사람들과 상호작용을 시작하게 된다. 타인과의 사회적 상호작용이 활발하게 이루어지며 이를 통해 정서를 이해하고 표현하며 조절하는 능력 또한 정교화되고 세련되어진다.

제3부에서는 영유아기의 신체 · 인지 · 언어 · 정서 · 사회성발달을 살펴볼 것이다. 또한 특별한 요구가 생긴 영유아들에 대한 이해를 위해 이상발달에 대해 살펴보기로 한다.

CHAPTER **05**

신체발달

1. 신체 성장 | 2. 운동발달 | 3. 뇌발달 | 4. 신체발달에 영향을 미치는 요인

Chapter 05

영아기가 새로운 신체의 기능을 발달시키는 눈부신 도약기였다면 유아기는 습득한 신체능력을 개발하여 각 신체의 기능이 더 숙련되고 섬세해지는 과정일 것이다. 본 장에서는 영유아기의 신체성장과 운동발달, 뇌발달에 대하여 다룰 것이며 영유아의 신체발달에 영향을 미치는 요인에 대하여 살펴볼 것이다.

1. 신체 성장

신체 성장의 과정은 신체 크기의 변화로 알 수 있으며 신체 크기 변화는 키와 몸무게를 측정함으로써 그 변화를 알 수 있다. 특히, 출생 후 첫 해 동안 이루어지는 신체성장의 변화는 가장 급속도로 이루어지는데, 생후 첫 1년 동안 영아의 키는 출생 시의 약 50% 정도인 25cm 이상 자라게 된다(이사라, 이주연, 박민선, 송승민, 박선영, 2015). 몸무게의 변화도 지속적으로 증가하는데, 출생 후 첫 1~2개월 동안 아기의 몸무게는 하루 평균 30g 정도, 생후 3~4개월 동안에는 하루 20g 정도 몸무게가 는다. 그러나 생후 6~12개월 사이 몸무게 느는 속도는 좀 더 느려지고, 첫 돌이 지나면 더욱 느려진다. 즉, 생후 첫 6개월 동안 몸무게가 3kg에서 8.5kg까지 늘었던 아기는 그 다음 6개월 동안엔 2kg 정도 늘고, 첫 돌부터 두 돌까지는 1년 동안 2.5kg 정도만 증가하게 되는 것이다(대한소아과학회, 2002). 몸무게의 증가 속도가 다소 느려진다고 하더라도 2세 미만의 영아기는 성장이 급등하는 시기임을 알 수 있다(그림 5-1).

출생부터 20세까지 연간 성장의 평균적인 양을 살펴보면 그림 5-1과 같은 신체 성장의 속도곡선이 나타나는데, 이를 통해 급격한 성장이 일어나는 시기를 알 수 있다. 이것은 1년 간격으로 성장의 평균적인 양을 표시한 것이다. 여아의 경우 성장급

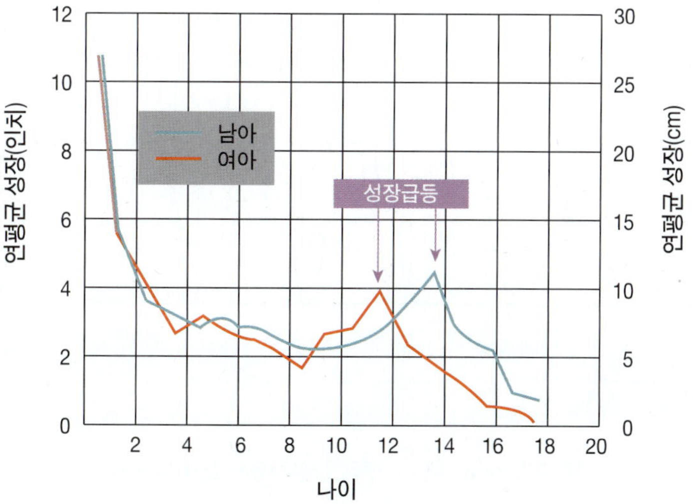

그림 5-1 키의 속도곡선

출처 : Berk(2012).

등은 12세 전에 일어나고 남아는 14세 전에 나타났다. 곡선을 살펴보면 영아기 때 성장이 빠르게 진행되고 유아기와 아동 중기 동안 다소 느리지만 일정한 비율로 진행이 되며 청소년기 초기에는 급격하게 증가함을 알 수 있다(Berk, 2012).

키와 체중을 측정하는 신체계측은 영유아의 건강을 평가하는 가장 중요한 지표이다. 영유아 개인으로서는 신체계측치의 변화 추이를 정상 도표와 비교하여 건강 및 영양상태를 평가하고, 집단에 있어서는 집단의 영양상태 및 보건관리 수준을 가늠할 수 있기 때문이다(Garza & de Onis, 2004).

우리나라는 가정의 다양한 육아지원사업을 통해 출산율을 증진시키려 노력하고 있는데, 보건복지부에서 지원하고 있는 영유아 건강검진 지원사업이 대표적인 예라고 볼 수 있다. 출생부터 6세 미만 모든 영유아와 그 부모를 대상으로 검진기관으로 지정된 인근병원과 의원 및 보건기관에서 신체계측을 포함한 영유아의 건강상태를 확인받을 수 있다(보건복지부, 2014a).

영유아의 신체가 성장하면서 신체의 각 부분은 다른 비율로 성장하게 된다. 태내기에 머리가 가장 빨리 발달하였기 때문에 출생 후 신생아의 머리도 몸과 팔, 다리에 비해 크게 보인다. 이러한 신체 비율은 유아기가 되면서 다른 신체에 비해 상대적으로 크게 느껴졌던 머리가 점점 작아지고 팔과 다리가 길어지는 성장의 변화로

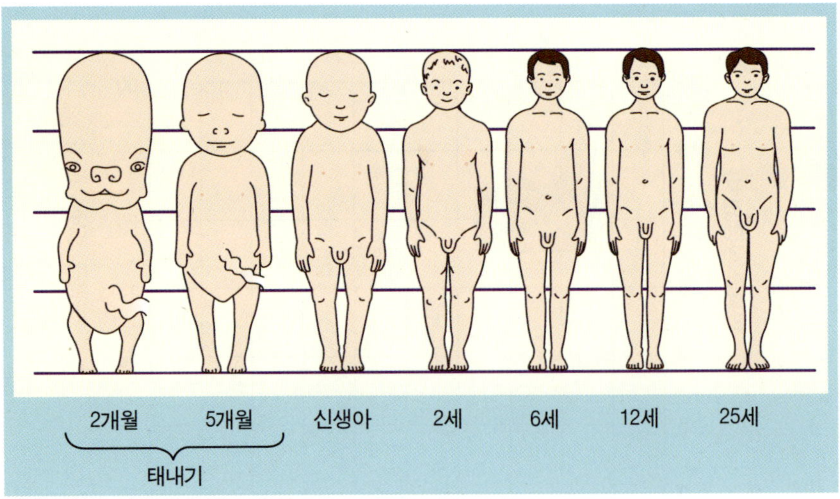

그림 5-2 태내기부터 성인기까지 신체 비율의 변화

출처 : Berk(2012).

바뀐다. 이러한 신체 비율의 변화는 신체 성장이 머리 쪽에서 시작하여 다리 쪽의 방향으로 진행된다는 두미 방향의 원리를 보여 준다.

2. 운동발달

1) 운동발달의 원리

영아의 신체발달과 운동기술의 발달을 살펴보면 일정한 방향에 의해 이루어지는 것을 알 수 있다.

(1) 두미 방향의 원리

두미 방향의 원리는 영아의 신체 및 운동발달이 머리에서 다리 쪽의 방향으로 진행되는 것을 의미한다. 영아는 출생 후 눈으로 응시할 수 있으나 손을 뻗어도 잡지 못하다가 이후 손을 뻗어 협응한 물건을 잡을 수 있게 된다. 또한 이동운동에 있어서도 머리를 가누지 못하다가 머리를 가누고 고개와 가슴을 들게 되고 앉고 서고 점차 걷게 되는 과정에서 발달의 방향이 머리에서 다리 쪽으로 이루어짐을 알 수 있다(제1장 참조).

(2) 근원 방향의 원리

신체발달 및 운동발달이 신체의 중심에서 주변 말초의 방향으로 진행된다는 원리이다. 예를 들면, 머리 들기나 몸 뒤집기, 팔 뻗기의 조절이 우선되고 이후 손과 손가락 협응으로 잡기가 나타난다는 것이다.

(3) 대근육운동에서 소근육운동발달의 원리

신체발달은 대근육을 사용하는 운동능력이 먼저 나타나고 이후 소근육을 사용하는 운동발달이 이루어진다. 영아가 끼적거리기를 하는 행동을 보면 이러한 발달의 원리를 알 수 있는데, 초기에는 팔과 어깨 축을 이용하여 끼적이기를 하는 것을 볼 수 있다. 따라서 이 시기에 작은 종이를 주면 영아의 끼적이는 선과 형태들이 종이 밖으로 나올 수밖에 없게 되는 것이다. 눈과 손의 협응력, 소근육기술이 이후 발달하게 되었을 때 비로소 종이 밖으로 끼적이는 형태들이 나오지 않도록 조정할 수 있다.

2) 대근육운동

대근육운동기술Gross motor skill은 신체의 대근육을 사용하고 조절하는 능력을 습득하는 것으로 정의할 수 있다(Williams & Monsma, 2006). 기본적인 대근육운동기술은 신체를 이동하는 기술과 균형을 잡고 조절하는 기술, 대상물을 조절하는 기술이 포함된다. 두 발을 모아 서 있거나 한 발로 서서 균형을 잡는 기술이 비이동운동 중 균형을 잡는 기술에 해당되며 달리거나 점프하는 행동은 이동하는 운동기술에 포함된다. 공을 던지거나 발로 차는 기술은 대상물을 조절하는 기술의 예라고 볼 수 있다.

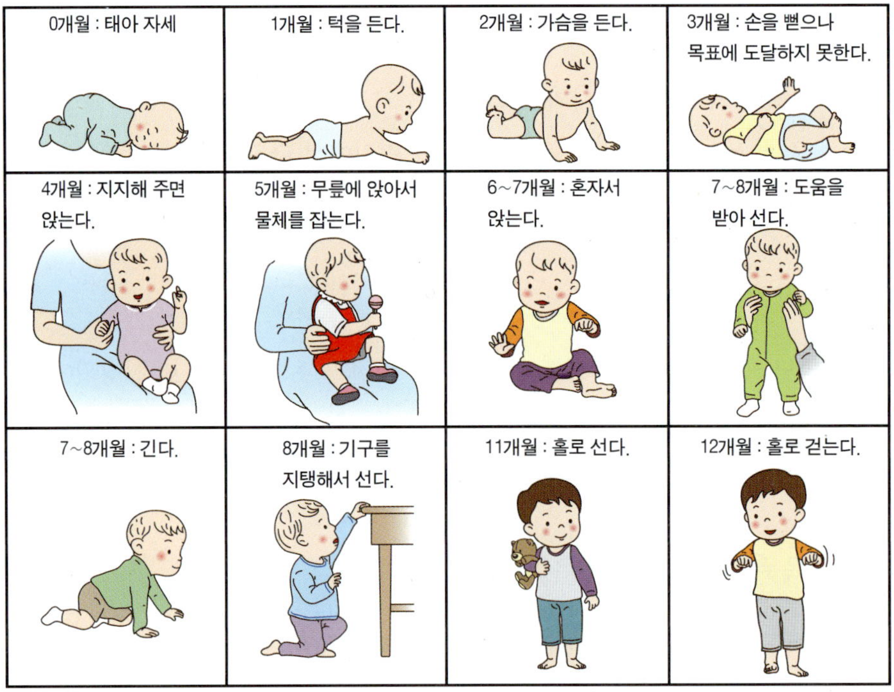

그림 5-3 12개월까지 이동운동의 주요 발달과정

출처 : Kail(2008).

그림 5-4 대근육발달과 영아의 앉기 및 기기

영아의 대근육운동발달은 목을 가누는 것에서 시작된다고 할 수 있다. 1개월에 턱을 들고 2개월에는 가슴을 들 수 있다. 3~4개월경에는 뒤집기를 하고 7개월 즈음에는 혼자 앉을 수 있게 된다.

대부분 영아들의 신체 및 운동발달의 순서는 비슷한 순서로 나타나지만 언제 나타나는지에 대한 출현 시기나 운동기술의 순서는 개인차에 따라 다르게 나타날 수 있다. 각각의 운동기술은 서로 연관되어 발달하기 때문에 영유아 개인이 어떤 방식으로 운동기술을 습득하는지에 따라 차이가 나타나는 것이다. 가령, 모든 영아가 걷기 전에 기는 행동을 항상 하지 않을 수 있다. 어떤 영아는 기기보다는 잡고 서는 것

영아에게 나타나는 운동장애의 적신호

- 사지가 뻣뻣하다.
- 근육이 기운 없고 늘어진 것처럼 보인다.
- 예상되는 시기에 걷지 않는다.
- 발끝으로 걷는다.
- 한 손 또는 신체의 한쪽 편을 선호한다.
- 매우 서툴러 보인다.
- 끊임없이 움직인다.
- 사물을 잡고 조작하는 데 어려움이 있다.
- 침을 흘리고 먹는 데 어려움이 있다.
- 운동기술이 퇴보한다.

출처 : Haiken(2016).

을 더 많이 하고 바로 걷기도 한다.

바람직한 운동발달은 두뇌, 중추신경계, 근육, 뼈, 영아의 연습기회에 따라 좌우되는데, 종종 영아기의 운동발달이 당연히 발달되는 것으로 생각할 수 있으나 때로는 운동발달에서 어려움이 나타날 수 있다(Wittmer & Peterson, 2011). 따라서 영아를 양육하는 부모나 교사는 영아의 운동능력을 세심하게 관찰해야 한다.

유아는 영아기에 비해 운동능력이 더 신장된다. 영아기 때 숙달된 걷고 뛰는 능력은 한쪽 발로 잠깐 서 있거나 한쪽 발로 뛰는 능력으로 발전하고 곧 발을 바꾸어 줄넘기나 고무줄 뛰기와 같은 복잡하고 섬세한 운동능력으로 다듬어지고 있음을 관찰할 수 있다. 유아기의 운동발달에서 연령별 경향성을 살펴보면 표 5-1과 같다. 이 정표에 도달하는 연령은 유아 각 개별 차이가 있음을 유의해야 한다.

표 5-1 유아기와 학동기의 대근육운동발달

연령	대근육운동기술
2~3세	• 더 리드미컬하게 걷는다. • 허둥대는 걸음이 달리는 것으로 변한다. • 깡충 뛰며 한 발로 뛰고 상체를 고정시킨 상태로 던지고 받는다. • 발로 타는 장난감을 민다.
3~4세	• 발을 교대로 사용하여 계단 위로 올라가고 한 발씩 계단을 내려간다. • 상체를 구부려서 깡충 뛰고 한 발로 뛴다. • 상체를 약간 사용하여 공을 던지고 잡는다. 여전히 공을 가슴으로 막아서 잡는다. • 세발자전거의 페달을 밟고 조정한다.
4~5세	• 발을 교대로 하면서 계단을 내려가고 더 유연하게 달린다. • 한 발로 달리거나 깡충 뛴다. • 신체회전이 향상되고 발에 체중을 옮겨서 공을 던진다. 한 손으로 공을 잡는다. • 세발자전거를 빨리 탄다. 유연하게 조정한다.
5~6세	• 달리는 속도가 초당 3.5m로 증가한다. • 더 유연하게 달린다. 정확히 깡충 뛰기(skipping)를 하고 옆으로 걷기를 한다. • 온몸을 사용하여 던지고 잡는다. 던지는 속도가 증가한다. • 보조바퀴가 달린 자전거를 탄다.
7~12세	• 달리는 속도가 초당 5m 이상으로 증가한다. • 연속적이고 부드러운 깡충 뛰기와 옆으로 걷기를 보여 준다. • 10~30cm의 높이와 1~1.5m 이상의 너비로 점프한다. 정확하게 점프한다. • 던지고 차는 거리와 속도, 정확도가 증가한다. • 온몸을 사용하여 공을 배트로 친다. 치는 속도와 정확도가 증가한다. • 드리블은 손바닥으로 공을 어색하게 치는 것에서 연속적이고 편안하며 심지어 공을 겨냥해 치기(stroke)까지 할 수 있을 만큼 변한다.

출처 : Bryant(1986) ; Malina & Bouchard(1991) ; Newborg, Stock & Wnek(1984) ; Roberton(1984).

3) 소근육운동

소근육운동기술fine motor skill은 손가락, 손, 팔뚝과 같은 소근육의 구성, 눈과 손의 협응력으로 달성되는데, 소근육운동기술로서 달성될 수 있는 수행은 글씨 쓰기, 바느질, 단추 끼우기 등이 있다. 소근육운동기술은 기술의 힘을 얼마나 강력하게 발휘할 수 있는가가 아니라 그 기술을 성공적으로 수행할 수 있는가의 여부가 발달의 중요한 전제조건이 된다(Edwards, 2010).

영아의 소근육운동에서 대표적인 운동기술은 손과 손가락의 사용을 들 수 있다. 신생아 때는 손을 뻗어 사물을 잡지 못하다가 3개월경 손바닥을 사용하여 사물을 잡는다. 5개월경에는 한 손의 물건을 다른 손으로 옮길 수 있으며 9개월경 손가락을 사용하여 사물을 잡을 수 있게 된다. 손을 정교하게 사용할 수 있다는 것은 눈과 손의 협응능력도 점차 발달함을 의미하는데, 12~18개월 무렵이 되면 주변에 있는 물건을 잡아당기거나 손가락으로 물건을 집어보기를 즐겨한다. 그러나 이 시기의 영아는 물건을 잡을 수는 있지만 놓는 것은 아직 어렵다. 24개월 무렵에 가까워지면 눈과 손의 협응능력이 더욱 발달하여 누르기, 돌리기, 끼우기 등 손가락과 손목의

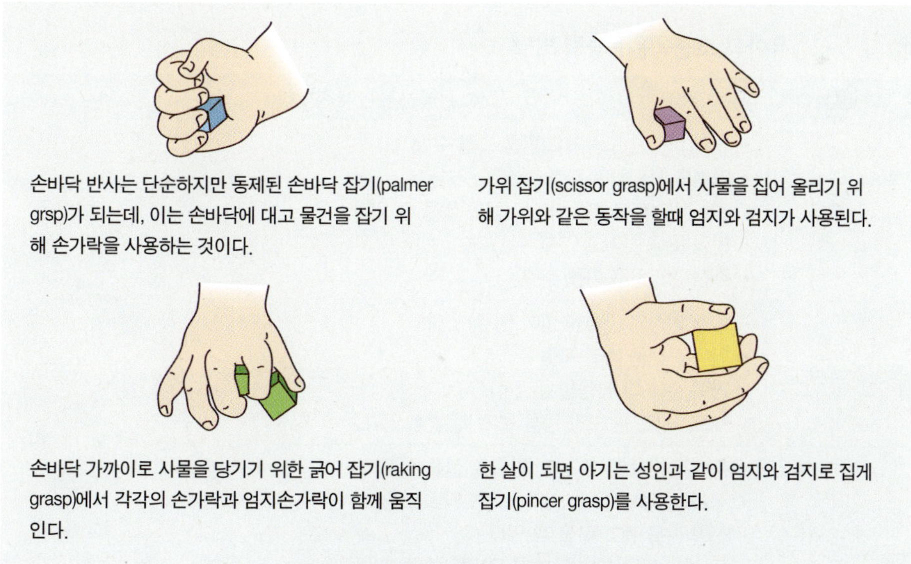

손바닥 반사는 단순하지만 동제된 손바닥 잡기(palmer grsp)가 되는데, 이는 손바닥에 대고 물건을 잡기 위해 손가락을 사용하는 것이다.

가위 잡기(scissor grasp)에서 사물을 집어 올리기 위해 가위와 같은 동작을 할때 엄지와 검지가 사용된다.

손바닥 가까이로 사물을 당기기 위한 긁어 잡기(raking grasp)에서 각각의 손가락과 엄지손가락이 함께 움직인다.

한 살이 되면 아기는 성인과 같이 엄지와 검지로 집게 잡기(pincer grasp)를 사용한다.

그림 5-5 잡기의 발달과정

출처 : Wittmer & Peterson(2011).

그림 5-6 11개월 영아의 엄지와 검지로 잡기

그림 5-7 12개월 영아의 넣고 빼기

근육을 다양하게 사용하고 이에 따라 탐색적 활동의 범위가 더욱 넓어지게 된다(우수경, 정원주, 박숙희, 신혜경, 이정미, 2013).

유아의 연령이 증가하고 성숙해짐에 따라 소근육운동기술도 정교해지고 보다 복잡한 소근육운동기술을 필요로 하는 과제도 능숙해진다. 손으로만 탐색하던 방식에서 벗어나 도구를 활용하는 운동기술이 발달하고 이것은 유아가 더 많은 것을 시도하고 만들고 표현하고 또한 옷을 입거나 벗기, 먹기, 닦기 등의 자조기술을 발달하

표 5-2 유아의 소근육운동능력 발달

연령	소근육운동능력 발달
2~3세	• 원과 비슷한 모양의 그림을 그릴 수 있다. • 가위를 사용하여 자를 수 있다. • 8개 정도의 블록을 가지고 탑을 쌓을 수 있다. • 인형 옷을 벗기고 입힐 수 있다. • 주전자의 물을 따를 수 있다.
3~4세	• 10개 이상의 구슬을 실에 꿸 수 있다. • 가위로 선을 따라 자를 수 있다. • 양쪽 손을 다 사용할 수 있다. • 세모, 네모, 원 모양 등을 보고 베낄 수 있다.
5~6세	• 종이를 반으로, 또 반의 반으로 접을 수 있다. • 직사각, 정사각, 원, 삼각형의 모양을 그릴 수 있다. • 신발 끈을 꿰고 묶을 수 있다. • 두 개의 짧은 단어를 따라 글씨를 쓸 수 있다. • 오른손 혹은 왼손 중 한쪽 손의 사용이 우세해진다.

출처 : 김미영(2014).

는 것에도 영향을 미치게 된다.

그러나 글자를 읽고 쓰는 것에 대한 성인의 요구가 2~3세 유아기 때 과도하게 집중될 경우 유아는 자신이 잘 쓰지 못한다는 것에 좌절하기 쉽다. 아직 소근육운동능력이 글씨를 쓸 수 있을 정도로 발달되어 있지 않기 때문이다. 그리거나 끼적이기를 할 경우 소근육 사용이 미성숙하기 때문에 대근육을 함께 사용하도록 크기가 큰 종이, 반죽이나 다양한 재질의 종이를 자르기, 손으로 조작할 수 있는 놀잇감 등을 통해 소근육을 활용할 수 있는 놀이를 충분히 제공하는 것이 필요하다.

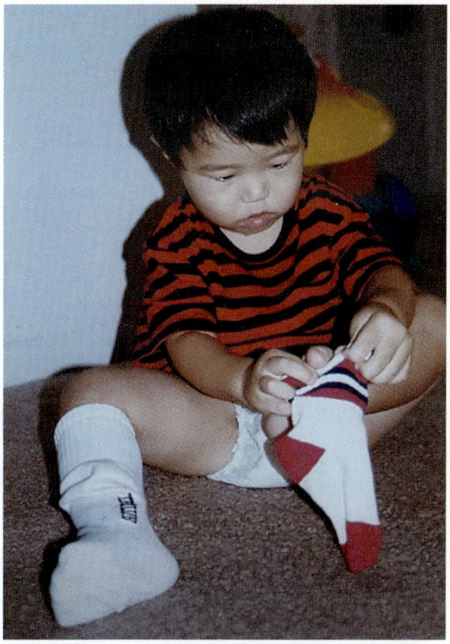

그림 5-8 소근육발달과 양말 신어보기

최근 국내 1~5세까지 영유아 500명의 생활시간 조사를 한 결과 놀이나 스포츠 레저 활동보다는 미디어 이용에 95%에 이르는 영유아의 수가 참여하고 있는 것으로 나타났다. 이와 같은 수동적인 활동은 영유아의 체중 증가, 사회성 감소, 공격성 증대 등의 발생 가능성이 있음을 보여 주는 것이다(도남희, 김정숙, 하민경, 2013). 영유아의 신체발달에 적합한 놀이를 할 수 있는 공간이나 놀잇감을 제공하는 것과 동시에 이러한 놀이가 충분히 이루어질 수 있는 시간이 선행되어야 함을 의미한다.

어린이집이 평가인증을 받을 경우 보육환경영역에 옥외놀이터와 놀이기구, 신체활동자료를 적절하게 구비하고 있는지 평가하고 있으며 보육과정영역에서는 실외활동시간과 운영 항목을 통해 어린이집 하루 일과에서 매일 영유아가 신체 활동에 참여하는지의 여부를 점검하도록 되어 있다. 다음은 어린이집에서 유아의 신체발달을 위해 고려해야 할 실외 활동시간과 운영에 대한 내용이다.

실외 활동시간과 운영을 위한 고려사항

- 보육일과 중에서 반드시 실외 활동시간이 포함되어야 하며, 오전 또는 오후 일과에 매일 1시간 이상 실외 활동을 운영하는 것이 바람직하다.
- 실외 활동시간은 매일 계획하되 날씨, 계절, 영유아의 건강상태, 전염성 질병 유행 등을 고려하여 융통성 있게 운영한다. 즉, 여름날에는 오전이나 늦은 오후에 실외 활동을 계획하고, 겨울에는 햇살이 따뜻한 시간에 밖에 나가도록 한다. 또한 비가 오거나 황사 등 실외 활동을 하기 어려운 경우에는 실내에서 신체 활동을 하는 등 대체 활동을 계획하여 운영하는 것이 필요하다.
- 실외 활동 공간이 없을 경우에는 근처에 있는 지역사회 놀이터나 공원 등을 활용할 수도 있다.
- 실외에서 할 수 있는 활동으로는 자전거 타기나 미끄럼 타기, 달리기 등의 대근육 활동뿐 아니라 술래잡기, 그림자 따라다니기, 바람개비 돌리기, 인형 옷 빨아서 말리기, 모래 파고 담기, 수로 만들기, 물로 그림 그리기, 사계절 꽃과 나무 또는 곤충 관찰하기 등을 포함한다.

출처 : 보건복지부(2014).

연령에 따른 고려사항

- 영아(0~1세) : 연령의 특성상 실외에서 오랫동안 활발하게 활동하기는 어렵지만 베란다나 마당의 그늘에 나와 흔들침대나 유모차를 타면서 일광욕을 하거나 바깥 공기를 쐬는 등의 활동을 매일 30분 정도 경험하도록 한다.
- 영아(2세) : 2세는 0~1세보다 좀 더 확장된 실외활동을 계획할 수 있는데, 마당 그늘에서 교사와 함께 책 보기, 식물 관찰하기, 어린이집 주변 산책하기, 바람개비 돌리기, 그림자 따라다니기, 술래잡기, 미끄럼 타기, 자전거 타기, 물놀이 등의 실외 활동을 매일 30분 정도 경험하도록 한다.
- 유아(3~5세) : 유아들은 실외 활동 운영 시 자연탐구와 더불어 주제와 연관된 집단 활동과 자유놀이를 적절히 안배하여 경험하도록 한다.

출처 : 보건복지부(2014).

3. 뇌발달

뇌 연구는 인간의 수명이 연장되고 더 건강하게 노년을 맞이하기 위한 사회적 관심, 삶의 질 향상에 관심이 고조되면서 의학, 공학, 인지과학 등 다양한 분야의 연구가 융합되며 발전해 왔다. 특히, 머릿속에 감추어져 있던 뇌의 모습을 촬영하고 뇌의 활동으로 발생하는 뇌파를 볼 수 있는 과학기술의 발전은 뇌의 구조와 인간의 행

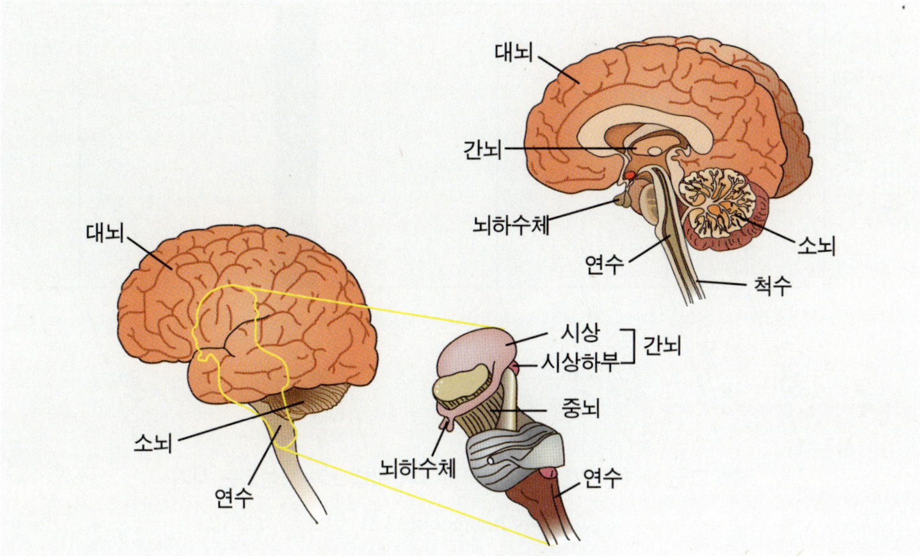

그림 5-9 뇌의 구조

동, 마음까지 분석할 수 있는 진보를 가지고 왔다고 해도 과언이 아닐 것이다. 뇌파검사EEG, 컴퓨터 단층 촬영CT · CAT, 양전자방출단층촬영PET, 자기공명영상MRI 등이 대표적인 뇌검사기술에 해당되며 뇌 세포 간 신경전달이 이루어지는 뇌 신경에 대한 생물학적 지식도 뇌 연구를 촉진하였다.

뇌 안에서 뇌 신경회로를 구성하는 신경세포는 뉴런neuron이다. 뉴런은 정보를 수신하는 수상돌기, 정보를 통합하는 세포체, 정보를 전달하는 축색돌기 그리고 신호전달과정을 조정하는 시냅스로 구성된다. 시냅스 부위를 확대한 그림을 보면 축색돌기의 부푼 끝부분이 수상돌기 가지라는 특별한 구조와 접촉하고 있음을 알 수 있다. 수상돌기 가지는 수상돌기의 표면을 확장하여 수천 개의 시냅스가 보내는 신호를 수용하도록 한다(Levitt, 2005).

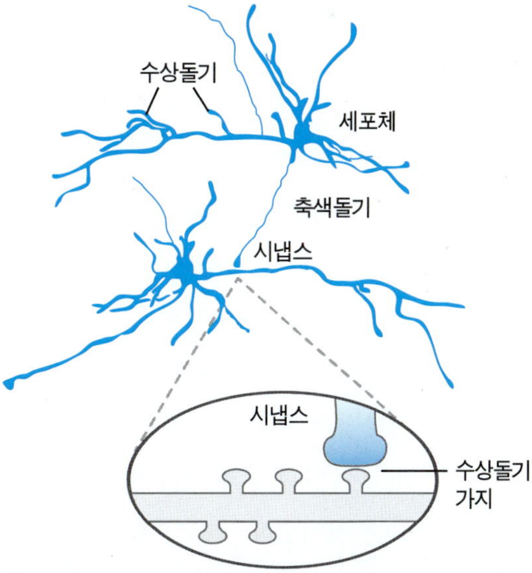

그림 5-10 뉴런의 구조와 시냅스의 확대 그림

인간의 대뇌피질에서 뉴런의 생성과 이

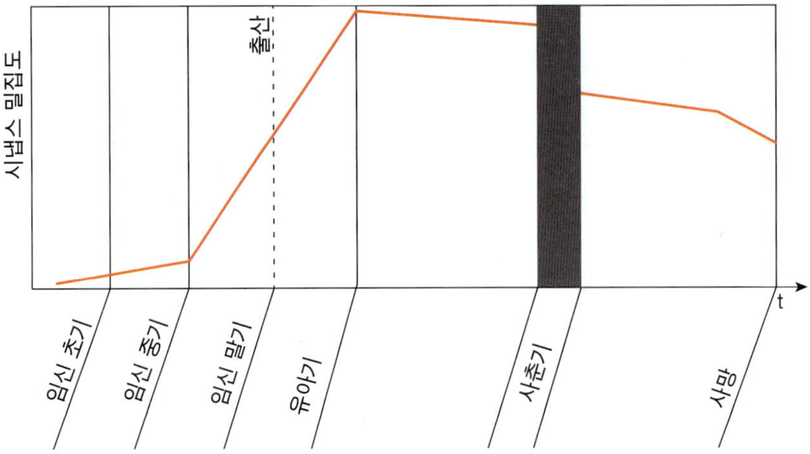

그림 5-11 인간의 대뇌피질에서 시냅스가 형성되는 시기

출처 : Bourgeois(2001).

동, 뇌 영역 간 정보를 전달하는 주요 경로의 구축과정은 출생 전 어머니의 자궁 내에서 임신 초기 및 중기의 몇 개월 만에 이루어진다. 일단 뇌의 각 영역을 연결하는 뉴런의 주요 경로가 형성되어 신호전달체계가 구축되면 유아기를 넘어 장기간에 걸쳐 시냅스가 지속적으로 구축된다. 시냅스는 임신 후기에 급속하게 형성되다가 대략 3세유아기에 이르는 시기까지 증가한다. 이후 안정세를 보이다가 사춘기 직전부터 감소하기 시작하여 청소년기 이후 형성과정이 완료된다(Bourgeois, 2001).

뇌의 신호전달체계는 복잡한 뇌 구조에서 정보를 전달하는 신경회로, 신경전달물질, 수용체와 운반체 단백질 등의 신경화학물질로 구성되어 있다.

현재 뇌 연구에서 주목하는 점은 뇌의 구조와 화학작용이 경험에 의해 바뀔 수 있다는 결과에 있다. 마치 약물처럼 경험이 뇌의 화학작용을 긍정적 또는 부정적으로 변경시킴으로써 뇌 기능에 영향을 미칠 수 있다고 보는 것이다. 이처럼 뇌의 화학적 또는 구조적으로 변화하는 현상을 뇌의 가소성Plasticity이라고 한다(Kaas, 2000). 초기 경험이 뇌의 구조에 영향을 미치는 영향을 보여 준 사례는 간단한 실험방법을 활용하여 살펴볼 수 있다(Kolb, 2009). 이 실험에서는 보통 실험용 쥐의 열악한 환경과 이와 비교할 수 있는 환경을 마련하여 쥐의 뇌 신경세포를 비교하는 것이었다. 비교환경은 쥐의 활동을 자극할 수 있는 장난감, 사다리, 터널 및 그 밖의 물건들이 많은 풍족한 환경을 마련하여 쥐를 키웠다.

이 두 가지 환경에서 각각 자란 쥐의 대뇌피질 뉴런의 수상돌기 수는 의미 있는 차이가 나타났다. 풍족한 환경에 자란 쥐의 수상돌기가 현저하게 증가하였던 것이다. 놀라운 점은 풍족한 환경에 쥐가 있었던 시간은 일주일밖에 되지 않았다는 점이다. 이러한 뉴런의 구조가 신속하게 발생하고 또한 영구적으로 유지된다는 점에서 두뇌발달을 위한 경험의 중요성이 강조된다고 할 것이다.

그림 5-12 다양한 감각적 · 운동적 경험이 가능한 풍족한 환경

출처 : Kolb(2009).

레빗(Levitt, 2005)은 뇌의 가소성을 주목하면서 이는 영유아의 뇌발달에 긍정적인 영향을 미칠 기회를 제공하기 때문에 더욱 중요하다고 보았다. 영유아의 뇌발달 핵심 원리를 통해 교육을 위한 제언을 하면 다음과 같다.

- 뇌발달의 민감기는 신경회로와 신경계에 따라 다양하다. 뇌발달 및 기능의 다양한 측면에 영향을 미치는 최적기를 파악하여 영아기, 유아기, 청소년 이전기 등에 맞는 풍족한 환경을 조성해야 한다.
- 신경학적 연구 결과에 따르면 기본적으로 민감기에 있는 뇌는 좋은 경험과 나쁜 경험의 영향을 모두 받을 수 있다고 한다. 따라서 긍정적이고 지지적인 환경이 뇌발달에 미치는 영향만큼이나 강력한 영향을 미치는 부정적 경험예 : 학대, 영양결핍 등을 줄이고 완전히 제거할 수 있도록 해야 한다.

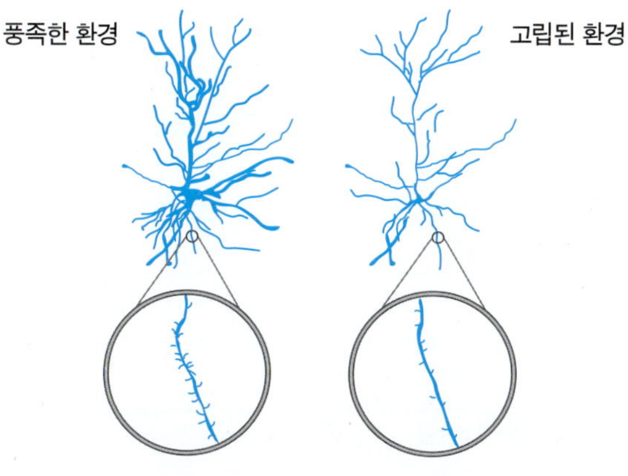

그림 5-13 풍족한 환경과 고립된 환경에서 자란 쥐의 뉴런 구조와 확대한 수상돌기의 모습

4. 신체발달에 영향을 미치는 요인

1) 유전

신체발달에 영향을 미치는 중요한 요인으로 유전을 언급하는데, 이란성 쌍생아보다 일란성 쌍생아의 신체 크기가 더 비슷하다는 주장이 이에 해당된다. 먹는 것과 건강상태가 적절할 경우 키와 신체 성장의 속도는 유전에 의해 많은 부분 결정된다고 보았다(Berk, 2006). 또한 유전적 구성은 체중에 영향을 주는데, 입양된 아동들의 체중은 입양부모보다 생물학적인 부모와 상관관계가 더 높았다(Sørensen, Holst, & Stunkard, 1998). 그러나 발달의 다른 측면과 마찬가지로 유전이라는 한 요인뿐만 아니라 환경적 요인을 함께 고려해야 할 것이다. 영양이라는 환경적 요인은 신체발달 중 특히 중요한 영향을 미친다.

2) 영양

유니세프Unicef가 2010년도에 발표한 보고자료에 따르면 개발도상국 농촌 지역 유아들이 도시의 유아들보다 영양실조에 걸릴 위험이 50% 이상 높은 것으로 나타났다. 만성영양실조를 가늠하는 척도가 되는 발육부진은 저체중보다 더 심각한 문제로 남아 있다. 2세가 넘는 유아기가 되면 발육부진을 치료하기가 어렵기 때문에 조기 중재의 필요성은 더욱 중요해진다. 영양은 다른 발달영역에서도 중요한 요인

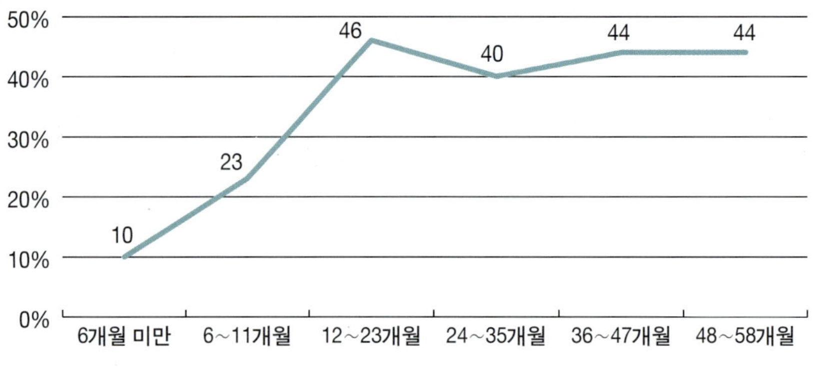

그림 5-14 개발도상국 연령별 0~59개월 발육부진 어린이 비율

출처 : 유니세프 한국위원회(2010).

이지만 출생 후 2년 동안, 즉 영아기 동안의 영양은 결정적이라고 할 수 있다. 이 시기의 두뇌와 신체가 가장 급속하게 성장발달하기 때문이다.

국내의 경우 사회경제적 자원의 풍요로움과 식생활 개선으로 인해 영양상태가 호전되고 자동차 이용과 생활환경의 개선으로 영유아기의 영양문제는 비만으로 나타나고 있다. 1979년도의 소아 비만율은 약 2%에 불과하였으나 1997년도에는 약 10%에 달하는 것으로 조사되어 비만의 발생률 및 유병률이 증가하고 있는 실정이다. 또한 국민건강영양조사 결과, 비만 유병률이 2~5세는 6.4%, 6~11세는 7.3%, 12~18세는 11.3%로 연령이 높아질수록 증가하는 것으로 나타났다(박주연, 2010).

비만은 지방세포의 수가 증가하거나 비대하여 피하층이나 각종 조직에 과다한 양의 지방조직이 축적되어 여러 대사장애가 함께 나타나는 질환이다. 성인 비만의

사례 3-1 키와 몸무게에 대한 비만도

키가 150cm이고 몸무게가 55kg인 가영이는 여자아이이다. 가영이는 소아비만일까? 이 경우 그래프를 이용하여 비만도를 알아볼 수 있다. 옆의 그림을 살펴보면 경도 비만에 포함된다. 식습관 개선과 운동을 병행해야 할 것이다.

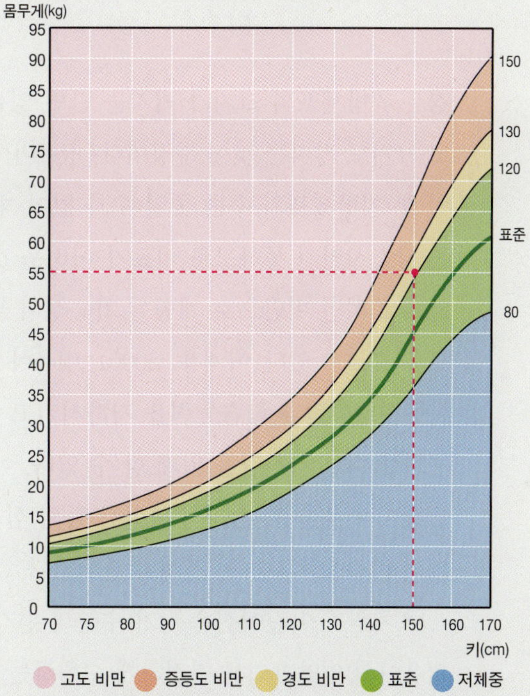

예) 키가 150cm이고 몸무게가 55kg인 여아의 경우 ⟶ 경도 비만

출처 : 이재용(2006).

비만이 되기 쉬운 습관

- 아침식사를 거른다.
- 점심, 저녁 등 식사할 때 많이 먹는다.
- 열량이 높고 영양가가 적은 식품을 자주 먹는다(예 : 피자, 햄버거, 감자튀김, 탄산음료, 자장면 등)
- 과자, 아이스크림, 떡볶이, 튀김 등의 간식을 즐긴다.
- 식사를 20분 이내로 빨리 먹는다.
- 늦은 밤에 자주 먹는다.
- 스트레스나 우울 등 기분이 나쁠 때 먹는 것으로 해결한다.
- 친구들과 운동하는 것보다 먹으며 이야기하는 것이 더 즐겁다.
- 텔레비전을 오래 보고 게임을 많이 한다.
- 신체 활동이나 운동을 싫어한다.

출처 : 이희성(2012).

경우 지방세포의 크기가 커지는 반면 영유아 비만의 경우는 지방세포 수도 증가되고 크기도 커지는 것이 특징이다. 영유아 비만은 치료를 해도 지방세포의 크기만 줄일 뿐 지방세포의 수는 줄일 수가 없어 재발이 잘 되며 이미 늘어난 지방세포의 수는 감소시키지 못하므로 치료가 어려운 것이 문제로 지적되고 있다. 영유아 비만은 앞으로 성인 비만으로 재현될 가능성이 높기 때문에 국민건강상 아주 중요한 문제로 떠오르고 있다(이재용, 2006). 영유아기의 비만은 여러 성인병과 관련이 있으며 운동수행능력과 학습능력을 저하시키고 무엇보다 영유아기의 발달에 중요한 자아능력에 대한 자신감을 잃게 할 수 있다. 이러한 자아에 대한 낮은 상image은 추후 열등감이나 우울증, 심리적 불안감 등의 심리적 문제와도 연관이 되기 때문에 영유아기의 비만을 치료하는 것이 바람직하다.

유치원과 어린이집은 국가 수준의 평가와 점검을 받고 있는데, 평가 항목 중에는 영유아의 영양관리를 적절하게 수행하는지의 여부를 확인하고 있다. 영유아들이 생활하는 유치원이나 어린이집에서는 영유아들의 건강과 영양을 고려한 식단을 구성하여 급식과 간식을 제공하고 있기 때문에 부모가 이와 연계하여 바람직한 식습관

지도를 할 수 있도록 원장과 교사는 부모를 교육하고 지속적으로 가르쳐야 한다.

다음은 부모가 실천하는 바람직한 식습관을 위한 방법이다(이재용, 2006).

부모가 실천하는 바람직한 식습관

- 가족 모두가 한자리에 앉아 식사하도록 식사시간을 계획한다.
- 식사 및 음식물을 먹는 장소를 정해두고(예 : 식탁) 다른 장소(예 : 거실, 공부방)에서는 음식물을 먹지 않도록 한다.
- 인스턴트, 냉동식품 이용을 피하고 천천히 시간을 가지고 조리한다.
- 식사를 규칙적으로 하며 세 끼를 균등하게 나누어 먹도록 한다(아침을 거르고, 저녁만 많이 먹지 않도록 한다).
- 식탁에서는 즐거운 대화를 하며 식사를 천천히 하도록 한다.
- 늦은 저녁 간식을 먹지 않도록 한다.
- 텔레비전을 보면서 음식을 먹지 않도록 한다.

3) 질병

영유아기의 영양상태가 좋다면 영유아기의 질병은 신체발달에 영향을 미치지 않을 수 있다. 영양과 질병은 순환의 고리처럼 영향을 미치며 영유아의 영양상태가 좋지 않을 경우 질병은 영유아의 신체발달에 치명적인 영향을 미친다.

예방접종 프로그램은 영유아의 질병에 대처하여 사망률을 줄이는 데 크게 기여해왔다. 백신으로 예방할 수 있는 질병들에 대해 대대적인 예방접종을 실시한 결과 전 세계적으로 매년 약 2,500만 명으로 추정되는 5세 미만 영유아들이 질병으로부터 보호되고 있다. 그러나 각 나라 사이의 예방접종률의 격차는 계속 유지되고 있고 아프리카와 아시아에는 여전히 예방접종률이 낮은 국가들이 있다. 예방접종을 받지 못하는 대부분의 영유아들은 빈곤층이거나 교육을 덜 받거나 가정 내에서 결정권이 약한 보호자와 살거나, 이러한 경우들이 종합된 환경에 있기 때문이다(유니세프 한국위원회, 2010).

영유아의 건강을 위협하는 질병에 대한 예방접종은 국가적 차원에서 권장되고

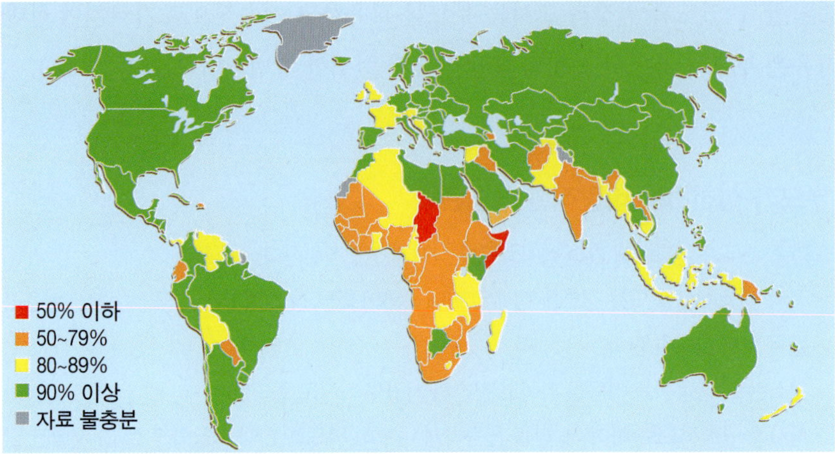

그림 5-15 2008년 홍역 예방접종을 받은 1세 미만 어린이 비율

출처 : 유니세프 한국위원회(2010).

지원되어야 하는 서비스이다. 영유아들에게 효과적으로 백신을 제공하는 정책결정이 이루어지고 실행될 때 생애 초기의 질병을 예방함으로써 영유아의 건강을 보장할 수 있기 때문이다.

우리나라는 감염병의 예방 및 관리에 관한 법률을 통해 예방접종 대상, 감염병과 예방접종의 실시기준 및 방법을 정하고, 국민과 의료 제공자에게 이를 준수하도록 하고 있다. 이러한 예방접종은 국가예방접종이며 '국가예방접종 지원사업'은 감염병 예방을 위해 꼭 필요한 예방접종 서비스를 가까운 병 · 의원에서도 비용 부담 없이 무료로 접종받을 수 있도록 접종비용을 국가가 지원하는 사업이다. 2013년까지 접종당 5,000원이었던 본인 부담금이 2014년부터 없어져 본인 부담 없이 무료로 접종받을 수 있다(질병관리본부 예방접종관리과, 2014).

유아기의 예방접종은 출생 후 영아기 동안 이루어지는 예방접종의 추가접종을 시행해야 하기 때문에 각 유아의 예방접종 일정을 알고 있어야 한다. 최근 예방접종 정보 검색 사이트예방접종 도우미, https://nip.cdc.go.kr/irgd/index.html를 통해 영유아의 예방접종관리를 용이하게 할 수 있도록 지원하고 있다.

4) 정서적 안녕

영유아의 건강한 신체 성장과 발달을 위해서는 충분한 영양을 제공할 수 있는 음식섭취가 우선적으로 필요하지만 동시에 영유아가 사랑받는다는 것을 느낄 수 있는 애정도 필요하다.

비기질적 성장장애아의 50~90%에서 양육자와 영아 상호 간에 불안정한 애착관계를 보이는 경우가 관찰된다고 한다. 생후 첫 1세 이내에 흔히 관찰되며, 열과 같은 급성증상을 이유로 진료실이나 응급실을 방문했을 때 소아과 의사에 의해 처음 발견되는 경우가 많다. 주로 사회적 미소, 눈 맞추기, 옹알이 등 보호자와 밀착된 관계 및 사회적 상호관계에서 부족함을 보이고, 양육자가 섭취와 성장에 관련된 심각한 문제점을 지나치게 부정하거나 알아차리지 못하는 경우가 흔하다고 한다(황진복, 2012).

영유아기의 극단적인 정서적 박탈감은 성장 호르몬의 생산을 방해할 수 있고 심리사회적 왜소증psycho-social dwarfism 상태가 될 수 있다. 이러한 성장장애는 대개 2~15세에 나타난다. 전형적인 특징으로는 키가 매우 작고 성장 호르몬의 분비가 감소되며 골격 연령이 미숙하고 심각한 적응문제들도 포함한다. 그러나 정서적으로 적절한 환경으로 변화되면 성장호르몬 수준은 빠르게 정상으로 돌아오기 때문에 정상적인 성장을 도울 수 있게 된다. 반면, 치료가 지체되면 왜소증은 영구적일 수 있다(Berk, 2012).

CHAPTER **06**

인지발달

1. 영아기의 감각 및 지각발달 | 2. 영아기 인지발달 특성 | 3. 유아기 인지발달 특성 | 4. 지능

Chapter 06

영아기에는 인지발달이 급속하게 이루어지는데, 몇 가지 반사능력만을 가지고 태어난 신생아는 점점 목적의식을 가지고 행동하는 존재로 바뀐다. 유아기에는 언어가 발달하면서 상징적 사고를 하며, 이로 인해 문제해결능력이 증가한다. 그러나 여전히 자기중심적 사고, 물활론적 사고, 전환적 추론을 하는 인지적 특성을 보인다. 본 장에서는 영아기의 감각 및 지각발달과 유아기의 인지적 특성 및 지능에 대해서 알아볼 것이다.

1. 영아기의 감각 및 지각발달

감각은 주위 환경으로부터 오는 여러 자극을 감각기관을 통해 받아들이는 것이며 지각은 감각에 의미를 부여하는 과정이다. 즉, 자극에 대한 감각기관의 반응이 감각이고 자극에 대한 해석을 지각이라고 한다. 영아기의 감각 및 지각능력의 발달을 구체적으로 살펴보면 다음과 같다.

1) 시각

영아의 감각능력 중 가장 늦게 발달하는 것은 시각이다. 인간은 정보의 80% 정도를 시각을 통해 얻기 때문에 정보를 얻는 과정에서 시각은 매우 중요한 역할을 한다. 출생 시 영아는 시각조절에 필요한 뇌 회로가 충분히 성숙되어 있지 않아 시력이 매우 약하다. 출생 후 6개월경이 되어야 성인과 같은 정도로 볼 수 있게 된다.

영아는 특정 색을 선호하는 경향을 보이는데, 3~4개월경에는 노랑이나 빨강을 파랑이나 초록보다 더 좋아하며 원색을 다른 색보다 더 오래 쳐다본다(Bornstein & Lamb, 1992). 형태를 지각하는 데 있어서 전체보다 부분을, 정지된 것보다 움직이는 것을, 흑백보다는 유색, 직선보다는 곡선을 더 선호한다. 물체보다는 사람의 얼굴을, 친숙하지 않은 얼굴보다는 친숙한 얼굴을, 눈, 코, 입이 잘 조화를 이룬 매력적인 얼굴을 더 선호한다. 사람의 얼굴을 볼 때 응시하는 위치를 살펴보면 생후 1개월경에는 얼굴의 턱 부분에서 시작하여 머리 쪽으로 응시하면서 주로 얼굴 윤곽을 많이 쳐다본다. 생후 2개월경에는 눈과 입술 등 얼굴 안에 있는 부분을 더 많이 응시한다.

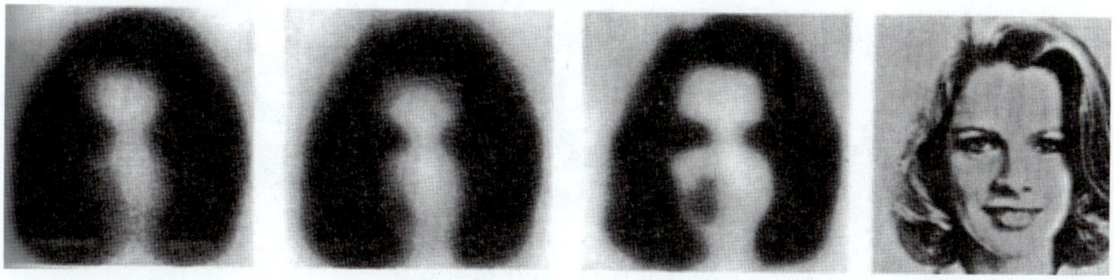

1개월 영아 | 2개월 영아 | 3개월 영아 | 성인

그림 6-1 영아의 시각

출처 : Goldstein, E. B.(1984).

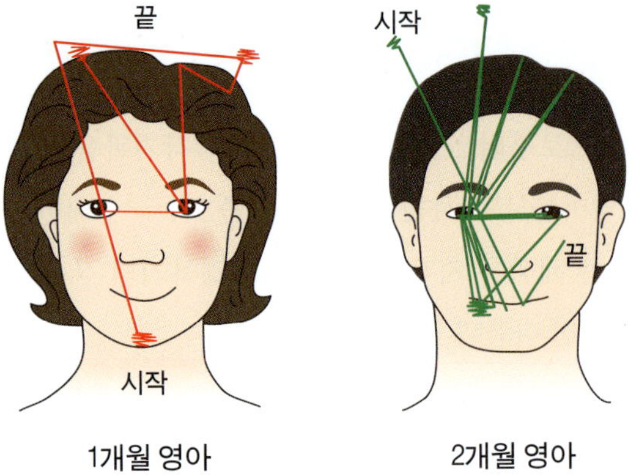

그림 6-2 영아의 시선

출처 : 정옥분(2008).

7개월 정도의 영아는 깊이를 지각할 수 있어 벼랑과 같은 장애물을 피할 수 있다. 깁슨과 워크(Gibson & Walk, 1960)는 실험 장치를 고안하여 영아들이 깊이지각을 할 수 있는지를 살펴보았다. 7개월 전후 기어 다닐 수 있는 영아들 중 대부분이 벼랑처럼 느껴지는 부분에 가서는 기어가는 것을 멈추고 머뭇거리는 반응을 보임으로써 영아들조차 깊이 지각을 할 수 있다는 사실을 밝혀냈다.

그림 6-3 시각 벼랑 실험

2) 청각

소리를 통해 전달되는 정보가 상당하기 때문에 청각은 시각 못지않게 중요한 감각이다. 출생 후 몇 시간이 지나면 영아들은 주변의 목소리를 듣고 몸을 움직이는 등의 반응을 보인다. 출생 후 1개월경에는 '바'음과 '파'음 같은 음소의 구별이 가능하며(Aslin, Jusczyk, & Pisoni, 1998), 2개월경에는 서로 다른 목소리에 다르게 반응하고 같은 사람이 내는 다른 음색의 목소리를 구분할 수 있다. 4~6개월이 되면 소리가 나는 방향을 정확하게 파악할 수 있으며, 낯익은 목소리를 구별할 수 있고 음악을 들으면 좋아한다(Berk, 1996 ; Clarke-Stewart, Friedman, & Koch, 1985). 영아가 소리를 이용해서 거리를 가늠할 수 있는지 살펴보기 위해 7개월 된 영아에게 소리 나는 딸랑이를 보여 준 후 방을 어둡게 하고 약 15cm6인치 떨어진 곳에서 딸랑이를 흔들고 약 60cm2피트 떨어진 곳에서 딸랑이를 흔들었다. 그 결과 영아는 약 15cm 떨어진 곳에서 딸랑이를 흔들었을 경우에만 딸랑이를 잡으려고 손을 뻗는 행동을 하였다. 즉, 7개월 된 영아는 소리를 이용하여 거리를 가늠할 수 있다는 것을 알 수 있다(조성연, 이정희, 천희영, 심미경, 황혜정, 나종혜, 2005).

3) 기타 감각

신생아는 출생 시에도 여러 가지 맛의 액체를 구분하는 것이 가능할 정도로 미각이 발달되어 있다. 생후 2~3개월경 특정한 맛에 대한 기호가 생길 정도로 발달한다. 따라서 영아기에 다양한 음식을 제공할 필요가 있는데, 영양학적 측면에서 뿐만 아니라 영아기에 음식에 대한 선호가 급격히 발달하기 때문이다. 후각은 태어나면서부터 잘 발달되어 있어 영아기에는 여러 가지 다양한 냄새를 식별할 수 있다.

영아는 촉각을 통해 사물을 이해하기도 하고 대인관계를 형성하기도 하는데, 처음에는 입과 입술을 사용하고 나중에는 손을 사용해서 주위 사물을 탐색하기 시작한다. 따라서 촉각은 영아가 자신의 환경에 대한 지식을 습득하는 주요한 수단이 되며 양육자와의 신체적 접촉을 통해 안정감과 신뢰감을 형성하기도 한다. 또한 고통과 같은 자극에 대해 독특한 울음 등으로 반응하는 것으로 볼 때 영아가 고통을 경험한다는 것을 알 수 있다. 이는 영아의 신경계가 고통을 전달할 수 있다는 것을 의미한다.

2. 영아기 인지발달 특성

영아기는 피아제Piaget의 인지발달단계 중 감각운동기에 해당된다. 이 시기에는 감각기관과 운동기능을 통해 세상을 이해하며 영아기의 사고는 언어나 추상적 개념을 내포하지 않는다. 정보처리이론에서는 인간의 인지과정을 컴퓨터의 정보처리과정에 비교해 설명하고 있다.

1) 대상영속성의 발달

감각운동기의 중요한 발달의 하나로 대상영속성 개념을 들 수 있다. 대상영속성이란 사물이 눈에 보이지 않더라도 존재하고 있음을 아는 것이다. 피아제는 인지발달과 병행하여 대상영속성이 발달하며 영아들이 주변 세상을 탐색하고 적응해 가기 위해 필요한 개념이라고 하였다. 그림 6-4는 감각운동기의 하위 단계에 따른 대상영속성의 발달을 설명한 것이다.

단계	특성
1단계 : 반사운동기 (0~1개월)	• 대상영속성 개념이 전혀 없음 • 시야에서 사라지면 그 물체에 관심을 보이지 않음
2단계 : 1차 순환 반응기 (1~4개월)	• 눈앞에 공을 쫓아 눈을 움직이다 공이 사라지면 고개를 돌림
3단계 : 2차 순환 반응기 (4~8개월)	• 주변에 물체가 보이지 않아도 어딘가에 존재한다는 사실을 어렴풋이 이해함 • 수건에 장난감이 반쯤 덮여 있으면 장난감을 찾아내지만 완전히 덮여 있으면 찾지 않음
4단계 : 2차 순환 반응의 협응기 (8~12개월)	• 시야에서 사라진 물체를 적극적으로 찾으려고 함
5단계 : 3차 순환 반응기 (12~18개월)	• 보이지 않는 곳으로의 이동은 이해하지 못함
6단계 : 정신적 표상기 (18~24개월)	• 대상영속성의 개념이 완전히 발달함

그림 6-4 대상영속성의 단계

출처 : 정옥분(2013).

2) 영아의 정보처리능력 발달

인간의 인지능력을 설명하는 이론 중에 정보처리이론이 있는데, 이는 인간의 인지과정을 컴퓨터의 정보처리과정에 비교한 이론이다. 인간의 뇌와 신경계를 컴퓨터의 하드웨어에 비유하고 인간의 문제해결을 위한 계획이나 책략을 컴퓨터의 소프트웨어에 비유한다. 새로운 기술의 발달로 컴퓨터의 구조와 프로그램이 점점 복잡해지듯이 인간의 인지과정 또한 영아에서 유아, 아동으로 성장하는 동안 점점 복잡해진다.

정보처리이론에서는 부호화, 저장, 인출이라는 세 가지 기본 구성요소가 있는데, 부호화는 정보가 필요할 때 기억해 낼 수 있도록 다양한 방법을 사용하여 기록하는 것이고, 저장은 정보를 기억 속에 넣어두는 것이며, 인출은 저장된 정보를 꺼내는 것이다. 또한 기억의 종류에는 감각기억, 단기기억, 장기기억이 있는데, 감각기억은 감각기관을 통해 들어온 정보가 입력되어 아주 짧은 시간 동안만 기억되었다가 사라지는 것이며, 감각기억 속에 머물러 있던 자극 중에 인간이 주목하는 자극은 단기기억으로 넘어간다. 단기기억은 1분 이내의 짧은 기간 동안 지속되는 기억이며, 장기기억은 비교적 오랜 시간 동안 정보를 보유할 수 있다. 영아기에 익숙한 물건과 새로운 물건을 식별할 수 있는 것은 익숙한 물건을 기억하고 기억에 저장된 정보를 인출하기 때문이다. 저장된 정보를 꺼내는 인출에는 회상과 재인이 있다. 회상은 '어린이날은 언제인가?', '대한민국의 수도는 어디인가?'와 같이 장기기억 내에 저장되어 있는 정보 중에서 해답을 찾아내는 과정이며 재인은 '보기에 제시된 세 도시 중 대한민국의 수도는 어느 것인가?'와 같이 장기기억 내에 저장되어 있는 정보와 보기에 제시된 정답을 짝짓는 것과 같은 과정이다.

영아들은 자신이 이해하고 표상한 것을 언어적으로 설명할 수 없기 때문에 어떤 것을 회상할 수 있는지에 대해 알아보기가 쉽지 않다. 그러나 대상영속성의 획득과 지연모방이 가능하다는 사실로 영아들도 회상능력이 있다고 추측할 수 있다. 지연모방이란 관찰된 행동에 대한 정신적 표상을 기억하는 능력에 기초하는데, 감각운동기 단계의 마지막 하위단계부터 가능하다. 즉, 어떤 행동을 목격한 후 그 행동을 그 자리에서 곧장 모방하지 않고 일정한 시간이 지난 후에 그 행동을 재현해 내는

로비-쿨리어의 재인기억실험

침대에 모빌을 매달고 영아의 발에 모빌과 연결된 리본을 묶어 영아가 발로 차면 모빌이 움직이도록 하였다. 몇 주 후 영아의 발에 모빌과 연결된 리본을 묶지 않은 채 지난번과 같은 모빌이 달린 침대로 다시 데려가 눕혔더니 영아는 계속 발로 차는 행동을 하였다. 그러나 영아는 다른 모빌을 매달아 놓은 침대에서는 발차기를 하지 않았다.

출처 : Rovee-Collier(1987, 1997).

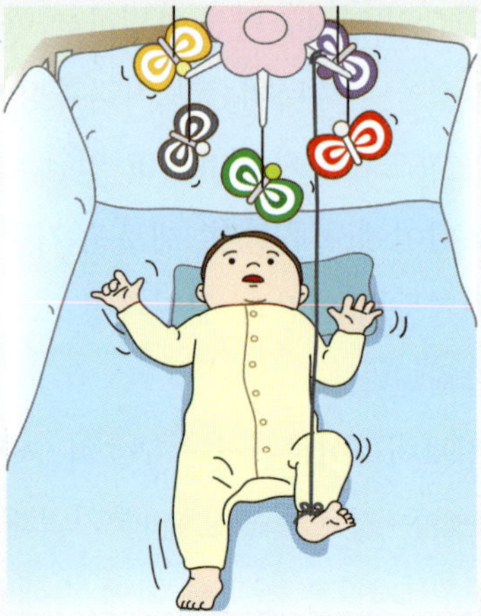

것이다. 또한 재인기억에 관한 실험들을 통해 영아가 일찍부터 상당한 재인능력을 가지고 있다는 것을 알 수 있다.

3. 유아기 인지발달 특성

유아기는 피아제의 인지발달단계 중 전조작기에 해당된다. 이 시기에는 정신적 표상에 의한 사고가 가능하지만 아직 개념적인 조작능력이 제대로 발달하지 못했기 때문에 전조작기라고 부른다. 전조작기의 사고는 경직되어 있고 한 번에 한 가지 측면에만 관심이 제한되며, 사물을 외관만으로 판단하는 경향이 있다. 또한 유아의 정보처리능력은 영아보다 발달한다. 이는 유아기에 기억용량이 증가하며, 정보를 체계적으로 인출할 수 있는 기억전략이 발달하고, 기억과 기억과정에 대한 지식인 상위기억이 발달하며 연령증가에 따라 지식기반이 확대되기 때문이다.

1) 전조작기의 특성

(1) 상징적 사고

감각운동기 말이 되면 유아의 사고는 더 이상 자신의 행동이나 감각에 의존하지 않는다. 즉, 상징적 사고가 가능해지는데, 상징적 사고란 유아가 의미를 부여한 단어나 숫자, 이미지 등의 정신적 표현을 사용하는 능력을 말한다. 사물에 대한 상징을 이해하면서부터 유아는 실제로 존재하지 않아도 사물을 기억하고 생각할 수 있게 된다.

대표적인 상징의 예는 언어이며 상징적 사고를 할 수 있게 되면서 지연모방, 상징놀이 등이 가능해진다. 지연모방은 영아기 후반부터 가능하며 상징놀이는 사람이나 상황을 믿도록 만드는 것인데, 유아가 인형과 같은 사물을 사람으로 상징화하는 것이다. 이러한 상징적 사고를 통해 유아는 문제해결 시 시행착오를 줄이고 보다 효율적으로 문제를 해결할 수 있게 된다.

(2) 자기중심적 사고

자기중심적 사고는 다른 사람의 관점을 고려하지 못하는 데서 기인한다. 이는 유아가 이기적이거나 일부러 다른 사람의 입장을 배려하지 않는 것이 아니라, 단지 다른 사람의 관점을 이해하지 못하는 것을 의미한다.

피아제는 전조작기에 해당하는 유아를 대상으로 세 산 실험을 했는데, 이 시기

그림 6-5 세 산 실험

유아는 자기중심적 사고를 하기 때문에 자신의 맞은편에 앉은 유아가 보는 산의 모습을 제대로 설명하지 못했다. 자신의 맞은편에 앉은 유아가 본 산의 모습을 자신이 본 산의 모습으로 설명했다.

(3) 물활론적 사고

물활론적 사고는 생명이 없는 대상에게 생명과 감정을 부여하는 것이다. 예를 들어, 차가 움직이면 살아 있고, 정차되어 있으면 죽었다고 말하는 것이다. 피아제는 유아의 사고는 성인의 사고와는 질적으로 다르다고 강조해 왔는데, 물활론적 사고는 전조작기 유아의 전형적인 사고 특성이다.

(4) 전환적 추론

인과관계를 추론하는 것은 어떤 현상의 원인과 결과 간의 관계를 추론하는 능력을 의미하는데, 성인은 인과관계의 추론을 할 때 주로 연역적 추론 또는 귀납적 추론을 사용한다. 그러나 유아는 성인이 사용하는 연역적 추론 또는 귀납적 추론을 하지 못하고 전환적 추론을 한다.

전환적 추론의 특징은 한 특정 사건으로부터 다른 특정 사건을 추론하는 것인데, 어떤 두 가지 현상이 시간적으로 근접해서 발생하면 두 현상 간에 아무런 관계가 없는데도 인과관계가 있는 것으로 생각한다. 예를 들어, '내가 동생을 미워했고, 동생이 아팠다.' 이러한 두 가지 사건이 있을 때 유아는 '내가 동생을 미워해서 아프게 되었다.'라고 추론을 한다. 이를 전환적 추론이라고 한다.

(5) 직관적 사고

직관적 사고는 어떤 사물을 볼 때 그 사물의 두드러진 속성을 바탕으로 사고하는 것이다. 유아는 이러한 특성 때문에 위계적 분류능력을 잘 하지 못하는 모습을 보인다. 위계적 분류능력이란 상위유목과 하위유목 간의 관계, 즉 전체와 부분의 관계를 이해하는 능력을 말한다. 예를 들어, 유아에게 열 송이 빨간색 장미와 다섯 송이 노란색 장미를 보여 주고 "빨간색 장미가 더 많니? 장미가 더 많니?"라고 물으면 유아는 "빨간색 장미가 더 많다."라고 대답한다. 이는 유아가 빨간색 장미와 노란색 장미

표 6-1 보존개념

보존과제	초기 제시	변형
수	두 줄의 동전을 동일한 간격으로 배열한 후 동전 수가 같은지 물어본다. 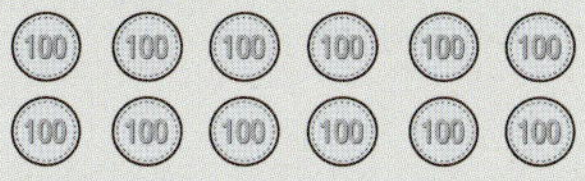	동전 한 줄의 간격을 다르게 하고 동전 수가 같은지 물어본다. 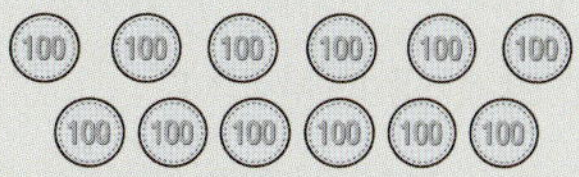
길이	두 막대기를 나란히 하고 길이가 같은지 물어본다. 	막대기 한 개를 옆으로 옮겨 놓고 두 막대기의 길이가 같은지 물어본다. 
질량	두 공에서 찰흙의 양이 같은지 물어본다. 	공 한 개의 모양을 바꾸고 각각의 찰흙의 양이 같은지 물어본다. 
액체	동일한 컵에 동일한 양의 물을 부어 두 컵의 물의 양이 같은지 물어본다. 	한 개의 컵을 넓적한 컵으로 바꾸고 물을 옮겨 부은 후 두 컵의 물의 양이 같은지 물어본다. 
무게	동일한 모양의 공을 저울에 올려 놓은 후 찰흙의 무게가 같은지 물어본다. 	공 한 개의 모양을 변형시킨 후 두 공의 무게가 같은지 물어본다(저울에 올려 놓기 전에 물어본다). 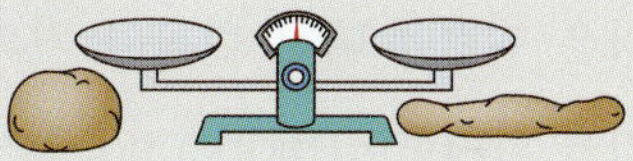

출처 : Berk(2015).

가 모두 장미라는 상위유목에 포함된다는 사실을 이해하지 못하고 장미꽃의 색깔이라는 지각된 특성에만 주의를 집중해서 나타나는 현상이다.

직관적 사고는 보존개념의 획득에도 영향을 주는데, 보존개념은 어떤 대상의 외양이 바뀌어도 그 속성이 바뀌지 않는다는 것을 이해하는 능력이다. 유아기에는 보존개념이 획득되지 않는데, 유아기에 보존개념을 획득하지 못하는 이유는 자기중심적 사고, 직관적 사고, 정지된 상태에 주의를 집중하여 바뀌는 상태를 고려하지 못하기 때문이다.

2) 유아의 정보처리능력 발달

유아기에는 영아기에 비해 기억능력이 크게 발달하는데, 기억용량의 증가, 기억전략의 발달, 기억과 기억과정에 대한 지식인 상위기억의 발달, 연령증가에 따른 지식기반의 확대 때문이다.

유아는 아동에 비해 기억용량이 제한되어 있고 기억을 체계화하는 능력이 부족하기 때문이 유아들의 기억은 체계적이지 못하고 부정확하기도 하다. 예를 들면, 낮에 유치원에서 있었던 일을 물어보면 유아는 사실과 다르게 대답하는 경우가 있는데, 이는 유아가 거짓말을 하는 것이 아니라 기억을 제대로 못하기 때문이다.

효과적으로 기억하기 위해 사용하는 기억책략은 연령이 증가함에 따라 증가하는데, 유아가 사용하는 기억책략은 아직 비효율적이고 아동기가 되어야 보다 효과적으로 사용할 수 있다. 예를 들어, 2세 유아는 자유회상 동안 사물들을 장난감, 옷, 과일과 같은 친숙한 범주로 묶는 경향을 보였으며(Rossi & Rossi, 1965), 3~4세 유아는 기억하려는 것을 반복해서 연습하는 시연을 사용하는 것으로 나타났다(Omstein, Naus, & Liberty, 1975).

(1) 기억용량의 증가

기억공간에는 감각기억, 단기기억, 장기기억이 있는데, 감각기억과 장기기억의 용량은 연령에 따른 변화가 거의 없기 때문에 기억용량의 증가는 단기기억용량의 증가를 의미한다(Bjorklund, 1995).

단기기억의 용량은 기억 폭memory spa 검사에 의해 측정되는데, 기억 폭 검사는, 예를 들어 숫자를 몇 개 불러준 다음 그 순서대로 말해보도록 하여 정확하게 회상할 수 있는 항목 수로 측정한다. 2세 유아의 기억 폭은 2개 정도이고 5세 유아는 4.5개 그리고 성인의 기억 폭은 7~8개 정도이다(Dempster, 1981). 연령에 따른 기억 폭의 증가는 케이스(Case, 1985)의 조작 효율성 가설로 설명할 수 있다. 이 가설에 의하면 연령이 증가하면서 정보를 처리하는 속도가 빨라지고 점점 더 효율적이 되기 때문에 조작공간을 덜 필요로 하고 그래서 저장공간이 증가하게 된다는 것이다. 예를 들어, 어렸을 때는 많은 시간과 노력을 필요로 했던 문제들이 나이가 들면 자동적으로 처리가 되어 시간과 노력을 적게 들이고도 쉽게 답을 얻을 수 있게 되는 경우이다.

(2) 기억전략의 발달

기억전략은 정보를 장기기억 속에 저장하고 그 정보가 필요할 때 인출이 용이하도록 해주는 의도적인 활동을 의미한다. 대표적으로 시연, 조직화, 정교화, 인출이 있는데, 이러한 기억전략은 유아기에 출현하기 시작하지만 효율적이지 못하고 아동기가 되면 크게 발달한다.

① 시연

기억해야 할 정보를 여러 번 반복해서 암송하는 것이다. 예를 들어, 친구의 전화번호를 기억하기 위해 그 번호를 여러 번 반복해서 외우는 것이 시연이다.

② 조직화

기억하려는 정보를 서로 관련이 있는 것끼리 묶어 범주나 집단으로 분류함으로써 기억의 효율성을 높이는 전략이다. 조직화는 상위개념과 하위개념에 대한 이해를 전제로 하기 때문에 시연보다 늦게 나타난다. 유아기에도 초보적인 형태의 조직화가 나타난다.

③ 정교화

서로 관계가 없는 정보 간에 다시 말해서 같은 범주에 속하지 않는 기억재료 간의 관계를 설정해 주는 것을 의미한다. 예를 들어, 물고기와 파이프를 기억해야 할 때 파이프 담배를 피우는 물고기를 상상하는 것과 같이 서로 관계가 없는 정보들 간의 관계를 설정해서 기억하는 것이다.

이는 기억해야 할 항목을 이미지의 형태로 전환해야 하고 양자 간의 관계를 설정해야 하기 때문에 다른 전략에 비해 늦게 발달한다. 유아기에 정교화 전략을 효율적으로 사용하지 못하는 이유는 일반적인 지식이 부족하기 때문이다. 정교화 전략을 사용하기 위해서는 새로 들어오는 정보를 기존의 지식과 관련지을 수 있어야 하는데, 그러자면 여러 종류의 지식을 풍부하게 가지고 있어야 한다.

④ 인출

저장된 정보 중에서 필요한 정보를 인출하기 위한 기억전략을 의미한다. 아무리 많은 정보를 장기기억 속에 저장하고 있다 하더라도 그것을 인출해 내지 못하면 소용이 없기 때문이다. 인출에는 재인과 회상이 있는데, 재인은 사물이 눈앞에 있을 때 이전의 경험했던 사실을 기억해 내는 것이고 회상은 눈앞에 보이지 않는 과거의 경험을 떠올려 정보를 찾아내는 것이다. 재인과 회상 모두 영아기부터 가능하지만 유아기에도 재인보다 회상을 더 어려워한다. 유아기에 회상이 어려운 이유는 일반적인 지식의 부족, 친근한 사물의 수가 적음, 어휘력의 빈약 등 때문이다.

(3) 상위기억의 발달

상위기억은 기억과 기억과정에 대한 지식을 의미한다. 즉, 자신이 정보를 기억하는 데에는 한계가 있으며 짧은 내용보다 긴 내용이 기억하기 더 어렵고 어떤 기억전략을 이용하는 것이 더 효과적인지를 아는 것 등이 상위기억에 관한 것이다. 유아도 상위기억에 대한 초보적인 지식을 가지고 있는 것으로 보인다. 3세 유아도 짧은 내용이 긴 내용보다 기억하기 쉽고, 긴 내용을 기억하려면 더 많은 노력이 필요하다는 것을 알고 있다.

(4) 지식기반의 확대

우리가 학습할 내용에 관해 이미 많은 지식을 가지고 있다면 그 내용을 기억하기 훨씬 수월하다. 회상기억에서 연령차를 보이는 것은 연령증가에 따른 기억전략의 발달과 지식기반의 확대 때문일 수 있다.

4. 지능

지능의 개념에 대한 정의는 학자마다 의견이 많이 다르다. 지능에 대한 개념적 정의가 다양한 이유는 지능이 외현적으로 관찰 가능한 것이 아니라 내적 속성을 가지고 있고 지능을 적용하는 관점에 따라 개념의 일부가 다르게 강조되어 왔기 때문이다.

1) 지능의 본질

일반적으로 지능은 추상적으로 사고를 수행하는 능력(Terman, 1921)이나 목적에 따라 행동하고 합리적으로 사고하며 환경에 효율적으로 대응할 수 있는 능력(Wechsler, 1958) 등으로 정의한다(조성연 외, 2010). '지능이 단일 능력인가? 복합요인으로 구성되어 있는가?'에 대한 논쟁은 오랫동안 지속되어 왔다. 최근에 와서는 지능을 다차원적인 것으로 보는 경향이 우세하다.

(1) 스턴버그의 삼원이론

스턴버그(Sternberg, 1985)는 지능의 세 가지 근원, 즉 한 개인이 처한 상황, 그 개인이 측정한 과제를 경험한 정도 및 그 과제에 대한 인지적 처리방식을 종합적으로 고려해야 한다는 삼원이론을 제시하였다. 지능은 구성적 지능, 경험적 지능 그리고 상황적 지능으로 구성되며 각각은 서로 구분되는 독립적 지능으로 이 지능들이 균형을 이룰 때 지적 수준이 높다고 하였다(Sternberg, 1997).

구성적 지능은 우리가 일반적으로 지능이라고 부르는 개념과 유사한데, 지능검사는 주로 구성적 지능을 측정하는 문항들로 구성된다. 구성적 지능은 우리가 문제에 어떻게 접근하며, 문제를 어떻게 해결하고, 결과를 어떻게 평가하는가를 말해 주는 것이다. 경험적 지능은 새롭거나 친숙한 과제에 어떻게 접근하는가 하는 것이다. 이것은 통찰력 차원의 지능으로서 새로운 정보를 이미 알고 있는 정보와 비교하여 과거의 경험을 바탕으로 새로운 문제를 해결할 수 있는 능력을 말한다. 상황적 지능

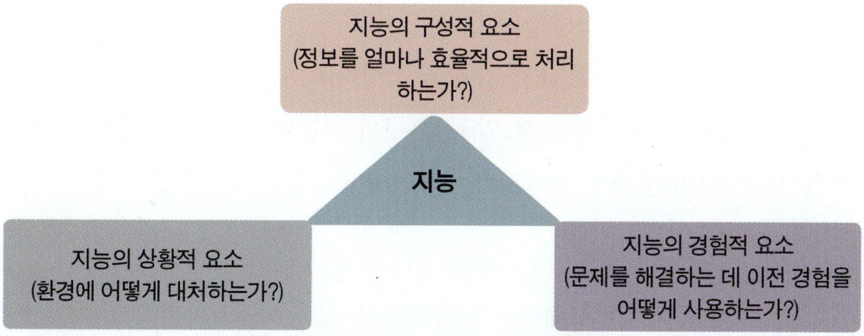

그림 6-6 스턴버그의 삼원이론

출처 : 정옥분(2013).

은 환경에 어떻게 대처하는가이다. 이것은 지능의 실제적이고 현실적인 측면으로서 우리가 학교에서 배우지 못하는 실생활에 필요한 중요한 정보를 얻는 능력이다.

(2) 가드너의 다중지능이론

가드너(Gardner, 1983)는 지능검사가 주로 언어능력과 논리적 능력의 두 차원에 의해 측정되는 것에 반대하여 지능이 단일한 개념이 아닌 독립적인 8개의 요인으로 구성되어 있다는 다중지능이론Theory of multiple intelligence을 제시하였다. 가드너는 지능을 '특정한 문화나 지역사회에서 결과를 산출하기 위해 무엇인가를 고안해 내거나 문제를 해결할 수 있는 능력'으로 정의하였다. 각기 다른 종류의 정보를 처리하는 두뇌의 영역이 다르기 때문에 인간의 지능은 언어적 지능, 논리-수학적 지능, 음악적 지능, 공간지능, 신체-운동적 지능, 대인관계지능, 개인 내적 지능의 7가지 지능영역으로 구성된다고 하였으며 최근 여기에 자연지능을 추가하여 8가지 지능의 영역을 제시하였다.

- 언어적 지능 : 문장의 뜻을 이해하고 효과적인 의사소통을 할 수 있는 능력이다.
- 논리-수학적 지능 : 논리적 사고와 수리능력이 포함된다.
- 음악적 지능 : 언어와 마찬가지로 음악 또한 자기표현의 수단이다.
- 공간지능 : 입체적 공간관계를 이해하는 능력이다.
- 신체-운동적 지능 : 운동신경이 예민하며 사물을 섬세하고 능숙하게 다룰 수 있는 능력이다.
- 대인관계지능 : 다른 사람의 기분, 기질, 동기, 의도에 대해 인식하고 적절히 반응하는 능력이다.
- 개인 내적 지능 : 복잡한 내적 감정을 구별하고 자신의 행동을 안내하기 위해 그것을 사용하며 자신의 강점, 약점, 요구와 지능에 대해 아는 것이다.
- 자연지능 : 다양한 동물, 광물, 식물을 인식하고 분류하는 능력이다.

여덟 가지 영역 중 한 영역에서 지능이 높다고 해서 다른 영역의 지능이 모두 높은 것은 아니다. 전통적 지능검사에서는 언어지능, 논리-수학적 지능, 공간지능을 주로 측정하는데, 가드너는 문장을 잘 이해하고 논리적 사고를 하는 것이 음악적 재능이 뛰어나거나 운동능력이 뛰어난 것보다 지능이 더 높다고는 볼 수 없다고 주장한다.

2) 지능검사

(1) 스탠포드-비네의 지능검사

1904년 프랑스 교육부가 프랑스 심리학자 알프레드 비네Alfred Binet에게 정상아와 정신지체아를 구별할 수 있는 지능검사를 고안하라는 임무를 부여하였고 비네는 정신연령MA이라는 개념을 구성해 내었다. 후에 미국 스탠포드 대학의 루이스 터먼Lewis Terman이 비네검사를 번안하여 미국 아동에게 적절하게 표준화하여 스탠포드-비네Stanford-Binet 지능검사를 출판하였다. 우리나라의 경우 고대-비네검사가 있다.

지능이 보통인 사람은 정신연령MA과 생활연령CA이 일치하고 지능이 높은 사람은 생활연령보다 정신연령이 높으며, 지능이 낮은 사람은 정신연령이 생활연령보다 낮다. IQ라는 말은 1912년 윌리엄 스턴William Stern이 고안해 내었는데, 정신연령을 생활연령으로 나누고 여기에서 100을 곱해서 나온 값이다. 비네의 지능검사 내용은 학교에서 배우는 내용과 유사했기 때문에 지능검사와 학업성취도와는 매우 높은 상관관계가 있는 것으로 나타난다.

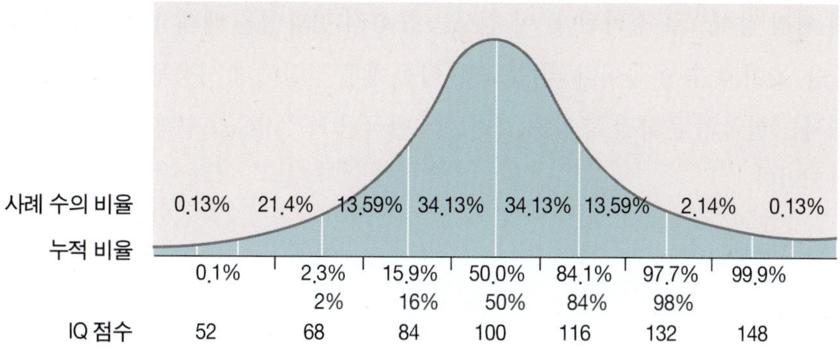

그림 6-7 스탠포드-비네검사와 정규분포곡선

출처 : Santrock, J. W.(1998).

(2) 웩슬러의 지능검사

데이비드 웩슬러David Wechsler는 두 가지 아동용 지능검사를 구성했는데, 하나는 6~16세 아동을 대상으로 하는 Wechsler Intelligence Scale for Children-IVWISC-IV와 3~8세를 대상으로 하는 Wechsler Preschool and Primary Scale of Intelligence-IIIWIPPSI-III이다. 웩슬러는 스탠포드-비네검사가 언어적 능력을 살펴보는 부분이 많아 영어를 모국어로 하지 않거나 듣는 능력에 문제가 있는 유아의 경우 적절하게 지능을 측정할 수 없다고 보고 언어능력검사상식문제, 이해문제, 숫자 외우기, 공통성 찾기, 산수문제, 어휘문제 등와 함께 비언어능력검사기호 쓰기, 빠진 곳 찾기, 블록 짜기, 그림 차례 맞추기, 모양 맞추기 등를 포함하였다.

우리나라에서는 이창우와 서봉연(1974)의 한국판 아동용 웩슬러 지능검사K-WISC, 한국교육개발원1987의 아동용 웩슬러 지능검사KEDI-WISC, 곽금주, 박혜원, 김청택2001의 한국판 아동용 웩슬러 지능검사IIIK-WISC-III, 그리고 유아용으로는 박혜원, 곽금주, 박광배1994의 한국형 유아지능검사K-WPPSI가 있다.

(3) 카우프만 지능검사

카우프만 지능검사Kaufman Assessment Battery for Children : K-ABC는 1983년 카우프만과 카우프만에 의해 제작된 지능검사로 검사의 대상 연령은 2세 6개월부터 12세 6개월이다. K-ABC에서 측정되는 지능은 문제를 해결하고 정보를 처리하는 개인의 인지 처리 양식으로 정의된다. 이 검사는 문화적 편파성을 배제하였고, 동작검사의 비중을 높여 특수 아동이나 타 문화권 아동에게 적절하게 사용될 수 있다. 우리나라에서는 한국의 문화적 특성을 고려하여 한국판 K-ABC(문수백, 변창진, 1997)가 개발되었다.

3) 지능에 관한 쟁점

(1) 유전 대 환경

일란성 쌍생아의 지능 상관계수는 .82, 이란성 쌍생아는 상관계수가 .60인 것으로 나타났다(Jensen, 1969). 오늘날 많은 학자들은 유전과 환경의 영향을 반반으로 본다. 이것은 환경을 개선함으로써 IQ를 향상시킬 수 있다는 것을 의미한다.

예를 들어, 1965년 미국에서 빈곤 아동을 대상으로 시작된 헤드 스타트 프로그램에서 프로그램에 참여한 아동들의 지능 점수가 평균 10점 정도 향상된 것으로 나타났다(Clarke & Clarke, 1989 ; Ramey & Ramey, 1990).

(2) 범문화적 지능검사

서구 중산층을 대상으로 제작된 지능검사가 다른 문화권의 유아에게도 적합한가 하는 문제 제기에서 시작된 것으로 서구 중산층을 대상으로 제작된 지능검사의 결과 문화와 인종에 따라 차이가 나타났다. 예를 들어, 지능검사에서 흑인이 백인보다 IQ가 평균 10~15점 정도 낮은 것으로 나타난다.

이러한 문화적 편견을 막기 위해 제작된 것이 범문화적 지능검사이다. 범문화적 지능검사의 경우 모든 유아가 새와 개에 대해 잘 알고 있다는 전제하에 새와 개의 차이점에 대해 묻는 문항을 포함하거나, 언어적 지시를 사용하지 않는 검사, 혹은 언어적 요인을 배제한 검사로 구성이 된다. 대표적인 예로 레이븐의 발전 매트릭스 검사Raven Progressive Matrices Test가 있다.

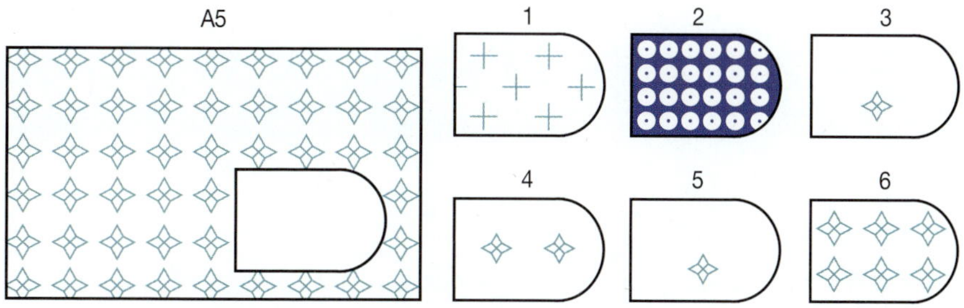

그림 6-8 레이븐의 발전 매트릭스 검사의 예

출처 : Raven, J. C. (1983).

(3) 지능검사의 오용

지능검사에 포함되지 않은 측면으로 창의성, 지혜, 실용적 지능, 사회적 민감성 등이 있다. 따라서 지능검사 결과를 해석하는 데 혹은 이 검사 결과가 특수학급 편성 등의 용도로 사용될 경우 신중을 기해야 한다. 지능검사 결과 외에도 유아의 발달 내력, 학교 성적, 사회적 능력, 가족 배경 등도 함께 고려해야 한다.

CHAPTER 07 언어발달

Chapter 07

영아는 단어를 표현하기 오래전부터 울음이나 표정, 몸짓 등 비언어적인 행동을 통하여 의사소통을 한다. 또한 단어 자체가 아니라 말의 리듬, 고저, 강세에 따라 반응하며 이를 통해 상대방의 말에서 정서적인 단서를 알아차리게 된다. 유아기에는 인지적 발달과 함께 언어발달이 빠른 속도로 이루어진다. 어휘의 수가 급속도로 늘어나며 문법의 숙달로 인해 영아에 비해 효율적으로 의사소통을 할 수 있게 된다.

본 장에서는 언어발달을 설명하는 대표적인 이론인 학습이론, 생득주의이론, 상호작용주의이론에 대해 살펴보고자 한다. 또한 영아기의 언어발달, 유아기 동안 단어의 수, 단어의 의미 및 문법의 발달이 어떻게 이루어지는지 알아보고 언어발달에 영향을 주는 요인에 대해서 살펴볼 것이다.

1. 언어발달이론

언어발달을 설명하는 관점은 학자에 따라 다양하다. 대표적인 언어발달이론으로는 학습이론, 생득주의이론, 상호작용주의이론이 있다. 학습이론에서 언어습득은 후천적인 것으로 경험에 의해 이루어진다고 보며, 이와 반대로 생득주의이론에서는 인간은 선천적으로 언어습득능력을 가지고 태어난다고 본다. 그리고 상호작용주의 이론은 사회적, 언어학적, 성숙적, 인지적 요인들이 상호의존하고 상호작용하여 영향을 준다고 설명한다.

1) 학습이론

많은 학습이론가들은 언어를 다른 학습된 행동들과 마찬가지로 간주한다. 언어는 의미와 단어, 단어와 음운, 그리고 진술문과 반응 사이의 연합이며, 자극과 그에 따르는 반응 사이의 연합을 통한 조건형성에 의해 학습된다고 주장한다(Mowrer, 1954 ; Osgood, 1963 ; Skinner, 1957).

스키너(Skinner, 1957)는 다른 모든 행동과 마찬가지로 언어습득이 강화와 모방이라는 학습 기제를 통해 이루어진다고 설명하며, 조작적 조건형성에 의해 언어가 학습된다고 주장했다. 스키너에 따르면 언어를 획득하는 것은 "비교적 무정형의 소리 내기가 선택적으로 강화되어, 점차 모양을 갖추어서 적절한 결과로 나오는 것"(p. 13)이라고 했다. 다시 말해, 부모가 모델과 강화를 제공해 주는데, 그 결과 영아의 소리 목록이 만들어진다. 처음에 아기는 자기 모국어에는 없는 많은 소리를 내지만 9개월 정도가 되면 모국어에서 사용되는 소리만 발성을 하게 되는데, 이는 부모가 모국어에서 사용되는 소리에만 강화를 해주었기 때문이다.

반두라(Bandura, 1977)는 주변 인물로부터의 강화뿐만 아니라 모방도 언어학습의 중요한 기제라고 설명했다. 다른 사람들이 내는 소리를 모방함으로써 언어를 습득하며, 모방한 소리가 정확할 때 더 많은 강화를 받는다. 반두라는 모방과 함께 관찰학습이나 대리학습이라는 용어를 사용하였으며 직접적인 강화가 아닌 대리 강화의 경우에도 학습이 일어날 수 있다고 하였다. 예를 들어, 선생님에게 무엇인가를

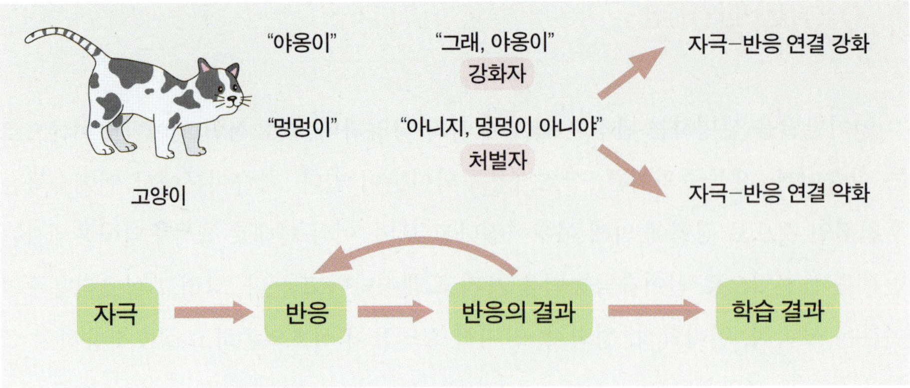

그림 7-1 언어습득에 대한 학습이론의 설명

출처 : Owen, R (2010).

받기 위해 친구가 "~ 주세요."라고 공손하게 말하는 것을 들은 영유아는 비슷한 상황이 오면 자신도 친구와 똑같이 한다는 것이다. 즉, 영유아는 주위 사람들이 내는 소리를 그대로 모방하는 과정을 통해 언어를 학습하게 되며, 모방한 대로 정확한 소리를 낼 때 더 많은 강화를 받게 된다.

그러나 강화나 모방은 언어습득과정을 부분적으로 설명해 줄 수 있지만 강화와 모방으로 설명이 되지 않는 부분도 있다. 청각장애가 있는 부모의 아기도 정상부모의 아기와 똑같이 옹알이를 한다는 점은 영유아의 언어가 강화를 받지 않아도 저절로 발달하는 모습이기도 하다. 또한 영유아가 보이는 문법적 오류는 모방으로 설명할 수 없는데, 성인들은 다음과 같은 잘못된 문법의 문장을 사용하지 않기 때문이다. 'I eated.', 'I goed.', '선생님이가~', '삼촌이가~', '~ 했다요.'와 같이 영유아가 보이는 문법의 과잉일반화 현상은 학습이론으로 설명이 되지 않는다.

2) 생득주의이론

촘스키(Chomsky, 1957)는 언어발달에서 강화나 모방의 중요성을 인정하지만 강화나 모방만으로는 언어발달을 설명하는 것이 불가능하다고 보았다. 청각장애가 있는 부모의 아기도 정상부모의 아기와 똑같이 옹알이를 한다는 점에서 강화와 모방만으로는 언어발달을 설명할 수 없다고 주장한다. 촘스키는 언어습득장치

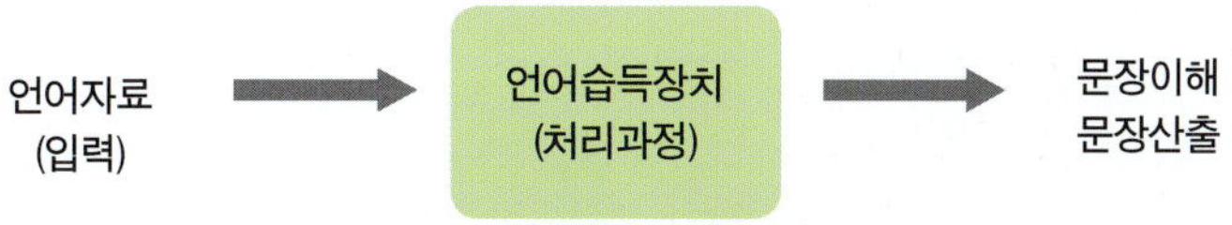

그림 7–2 언어습득장치

출처 : 조성연, 이정희, 천희영, 심미경, 황혜정, 나종혜(2010).

Language Acquisition Device : LAD라는 개념을 제시하였는데, 인간에게는 언어를 이해하고 창조해 내는 능력이 있다고 보고 이를 언어습득장치라는 개념으로 설명하였다.

생득주의이론에서는 언어발달과정이 선천적으로 결정되어 있어 후천적 여건이나 노력으로 획기적인 변화가 생기지 않는다고 설명하고 또한 언어능력과 발달과정에 있어서 개인차가 크지 않다고 주장한다. 예를 들어, 세계의 모든 영유아의 언어발달이 비슷한 시기에 비슷한 순서로 이루어진다. 생후 3~4개월경 옹알이를 시작하며, 첫돌 무렵에는 첫마디 말을 하고 두 돌 무렵에는 몇 개의 단어를 말하며 4~5세경에는 수천 개의 단어의 의미를 이해하고 문장을 산출하게 된다. 또한 언어습득은 특정 시기에만 가능한데, 이 시기는 생후 12개월에서 12~13세 사이라고 본다. 이러한 결정적 시기가 지나면 선천적 언어습득능력이 소멸되어 언어습득이 어려워진다고 보았다.

언어습득의 결정적 시기를 설명하는 예로 1907년 미국 로스앤젤레스에서 발견된 지니 Genie라는 소녀의 예를 들 수 있다. 이 아이는 아동학대사례인데, 출생 후 20개월부터 13세가 넘을 때까지 아버지에 의해 작은 구석방에 격리되어 살아왔다. 발견 당시 말을 잘 못하였고, 그 이후 집중적인 언어훈련을 받았지만 끝내 정상적인 수준에 도달하지 못했다.

또 다른 예로 이민 당시 연령이 높을수록 문법의 숙달 정도는 감소하였으며 사춘기 이후에는 숙달 정도가 급속히 감소하였다 (Johnson & Newport, 1989).

그림 7–3 지니의 사진

출처 : 정옥분(2013).

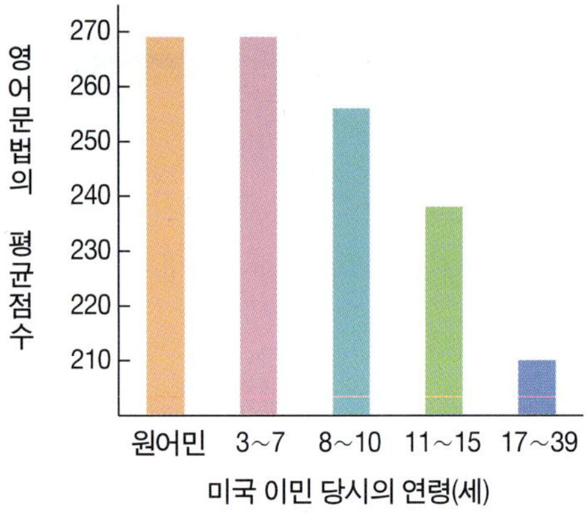

그림 7-4 이민 당시 연령에 따른 문법숙달점수

출처 : Johnson, J., & Newport, E.(1989).

그러나 생득주의이론은 언어습득기제가 구체적으로 어떻게 작용을 하며 왜 그런 작용을 하는지 설명하지 못하고 있다. 언어습득기제가 있다면 영유아는 언어교육을 받을 필요가 없고 언어에 노출만 되면 언어습득이 가능해야 하지만 언어를 습득하는 데는 적어도 5년 또는 그 이상의 시간이 걸린다. 단순히 환경에 노출만 되면 언어가 습득되는 것이 아니라 상당기간이 지나야 언어가 습득된다는 것은 언어습득을 선천적인 것으로만 볼 수 없음을 시사한다. 또한 사춘기 이후에도 여러 형태의 언어발달이 가능하다는 연구 결과도 있어 결정적 시기 가설이 도전받고 있으며(Maratsos, 1989 ; Moerk, 1989), 생득주의이론은 언어발달에 있어서 언어적 환경이 미치는 영향을 간과하고 있다(Brooks, 2004). 언어습득은 언어 투입에만 의존하지 않으며, 사회문화적 배경, 교육적 배경, 지능 및 심리요인 등 복합적인 변수가 작용한다.

3) 상호작용주의이론

상호작용주의이론은 언어발달에서 환경적 요인이나 유전적 요인도 중요하지만 유아의 언어능력은 사회적 상황에서 언어에 얼마나 노출되는가에 달려 있다고 주장한다. 브루너(Bruner, 1983)는 영유아의 언어발달에 기여하는 부모의 역할을 언어습득지원체계라고 설명하고 있는데, 예를 들어 부모가 아기의 옹알이에 반응하는

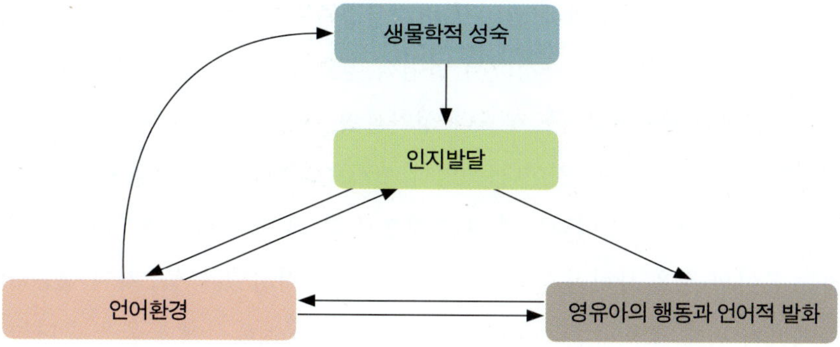

그림 7-5 언어발달에 대한 상호작용적 관점의 도식화

출처 : Shaffer, D. R., & Kipp, K. (2010).

것, 까꿍놀이, 코코코 놀이 등을 통해서 영유아의 언어발달을 격려한다. 또한 간단하고 짧은 말을 고음으로 천천히 핵심 단어를 강조하면서 여러 번 반복해서 말하는 아기식 말투 역시 영유아의 언어습득에 도움이 된다. 부모는 아기식 말투를 사용하여 영유아가 말한 내용을 문법에 맞도록 수정하거나 확장시켜 바꾸어 말하여 자녀들이 어휘를 확장시키고 문법 규칙을 더 빨리 배우도록 해준다.

언어습득에 대한 상호작용주의이론을 주장하는 학자는 피아제Piaget와 비고츠키Vygotsky가 대표적인데, 언어습득에 대해 설명하는 입장이 조금 다르다. 피아제는 언어발달에서 영유아의 능동적 참여를 강조하였다. 또한 영유아가 지닌 내적 능력에 의해 언어습득이 가능하다는 데는 생득주의와 입장을 같이 하지만 생득주의자들처럼 언어습득을 위한 특별한 장치가 따로 있다고 생각하지 않았다. 언어는 환경에 의한 것이나 생득적 특성이라기보다는 인지적 성숙의 결과로 획득되는 여러 능력 중 하나라는 것이다. 따라서 인지발달은 언어발달의 원동력이 되며, 인지발달단계가 언어발달단계를 결정짓는다. 예를 들어, 영유아가 사용하는 초기의 단어들은 영유아가 친숙한 사람이나 사물의 이름예 : 엄마, 우유이 대부분을 차지하며 대상영속성 개념이 발달하는 시기와 '있다–없다'와 같은 단어가 출현하는 시기가 비슷하게 나타난다(Gopnik & Choi, 1990).

비고츠키는 지식이 인간 내부에서 구성된다는 점에서는 피아제에 동의하지만 영유아의 발달은 생득적인 요소와 함께 사회적 상호작용의 경험에 따라서도 달라진다고 보았다. 영유아 언어발달에 있어서 비계설정자는 부모특히, 어머니로서 이들은 영유아의 언어발달 초기부터 가정에서 언어적 상호작용을 통하여 자녀에게 자연스럽게 비계설정을 제공한다. 즉, 부모나 성인과의 언어적 상호작용은 언어발달을 위해 절대적으로 필요하다는 것이다(주영희, 2000). 피아제가 유아의 독백과 같은 자기중심적 언어를 인지적 미성숙에 따른 것으로 본 데 비해 비고츠키는 혼잣말을 많이 하는 유아의 경우 사회적 능력도 높을 것으로 생각하였다. 즉, 자기 행동과 생각을 통제하기 위해 조용히 스스로에게 말함으로써 문제해결에 도움을 준다는 것이다. 이는 언어기능에 대한 관점의 차이에서 기인하는데, 피아제는 자기중심성 때문에 유아기에는 독백혼잣말이 나타나고 이후 인지가 발달함에 따라 탈중심화가 되면서 사회적 언어가 발달한다고 보았다. 반면, 비고츠키는 언어의 일차적 기능은 사회적 의사소통이므로 언어발달의 방향은 사회적 언어에서 사적 언어혼잣말라고 생각하였다(주영희, 2000).

결론적으로 피아제는 언어란 현실을 표상하기 위해 사용하는 여러 가지 상징과정 중 하나일 뿐이며 인지발달에 별로 중요하지 않은 것이라고 생각했으나 이와 반대로 비고츠키는 언어가 인지적 환경에 대한 아동의 참여를 매개하기 때문에 이후의 인지발달을 이끌어 내는 원동력이 된다고 보았다.

2. 언어발달단계

영아는 울음이나 얼굴 표정, 몸짓 등 비언어적 형태로 의사소통을 시작하며 12개월경이 되면 사람들이 알아들을 수 있는 단어를 말하기 시작한다. 유아기 인지적 특성이 상징을 사용할 수 있는 능력이며 가장 중요한 상징적 표현 수단이 언어이다. 따라서 유아기에 언어발달이 급속도로 이루어지며, 특히 문법적 규칙에 대한 지식이 확장되어 모국어 문법에 맞는 문장을 구사할 수 있게 되어 보다 효과적인 의사소통이 가능해진다.

1) 영아기 언어발달

(1) 울음

태어나서 처음으로 내는 소리가 울음이다. 울음은 영아가 자신의 욕구를 표현하는 의사소통의 수단으로 중요한 의미를 갖는다. 신생아기 동안 울음은 미분화된 상태여서 우는 이유를 알기 어렵지만 월령이 증가하면서 울음이 분화되어 점차 울음의 의미를 이해할 수 있는 상태로 변한다.

(2) 쿠잉과 옹알이

출생 후 2개월이 되면 '우우우', '아하하'와 같은 모음으로 된 소리를 내기 시작하는데, 이를 쿠잉이라고 한다. 쿠잉은 아기가 숨을 쉴 때 호흡에 맞추어 내는 소리로 매우 흥분해 있거나 즐거울 때 내는 소리일 뿐 별다른 의미를 담고 있지 않다. 쿠잉은 곧 옹알이로 발달하는데, '다하', '마하'와 같이 모음과 자음이 합쳐진 소리로 5개월경에 나타난다. 처음에 짧게 내던 옹알이 소리는 점차 길어진다. 옹알이는 일종의 놀이이며 발성연습의 효과도 있는데, 일반적으로 기분이 좋을 때 많이 한다. 생후 6개월 전후로 옹알이가 양적, 질적으로 매우 발달하며 영아들은 상대방의 반응에 따라 소리를 수정하기도 하고 곁에 사람이 없어도 혼자 옹알이를 하기도 한다.

(3) 소리 모방

생후 6개월경의 영아는 자기가 낸 소리를 반복하는 자기 소리 모방을 할 수 있으며 생후 9개월경이 되면 자기 주변의 사람들이 낸 소리를 의도적으로 모방하는 타인 소리 모방을 할 수 있게 된다.

(4) 한 단어 문장(일어문)

생후 1년경이 되면 영아는 하나의 단어를 사용하여 자신의 생각을 표현할 수 있다. 주로 엄마, 아빠, 까까 등 사물이나 사건을 지칭하는 말이나 자신의 기분을 표현하는 말이 대부분이다. 단어 하나가 전체 문장을 의미하고 여러 상황을 설명하기 때문에 일어문이라고 한다. 즉, 엄마라는 말이 엄마를 부르는 것이기도 하지만 어느 경우에는 배가 고파 먹을 것을 달라는 의미가 되기도 하고 어느 순간에는 같이 놀아 달라는 의미가 되기도 한다.

우리나라 영아의 첫 단어를 조사한 《아동발달백서》에 따르면 남아, 여아 모두 엄마라는 단어를 첫 단어로 언급했으며 그 다음으로 아빠, 맘마의 순으로 나타났다(표 7-1). 우리나라 영아의 첫 단어 보고 시기를 살펴보면 남아, 여아의 90% 정도가 12개월경까지 첫 단어를 말하는 것으로 나타났다(표 7-2).

표 7-1 우리나라 영아의 첫 단어

단어	남아	여아	계
엄마	419(70.5)	296(72.8)	715(71.6)
아빠	86(14.5)	57(10.5)	143(12.6)
맘마	58(9.8)	64(11.7)	122(10.7)
기타	31(5.2)	27(5.0)	58(5.1)
계	594(100.0)	444(100.0)	1,038(100.0)

출처 : 한국아동학회 한솔교육문화연구원(2001).

표 7-2 첫 단어 보고 시기

월령	남아	여아	계
6개월	138(28.4)	145(31.7)	283(29.9)
8개월	108(22.1)	121(26.5)	229(24.3)
10개월	103(21.1)	104(22.8)	207(21.9)
12개월	86(17.6)	61(13.3)	147(15.6)
18개월	44(9.0)	24(5.3)	68(7.2)
24개월	6(1.2)	2(0.4)	8(0.8)
36개월	3(0.6)	0(0.0)	3(0.3)
계	488(100.0)	457(100.0)	945(100.0)

출처 : 한국아동학회 한솔교육문화연구원(2001).

(5) 두 단어 문장(이어문)

생후 1년이 지나면서 영아가 사용하는 단어 수는 급격하게 증가하여 50개 단어를 사용할 수 있게 되면서 영아는 두 개의 단어를 조합하는 능력과 언어모방능력이 빠르게 증가한다. 두 개의 단어를 연결한 이어문은 동사를 빼고 중요한 단어만을 나열하기 때문에 전보와 같다 하여 전보식 또는 전문식 언어라고 한다. 15개월이 되면 영아는 일주일에 두세 개의 단어를 배우고 18개월이 지나면서 일주일에 열 개 이상의 단어를 배우게 되어 2세 전후로 200~300개 이상의 어휘를 사용할 수 있게 된다(조성연 외, 2010).

2) 유아기 언어발달

(1) 음성언어의 발달

① 단어 수의 증가

유아기에는 사용하는 단어의 수가 급속하게 증가한다. 3세경에는 900개, 4세경에는 1,600개, 5세경에는 2,500개 정도로 증가한다. 문장의 길이도 길어져서 3~4세경에는 3~4개의 단어로 문장을 구사하나 유아기 말에는 6~7개의 단어로 구성된 문장을 구사한다. 또한 추상적 의미의 단어보다는 구체적 의미의 단어를 더 빨리 획득한다. 여아가 남아보다 단어 습득 속도가 빠른 경향이 있다(Maccoby & Jacklin, 1974).

② 단어 의미의 발달

유아는 추상적인 언어비유나, 은유, 유머나 농담 등을 이해하지 못하고 한 가지 단어가 다양한 의미를 지닐 수 있다는 것도 알지 못한다. 주어진 상황에서 유사성을 추출하여 이를 근거로 단어의 의미를 과잉확대시키기도 하고 과잉축소시키기도 한다.

과잉확대란 단어의 의미를 원래의 범주보다 더 확대해서 사용하는 것을 의미한다. 예를 들어, 강아지를 멍멍이로 알고 있을 때 고양이나 소처럼 네 발이 있고 털이 있는 짐승을 보면 모두 멍멍이로 부른다.

과잉축소란 단어의 의미를 실제 범주보다 축소해서 사용하는 것을 의미하는데,

예를 들어 아이스크림콘만 아이스크림이라고 하고 컵에 들어 있는 아이스크림은 아이스크림이 아니라고 하는 경우이다.

③ 문법의 발달

유아기 동안 유아는 완전한 문법적 문장을 형성하게 되는데, 문법적 규칙에 대한 지식을 구성하고 여러 수준에 적용되는 규칙을 알게 된다. 형태소 규칙을 이해하고 이 규칙을 단어나 문장의 의미를 바꾸기 위하여 적용할 줄 알게 되며, 이러한 규칙 적용으로 많은 문법적 문장을 만들어 낼 수 있게 된다.

3세경이면 대부분의 유아는 모국어의 기본 형태론과 통사론 구조를 습득한다. 맥카티McCarthy의 품사발달에 대한 연구에 의하면, 최초에는 명사와 감탄사가 나타나고, 동사가 뒤따르며, 그 후 형용사, 부사, 대명사가 나타나고, 명사가 전 어휘의 50%를 차지한다고 한다. 우리나라 유아에 관한 언어발달 연구에서는 2.5세의 경우 명사가 차지하는 비율이 40~46% 정도였고, 3.2세에는 25.6% 정도라고 보고하였다(권경순, 이연섭, 정인실, 1980).

두 단어 문장을 사용할 때는 품사의 순서가 중요하지 않고 문법적 형태소도 출현하지 않는다. 그러나 유아가 세 단어 문장을 사용하기 시작하면서부터 품사의 위치가 정해지고 문법적 형태소를 사용하기 시작한다. 부정문은 2세경부터 나타나 초기에는 "안 먹어", "안 예뻐" 등 '안~'의 형태를 사용하여 부정문을 만든다. 3세경이 되면 "싫어", "아니", "안 해" 등의 부정문을 많이 사용하게 되며 복수형에 대한 개념도 갖게 된다. 4~5세경에는 부사나 형용사를 사용하여 문장을 만들고 어간에 어미를 다양하게 붙여 문장을 변형시킨다. '언제, 어디서, 누가, 무엇을, 왜, 어떻게'와 같은 육하원칙에 입각한 의문사를 모두 사용할 수 있게 된다.

문법의 과잉일반화 현상이 나타나는데, 특정한 문법 규칙을 모든 경우에 일괄적으로 적용하는 것을 의미한다. 예를 들어, 선생님이가, 인형이가, 안 먹어, 안 예뻐, 안 코 자, 안 밥 먹어와 같이 모든 명사에 조사로 '~이가'를 붙이거나 부정문을 만들기 위해 동사 앞에 '안'을 붙이는 것과 같은 경우이다.

④ 의사소통기술의 발달

자기중심적인 유아기 사고의 특징 때문에 자기중심적인 언어를 사용한다. 유아기

말이 되면 자기중심적인 언어가 감소하면서 점차 사회화된 언어를 사용한다. 4세 정도가 되면 의사소통하는 상대를 고려하여 상대의 수준에 맞게 화법을 조절해야 한다는 것을 안다. 이러한 능력을 참조적 의사소통기술이라고 하는데, 예를 들어 자기보다 어린 유아에게 이야기할 때는 쉬운 단어를 사용하거나 천천히 말을 반복하는 것이다. 참조적 의사소통기술은 유아기에 나타나기는 하지만 아동기가 되어야 적절하게 사용할 수 있으며 이를 통해 대상과 의미를 고려하여 의사소통을 효과적으로 할 수 있게 된다.

(2) 문자언어의 발달

① 읽기 발달과정

영유아의 읽기 발달과정을 문식성 발달의 시작출생~3세, 초보적 읽기3~5세, 실험적 읽기5~7세로 나누어 살펴보면(McGee & Richgels, 1996), 영유아 문식성 출현은 생애 초기부터이며 영유아들은 일상생활에서 자연스럽게 읽기, 쓰기와 관련된 활동을 하면서 문식성을 이해하기 시작한다.

3~5세 유아는 초보적 읽기가 가능한데, 자기가 좋아하는 과자 이름, 음식점 표시, 도로표지판 등에 붙어 있는 글자를 안다. 예를 들어, 유아는 도미노피자라는 글자를 정확하게 읽지는 못하지만 자신이 즐겨 먹는 피자의 상표와 글자를 보고 도미노피자라는 의미를 구성하는 것이다. 아직 표준적 읽기 단계에 도달한 것은 아니지만 유아는 그림이 아니라 글자가 의미를 전달한다는 것을 알게 되고, 실제 물건이 존재하지 않아도 그림과 글자가 무엇을 상징하고 있는지 이해한다. 이 시기 유아들은 글자의 명칭, 형태, 특질 등을 배우려고 하며, 글을 읽을 때 맥락에 의존하여 읽기를 한다.

실험적 읽기 수준의 유아는 지속적인 문식성 활동을 통해 문어에 대한 새로운 지식을 구성해 간다. 이 시기 유아의 읽기는 표준적 읽기 수준에는 이르지 못하지만 이전보다 훨씬 더 표준적이다. 교사나 부모가 읽은 것을 관찰하기도 하고 표준적 수준에 이른 친구가 어떤 규칙을 활용하는지 유심히 관찰하기도 한다.

② 쓰기 발달과정

영유아의 쓰기 발달과정을 문식성 발달의 시작, 초보적 쓰기, 실험적 쓰기로 나누어 설명하면(McGee & Richgels, 1996), 출생~3세 사이의 영유아는 사인펜, 연필, 크레파스 등의 쓰기 도구를 들고 종이나 벽에 긁적거리기는 것을 좋아한다. 이처럼 일상생활 속에서 매우 자연스럽게 쓰기 행동을 보인다.

3~5세의 초보적 쓰기 단계의 유아는 문자를 통해 자신의 생각을 남에게 전달할 수 있다는 것을 깨닫는다. 문자를 통한 의사소통을 하기 위해 유아들은 자기 나름대로 문자를 재창조하고 의미를 부여하기도 한다. 극놀이영역에서 유아의 이런 행동은 쉽게 관찰되는데, 음식점 놀이를 하면서 주문서를 만드는데, 자신이 개발한 문자로 주문서를 작성한다. 일반적으로 성인들은 이 글자를 읽을 수 없기 때문에 쓰기로 인정하지 않지만 초보적 쓰기 수준에서는 읽을 수 있는가 보다 유아가 자신의 쓰기를 통해 의미를 전달하고자 하는 것이 더 중요하다.

실험적 쓰기 단계의 유아는 쓰기와 관련된 사전지식을 재통합하고 새로운 지식을 구성해 나간다. 철자와 소리의 연관성을 알며 철자의 이름과 형태를 알게 되고 단어를 쓸 때 단어와 단어 간에 띄어쓰기를 시도하기도 한다.

표 7-3 음성언어의 발달과정

월령	언어발달
0~2개월	• 1개월에 접어들 즈음 후음(喉音)을 속삭임처럼 소리 내며 사람 음성에 반응을 보인다.
2개월	• 울음으로 의사를 전달한다. • 끙끙거리는 소리가 '우~우', '아~아'처럼 모음에 가까운 형식을 취하게 된다.
3개월	• 훌쩍거리거나 길고 높은 소리로 울거나 싱긋 웃기도 하며 꿀꺽하는 후음을 내기도 한다. • 다른 사람의 말을 들으면 소리 내고 싶은 자극을 받는다.
4개월	• 혼자 혹은 다른 사람에게 끊임없이 옹알거린다. • 질문하듯 목소리를 높이기도 한다.
5개월	• 다른 사람의 입을 유심히 바라보며 억양을 흉내 내려 한다. • 'ㅁ' 이나 'ㅂ' 같은 자음을 발음하는 영아도 있다.
6개월	• 입 모양을 바꿔 새로운 소리를 낸다.
7개월	• 단숨에 여러 음을 낸다. • 각기 다른 음색과 억양을 인식한다.
8개월	• 좀 더 폭넓은 음을 흉내 내기 시작한다. • 머리나 상반신을 돌려 귀에 익은 소리에 반응을 보인다. • 특정 어구에 반응하는 법을 안다(예 : "와, 크다." 란 말에 두 손을 들어 벌림).
9개월	• 자기 이름이나 "안 돼." 하는 말 등에 반응을 보인다. • 다른 사람들 대화에 유심히 귀를 기울인다. • "엄마", "아빠" 같은 소리를 내다. • 기침 소리 같은 것을 곧잘 흉내 낸다.
10개월	• 말에 행동까지 곁들인다(예 : "빠이빠이." 하면서 손을 흔듦)

월령	언어발달
11개월	• 행동뿐 아니라 단어까지 흉내 낸다. • 각기 다른 상황에서 각기 다른 단어가 쓰임을 앎으로써 단어의 뜻을 파악한다.
12개월	• 자신만 아는 짧은 문장을 옹알거린다. • 어조와 억양을 제때 그럴듯하게 활용한다. • 2~8개의 단어를 말할 수 있다.
13개월	• 단어를 완벽하게 발음할 수는 없으나 그것이 무엇을 뜻하는지는 안다. (예 : "고" 하면서 공을 가리킴)
14개월	• 가락이나 같은 음의 반복을 좋아한다. • 행동으로 자신의 욕구를 표현한다(예 : 읽어 달라는 뜻으로 책을 가져옴).
15개월	• 간단한 명령(예 : "이리 온.")에 따른다. • 엄마가 뭐라고 말하면 눈에 익은 사물을 가리키기도 하며, 신체 주요 부위의 이름을 기억한다.
16개월	• 6~7개 단어를 똑똑히 발음한다. • 낱말 게임이나 노래 부르기를 즐긴다.
17개월	• 욕구를 표현하기 위해 낱말을 사용하기 시작한다(예 : 업어 달라는 뜻으로 "어부바."라고 말함). • 말할 수 있는 단어보다 많은 단어를 알고 있는 것으로 추정된다.
18개월	• 어휘력이 급증, 하루 12개나 되는 단어를 습득하기 시작한다. • 질문을 받으면 자기 몸이나 옷의 부위를 가리킨다. • 자신을 이름으로 지칭한다.
19개월	• 자신의 생활에 중요한 낱말이나 사물에 몰두한다.
20개월	• 생후 2년이 되어 갈 즈음 모든 사물에 이름이 있음을 알고 저게 뭐야? 하고 끊임 없이 묻는다. • 두 단어를 결합시킬 줄도 안다(예 : "엄마, 우유.")
22개월	• 간단한 이야기를 즐겨 듣는다. • 이야기를 이끌어 가며 단어로 자신의 감정이나 생각을 표현한다.
23개월	• 단어를 사용해 가며 좌절이나 분노를 표현한다. • 간혹 감정을 전달하기 위해 표정을 짓거나 소리를 지른다.
24개월	• 24개월에 접어들 즈음 200단어 이상의 어휘를 갖춘 영아도 있다.
25~29개월	• 어휘력이 급증하여 명사와 동사를 결합하여 3~4개 단어로 된 문장을 구성한다. • '나' 같은 대명사를 비롯, 여러 품사를 구사하기 시작한다. • '왜'라는 질문을 던지기 시작한다. • 남이 말하는 것에 관심을 기울인다.
30~36개월	• 2~3개 단어로 이루어진 명령도 이해한다. • 이야기의 흐름을 이해하며 책 속에 담긴 많은 개념도 기억한다.

출처 : 한유미 · 김혜선 · 권희경 · 양연숙 · 백은정(2013).

3. 언어발달의 영향요인

언어발달에 영향을 주는 요인으로 성별, 가정환경적 요인, 그리고 성인과의 상호작용 등의 요인이 작용하는 것으로 알려져 있다. 특히, 주 양육자와의 상호작용은 언어발달에 많은 영향을 준다.

1) 성별

어휘 수, 언어 이해, 문장의 복잡성 등 다양한 측면의 언어능력에서 여아가 남아보다 우수하다는 결과들이 보고되고 있다(신정혜, 황상민, 1994 ; Maccoby & Jacklin, 1974). 일반적으로 남아가 여아보다 언어발달이 느리고 언어장애를 가지는 경향도 더 높다.

2) 가정환경적 요인

언어발달은 가정환경적 요인에 의해 영향을 받는데, 선행 연구에 의하면 부모의 사회경제적 지위, 가족구조, 출생순위 및 가족 내에서의 위치 등이 영향을 주는 것으로 보고되고 있다(이지연, 곽금주, 2008 ; Owen, 2010).

부모의 사회경제적 지위는 언어발달에 영향을 주는데, 가정에 구비된 책의 수가 언어발달과 관련이 있었고, 사회경제적 수준에 따른 부모의 상호작용방식이 언어발달에 영향을 주었다. 사회경제적 수준이 높고 낮음에 따라 부모들이 사용하는 언어가 보다 정교할 수도 있고 때로 제한적일 수도 있다. 정교한 언어를 사용하는 부모의 경우 언어적 표현이 명확하면서도 다양하다. 또한 상황이나 중심인물에 대해 보다 구체적으로 설명해 준다. 제한된 언어를 사용하는 부모의 경우 개념을 설명할 때 정확하지 않으며 짧고 단순한 문장, 한정된 어휘, 적합하지 못한 언어적 표현을 많이 사용한다. 제한된 언어를 사용하는 가정의 유아가 정교한 언어를 사용하는 가정의 유아에 비해 언어능력이 더 낮을 수 있다(Hart & Risley, 1995).

또한 대가족의 경우에는 가족구성원의 수가 많아 이야기를 나눌 수 있는 시간이 많지만 핵가족화와 맞벌이 가족이 늘어나고 자녀 수가 감소하면서 가족구성원들 간의 대화시간이 줄어들게 되었다. 이야기를 나눌 가족구성원의 수가 적으면 유아의 언어발달이 지연될 수 있다. 출생 순위나 가족 내에서의 위치 역시 초기 언어발달에 중요한 영향을 주는데, 외동인 아이는 형제가 있는 아이보다 성인과 소통하는 기회가 더 많아 언어가 빨리 발달하며, 쌍둥이는 자기네끼리 이야기하면서 보내는 시간이 많으므로 음운론적 실수가 많이 생기기도 한다(Dodd & McEvoy, 1994).

3) 성인과의 상호작용

언어발달은 성인과의 상호작용에 따라 각기 다른 수용언어, 표현언어, 어휘력의 향상(남규, 이지현, 2009) 혹은 문해행동(Teale & Sulzby, 1987)을 보이는 것으로 나타났다. 이는 언어발달에 있어 주 양육자와의 상호작용과 반응성이 중요하다는 의미이다. 즉, 부모가 자녀의 상황에 민감하게 반응하고, 긴밀한 상호작용을 제공해 줄 경우 유아의 언어능력이 향상된다는 것을 보고하고 있다.

주 양육자의 다양한 어휘의 사용과 영유아의 언어발달과의 관계를 살펴본 연구들에 따르면 영아의 전반적인 어휘 성장 속도는 그들이 듣는 어휘의 양과 관련이 있었다(Hart & Risley, 1995 ; Huttenlocher, Haight, Bryk, Seltzer, & Lyons, 1991). 13~36개월의 우리나라 영유아들에게 어머니가 글 없는 그림책을 읽어주는 상황에서 어머니의 언어적 입력 양과 영아의 어휘 수의 관계를 측정한 결과, 어머니의 언어적 입력 양은 영유아의 표현어휘 수와 정적 상관이 있었으며, 특히 어머니의 발화 중 포함된 어휘의 종류는 영아의 어휘 수에 영향을 주는 것으로 나타났다(장유경, 이근영, 곽금주, 성현란, 2003).

한편, 단순한 입력의 양이 아니라 언어적 상호작용의 유형들이 영유아의 언어발달에 중요하다는 연구 결과들도 많이 있다. 13~36개월까지 42쌍의 어머니와 영유아의 상호작용을 종단적으로 관찰한 결과 질문하기는 영유아의 언어적 행동을 격려하고 말할 기회를 더 많이 제공함으로써 영유아의 어휘 수에 긍정적인 영향을 주었으며, 반복, 모방, 확장, 확산을 통한 피드백도 언어발달에 긍정적인 영향을 주었다(Hart & Risley, 1995). 유사하게 13~36개월의 한국 영유아들을 대상으로 한 연구에서 어머니의 언어적 상호작용 유형 중 피드백이 영유아의 어휘 종류와 수를 유의하게 설명하였다(이지연, 이근영, 장유경, 2004).

CHAPTER **08**

정서발달

1. 정서의 개념 | 2. 정서발달의 이론적 관점 | 3. 영유아기의 정서발달 |
4. 기질 | 5. 정서발달을 위한 부모와 교사의 역할

Chapter

08

인간은 일생 동안 다양한 정서를 경험하고 표현하면서 살아간다. 영유아는 성장하면서 언어와 지적인 측면에서 뿐만 아니라 정서적으로도 발달한다. 정서는 특정한 행동양식을 유발하므로 인지와 사회성발달과 연계되는 발달 특성이다. 본 장에서는 정서의 개념을 알아보고 정서발달을 설명하는 다양한 이론을 고찰한 후 영유아기의 정서발달을 정서표현, 정서이해, 정서조절로 나누어 살펴보겠다. 다음으로 생래적인 정서 반응 유형인 기질에 대해 알아보고 정서발달을 위한 부모와 교사의 역할에 대해 살펴볼 것이다.

1. 정서의 개념

1) 정서의 정의

정서를 한마디로 정의하는 것은 쉽지 않다. 정서情緖, emotion의 어원을 살펴보면 라틴어인 'emovere'에서 유래되었다(Oxford Dictionaries, 2014). 접두어인 'e'는 'out'의 의미로 ~로부터라는 뜻을 나타내고, 'movere'는 오늘날 움직인다는을 뜻하는 'move'를 의미한다. 즉, 정서의 어원은 '움직여 나간다'라는 의미를 가진다. 움직여 나가는 주체를 인간으로 볼 때, 개인의 마음상태가 주변 환경이나 분위기 또는 관계 등으로 인해 자연스럽게 움직이는 것이라고 해석할 수 있다.

정서는 개인이 외적 자극을 인지하고 경험함으로써 발생하는 반응의 상태라고 정의된다. 호흡이나 심장박동 등의 생리적 변화와 웃거나 주먹을 질끈 쥐는 등의 행동적 표현을 수반한다. 또한 정서는 정서를 유발하는 상황과 분리될 수 없으므로 개인의 주관적인 해석과 인지적 판단에 따라 달라지는 경험적 요소를 포함한다.

2) 정서의 기능

영유아기의 정서는 두 가지 측면에서 중요한 기능을 가진다. 첫째, 영유아는 정서를 통해 자신의 행동을 조직하고 통제한다. 예를 들어, 영아가 고양이를 보고 사랑스럽다는 정서를 갖게 되면 미소 지으며 쓰다듬는 행동을 보일 것이고, 무섭다는 정서를 갖게 되면 움츠리며 물러서는 회피행동을 하게 될 것이다. 또한 유아교육기관에서 윷놀이를 하면서 즐거움을 느꼈던 유아는 명절날 친척들과도 윷놀이를 하고 싶어 하겠지만, 또래와의 부정적 상호작용으로 좌절되거나 속상함을 겪었던 유아는 참여하지 않으려는 행동을 보일 것이다. 따라서 영유아기의 정서발달은 일상생활의 행동을 유발시키는 동기가 되며, 개별 영유아는 이를 통해 특정한 행동양식을 발달시킨다.

둘째, 영유아는 정서를 통해 타인과 의사소통하고 타인을 통제한다. 영아는 울음이나 미소와 같은 정서표현을 통해 주 양육자에게 자신의 상태를 알리며 양육자는 이에 따라 보살핌을 제공하거나 애착을 형성해 나간다. 유아교육기관에서 하루 일과를 마치고 어머니에게 반갑게 달려가 안기는 유아의 정서표현은 어머니의 애정표현을 유발하고 긍정적인 부모-자녀관계로 이어질 것이다. 즉, 영유아는 정서표현과 정서이해를 통해 중요한 타인들significant others과 사회적 관계망을 형성한다. 이 같은 맥락에서 정서는 개인의 내적 현상이라기보다 관계적 현상이다.

3) 정서와 영유아발달

정서는 영유아기의 전반적인 발달과 관련된다. 특히, 신체적 · 정신적 건강에 영향을 미치며 인지발달과 밀접하게 관계된다. 지속적인 스트레스나 슬픔, 분노 등의 부정적인 정서는 다양한 건강문제의 원인이 되며 나아가 복지와도 관련된다. 정신적 스트레스는 단기적으로 혈압과 심장박동을 올라가게 하며 소화 활동에도 문제를 일으킬 수 있다. 또한 장기적으로 신체 면역력을 약화시켜 암과 같은 질병을 유발시키기도 한다.

정서는 과제에 지속적으로 참여하고 학습할 수 있는 원동력이 되므로 인지적 과정과 발달에 영향을 미친다. 영유아는 관심 있는 주제나 흥미로운 활동에 참여할 때 내용을 더 잘 이해하고 기억한다. 반대로 흥미에 부합되지 않거나 따분한 활동에는 주의집중이 어려우며 결과적으로 인지적인 학습 효과도 낮아진다.

한편, 영유아는 인지적 활동을 수행하면서 다양한 정서를 경험하기도 한다. 예를 들어, 유아는 실제 수준보다 약간 높은 난이도의 퍼즐을 완성하면서 성취감과 자신감을 경험하며, 인지적 과제를 수행하면서 발생한 긍정적인 정서는 새로운 내용을

그림 8-1 영유아기의 도전과 성취감

잘 습득하고 기억하는 데 도움을 준다. 이와 같이 정서가 인지과정에 영향을 미치기도 하고 인지과정이 정서를 유발하기도 하므로, 정서와 인지의 관계는 양방향적이라고 할 수 있다(Lewis, 1999).

2. 정서발달의 이론적 관점

1) 생물학적 관점

정서발달에 대한 생물학적 관점에 의하면 인간의 정서 및 정서표현은 생물학적으로 결정된 것으로 유전인자 내에 각인된 속성이다. 영아는 선천적으로 모든 정서를 가지고 태어나며 성숙에 의해 생물학적으로 프로그램된 정서발달이 일정한 순서에 따라 나타난다는 견해이다. 이 같은 생물학적 관점은 다윈Darwin의 이론에 근거한다. 다윈1872은 전 세계의 8개 지역아프리카, 미국, 호주, 보르네오, 중국, 인도, 말레이시아, 뉴질랜드에 사는 사람들을 대상으로 정서표현에 대해 조사한 결과를 토대로 각 지역의 거주민들이 영국인들과 마찬가지로 보편적인 정서를 가지고 있음을 제안했다.

생물학적 관점으로 정서발달을 설명하는 대표적인 학자로는 에크만Ekman과 이자드Izard가 있다. 에크만(1973)은 다양한 문화권의 나라미국, 일본, 칠레, 브라질, 아르헨티

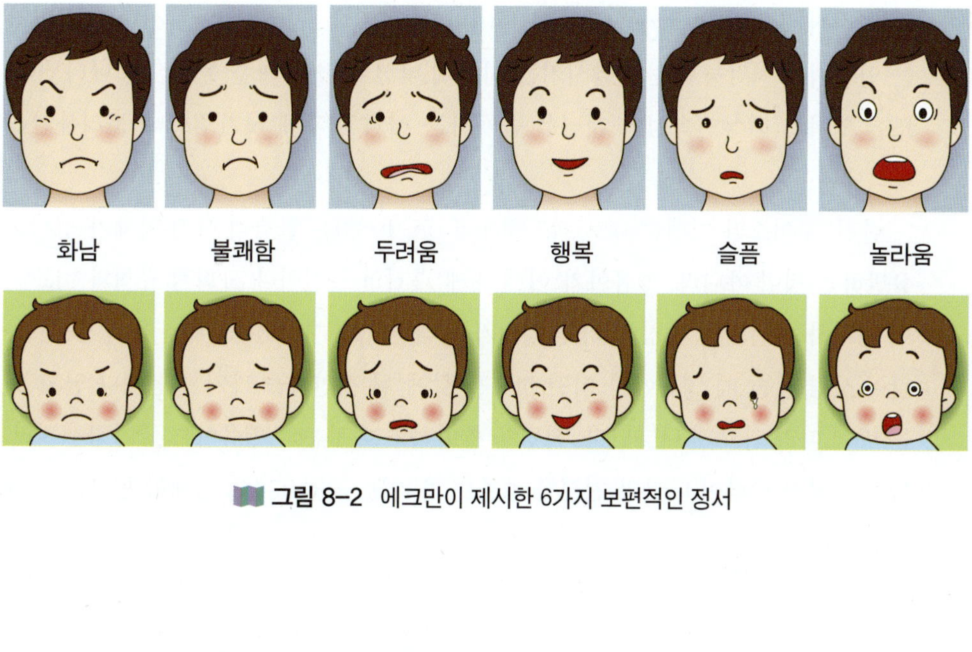

그림 8-2 에크만이 제시한 6가지 보편적인 정서

나에 거주하는 연구대상에게 6개의 정서화남, 불쾌함, 두려움, 행복, 슬픔, 놀라움를 나타내는 사진을 보여 주었다. 사진에 나타난 정서를 이야기해 달라고 요청한 결과 나라와 무관하게 각 정서에 대해 높게 일치하는 응답을 보였다. 이를 통해 인간은 보편적인 정서표현을 가지고 타고난다고 해석했다. 이자드(1994)는 신생아를 대상으로 쓴 약물을 맛보게 하는 실험을 했으며, 신생아가 전형적인 얼굴 찡그림으로 불쾌함을 표현하며 뱉어 버리는 행동을 보이는 결과를 통해 정서는 타고나는 것이며 활성화된 정서는 행동으로 이어진다고 제안했다. 이와 같이 생물학적 관점에서는 정서발달이 문화적 요인보다 생물학적 요인의 영향을 더 많이 받는다고 주장한다.

2) 인지적 관점

정서발달에 대한 인지적 관점에 의하면 영유아기의 정서발달은 성장하면서 나타나는 인지발달의 결과로 이루어진다. 정서발달과 인지발달은 상호의존적이며 서로 영향을 미친다는 전제에 기초한 견해이다. 인지적 관점에서는 정서발달이 정서적인 경험에 대한 인식이나 인지적인 평가와 관련된다고 본다. 특히, 주변 환경에 대한 인식, 친숙한 사람과 낯선 사람에 대한 식별, 대상영속성의 습득, 인과관계에 대한 이해 등의 인지발달 측면이 영유아의 정서발달에 영향을 미친다고 본다(Sroufe, 1979).

이를 뒷받침하는 것으로 영유아에게서 특정 정서가 관찰되는 시기는 이와 관련된 인지적 요소가 발달되는 시기와 일치한다. 예컨대, 영아는 낯선 사람을 구별하는 인지적인 지각능력을 발달시키는 시기에 낯선 사람에 대한 불안감을 나타낸다. 또한 영아가 대상연속성의 개념을 습득하는 시기 이후에 낯가림이나 분리불안을 나타낸다.

한편, 루이스와 미켈슨(Lewis & Michalson, 1983)은 환경적 사건 자체가 정서를 유발하는 것이 아니라, 영유아가 이에 대해 과거의 사건이나 사회적 규칙과 비교하여 평가하는 인지적 과정에 의해 정서가 나타난다고 제안했다. 예를 들어, 낯선 사람이 사탕을 줄 때 영유아가 어떤 정서를 갖게 될 것인가는 과거 경험이나 알고 있는 바에 따라 다르게 나타난다. 사탕을 좋아하는 대부분의 영유아는 좋아하겠지만, 평소에 낯선 사람이 다가와 친절을 베풀며 유괴할 수 있으니 조심해야 한다고 교육

그림 8-3 사탕에 대한 영유아의 정서 반응

받은 영유아는 두려움을 가질 수 있다. 즉, 인지과정은 환경적 자극과 이에 대한 영유아의 반응을 중재하는 역할을 한다. 또한 이를 통해 유사한 환경적 자극이라도 영유아에 따라 정서표현이 달라질 수 있음을 설명할 수 있다.

3) 학습이론적 관점

정서발달에 대한 학습이론적 관점에 의하면 영유아기의 정서발달은 다른 발달에서와 같이 강화와 모방을 통해 이루어진다. 행동주의에 기초한 견해로 정서발달이 사회화와 학습의 결과라고 본다. 학습이론적 관점의 대표적 학자로는 왓슨 John Watson, 1878~1958이 있다. 왓슨은 리틀 알버트 실험에서 스키너가 제안한 고전적 조건화의 원리를 인간에게 적용하여 정서를 학습하거나 일반화할 수 있음을 보여 주었다. 생후 11개월 된 알버트는 흰쥐에 대해 전혀 두려움이 없었으나, 큰 소리와 함께 보여 주는 조건화를 통해 흰쥐에 대한 두려움을 갖게 되었다. 나아가 알버트는 토끼나 털이 있는 봉제인형과 같은 유사대상에게도 두려움의 일반화를 보였다.

이처럼 학습이론적 관점에서는 영유아가 경험하는 양육 및 교육적 환경으로부터의 강화를 통해 정서가 발달한다고 설명한다. 또한 영유아는 주 양육자나 교사의 정서표현과 정서이해, 정서조절을 관찰하고 모방하면서 자연스럽게 학습한다고 주장한다. 따라서 부모와 교사는 영유아의 바람직한 정서표현과 상황에 적합한 정서조절행동을 강화함으로써 친사회적 정서발달을 도와줄 수 있다.

"Give me a dozen healthy infants, well-formed, and my own specified world to bring them up in and I'll guarantee to take any one at random and train him to become any type of specialist I might select doctor, lawyer, artist, merchant-chief, and, yes, even beggarman and thief, regardless of his talents, penchants, tendencies, abilities, vocations, and race of his ancestors."

그림 8-4 존 왓슨

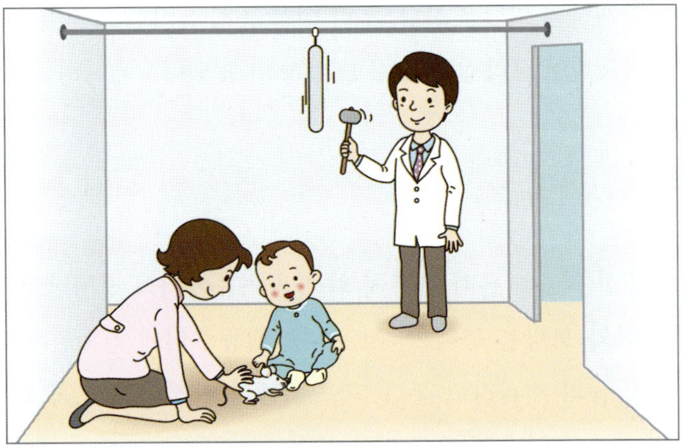

그림 8-5 왓슨의 리틀 알버트 실험

3. 영유아기의 정서발달

정서발달을 구성하는 공통요소에는 정서표현과 정서이해 및 정서조절이 포함된다(박찬옥, 서동미, 엄은나, 2013 ; 정옥분, 2013 ; Denham, Wyatt, Bassett, Echeverria, & Knox, 2009). 이들 세 가지 요인은 영유아의 정서발달에 있어 고유한 요소인 동시에 서로 영향을 미친다.

1) 정서표현

(1) 정서표현의 개념

정서표현emotional expressions이란 자신의 정서와 관련된 욕구를 정확하고 적절하게 표현할 수 있는 능력을 의미한다. 인간은 출생 직후부터 삶을 영위하면서 매 순간 특정한 정서를 느끼고 표현하며 살아간다. 연령이 증가하면서 타인이나 상황을 고려하여 사회적으로 수용되는 방식으로 정서를 표현하는 것이 중요하다. 이에 바람직한 정서표현의 발달은 영유아기 사회화의 중요한 목표 중의 하나이다.

영유아기에 나타나는 정서표현의 특징을 살펴보면 다음과 같다. 첫째, 영유아의 정서는 일시적이다. 대개의 경우 2~3분 지속되다가 종식되곤 한다. 순간적으로 강한 정서표현을 보이더라고 쉽게 잊어버리거나 다른 정서로 전환되는 특징을 보인다. 이는 영유아가 성인과 달리 그 정서를 외적 동작에 남김없이 표출하기 때문으로 해석되며, 성인에 비해 기억력이 부족한 것으로도 해석된다. 또한 영유아의 관심이 이것에서 저것으로 쉽게 전환되기 때문이기도 하다.

둘째, 영유아의 정서표현은 강렬하다. 강하게 폭발하는 돌발적 특징을 보이며, 자극의 사소함 정도와 무관하게 동일한 정도의 강한 정서적 반응을 일으키는 경향이 있다. 예를 들어, 영유아는 일상생활에서 원하는 것이 이루어지지 않았을 때 그 요인이 아주 사소함에도 불구하고 갑자기 소리를 지르고 발길질을 하거나 친구를 무는 등의 강렬한 정서적 표출을 보인다. 성인들은 정서를 유발시키는 근원에 대해 생각하고 상황에 맞추어 통제하려고 노력하는 반면 영유아는 판단하거나 조절하지 않고 느끼는 대로 즉각적으로 표현하기 때문으로 설명할 수 있다. 연령이 증가함에 따라 바람직한 표현방법과 조절에 대해 경험하고 학습하게 된다.

셋째, 영유아의 정서표현은 빈번하게 이루어진다. 정서상태의 지속시간이 짧고 강렬한 만큼 영유아는 자주 정서를 표출한다. 연령이 증가하여 다양한 상황에 대한 적응력이 증가하면서 정서표출의 빈도는 차츰 감소한다.

넷째, 영유아는 한 정서에서 다른 정서로 쉽게 전환하는 특성을 갖는다. 예를 들면, 재미있게 놀다가 갑자기 화를 내면서 울기도 하고, 울다가도 금방 기분 좋아져서 사랑을 표현하기도 한다. 이는 장면에 대한 총체적 이해능력이 부족하며 짧고 빈번한 정서표출을 통해 즉시적으로 정서를 정화하기 때문으로 해석할 수 있다.

(2) 정서의 구분

정서는 개인의 경험과 지각에 따라 다르게 나타나므로 개별적이고 주관적인 동시에, 모든 문화권에서 공통적으로 나타나므로 보편적인 특성을 갖는다. 정서의 구분에 대한 몇몇 학자들의 이론을 살펴보면 다음과 같다.

영유아기의 정서는 1차 정서와 2차 정서로 구분할 수 있다(Lewis, 2007). 1차 정서는 선천적인 정서로 출생 시부터 나타난다. 얼굴 표정만으로도 쉽게 구분되며, 세계 모든 문화권 영아에게서 보편적으로 나타나므로 기본 정서라고도 한다. 1차 정서에는 기쁨, 분노, 공포, 슬픔, 놀람 등이 포함된다. 2차 정서는 18개월 이후에 나타난다. 자아인식과 평가능력을 요구하므로 자기의식적 정서라고도 한다. 2차 정서에는 당황, 수치심, 죄책감, 질투, 자긍심 등이 포함된다.

정서발달의 대표적 연구자인 브리지스(Bridges, 1930)에 의하면, 출생 시 신생아는 최초의 미분화된 정서인 흥분을 가지고 있으며 성장하는 동안 조금씩 분화한다. 생후 3개월이 되면 쾌, 불쾌, 흥분으로 분화되고, 5개월이 되면 다시 불쾌에서 분노, 혐오, 공포가 분화한다고 제안했다. 5세경이 되면 성인이 가지는 대부분의 정서를 가지게 된다고 보았으며, 이에는 부끄러움, 걱정, 부러움, 실망, 애정, 희망 등이 있다.

한편, 다마시오(Damasio, 1999)는 정서를 크게 기본적 정서primary emotions, 사회적 정서social emotions, 내면적 정서background emotions로 구분했다. 구체적으로 살펴보면, 기본적 정서로는 주요 얼굴 표정과 일치하는 기쁨, 슬픔, 두려움, 화남분노, 놀람, 불쾌함의 6가지 정서가 포함된다. 사회적 정서에는 사회적 맥락에서 유발되는 당황, 질투, 죄책감, 자랑스러움 등을 포함시켰다. 내면적 정서에는 외부적 · 사회적 요인보다는 내면적 · 총체적 요인과 관련된 것으로 행복 · 불행, 평온 · 긴장, 피곤 · 열정, 기대 · 공포 등이 있다고 보았다.

(3) 영유아기 정서표현의 발달

① 공포

인간은 신체적·심리적 위험을 느끼거나 자신의 대처능력으로 상황을 극복할 수 없음을 느낄 때 공포라는 정서를 느끼고 이를 표현한다. 정서는 위협의 원인이 되는 사람이나 사물 또는 상황을 회피하기 위한 방어적 정서다.

영유아의 분노 대상은 개인에 따라 다르며 연령에 따라 변한다. 출생 후 첫해까지는 주로 큰 소리, 낯선 사람이나 장소 등에 공포를 느낀다. 특히, 생후 9개월경 시작되는 낯선 사람에 대한 공포와 경계심은 12개월에 이르기까지 강하고 지속적으로 나타난다. 1세가 되면 주 양육자가 사라지는 것을 두려워하며 2세경이 되면 어두운 곳이나 동물에 대해서 공포를 느끼기도 한다.

영아기에 비해 유아기가 되면 공포를 느끼는 대상이 더 많아진다. 영아기에는 이동능력이 활발하지 못하고 양육자로부터 물리적인 보호를 받기 때문에 두려움의 대상이나 상황에 직면하는 경우가 상대적으로 많지 않다. 또한 인지발달의 제한으로 아직 공포를 야기시키는 대상물이나 위험물을 제대로 인식하지 못한다. 그러나 유아기가 되면 인지발달로 이전에는 인식하지 못했던 잠재적 위험물과 자극에 대해 알게 된다. 또한 표상능력이 발달하고 상징적 사고가 가능해지면서 경험해 보지 않은 대상과 자극물에 대한 상상을 통해 공포를 가지게 된다. 예컨대, 유아는 갑자기 천둥소리가 들릴 때 또는 처음으로 수영장에 가서 깊은 물에 발을 담그는 순간 공포를 느낄 수 있다. 괴물이나 귀신 등의 가상적 대상에 대하여도 공포를 갖게 된다.

이와 함께 현재의 자극은 아니지만 과거의 부정적인 경험에 의해 공포 반응을 표출하며, 경험과 무관하게 부모나 다른 사람이 무서워하는 것을 모방하여 공포를 갖기도 한다. 예를 들면, 주전자의 끓는 물에 덴 경험이 있는 유아는 주전자에 대해 공포 정서를 갖게 된다. 또한 어머니가 고양이를 무서워할 경우, 유아가 고양이를 공포의 대상으로 인식할 수 있다.

공포는 대개 생리적 반응을 동반한다. 자신을 보호하기 위해 긴장을 하게 되며 떨거나 땀을 흘리는 등의 반응이 나타난다. 영아의 공포에 대한 반응은 무기력한 것으로 나타나는 것이 특징이다. 유아는 공포에 대한 표현으로 울거나 숨을 일시적으로 참기도 하며, 얼굴을 가려 공포대상을 회피하려 하거나 주 양육자 뒤로 숨는 행동을 보이기도 한다.

② 기쁨

생애 초기부터 느낄 수 있는 기본적인 정서 중 하나인 기쁨은 단순한 쾌감에서 나타나는 행복한 정서이다. 기쁨은 주로 미소나 웃음과 같은 얼굴 표정이나 손뼉 치기, 깡충 뛰기와 같은 행동으로 표현된다. 기쁨을 표현하는 미소나 웃음은 사회적 상호작용을 촉진하고 긍정적인 관계를 형성하며 유지하는 데 도움이 된다.

신생아기에 보이는 배냇미소endogenous smile는 기쁨의 표현이 아닌 생애 초기의 타고난 반사행동이다. 생후 2~3개월경 사회적 미소social smile를 보이기 시작하며, 주 양육자와 사회적 상호작용을 할 때 자주 미소를 보이게 된다. 9~12개월경 친숙한 사람이 사라졌다가 나타나는 까꿍놀이에 즐겁게 웃는 반응을 보이며, 12개월이 지나면 친숙한 사람과 상호작용할 때 사회적 신호로 미소 짓거나 웃음을 보인다. 2세경부터 언어가 발달하면서 말로 기쁨을 표현할 수 있게 된다.

기쁨을 유발하는 요인은 연령대에 따라 다르다. 영아기에는 주로 생리적·감각적·운동적인 원인에 의해 기쁨을 느끼며, 유아기가 되어 자아의식이 형성되고 인지능력이 발달하면서 사회적인 인간관계나 사건에 의해 기쁨을 느낀다. 유아는 또래와 함께 즐겁게 놀이하거나 원하는 것을 성취했을 때 손뼉을 치고 웃으면서 기뻐하고 좋아한다. 또한 익살 맞은 행동이나 동작을 보면서 신기함에 흥미를 느껴 좋아하기도 하고, 우스운 표현이나 유머를 이해하게 되면서 기쁨을 표현하기도 한다.

기쁨의 정서는 생리적 기능을 원활하게 하여 영유아의 정신적·신체적 건강을 증진시키는 역할을 한다. 또한 기쁨이나 즐거움은 인간이 느끼는 대표적인 긍정적 정서이므로 원만한 사회적 관계를 맺고 친사회성을 기르는 데 도움이 된다. 따라서 부모와 교사는 영유아에게 즐거움과 기쁨을 느끼는 경험과 기회를 많이 제공하여 긍정적이고 명랑한 생활태도를 가지게 하는 것이 바람직하다.

③ 분노

분노는 영아기부터 빈번하게 표출하게 되는 정서 중의 하나이며 가장 강렬하게 표현되는 정서다. 대개의 경우 분노는 불편함, 불쾌감, 서운함, 박탈감, 좌절 등과 같은 부정적인 감정에서 비롯되므로 모든 부정적인 감정은 강도가 심해질 경우 분노로 변할 수 있다.

분노를 유발하는 요인에는 크게 신체적인 것과 심리적인 것이 있다. 신체적인 요인에는 아픔, 배고픔, 힘듦 등이 있으며, 심리적인 요인에는 욕구불만, 좌절, 두려움 등이 포함된다.

또한 연령대에 따라 분노를 유발하는 요인이 달라진다. 신생아기에는 배고픔이나 아픔을 느낄 때 분노 정서를 경험하게 된다. 영아기에는 주로 하고 싶은 것을 못하도록 제지받거나 자신의 것을 빼앗겼을 때 분노가 유발된다. 유아기가 되면 심리적 요인과 결부된 다양한 상황으로 인해 분노를 경험한다. 예를 들면, 원하는 것을 가질 수 없을 때, 하고자 하는 행동을 못하게 방해받을 때, 관심을 가져주지 않거나 요구를 거절당할 때 등이 있다.

유아기의 분노 정서는 형제자매나 또래와의 관계에서 자주 나타난다. 동생이 생기고 부모의 사랑이 동생으로 옮겨갈 경우 박탈감과 질투심을 느껴 퇴행행동이나 공격성을 보이기도 한다. 또한 일상생활의 중심이 놀이집단으로 옮겨가면서 또래와의 부정적 상호작용을 통해 화가 나는 상황이 발생하기도 한다. 3, 4, 5세를 대상으로 반구조화된 면접을 통해 언제 분노를 느끼는지 질문한 연구 결과, 연령이 높을수록 '관계에 문제가 있을 때'를 가장 많이 답했으며, 그 다음이 '친구가 놀이를 방해하

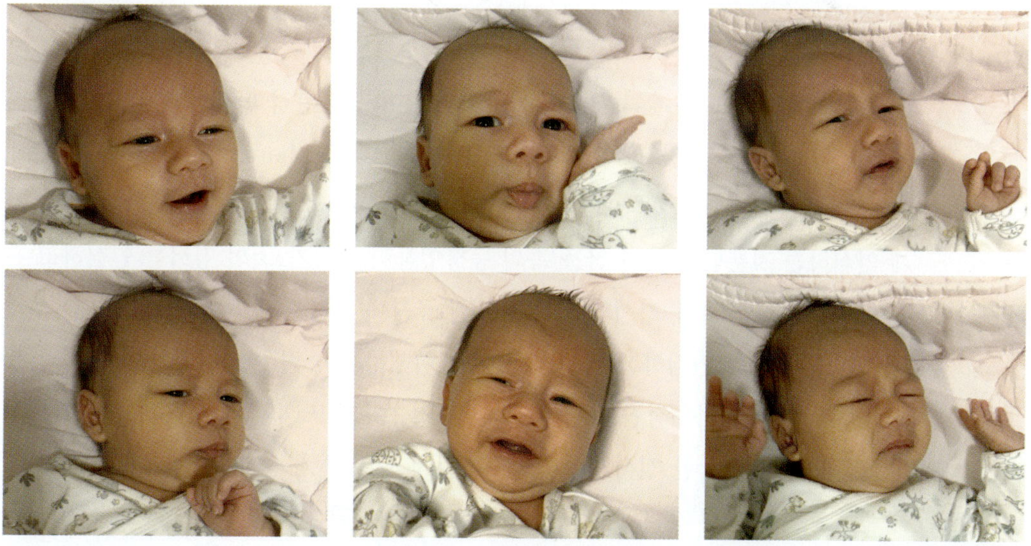

그림 8-6 영아의 다양한 표정

거나 아끼는 물건을 빼앗았을 때와 같은 욕구좌절'을 이유로 꼽았다(이승은, 2010).

분노에 대한 표현행동은 울음에서부터 떼쓰기와 불순종, 공격적 행동이나 보복에 이르기까지 다양한 형태로 나타난다. 영아기에는 주로 울음으로 분노를 표현하나 유아기가 되면서 떼쓰기나 반항을 동반한 행동으로 분노를 표출한다. 특히, 떼쓰기를 사용한 분노의 표현은 3~4세 유아기에 심하게 나타난다. 울면서 소리를 지르거나 바닥에 누워서 몸을 구르며 버둥대는 떼쓰기는 공공장소에서 주변 사람의 이목을 집중시켜 보호자를 난처하게 만들기도 한다.

바람직하지 않은 분노표출이 유아의 욕구를 충족시키는 수단으로 이어질 경우 반복될 수 있으므로 유의할 필요가 있다. 신체적 공격과 같이 상대방에 대한 직접적인 분노표현이 나타나기도 하는데, 부모와 교사는 단호하게 주의를 주고 언어로 대체 표현할 수 있는 방법을 알려주거나 미연에 방지하도록 노력하는 것이 바람직하다.

한편, 분노 및 이에 대한 표현은 관찰학습과 모델링의 영향을 받는다. 가정에서 부모가 화를 잘 내는 경우 아이가 화를 잘 내는 경향이 있으며, 유아교육기관에서 또래의 분노표현행동을 보고 배우기도 한다.

2) 정서이해

(1) 정서이해의 개념

정서이해emotional comprehension란 얼굴 표정이나 상황적 단서를 통해 자신과 타인의 진정한 감정을 읽고 이해하는 능력을 말한다(Denham, Mitchell-Copeland, Standberg, Auerbach, & Blair, 1997). 여기에는 자신과 타인의 정서상태를 정확하게 인식하는 것뿐만 아니라 작품 속의 등장인물이나 작가화자의 정서를 인식하고 표현하는 것도 포함되며, 정서의 위장과 표현 규칙에 대한 이해까지도 포함한다.

자신의 정서를 인식하고 타인의 정서를 이해하는 능력은 인간관계의 형성과 상호작용에 있어서 적응적인 가치를 갖는다. 영유아는 또래의 정서를 파악하고 이해함으로써 이에 적합한 정서표현을 할 수 있게 되며, 상대방의 행동을 예측할 수 있게 됨으로써 본인의 정서와 행동을 조절할 수 있게 된다. 이는 결과적으로 타인과의 원만한 대인관계를 형성하는 데 기여한다.

(2) 영유아기 정서이해의 발달

① 영아기 정서이해의 발달

정서를 이해하는 능력은 출생 직후부터는 아니더라도 매우 이른 시기부터 발달한다. 생후 6~7개월이 되면 미소 짓는 얼굴과 찡그린 얼굴을 구분할 수 있다. 또한 청각적으로 제시된 정서단서와 이에 적절하게 연결되는 얼굴 표정을 식별할 수 있다. 이 시기부터 영아는 타인의 정서를 구분할 수 있으며, 다른 사람의 정서에 의해 영향을 받는다.

1세경이 되면 상황에 대한 해석이 명확하지 않을 경우 사회적 참조social referencing 행동을 보인다. 사회적 참조란 주어진 자극이 애매모호할 경우 주 양육자와 같은 사회적 대상의 해석을 이용하여 자신의 해석을 구성하고 행동을 조정하는 것을 의미한다. 예를 들어, 12개월 영아를 시각 벼랑visual cliff에 눕혀 놓은 후 반대편에서 엄마가 긍정적 정서표현을 하는 경우에는 시각 벼랑을 건넜으나, 엄마가 부정적 정서표현을 하거나 시각 벼랑이 명백하게 위험한 경우에는 건너지 않았다(Sorce, Emde, Campos, & Klinnert, 1985)(제6장 참조). 이와 유사하게 영유아에게 애매하게 생긴 장난감을 제시하면, 대개 뒤에 앉은 엄마를 쳐다보고 엄마가 긍정 정서를 보내면 그 장난감에 접근하는 모습을 보인다(Walden & Ogan, 1988).

② 유아기 정서이해의 발달

유아기가 되면 정서표현에 대한 많은 것을 이해하게 된다. 어휘력과 인지능력이 발달하고 또래를 포함한 타인과 상호작용하는 범위가 확장되면서 정서표현과 더불어 정서를 이해하는 능력이 급속히 증가한다. 유아기의 정서이해에 대한 특징을 살펴보면 다음과 같다.

첫째, 3~4세경이 되면 기쁨, 슬픔, 분노, 놀람 등과 같은 단순한 정서를 유발시키는 원인이나 상황에 대해 이해할 수 있다. '아빠가 선물을 주어서 기뻐요', '친구가 장난감을 빼앗아 가서 화가 난 거예요'라고 정서의 원인을 정확하게 판단하고 이야기할 수 있다. 또한 꾸중을 들었을 때, 게임에 졌을 때, 자신이 원하던 것과 다른 선물을 받았을 때와 같은 상황에서 이야기 속의 주인공이 어떠한 정서적 경험을 할 것인가를 이해하고 예측할 수 있게 된다(Stein & Trabasso, 1989).

둘째, 유아는 슬픔과 같은 부정적 정서보다 기쁨이나 좋음, 행복과 같은 긍정적 정서를 더 쉽게 이해한다. 타인의 긍정적 정서를 이해하는 데는 성인과 거의 유사한 수준을 보이지만, 부정적 정서를 이해하는 데는 아직 서툴다(Fabes, Eisenberg, Karbon, Beraweig, Speer, & Carlo, 1994). 3~5세를 대상으로 가장 빈번하게 느끼는 정서를 질문한 국내 연구 결과에서도 70% 이상의 유아가 기쁨이라고 답하였으며, 약 10%만이 슬픔이라고 응답했다(이승은, 2010). 연령이 증가하면서 부정적인 정서와 함께 난처한, 허전한, 뽐내는 등과 같은 보다 복합적인 정서개념도 이해할 수 있게 된다.

셋째, 타인의 '내재적 정서'와 '외재적 정서'를 구별하기 어려워한다. 유아는 기쁜 표정과 슬픈 표정을 구별할 수 있지만, 슬픈 일이 있는데 기쁜 표정을 짓거나 기쁜 일이 있는데 슬픈 표정을 지을 경우 혼란을 느낀다. 이는 유아가 아직 사물이나 사람의 실제 모습과 겉으로 보이는 모습의 차이를 이해하지 못하기 때문이며, 타인이 '진짜로' 느끼는 정서와 '표현하는' 정서를 잘 구분하지 못함에 기인한다. 예를 들어, 한 아이가 망가진 자전거 옆에서 행복한 표정을 짓고 있는 사진을 보여 주고 질문을 했을 때, 4~5세 유아는 "자전거 타기를 좋아하기 때문에 행복해요."와 같이 타인의 정서표현에만 의존하여 판단하는 경향을 보인다. 반면, 아동기가 되면 "자전거가 부서졌는데, 아빠가 고쳐주신다고 해서 행복한 거예요."라고 대답함으로써 상황적 단서와 정서표현의 단서를 모두 고려하여 판단할 수 있게 된다.

그림 8-7 상황적 단서와 정서표현 단서의 불일치

3) 정서조절

(1) 정서조절의 개념

기존의 정서에 대한 관점은 주로 정서를 표현하고 이해하는 측면을 다루었다. 1995년 대니얼 골먼Damiel Goleman, 1946~이 '정서지능'의 개념을 제시하면서 정서를 사회적 맥락 내에서 인지과정을 통해 조절되고 통제되는 관점으로 확장시켜 조명하게 되었다(Goleman, 1995). 정서조절emotional regulation은 자극에 대해 발생된 정서적인 반응을 스스로 적절한 방식으로 조절하고 변화시킬 수 있는 능력을 의미한다. 기쁨이나 즐거움 등의 긍정적 정서와 슬픔이나 분노 등의 부정적 정서 중 정서조절은 부정적 정서조절에 관심을 가지며, 특히 좌절 상황을 참는 능력을 주요하게 다룬다.

정서조절능력은 정신건강뿐만 아니라 원만한 인간관계 유지와 사회적응 및 사회적 목표 성취에 필수적이다. 높은 정서조절능력은 또래 간 인기도 및 리더십과 상관을 보이므로 또래 상호작용과 사회성발달에도 중요한 기초가 된다(Eisenberg, Pidada, & Liew, 2001). 초기에 형성된 정서조절기술은 사회적 기술로 발전되므로 이후 대인관계 형성에도 중요한 영향을 미친다.

정서조절의 발달은 사회화 과정과 관련된 주요 요소다. 부모는 친사회적 행동을 촉진하는 정서를 격려하고 강화하며 바람직하지 않은 정서와 행동을 감소시키려 노력하고, 이 같은 과정을 통해 자녀의 사회화가 이루어진다. 따라서 부모의 정서표현과 양육태도가 영유아의 정서조절능력에 영향을 미침을 알 수 있다.

(2) 영유아기 정서조절의 발달

① 영아기 정서조절의 발달

영아의 정서조절은 이른 시기부터 나타난다. 신생아기의 부정적 정서를 감소시키기 위해 양육자는 안아주거나 흔들어주거나 자장가를 불러주는 등의 정서조절을 위한 행동을 시도한다. 이때 신생아도 자신의 손을 빠는 등 기초적인 정서조절행동을 나타낸다.

9~12개월경 기기가 가능해지면서 대상물에 접근 또는 회피하면서 효과적으로

자신의 정서를 조절한다. 예를 들어, 영아는 낯선 사람이 다가올 때 심리적 안정감을 주는 주 양육자에게 이동함으로써 두려움을 완화시키려고 한다. 2세가 되면 상징적 사고와 언어의 발달로 자신의 정서에 대해 언어로 표현하고 전달함으로써 자신의 정서를 조절할 수 있다.

② 유아기 정서조절의 발달

정서조절능력은 유아기 동안 급격히 발달한다. 정서인식이 발달하고 복합정서 표현 및 양가감정에 대한 이해가 발달하면서 점차 덜 극단적으로 정서를 표현하게 되며 상황에 맞게 정서표현을 통제하기 위해 다양한 인지전략을 사용할 수 있다.

정서조절의 중요한 측면은 좌절에 대한 참을성tolerance for frustration이다. 좌절 상황을 참는 능력은 2세경에 나타나기 시작하며 유아기에 극적으로 증가한다(Bridges & Grolnick, 1995). 좌절에 대한 참을성은 만족지연delay of gratification의 형태로도 나타난다. 만족지연이란 현재의 즉각적인 보상을 스스로 지연시켜 미래에 더 큰 보상을 위해 인내하는 것을 의미한다.

유아기에는 만족지연능력도 증가하는데, 여기에는 자신의 부정적인 정서를 통제하는 능력과 함께 좌절에 수반되는 긴장을 감소시키는 전략의 습득이 포함된다. 예를 들어, 선생님이 부스럭거리는 종이 소리를 내면서 선물을 포장하는 모습을 보지 않도록 요청했을 때, 연령대가 높을수록 손으로 눈을 가리고 다른 곳을 보거나 노래를 부르는 등 좀 더 견디기 쉬운 상황으로 만들기 위한 다양한 전략을 사용한다.

유아기의 정서조절은 이 시기의 급격한 언어발달과도 관련된다. 두렵거나 슬픈 상황에서 유아는 혼잣말을 하거나 상대에게 정서표현을 시도함으로써 자신의 정서적 각성상태를 전환시키거나 경감시키려고 노력한다. 예를 들어, 엄마를 기다리는 상황에서 유아는 "우리 엄마가 금방 온다고 말했어."라고 혼잣말을 한다.

유아기의 사회적 환경은 유아의 정서조절에 영향을 미친다. 유아는 주 양육자나 타인이 자신의 정서를 다스리는 방법을 관찰함으로써 정서조절전략을 학습하게 된다. 부모가 분노와 적대감에 건설적으로 대처하지 못할 경우 이 같은 모습을 보고 대리 학습하여 유아 또한 문제를 겪게 된다. 한편, 부모는 유아에게 정서조절전략을 제시하여 도움을 줄 수 있다. 예를 들어, 커다란 동물을 무서워하는 유아에게 부모는 동물을 보듬어주면 어떻게 다정한 반응이 나타나는지 설명하거나 보여 줄 수 있다.

생각해보기

만족지연능력

'마시멜로 이야기'는 1966년 미국 스탠포드 대학의 미셸(Mischel) 박사 연구팀이 4~5세 유아 500여 명을 대상으로 한 유명한 실험이다. 실험에서 유아들에게 마시멜로를 하나씩 주면서 "지금 당장 먹지 않고 15분을 기다리면 하나를 더 주겠다."고 제안했고, 실험에 참여한 유아들은 저마다 고민에 빠졌다.

대부분의 유아들은 실험자가 나가자마자 1분도 채 안 되어 마시멜로를 먹어 치웠다. 그러나 15%의 유아는 눈앞에 보이는 마시멜로를 먹고 싶은 유혹에서 참아냈으며, 다양한 방법을 동원하는 모습을 보였다. 과자에 코를 대고 냄새를 맡으며 맛을 상상하는 유아, 손으로 눈을 가리거나 노래를 부르면서 딴청을 부리는 유아, 과자의 유혹을 떨쳐버리려 뒤돌아 앉은 유아, 과자로부터 되도록 멀리 떨어져 이리저리 돌아다니는 유아 등 일부 유아는 어린 연령임에도 불구하고 자신만의 방법으로 끝까지 참아냈다.

실험을 마친 수십 년 뒤 참가했던 유아들의 청소년기를 추적 관찰한 결과, 미셸 박사팀은 놀라운 결과를 발견했다. 먹고 싶은 유혹을 참고 견딘 유아들이 그렇지 못한 유아들보다 교우관계가 원만하고 높은 SAT(미국의 대학 수능 시험) 성적을 얻는 등 가정과 학교에서 훨씬 우수한 생활력을 보였던 것이다. 즉, 마시멜로 실험은 '만족지연(delay of gratification)능력'이 가져다주는 성공의 힘을 입증했다.

만족지연이란 미래의 더 큰 보상을 위해 현재의 욕구 만족을 스스로 지연시키고 그 과정을 인내하는 행동을 의미한다. 인간은 살면서 마시멜로 실험과 같은 유혹 상황을 수없이 경험한다. 아기변기에 앉을 때까지 배변 충동을 참았다가 엄마의 칭찬을 듣는 영아, 급식시간에 남보다 빨리 먹고 싶지만 순서가 될 때까지 기다리는 유아, 숙제를 다 하고 놀기로 한 엄마와의 약속을 지키기 위해 하기 싫은 숙제를 먼저 하는 초등학생, 집을 장만하기 위해 유흥비를 줄여서 생활하는 직장인 등이 그 예이다.

우리는 실험을 통해서 또 삶의 경험을 통해서 만족지연능력이 높다면 더 풍요롭고 성공적인 삶을 살 수 있게 된다는 것을 알 수 있다. 만족지연능력은 유아기를 거치면서 형성되고 증가한다. 여기에는 자신의 정서를 통제하고 조절하는 능력이 작용한다. 유아기부터 즉각적인 보상과 일정 시간이 지나 제공하는 보상을 제시하여, 유아가 이 중에서 선택하고 결과를 경험하는 기회를 자주 가지는 것도 바람직할 것이다.

4. 기질

1) 기질의 개념

기질temperament은 개인의 행동양식과 정서적 반응 유형이다. 외부의 상황이나 사람에 대해 반응하는 개인적 경향을 의미한다. 한 날 한 시에 태어난 영유아라도 주변 사람이나 사건에 대한 정서적 반응과 행동이 다르며, 같은 부모에게서 태어난 형제자매 또한 제각기 다른 특성을 보인다. 어떤 영아는 잘 먹고 잘 자며 하루 대부분의 시간을 평온하게 보내는 반면, 어떤 영아는 자주 울고 보채며 잠에서 자주 깨어나는 등 분명하고 다양한 개인차를 보인다. 발달 연구자들에 의하면 이러한 개인차는 상당 부분 기질의 차이에 기인한다.

기질은 태어난 직후부터 나타나는 선천적 특성으로 일생 동안 비교적 안정되고 일관되게 나타난다. 기질의 안정성을 뒷받침하는 연구 결과에 의하면, 3세에 또래 관계에서 부정적 감정을 많이 나타내는 유아는 8세가 되어서도 유사한 경향을 보이는 것으로 나타났다(Rothbart, Derryberry, & Hershey, 2000). 또한 까다로운 기질을 가진 영아는 성인이 되어서도 까다로운 기질을 보이는 경향이 있는 것으로 보고되었다(Kagan, 1992).

2) 기질의 구성요소 및 유형

기질이 선천적 기원을 가진다는 점에 대해서는 대부분의 학자들이 동의하나 기질이 어떤 요소로 구성되는가에 대하여는 연구자마다 견해가 다르다. 토마스Thomas와 체스Chess의 기질 유형과 버스Buss와 플로민Plomin의 EAS 모형에 대해 살펴보겠다.

(1) 토마스와 체스의 기질 유형

토마스와 체스1977는 1956년 시작된 뉴욕종단연구New York Longitudinal Study : NYLS를 통해 기질이 9가지 요소로 구성된다고 제안했다. 기질의 구성요소에는 활동 수준, 규칙성, 접근/회피, 적응성, 산만성, 지속성, 기분, 반응 강도, 반응 역치가 있다.

- 활동 수준activity level : 일상생활에서의 신체 활동이나 놀이 활동의 양
- 리듬성rhythmicity : 수유, 수면, 배변 등 생리적인 규칙성
- 접근/회피approach/withdrawal : 새로운 사건이나 사람, 자극에 대해 얼마나 쉽게 접근하고 관심을 가지는지 여부
- 적응성adaptability : 새롭거나 변화된 상황에 적응하는 정도
- 산만성distractibility : 외부 자극에 의해 진행 중인 활동이 방해받거나 주의가 분산되는 정도
- 지속성attention span and persistence : 방해를 받았을 때에도 진행 중인 활동을 계속하려는 정도
- 기분quality of mood : 긍정 또는 부정 정서를 표현하는 빈도와 강도
- 반응 강도intensity of reaction : 마음에 들지 않는 자극에 대한 반응의 강도
- 반응 역치threshold of responsiveness : 반응을 유발하는 데 필요한 최소의 자극의 양

구성요소를 토대로 기질을 순한easy 기질, 까다로운difficult 기질, 느린slow-to-warm-up 기질의 세 가지로 분류했다. 순한 기질의 영아는 수유/식사와 수면 등의 행동이 규칙적이고 예측 가능하다. 새로운 환경에 쉽게 적응하는 편이며 금방 익숙해진다. 대체로 긍정적이고 행복한 편이며 달래기도 쉽다. 낯선 사람에게도 미소를 보이며 쉽게 친해지는 경향을 보인다.

까다로운 기질의 영아는 수유/식사나 수면 등의 행동이 불규칙하다. 전체적으로 부정적인 반응을 자주 보이며 잘 우는 경향이 있다. 자신의 선호가 분명하여 조그만 좌절에도 강한 반응을 보이고 자신이 원하는 상태가 될 때까지 끊임없이 요구한다. 환경의 작은 변화에도 매우 민감하며 새로운 사람이나 낯선 환경에 적응하는 데 시간이 많이 걸리는 유형이다.

느린 기질의 영아는 활동성이 낮고 다소 부정적이며 환경에 반응하는 속도가 느리다. 새로운 상황에 움츠러드는 경향이 있어 느리게 적응하지만, 시간이 지나면서 서서히 적응하고 안정을 획득하는 편이다. 즉, 새로운 상황을 좋아하지는 않지만 기회가 다시 주어지면 흥미를 가지고 참여한다. 새로운 환경에 부정적인 반응을 보인다는 측면은 까다로운 기질과 유사하나 느린 기질의 영아는 새로운 환경에 강하게 반발한다기보다는 수동적인 방식으로 저항한다. 예를 들어, 까다로운 기질

의 영아가 마음에 안 드는 상황에서 소리를 지르는 반응을 보인다면, 느린 기질의 영아는 부모가 안아주려고 할 때 다른 쪽을 바라본다든지 하는 방식으로 불만족을 표현한다.

토마스와 체스의 연구 결과에 의하면 전체 연구대상 중 순한 기질이 40%, 까다로운 기질이 10%, 느린 기질이 15% 정도를 차지했으며, 나머지 35%는 어느 유형에도 포함되지 않았다. 그들의 연구가 기질의 차원을 구분한 최초의 광범위한 시도였음에도 불구하고 상당수의 영아가 어느 유형에도 포함되지 않았으며, 대부분 부모의 보고에 기초했다는 측면에서 비판을 받았다. 이에 후속 연구자들은 기질의 차원을 재정립하려는 노력을 기울였다.

(2) 버스와 플로민의 EAS 모형

버스와 플로민은 기질을 성격의 초기 형태라고 보았으며 행동유전학적 관점 behavioral genetics에 근거하여 생물학적인 속성으로 정의했다(Buss & Plomin, 1984). 이들은 기질을 유형으로 구분하는 대신 기질을 구성하는 하위요인을 제시하고 각각의 차원을 통해 개인차를 살펴보았다. 버스와 플로민이 제안한 세 가지 기질의 하위요인은 정서성emotionality, 활동성activity level, 사회성sociability이다. 정서성은 환경 자극에 대한 부정적인 정서 반응을 의미하며, 활동성은 일상생활에서의 속도와 강도 등 활동적인 특성을 나타낸다. 사회성은 타인과 잘 어울리고 함께 있는 것을 선호하는 특성을 뜻한다.

3) 기질과 부모의 양육행동

영유아의 기질은 부모의 양육행동과 밀접하게 관련된다. 자녀의 기질에 따라 부모의 양육행동이 달라지며 이는 부모-자녀관계에 영향을 미친다. 예를 들어, 까다로운 기질의 영아는 일상생활의 리듬이 불규칙하고 예민하므로 부모는 양육에서 많은 어려움을 겪게 된다. 이에 갈등이나 문제가 생겼을 때 통제적인 방법으로 자녀를 제지하거나 적대적 또는 무관심한 양육태도를 가지게 된다.

부모의 양육태도 또한 영유아의 기질에 영향을 미칠 수 있다. 느린 기질의 영유아의 경우 부모가 수용적이면서 기회를 제공하고 기다려준다면 자신감을 갖고 외부 세계에 대처하게 될 수 있다. 반면, 쉬운 기질의 영유아에게 부모가 지나치게 스트레스를 주거나 조급하게 재촉할 경우 소심해지고 자존감을 상실하여 위축되는 성격을 갖게 될 수 있다.

이 같은 영유아의 기질과 부모의 양육태도 간 상호작용을 고려하여 토마스와 체스는 적합성goodness-of-fit 모델을 제시했다. 적합성이란 기질과 환경적 요구 사이의 조화를 의미한다. 즉, 영유아의 기질이 부모의 특성과 잘 조화될 때 부모–자녀 간 조화로운 관계가 형성되어 바람직한 발달의 결과를 이끌 수 있다는 것이다. 따라서 주 양육자는 영유아의 기질을 잘 이해하고 양육하여 조화로운 관계를 형성하는 것이 바람직하다.

5. 정서발달을 위한 부모와 교사의 역할

1) 정서교육의 중요성 인식

정서발달이 영유아기의 발달과 적응에 중요한 영향을 미침에도 불구하고 정서교육에 충분한 우선순위를 두는 것은 쉽지 않다. 다양한 이유가 있겠으나, 정서발달이 미술이나 음악처럼 결과물이 산출되는 영역이 아니며 또한 언어·수학적 지식처럼 객관적으로 관찰하여 측정하기가 용이하지 않은 측면에 기인한다 하겠다. 영유아기의 뇌발달적 특성상 인지적 측면보다 정의적 발달이 우선되는 것이 바람직하다. 따라서 부모와 교사는 일상생활에서 영유아가 자신의 정서를 자유롭고 정확하게 표현하며, 자신과 타인의 정서를 이해하고, 상황에 적합하게 정서를 조절할 수 있는 능력을 기르도록 지원해야 한다.

2) 기질적 특성을 고려한 양육

기질은 유전의 영향을 받는 타고난 요인이지만, 부모나 교사가 영유아의 기질에 대한 기본적인 지식을 습득하고 개별 영유아의 기질을 제대로 파악하여 이에 조화롭게 반응하는 것이 더욱 중요하다. 생후 4개월경이면 활동성 수준 등의 기질적 특성이 나타나기 시작하므로 아이의 활동 수준 등을 관찰하여 기질적 특성을 파악할 수 있다. 이후 아이가 성장하면서 발현되는 다양한 기질적 특성에 대해서도 주의하고 이와 조화되는 양육행동으로 상호작용하는 것이 바람직하다.

대부분의 영유아는 성인에 비해 욕구 충족을 지연하거나 좌절감을 완충시키는 능력이 적으나, 기질이 까다로울 경우 특별히 신속한 반응과 대처가 요구된다. 특히, 부모나 교사 자신이 까다로운 기질과 거리가 먼 경우 까다로운 기질로 파악된 영유아에게 도움이 필요한 상황이 발생하는지에 대해 각별한 주의를 기울이고 살펴볼 필요가 있다.

반면, 느린 기질의 영유아에게는 다른 또래와 비교하기보다는 수용적으로 기다려주는 것이 바람직하다. 새로운 활동에 초기 적응이 느리거나 자발적 참여가 적더라도 여러 번 기회를 제공함으로써 학습 경험이 소홀해지지 않도록 배려할 필요가 있다. 마지막으로 순한 기질의 영유아는 까다롭고 요구가 많은 영유아에 비해 상대적으로 관심에서 소외될 확률이 크므로, 의도적으로 지속적인 관심을 가져야 한다.

영유아 보육 · 교육기관에서는 연령대가 증가할수록 개별 활동보다 소그룹이나 대그룹 활동의 비중이 증가하게 된다. 그럼에도 불구하고 여전히 개별적 상호작용을 통해 기질과 같은 개인차를 파악하여 이를 반영한 교수 · 학습방법을 적용하는 것이 바람직하다.

3) 정서수용과 정서표현의 격려

인간은 거의 매 순간 특정한 정서를 경험한다. 영유아 또한 예외는 아니나, 아직 인지적으로 자신의 정서를 파악하고 언어적으로 표현하는 것이 능숙하지 않은 시기이다. 부모나 교사는 영유아의 정서를 민감하게 인식하도록 노력하며, 그 의미를 해석하여 언어로 표현해 줌으로써 정서이해와 정서표현을 도와줄 수 있다.

2세경이 되면 다양한 정서가 분화되어 좋고 싫음이 분명해지면서 감정의 표현도 더욱 많아진다. 또한 언어의 발달로 자신의 감정을 언어로 표현하면서 정서를 조절하려는 노력을 보이게 된다. 이때 부모나 교사가 감정을 언어로 표현하도록 격려하고, 언어로 표현했을 때 감정을 수용해주고 칭찬해 주는 것이 정서발달에 도움이 된다. 나아가 자신의 정서를 적합한 어휘로 표현할 수 있는 영유아는 부정적인 정서를 더 잘 표현하고 나아가 또래와의 갈등 상황을 줄일 수 있으므로, 정서와 관련된 다양한 어휘를 습득하도록 도와주고 이를 사용하여 표현하는 상황을 격려해 주는 것이 바람직하다. 예컨대, 영유아가 표정이 굳어지며 얼굴이 붉어질 때, "호준이가 기분이 안 좋구나", "네가 만든 블록 탑을 친구가 넘어뜨려서 화가 났구나"와 같이 마음을 읽고 수용해 주며 이를 언어로 표현해 줄 수 있다.

4) 정서발달 지원을 위한 가정과의 연계

영유아 보육 · 교육기관에서의 정서발달 지원은 가정과 연계하여 실시하는 것이 좋다. 브론펜브레너Bronfenbrenner가 인간발달생태학적 관점에서 강조한 바와 같이 가정과 영유아 보육 · 교육기관이라는 미시체계 간의 상호작용이 원만하며 일치된 가치를 실현할수록 교육적 효과가 크다. 교사는 기관에서 실시하고 있는 정서교육에 대하여 가정통신문을 통해 공유하고 부모교육 프로그램에 정서교육을 포함하여 실시하는 것이 바람직하다. 가정에서도 동생이 태어나거나 부모의 갈등 등과 같이 영유아의 정서 경험에 변화를 가져올 수 있는 상황이 발생할 경우 교사와 공유하고 도움을 요청할 필요가 있다.

생각해보기

정서지능

다니엘 골먼

실수하거나 실패했을 때 쉽게 포기하는 사람이 있는 반면, 이에 굴하지 않고 끊임없이 다시 시도하는 사람이 있다. 또래와의 갈등 상황에서 자신의 입장만 주장하는 사람이 있는 반면, 상대방의 의도까지 고려하여 객관적인 해결방법을 찾고자 노력하는 사람이 있다. 누가 봐도 끝까지 좌절하지 않고 시도하는 사람, 상대방의 입장을 배려하여 의사결정하는 사람의 성공확률이 높음에는 틀림이 없다. 이와 같이 성취를 누리며 행복한 삶의 바탕이 되는 능력의 원천이 바로 정서지능이다.

정서지능(emotional intelligence)이란 개념은 1990년 뉴햄프셔 대학교의 존 메이어(John Meyer) 교수와 예일대학교 피터 샐로베이(Peter Salovey) 교수에 의해 처음으로 소개되었다. 초기에 분리된 개념으로 연구되었던 정서와 지능은 사회적 지능이나 다중지능의 출현과 함께 연관지어 논의되기 시작했으며, 최근 들어 정서지능이란 새로운 구인으로 정의되어 연구되고 있다.

메이어와 샐로베이의 이론을 바탕으로 다니엘 골먼(Daniel Goleman, 1946~)이 1995년 《EQ 감성지능 : 감성지능은 왜 IQ보다 더 중요할까》를 출판했다. 그의 저서가 타임지에 소개되고 〈뉴욕타임스〉에 베스트셀러로 선정되면서 일반인들에게 널리 알려졌다. 골먼은 그의 저서에서 뇌 연구와 행동 연구를 통해 IQ가 높은 사람들이 왜 성공하지 못하는 일이 발생하며, 반대로 IQ가 낮은 사람이 왜 예상 밖의 성공을 거두는지에 대해 설명하고 있다.

골먼은 '지금까지 우리는 인생에서 IQ로 측정되는, 오로지 이성적인 차원에 대해서만 지능의 가치와 중요성을 지나치게 강조해왔다'고 비판하면서 '좋든 싫든, 지성은 감성에 의해 잘 통제되지 않으면 모두 헛수고다'라고 제안했다. 또한 정서지능은 탁월한 리더십의 원천으로 IQ는 성공의 25%를 예언하지만, 정서지능은 성공의 65~80%를 예언한다고 주장했다.

행복은 학업적 · 인지적 성취로만 보장되지 않는다. 영유아에게 행복한 삶을 선물하고 싶다면 내적 만족감과 인간관계의 행복까지 경험할 수 있는 사람으로 길러야 할 것이다. 이를 위한 부모와 교사의 역할에 대해 재조명할 필요가 있다.

CHAPTER **09**

사회성발달

1. 애착 | 2. 자아개념 | 3. 도덕성 | 4. 성역할

Chapter 09

타인과의 관계 형성을 통해 이루어지는 사회성발달은 생애 초기부터 시작된다. 최초로 맺는 인간관계는 주 양육자인 부모와의 관계이며 연령이 증가하면서 또래와 교사 등 대인관계의 폭이 다양해지고 넓어진다. 인간은 진공상태가 아닌 사회 속에서 살아가므로 영유아기의 사회성발달은 사회화 및 행복한 삶에 중요한 요소이다. 본 장에서는 먼저 영아기에 이루어지는 가장 중요한 사회적 발달인 애착의 개념과 유형 및 이에 영향을 미치는 요인에 대해 살펴보겠다. 다음으로 영유아기 사회성발달의 주요 요소인 자아개념과 도덕성 및 성역할의 발달에 대해 고찰할 것이다. 각각의 개념과 중요성을 살펴보고 관련 이론을 고찰하며 이에 영향을 미치는 요소에 대해 살펴보겠다.

1. 애착

1) 애착의 개념

애착attachment이란 영아와 주 양육자 간 형성되는 강한 정서적 유대관계이다. 영아기에 발생하는 가장 중요한 형태의 사회적 발달로 영국의 정신분석학자이자 정신과 의사인 존 보울비John Bowlby, 1907~1990에 의해 주창되었다. 보울비는 초기의 애착 형성이 인간 본성의 가장 중요한 기본이 되며, 애착 경험이 이후의 아동기뿐 아니라 성인기의 건강한 발달에 필수 불가결하다는 애착이론을 정립했다.

영아가 특정한 사람에게 애착을 형성하게 되면, 그 사람과 있을 때 기쁨을 느끼고 불안한 상황에서 그 사람의 존재로 인해 위안을 받는다. 안정된 애착의 대상이 되는 주 양육자는 아이의 '정서적 안전기지secure base'가 된다. 마치 건물을 지을 때 기초공사로 땅을 깊이 파서 철심을 박고 충분한 양의 콘크리트를 부어야만 높이 올려도 무너지지 않듯이, 애착 형성은 아이의 마음에 기초공사를 하는 것과 같다.

영아기에 형성된 애착은 이후 주변세계에 대한 신뢰감으로 확대되며, 인지 및 정서·사회성발달에 중요한 영향을 미친다. 안정된 애착을 형성한 영아는 유아기에 자신감과 호기심을 가지며 타인과의 관계에서 긍정적 성향을 보인다. 아동기가 되었을 때도 도전적인 과제를 잘 해결하고 좌절을 잘 참으며 문제행동을 덜 보이는 것으로 나타난다.

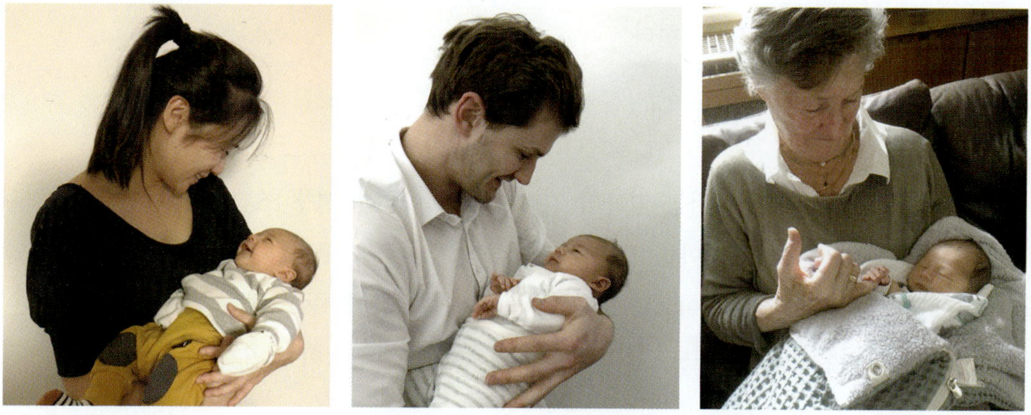

그림 9-1 주 양육자와의 애착

2) 애착발달에 대한 이론

많은 학자들이 영아기 초기에 특정 대상과 상호의존적인 정서적 유대관계를 발전시킨다는 데 동의하나, 애착의 형성과 발달에 대하여는 다양한 이론이 제기되어 왔다.

(1) 정신분석이론

정신분석이론에서는 애착이라는 개념을 사용하지는 않았으나, 영아기의 생리적 욕구를 만족시키는 어머니의 역할을 통해 애착의 형성과 발달을 설명한다. 프로이트Frued는 구강기에 어머니가 영아에게 수유를 함으로써 빨기와 같은 구강성적 자극에 대한 본능적 욕구를 충족시켜 정서적 관계를 형성하게 된다고 보았다. 에릭슨Erikson 또한 영아의 수유 요구를 포함한 기본적 욕구 충족을 통해 영아기의 안정된 애착이 형성되고 세상에 대한 신뢰감을 얻게 된다고 주장했다. 단, 에릭슨은 수유 그 자체보다 영아의 욕구에 대한 전반적 반응이 더 중요하다고 여겼다.

(2) 학습이론

학습이론에서는 다른 행동과 같이 애착을 학습 경험의 산물이라고 보았다. 정신분석이론과 같이 학습이론에서도 수유가 애착의 발달에 중요한 요인이라고 간주한다. 어머니가 수유하는 동안 배고픔이 해결될 뿐만 아니라 눈을 맞추고 신체접촉을 함으로써 따뜻하고 포근한 느낌과 촉각·청각적 만족을 줌으로써 어머니에 대한 애착이 형성된다고 설명한다.

(3) 인지발달이론

인지발달이론에서는 영아의 지적 발달이 애착의 선행 조건이라고 본다. 애착을 형성하기 위해서 영아는 친숙한 사람과 낯선 사람을 구분할 수 있어야 하며, 대상영속성 개념을 획득해야 한다고 제안한다. 애착대상이 시야에서 사라지면 더 이상 존재하지 않는다고 믿는다면 그 사람과의 애착관계 형성이 어렵기 때문이다.

(4) 동물행동학이론

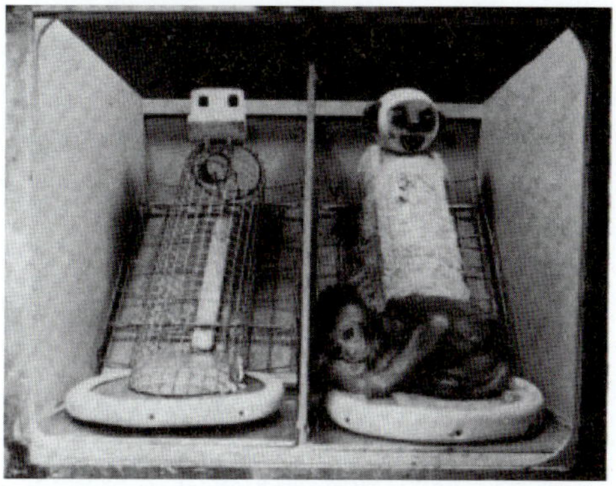

그림 9-2 할로우의 원숭이 대리모 실험

출처 : http://392766.tistory.com/1154

보울비는 애착을 생래적인 본능적 능력이라고 간주한다. 생존 유지 및 보호를 위해 인간의 타고난 능력이며 영아와 양육자 간 사회적 상호작용을 통해 발달한다고 설명한다. 이 같은 설명은 해리 할로우Harry Harlow, 1905~1981의 실험에 토대를 둔다. 할로우(1958)는 유명한 원숭이 대리모 실험을 통해 애착 형성의 결정적 요인이 수유와 같은 배고픔의 해소가 아닌 포근함과 같은 사회적 상호작용임을 밝혔다. 할로우의 실험에서 어미와 격리된 새끼 원숭이들을 '철사엄마'와 '헝겊엄마'의 두 대리모를 통해 양육한 결과, 새끼 원숭이들은 어떤 엄마를 통해 수유를 받았는가와 무관하게 헝겊엄마를 좋아했다. 심지어 철사엄마에게서만 젖을 먹을 수 있도록 했을 때에도 젖 먹는 시간을 제외한 대부분의 시간을 헝겊엄마와 함께 보냈다. 또한 두려운 물체가 나타났을 때 헝겊엄마에게로 달려가 매달림으로써 위안을 얻는 행동을 나타냈다.

3) 애착 형성의 단계

보울비에 의하면 애착은 출생 직후부터 형성되는 것은 아니다. 대상영속성의 획득 등 어느 정도 인지발달이 이루어져야 하며 애착대상과 많은 상호작용을 통해 애착이 형성된다고 보았다. 구체적으로 메리 에인스워스Mary Ainsworth, 1913~1999는 영아의 애착행동의 발달단계를 다음과 같이 설명했다.

(1) 1단계 : 전애착단계(pre-attachment phase : 출생 후~6주)

영아는 울음이나 미소 짓기, 붙잡기, 눈 응시하기 등의 애착 신호체계를 통해 주위 사람들과 친밀한 관계 형성을 시도한다. 하지만 이 시기에는 아직 특정 대상에게 애착이 형성되지 않았다. 따라서 부모가 아닌 낯선 사람에게도 비슷한 수준의 애착

신호를 보이며, 낯선 사람과 혼자 남겨져도 별로 개의치 않는다.

(2) 2단계 : 애착 형성단계(attachment in the making : 6주~6-8개월)

영아는 친숙한 사람과 낯선 사람에게 다르게 반응하기 시작하며 지속적이고 변별된 사회적 반응을 보인다. 예컨대, 주 양육자인 어머니와의 상호작용에서 더 많이 웃고 미소 지으며 옹알이를 더 자주한다. 자신의 행동이 타인에게 영향을 미친다는 것을 깨달음으로써 주 양육자에게 명백한 신호를 보이면서 신뢰감을 발달시키기 시작한다. 이같이 주 양육자를 다른 사람들과 구별할 수 있게 되지만 아직 한 명의 특정한 대상에게 완전한 애착이 형성된 것은 아니다. 따라서 주 양육자가 혼자 남겨두고 떠나도 분리불안을 보이지 않는다.

(3) 3단계 : 분명한 애착단계(clear-cut attachment : 생후 6-8~18개월)

영아의 애착행동이 한 사람을 향해 능동적으로 이루어지는 단계이다. 비로소 영아와 주 양육자 간에 애착이 형성되었다고 볼 수 있는 시기이다. 운동능력과 이동능력이 발달하여 애착대상에게 적극적으로 접근을 추구하는 행동을 보인다. 애착대상을 인지적으로 표상할 뿐만 아니라 탐색을 위한 안전기지로 여기게 된다. 따라서 애착대상이 떠나면 분리불안을 보인다. 분리불안은 모든 문화권에서 나타나는 보편적인 현상이며 돌 전후 나타나기 시작하여 15개월까지 증가한다. 분리불안은 애착대상이 시야에서 사라져도 계속 존재한다는 대상영속성의 개념을 획득했다는 증거이기도 하다.

(4) 4단계 : 애착의 확장단계(18개월~2세)

2세 말경이 되면 영아는 정신적 표상과 언어발달로 인해 애착대상의 행동을 예측할 수 있게 된다. 주 양육자와 분리되더라도 언제 다시 돌아올지 예측할 수 있으므로 결과적으로 분리불안이 감소한다. 주 양육자가 독립된 대상이라는 것을 점차 알게 되면서 애착대상에게 자신의 목표대로 행동하도록 요구하거나 자신을 애착대상에게 맞추기 위해 행동을 계획하고 수정하는 융통성을 보이기도 한다. 예를 들면, 헤어지는 엄마에게 언제 돌아올 것인지를 물어보고 빨리 갔다 와서 놀아달라고 얘기한다.

4) 애착의 유형

보울비에 의해 정립된 애착이론은 이후 그의 제자인 에인스워스에 의해 객관적으로 평가 가능한 단계로 발전되었다. 에인스워스(1978)는 '낯선 상황 실험strange situation procedure'을 통해 애착의 유형을 구분했다. 12개월경의 영아들을 안락하고 장난감이 많으나 낯선 놀이방에서 약 20여 분간 놀도록 하고 그들의 행동을 관찰하는 실험이었다. 연구자들은 낯선 상황에서 주 양육자가 있을 때, 낯선 사람이 들어왔을 때, 주 양육자가 나가서 분리될 때, 주 양육자가 다시 돌아와 재결합할 때 영아의 반응을 관찰했다. 그 결과 애착 유형을 안정 애착, 불안정–회피 애착, 불안정–저항 애착의 세 가지로 분류했다. 이후 메인과 솔로몬(Main & Solomon, 1990)은 세 유형으로 분류되지 않은 영아들의 공통점을 밝히고 혼란 애착으로 명명했다. 애착의 네 가지 유형을 살펴보면 다음과 같다.

(1) 안정 애착

안정 애착secure attachment 유형의 영아는 주 양육자와 함께 있을 때 낯선 환경을 탐색하기 위해 쉽게 떨어지며 낯선 사람을 수용하기도 한다. 주 양육자가 나갈 때 울거나 찾지만, 능동적으로 위안을 찾고 다시 탐색과정으로 나아간다. 주 양육자가 돌아왔을 때 환영하며 쉽게 진정하여 탐색과 놀이로 돌아간다. 중요한 것은 주 양육자를 안전기지 삼아 낯선 상황에서도 자유롭게 탐색할 수 있다는 것이다.

(2) 불안정 회피 애착

불안정 회피 애착insecure-avoidant attachment 유형의 영아는 낯선 상황에 대한 불안감 자체를 별로 느끼지 않는다. 주 양육자가 나가도 관심을 보이지 않고 놀며 별 저항을 보이지 않는다. 낯선 사람을 주 양육자보다 비교적 더 잘 받아들여 친근하게 대하기도 한다. 주 양육자가 나갔다가 다시 돌아와도 고개를 돌리거나 시선을 돌리는 등 무관심한 반응을 보인다. 즉, 주 양육자와의 관계에서 친밀감을 추구하지 않고 회피하는 반응을 보인다.

(3) 불안정 저항 애착

불안정 저항 애착insecure-resistant attachment 유형의 영아는 부모에게 접촉을 시도하지만 접촉으로 마음의 안정을 찾지 못한다. 또한 주 양육자가 곁에 있어도 낯선 상황에서 탐색하려 하지 않는다. 주 양육자가 방을 떠나면 매우 스트레스적 반응을 보이나 막상 다시 돌아와 달래 주려고 하면 더욱 크게 운다든가 화를 내는 등의 양면적인ambivalent 행동을 보이기도 한다. 즉, 접근과 회피 사이를 왔다 갔다 하며 주 양육자를 안전기지로 인식하지 않는다.

표 9-1 낯선 상황 실험의 8개 주요 장면

주요 장면	등장인물	실험 상황	애착 관련 행동
1	어머니, 영아	실험자가 어머니와 영아를 실험실로 안내한 후 실험실을 나간다.	
2	어머니, 영아	영아가 실험실을 탐색하는 동안 어머니는 영아 곁에 앉는다.	안전기지로서의 어머니
3	어머니, 영아, 낯선 사람	낯선 사람이 실험실에 들어와 어머니 옆에 잠시 앉아 있다가 영아에게 상호작용을 시도한다.	• 낯선 사람에 대한 영아의 반응 • 안전기지로서의 어머니
4	영아, 낯선 사람	어머니가 실험실을 나간다. 낯선 사람이 영아와 상호작용을 시도하고 영아가 당황하면 진정시킨다.	낯가림
5	어머니, 영아	어머니가 다시 실험실로 들어오고 낯선 사람은 실험실을 나간다. 어머니는 영아를 반기고, 필요하면 달래준다.	어머니와 재회 시 영아의 반응
6	영아	영아만 남겨두고 어머니가 실험실을 나간다.	분리불안
7	영아, 낯선 사람	낯선 사람이 다시 실험실에 들어오고 영아를 달랜다.	낯선 사람에 의해 달래지는 정도
8	어머니, 영아	어머니가 실험실에 돌아오고, 낯선 사람은 나간다. 영아를 달래줄 필요가 있으면 어머니는 영아를 달래준 후 다시 장난감을 가지고 놀게 한다.	어머니와 재회 시 영아의 반응

그림 9-3 에인스워스의 낯선 상황 실험

(4) 혼란 애착

혼란 애착disorganized/disoriented attachment 유형은 불안정 애착의 가장 심한 형태이다. 이 유형의 영아는 불안정 회피형과 불안정 저항형의 특성을 같이 보인다. 낯선 상황에서 큰 스트레스를 받아 멍해 보이는 등 얼어붙은 것과 같은 모습을 보이거나 두려워하는 등의 불안정한 행동을 나타낸다. 주 양육자가 돌아오면 이를 알아챘음에도 전혀 반응을 보이지 않거나, 다가가다가 곧 화를 내고 밀치기도 한다.

5) 낯가림과 분리불안

낯가림과 분리불안은 영아가 주 양육자와 애착을 형성했다는 증거로 나타나는 현상이다.

(1) 낯가림

낯가림stranger anxiety이란 영아가 자신에게 친숙한 애착대상에 대해 형성해 놓은 도식과 어긋나는 대상에 대해 나타내는 불안 또는 공포 반응이다. 6~8개월경에 시작되어 첫돌 전후에 최고조에 달하다가 서서히 감소하며 2세경까지 지속된다. 낯가림은 낯선 사람 그 자체에 대한 반응이 아니다. 낯선 사람이 애착대상의 도식과 달라 영아가 거부하는 행동이다. 이는 저장된 정보를 재생하는 인지능력의 발달 결과로 해석되며, 애착이 형성되었다는 신호이므로 낯가림은 정상발달의 한 측면으로 간주된다.

(2) 분리불안

분리불안separation anxiety은 영아가 애착대상인 주 양육자와 분리될 때 느끼는 불안을 의미한다. 낯가림이 낯선 사람에 대한 불안에서 기인한다면, 분리불안은 친숙한 사람과의 분리로 인한 반응이다. 돌 전후에 나타나기 시작하며 20~24개월경에 사라진다. 안정 애착을 형성한 영아는 불안정 애착을 형성한 영아보다 분리불안 반응을 덜 보이는 경향이 있다.

6) 애착에 영향을 미치는 요인

(1) 부모

안정된 애착 형성을 위해 중요한 요소는 부모의 양육행동이다. 영아의 신호에 지속적이고 적절하게, 그리고 민감하게 반응하는 부모일수록 안정 애착을 발달시킨다. 반면, 불안정 회피 애착형 영아의 부모들은 종종 아이의 요구에 무관심하거나 거부하며, 불안정 저항 애착형 영아의 부모는 어떤 때는 반응하고 어떤 때는 반응하지 않는 일관성 없는 행동을 보이는 경향이 있다.

부모 자체의 특성은 아니나 맞벌이 부모와 같은 맥락 또한 애착 형성에 영향을 미치는 요인으로 보고된다. 맞벌이 부모의 자녀는 부모가 아닌 제3자의 양육을 받게 되며, 어머니와 영아 사이에 형성된 애착의 질이 떨어진다는 연구 결과가 있다(Belsky & Rovine, 1988). 이와 달리 광범위한 장기 종단 연구의 결과에 의하면 어머니가 일을 한다는 것 자체가 부모–자녀 간 애착의 질을 떨어뜨린다는 명백한 증거는 발견되지 않는 것으로 나타나(NICHD Early Child Care Research Network, 2001) 해석에 유의할 필요가 있다.

(2) 영유아

영유아 자신의 특성 역시 부모–자녀관계에 영향을 줌으로써 궁극적으로 자신의 애착 유형에 영향을 미친다. 태어났을 때부터 외부 반응에 덜 민감하거나 과민하게 반응하는 영유아는 부모-자녀관계를 악화시킴으로써 불안정 애착으로 이어지기도 한다. 또한 기질적으로 까다로운 영유아는 부모의 긍정적인 신호에 적절한 반응을 보이지 못하는 편이다. 이러한 행동이 축적되면 부모는 긍정적인 신호 자체를 적게 표출하게 되어 궁극적으로 불안정한 애착관계를 형성할 수 있다.

2. 자아개념

1) 자아개념의 개념

인간은 살면서 끊임없이 '나'는 누구이며 어떤 사람인가에 대해 질문하고 답을 구한다. 자아개념self-concept이란 개인이 가지고 있는 자신에 대한 견해로 스스로에 대해 갖게 되는 인식 및 감정, 신념 등의 총체이다. 자아개념은 전 생애에 걸쳐 개인의 인식과 행동 양식 및 적응 정도에 지속적으로 영향을 미친다. 영유아기는 이 같은 자아개념의 토대가 형성되는 시기이다.

자아개념은 인지적 측면과 정의적 측면을 포함한다. 자아개념의 인지적 요소는 자신의 내재적 특성에 대한 이해를 의미하며 이는 자아인식self-awareness 또는 자아인지self-cognition를 통해 나타난다. 자신의 신체적 특징이나 성향에서부터 역할, 속해 있는 집단 내에서의 자아에 대한 인지적 표상이 여기에 포함된다. 자아개념의 정의적 요소는 자아존중감self-esteem 또는 자아에 대한 태도를 의미하는 것으로 자신의 가치와 중요성에 대한 평가적 측면이다.

2) 영유아기 자아개념의 발달

(1) 자아인식의 발달

영유아의 자아인식 발달은 신체적 자아인식단계, 외적 특성에 의한 자아인식단계, 심리적 자아인식단계를 거쳐 발달한다(김기현 외, 2014). 영아는 생후 4개월경

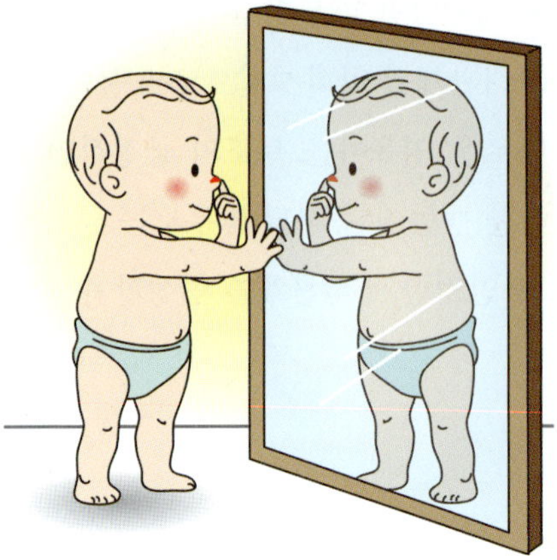

그림 9-4 빨간 루즈 실험

부터 자신을 외부 대상과 구분하기 시작하며, 15~24개월에 신체적 자아인식을 습득하게 된다. 신체적 자아인식을 알아보기 위한 빨간 루즈 실험(Lewis & Brooks-Gunn, 1979)에서 연구자들은 9~24개월의 영아들 코에 빨간 루즈를 칠한 후 거울을 보여 주고 반응을 살펴보았다. 그 결과 15개월 미만의 영아들은 거울 안의 자기 모습에 무관심했으며, 15~17개월 영아들 중 일부만 자신의 코가 변했다는 것을 알아차리고 관심을 보였다. 그리고 18~24개월 영아의 대부분은 자신의 코를 만지는 반응을 나타냈다. 이를 통해 연구자들은 약 2세경에 신체적 자아인식이 완성된다고 보았다.

소유권 주장이 강해지는 것도 영아기에 발달된 자아인식을 보여 주는 예이다(Fasig, 2000). 2세 전후의 영아는 종종 좋아하는 장난감을 자신의 것으로 우기며 다른 친구들과 공유하지 않는다. 이는 영아가 장난감을 주기 싫다거나 이기적인 것이 아니라 그 장난감을 가지고 노는 것을 자아의 중요한 측면으로 인식하기 때문이다.

자아인식을 위해서는 어느 정도 수준의 인지발달이 요구되지만 사회적 경험 또한 매우 중요하다. 영아기의 자아인식에 영향을 미치는 주요한 사회적 경험은 주 양육자와의 안정 애착이다.

유아기가 되면 신체적 자아인식과 함께 외적 특성을 통해 자아를 인식한다. 이 시기에는 자신과 타인을 성별이나 나이와 같은 범주에 따라 구분할 수 있다. 또한 자신의 신체적 특징과 개인적인 기호나 소유물, 일상생활에서의 행동 등 구체적인 특성을 통해 자신을 인식하고 표현한다. 예를 들면, 유아는 자아인식과 관련하여 '나는 눈이 커요', '나는 아이스크림을 좋아해요', '난 오늘 예쁜 공주 드레스를 입었어요' 등의 언어적 표현을 사용한다.

반면, 심리적 특성에 의한 자아인식은 좀 더 늦게 나타난다. 유아는 '행복해요', '열심히 노력해요' 등의 내면적인 심리적 특성으로 자신을 인식하고 기술하는 데에는 어려움을 보인다. 학동기가 되면 자신의 특성, 가치, 신념 등의 내재적이고 심리적인 특성을 중심으로 자신을 인식하고 표현할 수 있다.

(2) 자아존중감의 발달

자아존중감self-esteem이란 자신의 존재에 대한 긍정적 또는 부정적 견해이다. 자신의 존재에 대해 인지적으로 형성된 것이 자아인식이라면 자기존재에 대한 느낌 또는 평가가 자아존중감이다. 자아존중감은 인간이라는 존재에 존엄성을 부여하는 요인이므로 '영혼의 생존'이라고도 한다. 자아에 대한 평가적 신념으로 개인의 심리와 인성, 행동과 적응, 나아가 자아실현의 모든 측면에 영향을 미치므로 영유아기 자아발달의 중요한 부분이다.

연령별로 자아존중감 발달을 살펴보면, 영아기에는 대소변 가리기, 도구 이용하여 식사하기 등의 자조기술을 성공적으로 수행하면서 자신의 능력에 대한 신뢰감을 형성하고 긍정적으로 평가하기 시작한다. 3~4세에는 스스로 하고자 하는 것을 설정하고 다양한 시도를 통해 문제를 해결해 나가면서 자신에 대한 성취감을 갖는다. 이와 같이 자신에 대한 신뢰감과 성취감이 자아존중감의 발달로 연계되어 나타난다.

유아는 자신의 능력을 긍정적으로 인식하며 타 시기에 비해 상대적으로 높은 자아존중감을 나타낸다. 이는 타인들이 자신을 좋아해 주기를 바라며 모든 면에서 잘 했으면 하는 유아의 욕구가 표출된 것으로 해석할 수 있다(Eccles Midgley, Wigfield, Buchanan, Reumon, Flanagan, & Iver, 1993). 한편, 인지발달의 한계로 자신의 바람과 실제 자기능력의 구분이 어려운데, 자아의 여러 측면을 통합할 수 없기 때문이기도 하다(Harter, 2003). 학동기에 들어서면서 여러 영역에서 자신을 객관적으로 인식하고 평가하게 됨에 따라 유아기 동안 상대적으로 높았던 자아존중감은 보다 현실적인 수준으로 조정된다.

긍정적인 자아존중감의 형성 여부는 유아가 자신의 능력을 발휘하고 적응하는 데 중요한 영향을 미친다. 자아존중감이 높은 유아는 자신의 판단에 자신감을 갖고 긍정적으로 자신의 주장을 표현하므로 또래관계도 원만하며 사회적 상호작용도 원활하다. 반면, 자아존중감이 낮은 유아는 매사에 자신감이 부족하고 사회적 상호작용이 원만하지 않아 바람직한 사회관계를 형성하는 데 어려움을 겪는다. 더욱이 자존감이 낮을 경우 실패를 경험했을 때 쉽게 낙담하고 좌절하므로 조금이라도 어려운 과제에 직면하면 도전하지 않고 포기해 버린다. 따라서 영유아기의 긍정적인 자아존중감 형성은 자아개념 발달의 중요한 요소이다.

3) 자아개념발달에 영향을 미치는 요인

(1) 부모

영유아의 건전한 자아개념은 주 양육자인 부모의 양육태도에 의해 영향을 받는다. 부모가 자녀양육에 있어서 많은 칭찬과 격려를 제공하며 자녀를 존중하는 언어와 행동을 사용할 때 영유아의 자아개념이 긍정적으로 발달한다. 반면, 부모가 영유아를 부정적으로 평가할 때 영유아의 자부심이 감소하고 수치심이 증가하다. 특히, 바람직한 모델링 없이 일방적으로 지시하거나 거친 말과 행동으로 상호작용할 때 자아개념 형성에 부정적인 영향을 미칠 수 있다(윤선영, 정혜숙, 2010). 자녀의 수행에 대하여 부모가 중립적으로 평가할 때 영유아는 평가의 방향에 대해 크게 연연하지 않으며 새로운 것에 대하여 더욱 도전하는 경향을 보이기도 한다.

(2) 교사

영유아는 정서적인 지지와 사회적인 인정을 많이 받을수록 긍정적인 자아개념을 형성한다. 교사는 가정 이외의 맥락에서 중요한 성인이므로, 교사와의 상호작용은 영유아의 자아개념 발달에 영향을 미친다. 특히, 교사가 영유아에 대해 갖는 기대와 신념은 상호작용의 양과 유형에 영향을 미치므로 영유아의 동기유발과 행동 변화에 영향을 준다. 실제로 교사가 영유아에 대해 높은 기대감과 신뢰를 가지고 더 많은 선택의 기회를 제공할 때 영유아의 자아존중감이 향상되는 것으로 나타났다(손미정, 2007).

(3) 또래

부모나 교사와 같은 성인과의 상호작용뿐만 아니라 또래와의 수평적인 상호작용 또한 영유아의 자아개념 발달에 영향을 미친다. 유아는 3~4세경이 되면 또래와 자신을 비교하여 유사점과 차이점에 대해 인식하기 시작한다. 연령이 증가할수록 다양한 영역과 과제에서 또래와 비교하고 그 결과에 대해 더 민감한 반응을 나타낸다. 또래로부터 인기 있으며 긍정적으로 인정받는 영유아는 그렇지 않은 영유아에 비해 높은 자아존중감을 가진다. 이와 같은 자아개념에 대한 또래의 영향력은 연령이 증가할수록 커진다.

그림 9-5 유아교육기관과 또래집단 소속감

3. 도덕성

1) 도덕성의 개념

도덕성은 사회 규범을 이해하고 선악의 가치 기준에 따라 어떤 것이 좋고 나쁜 것인지를 판단하고 행동하고자 하는 심성을 의미하며, 인지적 요소와 정의적 요소 및 행동적 요소로 구성된다. 도덕성의 인지적 요소는 옳고 그른 것을 이해하고 판단하는 도덕적 사고를 의미한다. 공정성과 분별력, 자제력 등이 여기에 포함된다. 도덕성의 정의적 요소는 사고나 행동에 대한 정서적 반응으로 도덕적 감정을 의미한다. 감정이입, 공감, 이타성, 양심, 죄의식, 수치심 등이 이에 해당한다. 도덕성의 행동적 요소는 옳고 그른 것과 합치된 행동을 하는 정도 또는 실천력을 의미한다. 나누고 공유하기, 도와주기, 협동하기와 같은 친사회적 행동과 일탈 또는 유혹에 대처하는 행동 등이 포함된다.

올바른 도덕적 판단은 도덕적인 행동의 선행요소이지만, 옳고 그름을 잘 판단한

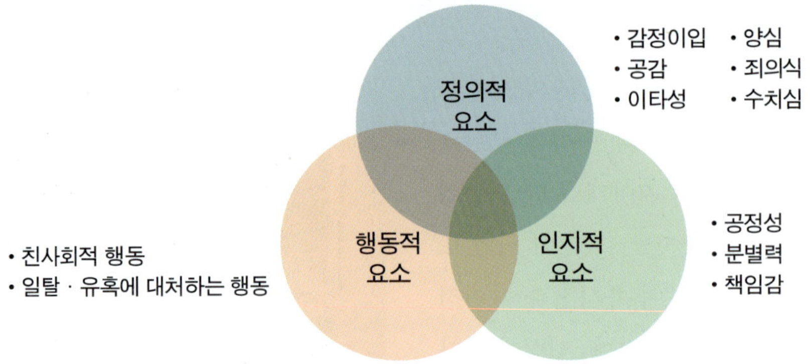

그림 9-6 도덕성의 구성요소

다고 해서 반드시 실천하게 되는 것은 아니다. 따라서 도덕성은 인지적, 정의적, 행동적 차원에서 종합적으로 설명되는 인성의 총제라고 할 수 있다. 도덕성의 발달은 개인으로 하여금 자신이 속한 문화적 · 사회적 집단에 적절히 적응하도록 도와주는 기능을 하므로 영유아 사회성발달의 중요한 측면 중 하나이다.

2) 도덕성발달에 대한 이론

도덕성발달이론은 다양하며 앞에서 언급한 세 가지 구성요소 중 각 요소에 중점을 두어 설명하고 있다. 인지발달이론은 인지적 요소에 초점을 두어 도덕성발달을 제안하며, 정신분석이론은 도덕성발달에서의 정의적 요소를 강조한다. 사회학습이론에서는 도덕성의 행동적 요소를 중심으로 설명한다.

- 인지발달이론 : 도덕성의 인지적 측면을 중시하는 관점이다. 인간의 합리적 판단력이 도덕적 행위를 일으키는 본질이라고 간주한다. 인지적 사고의 수준이 높아짐에 따라 도덕적 능력 또한 높아진다고 본다.
- 정신분석이론 : 도덕성의 정의적 측면, 즉 도덕적 감정과 태도에 중점을 둔다. 양심이나 죄책감이 도덕성의 본질을 이룬다고 간주한다. 개인이 사회적 규범을 지키지 못했을 때 수치심과 죄책감 등의 도

덕적 감정을 경험하면서 도덕적으로 옳고 그름에 대한 기준과 판단을 내면화시킨다고 본다.

• 사회학습이론 : 도덕성의 행동적 측면과 실천에 초점을 둔다. 환경적 조건과 경험을 통한 사회적 학습의 결과로 도덕성이 발달한다고 간주하며, 관찰 가능한 도덕적 행동을 측정하고 연구한다.

3) 영유아기 도덕성의 발달

영유아기의 도덕성은 인지적 · 정의적 · 행동적 측면이 상호 영향을 주고받으며 통합적으로 발달한다. 도덕성의 발달과정을 도덕적 사고, 도덕적 정서, 도덕적 행동으로 나누어 살펴보면 다음과 같다.

(1) 도덕적 사고

도덕적 사고란 어떤 행동이 옳고 그른지를 판단하는 것을 의미한다. 대표적인 이론으로 피아제Piaget와 콜버그Kohlberg, 1927~1987의 도덕성발달이론이 있다. 이들은 도덕적 문제 상황에서 개인이 어떻게 행동해야 할지에 대해 합리적으로 판단할 수 있는 도덕적 판단력을 토대로 도덕성발달단계를 구분했다.

① 피아제의 도덕성발달이론

피아제는 인지적 발달 특성과 발달 수준에 따라 도덕성이 발달한다고 보았다. 규칙 준수의 발달과 실수에 대한 아동의 도덕적 판단을 연구하였으며, 그 결과 전도덕성, 타율적 도덕성, 자율적 도덕성의 단계를 통해 도덕성이 발달한다고 제시했다.

✪ 규칙에 대한 도덕적 판단의 발달

피아제는 아동의 규칙에 대한 도덕적 판단이 어떻게 발달하는가를 살펴보기 위하여 아동들의 공기놀이를 관찰했다. 그리고 '게임의 규칙은 누가 만들었는가', '모든 사람이 이 규칙을 지켜야 하는가?', '이 규칙은 바꿀 수 있는가?' 등에 대해 질문했다.

결과를 살펴보면, 4~7세 아동은 규칙이란 부모나 신과 같은 권위자가 일방적으로 만들어 놓은 것이므로 변경이 불가능하며 위반 시 벌을 받아야 한다고 대답했다.

이러한 도덕성의 수준은 전조작의 특성인 도덕적 실재론moral realism, 즉 규칙이란 외부에서 주어진 것이므로 반드시 지켜야 한다는 생각과 부합된다. 예를 들면, 어떠한 상황이든 신호등을 위반하는 것을 잘못된 것이라고 판단하는 것이다. 피아제는 이 시기를 '타율적 도덕성' 혹은 '도덕적 절대주의'라고 명명했다.

7~10세는 과도기적인 단계로 타율적 도덕성과 자율적 도덕성이 함께 나타난다. 10세경이 되면 대부분의 아동은 자율적 도덕성단계에 도달한다. 이 시기가 되면 규칙은 사람들의 합의에 의해 만들어진 것이며 필요하면 변경될 수 있다고 생각한다. 인간의 안녕이나 복지와 같은 상황적 요인을 고려하여 때로는 규칙을 위반할 수 있다는 것도 알게 되며, 규칙을 위반하더라고 항상 처벌받지는 않는다는 것도 스스로의 경험을 통해 깨닫게 된다. 예를 들어, 신호등을 위반했더라도 응급 환자를 수송 중이었다면 나쁘지 않다고 판단한다. 피아제는 이러한 도덕성의 단계를 '자율적 도덕성' 또는 '도덕적 상대주의'라고 명명했다.

✪ 실수와 의도에 대한 도덕적 판단의 발달

피아제는 실수와 의도에 대해 아동이 어떻게 판단하는지 알아보기 위해 두 가지 에피소드가 포함된 갈등 상황을 들려주었다. 그리고 '누가 더 나쁠까?', '왜 더 나쁜가?'를 질문한 후 아동의 대답을 분석했다.

- 에피소드 1 : 어떤 아이가 엄마의 설거지를 도우려다 실수로 컵 10개를 깨뜨렸다.
- 에피소드 2 : 어떤 아이가 엄마 몰래 선반 위의 과자 바구니를 꺼내려다 컵 1개를 깨뜨렸다.

실수와 의도의 에피소드

표 9-2 피아제의 도덕성발달단계

도덕성의 발달단계	설명
전도덕성의 단계 (pre-moral stage) : 2~4세	규칙에 관심이 거의 없거나, 규칙이 있다는 것조차 인지하지 못하는 단계이다. 이 시기의 유아는 아직 규칙이 어떻게 해야 하는가에 대한 합의라는 사실을 알지 못한다.
타율적 도덕성의 단계 (heteronomous morality) : 4~7세	규칙은 절대적이며 불변이라고 인식한다. 또한 반드시 지켜야 하며 어길 경우 권위를 가진 누군가가 반드시 처벌한다고 믿는다. 이 시기의 유아는 행동의 결과에 초점을 맞추어 옳고 그름을 판단하는 경향이 강하다.
자율적 도덕성의 단계 (autonomous morality) : 10세 이후	규칙이나 법은 사회적 합의와 승인에 의해 만들어진 것이므로 합의를 거쳐 변경이 가능하다고 생각한다. 옳고 그름에 대한 절대적인 기준보다는 공평성에 기준한 정의의 개념을 발달시키므로 도덕적 상대론의 단계라고도 한다. 이 시기의 아동은 결과와 함께 의도도 고려하여 옳고 그름을 판단해야 한다고 여긴다.

그 결과, 4~7세의 타율적 도덕단계에 있는 아동은 행동의 의도를 고려하지 않고 결과에 치중하여 도덕적 판단을 했다. 즉, 어머니가 설거지를 하는 것을 돕다가 실수로 열 개의 컵을 깨뜨린 것이 어머니 몰래 과자를 꺼내 먹다가 컵 한 개를 깨뜨린 것보다 더 나쁘다고 대답했다. 반면, 10세 이후의 자율적 도덕성단계의 아동은 물질적 손상에 따른 객관적인 판단보다 의도를 고려하여 옳고 그름을 판단했다. 즉, 어머니 몰래 과자를 꺼내 먹다가 한 개의 컵을 깨뜨린 것이 어머니의 설거지를 돕다가 실수로 컵 열 개를 깨뜨린 것보다 더 나쁘다고 대답했다.

위의 연구 결과를 토대로 피아제는 아동의 도덕성발달을 전도덕성, 타율적 도덕성, 자율적 도덕성의 세 단계로 제시했다(표 9-2). 또한 타율적 도덕성단계에서 자율적 도덕성단계로 발달하기 위해서 인지적 성숙과 함께 사회적 경험이 중요하다고 보았다. 전조작기의 자기중심성이 감소하고 타인조망수용능력이 발달하면서 도덕적 문제에 대해 여러 각도에서 조망하고 판단할 수 있게 된다는 것이다.

② 콜버그의 도덕성발달이론

콜버그는 피아제의 도덕성발달이론을 보다 정교화했으며, 발달 시기를 청소년기와 성인기로 확대하여 분석하였다. 유명한 도덕적 갈등 상황인 '하인츠의 딜레마'와 같은 11개의 이야기를 제시하고 다양한 질문을 통해 도덕성의 수준을 분석했다.

콜버그는 위의 질문에 대한 응답을 왜 그렇게 생각했는지에 대한 도덕적 논리에

하인츠의 딜레마

하인츠의 부인이 암으로 죽어가고 있었다. 그런데 최근에 한 약사가 부인을 살릴 수 있는 약을 발명했다. 약사는 재료비의 10배나 되는 값에 그 약을 팔고 있었다. 하인츠는 여기 저기 돈을 구해 보았으나 그 약값의 반만 마련할 수 있었다. 그는 약사에게 부인이 죽어가고 있으니 싸게 팔거나 후에 지불할 수 있도록 해 달라고 요청했다. 그러나 약사는 "내가 발명한 것입니다. 나는 그 약으로 돈을 벌어야겠습니다."라며 거절했다. 하인츠는 실의에 빠진 나머지 부인을 구하기 위해 약국의 유리창을 부수고 들어가 그 약을 훔쳐서 나왔다.

질문 내용

- 하인츠는 약을 훔쳐야만 했는가?
- 약을 훔치는 것은 옳은 일인가? 잘못된 일인가?
- 왜 그런가? 만약 다른 방법이 전혀 없다면 아내를 위해 약을 훔치는 것이 남편의 의무라고 생각하는가?
- 좋은 남편이라면 이 경우 약을 훔쳐야 하는가?
- 아내를 사랑하지 않더라고 약을 훔쳐야 하는가?
- 약사는 가격상한선이 없다고 해서 약값을 그렇게 많이 받을 권리가 있는가? 있다면 왜 그런가? 또는 왜 그렇지 않은가?

초점을 두고 분석했다. 그 결과, 도덕적 가치의 내면화 정도에 따라 성인기까지의 도덕성의 발달을 3수준전인습적, 인습적, 후인습적, 6단계로 제시했다(Kohlberg, 1981). 각 단계는 낮은 수준부터 높은 수준으로 일정한 수준을 거쳐 발달한다. 한편, 콜버그가 제안한 단계별 발달 시기보다 실제로 늦은 연령에 출현하며, 대부분의 개인은 6단계의 발달을 모두 이루지 못한다는 측면에서 비판의 여지가 있다.

■ 전인습적 수준(pre-conventional level) : 4~10세

- 도덕적인 가치가 내면화되지 않은 상태로 외적 보상이나 처벌에 의해 도덕적 판단을 결정하는 수준
- 사회 규범이나 기대를 잘 이해하지 못하는 도덕성발달의 최하위 수준으로 9세 이전 아동이나 일부 청소년 및 성인 범죄자가 이에 해당함

[1단계] 처벌 및 복종 지향의 단계(punishment and obedience orientation)

- 성인의 말에 절대 복종
- 처벌이나 보상과 같은 결과에 근거하여 행동의 옳고 그름을 판단하므로 보상받는 행동은 좋은 것, 벌을 받는 행동은 나쁜 것으로 여김
- 진정한 의미의 규칙에 대한 개념은 없는 단계

[2단계] 수단적 목적 및 거래 지향의 단계(instrumental relativist orientation)

- 자신과 타인의 이익을 충족시키고 만족을 주는 것이 옳은 행동이라고 판단
- 판단의 근거에 공평성이 포함되지만 정의로움이나 형평성이 아닌 서로 이익을 주고받음으로서 상호 만족을 제공하므로 옳다고 판단하는 단계

■ 인습적 수준(conventional level) : 10~13세

- 도덕적 가치와 기준을 내면화하지만, 여전히 윗사람이 정한 기준이나 사회적 규칙 등 외적 기준에 준하여 판단
- 타인을 기쁘게 하거나 사회적 질서를 지키기 위해 도덕적 행동을 하는 단계 : 10세 이후에나 가능하며 대부분의 청소년과 다수의 성인이 여기에 속함

[3단계] 개인적 신의 또는 착한 아이 지향의 단계(interpersonal concordance or 'good boy-nice girl' orientation)

- 타인의 기대에 부응하거나 인정받기 위해 착한 아이로 행동
- 동기나 의도를 중요하게 생각하며, 신뢰나 배려, 충성심을 도덕적 판단의 기준으로 삼음

[4단계] 법과 질서 지향의 단계('law and order' orientation)

- 자신을 사회의 일원으로 생각하며, 사회적 기준에 따라 행동하고 평가
- 사회질서를 위해 법, 정의, 의무를 준수하는 것이 도덕적인 행동이라고 생각

■ 후인습적 수준(post-conventional level) : 형식적 조작기 이후

- 도덕적 가치의 내면화가 충분히 내면화된 도덕성발달의 최상위 수준
- 타인의 규범이나 법, 관습보다는 개인의 가치 기준에 우선하여 판단
- 도덕적 기준이 서로 상충할 수 있음을 인식하며, 권리나 정의에 근거하여 판단할 수 있는 수준
- 형식적 조작이 가능해지는 청년기에 이르러야 가능하며, 성인 중에서도 소수만이 이 수준에 도달할 수 있음

[5단계] 사회적 계약 및 개인적 윤리규범 지향의 단계(social-contract legalistic orientation: generally with utilitarian overtones)

- 법과 사회계약이 최대 다수의 최대 행복이라는 전제하에 만들어졌다는 것을 이해하고 모든 사람의 복지와 권리를 보호하기 위해 이를 준수하는 것이 도덕적이라고 생각
- 그러나 때로 법적 견해와 도덕적 견해가 서로 모순됨을 깨닫고 갈등함

[6단계] 보편적 윤리원칙 지향의 단계(universal ethical-principle orientation)

- 양심, 생명의 존엄성, 인간 평등성, 정의와 같은 보편 원리에 근거한 도덕성
- 법이나 사회계약이 도덕적인 것을 보편적 윤리 기준에 입각한 것이기 때문이라고 생각하므로 만일 이러한 원칙에 위배될 때에는 관습이나 법보다 보편원리에 따라 행동
- 법과 양심 사이에서 갈등을 느낄 때 자신의 결정이 개인적 위험을 가져오더라도 양심을 따름

그림 9-7 콜버그의 도덕성발달단계

(2) 도덕적 정서

도덕적 정서란 도덕적으로 적합하거나 적합하지 않은 행동에 대한 개인의 느낌 또는 감정을 의미한다. 도덕적 감정에는 주로 죄책감이나 수치심이 포함된다. 프로이트의 정신분석이론에 의하면 도덕성발달은 성격의 구성요소인 원초아, 자아, 초자아 가운데 초자아의 발현을 통해서 이루어진다. 초자아는 남근기에 발생하는 오이디푸스 콤플렉스를 해결하는 과정에서 아동이 동성의 부모와 동일시하게 되면서 부모의 행동이나 가치 기준을 내면화하면서 형성된다. 이렇게 내면화된 부모의 가치 기준과 외적 규범에 적응함과 동시에 위배되는 행동을 했을 때 죄책감을 느끼게 되므로 더욱더 사회적 규범에 순응하고 도덕성발달이 이루어진다는 것이다.

한편, 도덕성발달을 오이디푸스 콤플렉스의 극복으로 설명한 프로이트의 이론은 남녀 간 도덕성발달의 차이에 대한 불평등한 해석으로 비판받는다. 남성이 거세불안에 대한 두려움으로 초자아를 형성하는 반면, 여성은 거세불안을 경험하지 않으므로 도덕적인 측면에서 덜 엄격하게 발달한다고 해석될 수 있기 때문이다.

(3) 도덕적 행동

도덕적 행동이란 개인이 내재적 규칙에 따라 행동하는 것을 의미한다. 도덕적 행동을 중시하는 사회학습이론에 의하면 영유아는 자신의 도덕성과 관련된 행동의 결과에 의해 도덕성을 발달시킨다. 예를 들어, 거짓말을 하는 유아의 경우 거짓말을 할 때마다 벌을 받게 되면 벌 받을 때의 불쾌한 정서가 거짓말하는 행동과 연합될 것이다. 결과적으로 다시 거짓말을 하게 되는 상황이 주어졌을 때 유아는 벌에 대한 불쾌감이나 두려움을 연상하게 되고 이로 인해 거짓말하는 행동을 억제하게 된다는 것이다.

이와 같은 도덕적 행동의 발달과정에서 부모, 주변의 성인, 또래로부터의 강화와 처벌 및 모방은 중요한 요소로 작용한다. 특히, 바람직한 도덕적 행동을 자발적으로 실행하도록 하기 위해서는 부모나 교사와 같은 주요한 타인의 모델링이 중요한 매개체 역할을 한다. 영유아는 성인이나 또래가 보여 주는 나누기, 협동하기, 도움 주기와 같은 친사회적 행동을 관찰하고 모방한다.

도덕성, 성공적 인생의 열쇠

도덕성이 아동발달에 미치는 영향을 살펴본 한 실험 결과를 통해 아동기 도덕성발달의 중요성을 알 수 있다. 연구자들은 초등학생 13명을 초대하여 도덕성 지수를 평가한 후, 도덕성이 높은 그룹과 낮은 그룹으로 나누었다. 두 그룹에게 3가지 과제(탁구공 나르기, 눈 가리고 표적 맞추기, 검은 상자 속 퍼즐 맞추기)를 수행하도록 하고 규칙을 얼마나 잘 지키는지를 관찰했다. 이와 함께 자제력, 집중력, 인기도, 과잉행동, 공격성, 왕따 경험 등에 대한 정보를 수집했다.

그 결과 도덕성 지수가 낮은 그룹은 높은 그룹보다 과제 수행 시 규칙을 더 많이 어겼는데, 이는 도덕성이 도덕적 행동과 상관됨을 의미한다. 또한 도덕성 지수가 높은 그룹은 낮은 그룹보다 자제력과 통제력, 집중력이 더 우수하고 또래 간 인기도도 더 높았다. 반면, 과잉행동, 공격성, 왕따 가해 · 피해 경험에 있어서는 도덕성 지수가 낮은 그룹이 높은 그룹보다 더 높은 점수를 보였다.

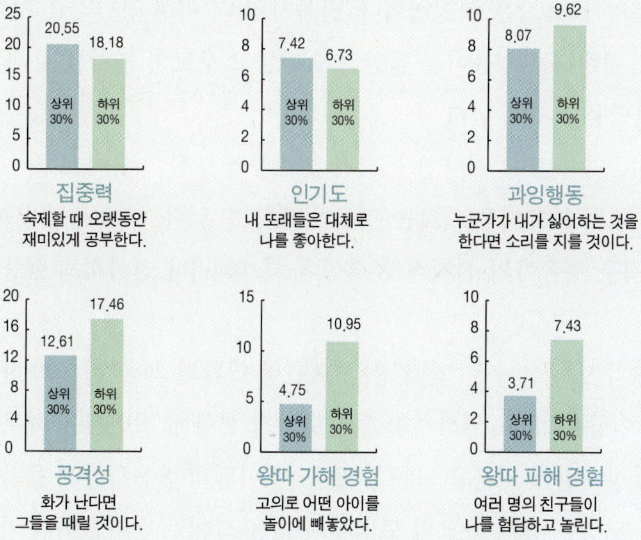

도덕성 지수가 높은 그룹과 낮은 그룹의 결과 비교

내 아이가 도덕성만을 고수하다가 경쟁에서 뒤쳐질까, 폭력적인 또래로부터 피해입지 않을까 고민될 때가 있다. 실험에서 나타난 바와 같이 도덕성은 결코 경쟁력을 약화시키거나 일상생활에서의 피해로 연결되지 않는다. 오히려 높은 도덕성은 인지적 성취도와 사회적 관계에서 성공으로 이끄는 경쟁력의 열쇠이다.

출처 : EBS(2009).

4) 도덕성발달에 영향을 미치는 요인

(1) 부모

부모는 자녀 양육방식을 통해 영유아의 도덕성발달에 직접적 영향을 미친다. 애정적이고 수용적인 양육태도는 자녀의 도덕성발달에 긍정적인 영향을 미치는 반면, 지나치게 엄격하고 통제적인 양육 태도는 부정적인 영향을 준다. 신뢰를 바탕으로 충분한 애정과 일관된 훈육 태도를 보일 때, 영유아의 초자아가 잘 내면화되고 도덕성이 발달한다.

특히, 영유아의 경우 잘못된 행동에 대한 부모의 훈육방식이 중요하다. 부모가 영유아 자신 및 타인에게 미치는 영향을 논리적으로 설명해 주는 것은 유아의 이해와 도덕성의 내면화를 도울 수 있다. 반면, '네가 이렇게 하면 나는 더 이상 너를 사랑하지 않을 거야'와 같은 애정철회나 '반복하면 더 이상 장난감을 사 주지 않을 거야'와 같은 권력행사는 영유아를 불안하게 만들고 부모의 눈치를 보게 하며 옳고 그름에 대한 판단을 흐리게 한다.

체벌이나 금지와 같은 지나친 통제적 훈육방식 또한 영유아로 하여금 잘못을 숨기게 하거나 내적 통제력을 기르는 것을 방해할 수 있다. 부모가 처벌적인 양육행동을 많이 할 경우 영유아의 신체적 공격성이 증가하거나 친사회적 행동이 감소할 수도 있다.

부모 자신의 도덕성 수준 및 훌륭한 모델링 역할의 제공 여부 또한 영유아의 도덕성발달에 영향을 준다. 일상생활에서 도덕적 상황에 직면했을 때 부모가 어떻게 대처하는지, 상대방이 기분을 나쁘게 했을 때 어떻게 반응하는지 등을 보면서 영유아는 관찰과 모방을 통해 부모의 도덕성 수준을 그대로 받아들이며 가치 수준을 내면화한다.

(2) 또래

또래와의 상호작용은 수평적이고 상호호혜적이라는 측면에서 부모와의 수직적이고 일방적인 상호작용과는 또 다른 영향을 미친다. 또래와의 다양한 상호작용은 자율적이고 융통성 있는 도덕성의 발달을 촉진시킨다. 영아기를 벗어나면서 또래와의 상호작용이 점차 증가하는데, 유아는 일상적인 놀이 활동을 통해 타인의 관점을 이해하고 존중하며 상호 동의가 있을 때 규칙을 변경할 수 있다는 것을 경험한다.

(3) 교사

부모 다음으로 영유아에게 모델링이 되는 인적 자원은 보육·교육기관의 교사이다. 교사는 스스로 다른 사람의 입장에서 이해하고 공감하는 도덕적 정서를 보여 주어야 하며, 하루 일과 중에서 도덕적인 행동을 솔선수범해야 한다. 도덕적 성향은 시간을 거쳐 발달하므로 교사는 일상적인 삶 속에서 일관성을 가지고 꾸준히 반복하여 지도함으로써 영유아가 도덕적 행동을 습관화할 수 있도록 도와주어야 한다. 영유아의 행동이 다른 사람에게 어떠한 느낌을 주고 영향을 미치는지에 대해 알려주며, 해서는 안 되는 이유를 설명해 주는 것이 필요하다. 인지 및 언어발달이 제한된 시기이므로 강압적이고 주입식으로 알려주는 것보다는 눈높이에 맞추어 설명해 주는 것이 바람직하다.

(4) 대중매체

영유아는 대중매체에 등장하는 다양한 주인공의 역할과 행동을 관찰하면서, 이를 통해 표출되는 도덕적 가치와 판단, 정서적 반응, 도덕적 행동을 학습한다. 특히, 또래 사이에 인기가 높거나 유행인 캐릭터의 행동을 즐기며 자연스럽게 받아들인다. 이를 통해 도덕적 행동에 대한 모방과 대리학습이 일어날 수 있다.

4. 성역할

1) 성역할의 개념

성역할gender role이란 여성과 남성에 대한 사회문화적 인습과 관련된 태도 및 행동을 말한다. 모든 사회는 여성 또는 남성에게 적합하다고 생각되는 특성을 규정하고 있으며 이는 다양한 문화와 시대에 따라 다르다. 개인이 자신이 속한 사회가 규정하는 성에 적합한 행동과 태도 및 가치관을 습득하는 과정을 성역할 사회화 또는 성유형화라고 한다. 영유아는 이 같은 성역할 사회화 과정 및 성유형화를 통해 성역할을 획득하고 성정체성을 갖게 된다.

성별은 인간을 분류하는 가장 기본적인 생물학적 범주인 동시에, 각 사회가 이에 따라 바람직한 성역할을 규정하고 있는 인습적 개념이기도 하다. 따라서 영유아기의 성역할개념발달은 성차에 대한 신체적 자아인식이나 사회적으로 바람직한 특성에 부합되는 자아존중감을 형성하는 데 있어서 중요한 역할을 한다. 유아는 성역할개념을 일찍부터 획득하기 시작하며, 조기에 획득한 성역할개념과 내용은 일생 동안 지속되는 경향이 있다.

2) 성역할발달에 대한 이론

(1) 생물학적 관점

생물학적 관점에 의하면 성역할발달은 남녀 간 유전학적, 해부학적, 호르몬의 차이에 기인한다. 남자의 성 염색체(XY)와 여성의 성 염색체(XX)는 해부학적 성차를 결정하며, 성호르몬의 차이는 이후 다양한 성 차이의 원인이 된다. 예를 들면, 출생 시부터 대개 남아는 여아보다 키가 더 크고 몸무게가 많이 나가며 근육량도 더 많다. 성장하면서 남자가 여자보다 체격과 근육질, 완력이 평균적으로 더 우세하며 이러한 생물학적 차이는 운동량과 활동성에 영향을 미칠 수 있다. 반면, 유전학적인 측면에서 본다면 여자가 남자보다 유리하다는 견해도 있다. 어떤 질병의 원인이 되는 유전자가 X염색체에 위치할 경우 여자는 다른 하나의 X염색체에 건강한 유전인자가 들어 있어 보완될 수 있으나, 남자는 결함 있는 유전자가 X든 Y든 다음 한쪽의 건강한 유전인자에 의해 보완될 가능성이 없다.

한편, 이와 같은 생물학적 차이에서 비롯된 성차는 타고난 유전학적 차이 그 자체뿐만 아니라 이로 인한 주 양육자나 다른 사람과의 상호작용에 기인할 수 있음을 간과해서는 안 된다. 예컨대, 남아의 높은 활동성과 거친 놀이는 교사의 주목을 자주 받게 되고 더 많이 제재되며 이는 자기주장과 공격성으로 연결될 수 있다. 또한 이와 함께 남아의 높은 활동성은 스스로 적극적인 활동을 선택하도록 함으로써 강화되기도 한다.

(2) 정신분석이론

프로이트의 정신분석이론에 의하면 인간은 성적인 본능을 타고나며 남자와 여자의 근원적인 차이는 심리성적발달의 5단계 중에서 제3단계인 남근기에서의 서로 다른 경험에 기인한다. 3~6세에 해당하는 이 시기에 남아는 오이디푸스 콤플렉스Oedipus complex를, 여아는 일렉트라 콤플렉스Elextra complex를 갖게 되며, 이를 해결하기 위한 수단으로 성역할 동일시를 경험하게 된다. 즉, 이성 부모에 대한 근친상간적 성적 욕망을 가지나 현실적으로 실현할 수 없음을 깨닫게 되면서, 동성 부모의 보복이 두려워 동일시하게 된다는 것이다.

프로이트의 관점에서는 남아의 성역할발달에 아버지의 존재와 성향이 중요한 영향을 미친다. 아버지가 부재하거나 남성적 모델로서 적절하지 않을 때, 또는 강한 동일시를 요구하지 않을 때 남아는 부적절한 성역할을 형성하거나 동성애적 증상을 보일 수 있다.

한편, 성역할발달에 대한 프로이트의 이론은 여아의 성역할발달을 설명함에 있어서 남아에 비해 상대적으로 설득력이 적다는 측면에서 비판을 받는다. 즉, 남아는 거세불안castration anxiety을 느끼게 되어 아버지와의 동일시에 대한 강한 필요성을 갖지만, 여아는 거세불안을 느낄 필요가 없으므로 동일시의 필요성에 대한 설명이 불충분하다.

(3) 사회학습이론

반두라Bandura나 미셸Mischel과 같은 사회학습이론가들은 성역할발달에서의 사회적 경험을 강조한다. 강화와 벌을 통한 직접학습과 모방과 관찰 같은 간접학습을 통해 성역할발달이 이루어진다고 본다. 대부분의 부모나 교사는 영유아가 성별에 적합한 놀이행동을 할 때 승인이나 격려와 같은 강화를 제공하며, 부적합한 놀이행동을 보일 때 무시하거나 다른 놀이를 제안하는 경향을 보인다. 예를 들어, 여아의 인형놀이는 지지되지만, 자동차나 총과 같은 남성적 놀이는 강화되지 않는다. 마찬가지로 남아가 인형놀이를 하거나 수다를 떠는 것을 격려하는 부모는 흔치 않다.

이와 같은 직접적인 학습 외에도 유아는 또래나 교사, 대중매체 속의 주인공 등이 성역할 관련 행동과 관련하여 주어지는 결과를 관찰하고 모방함으로써 간접적으로 성역할을 학습하고 발달시킨다. 여아는 요리하고 청소하는 어머니의 모습을 내면화하는 반면 남아는 컴퓨터로 작업하며 운동하러 나가는 아버지의 모습을 내면화하는 경향이 있다.

(4) 인지발달이론

콜버그와 같은 인지발달이론가는 자신의 성을 지각하는 성별 자아개념이 성역할발달의 핵심이라고 주장한다. 즉, 성별에 대한 인식이 먼저 생겨야 자신과 동일한 성의 행동을 모방·학습하고 동일시하면서 성역할을 발달시킨다는 것이다. 예컨대, 여아가 '나는 여자다'라는 인식을 갖게 되면 여성의 속성과 여성적인 역할에 관심을 가지게 된다. 결과적으로 적합한 여성 모델을 찾고 바람직한 행동 유형을 학습하며 모방함으로써 자신의 인지판단과 일치하는 가치, 흥미, 행동을 획득하게 된다는 것이다.

(5) 성도식이론

그림 9-8 샌드라 벰

벰Sandra Bem, 1944~2014의 성도식이론theory of gender-schema은 인지발달이론과 사회학습이론의 요소를 결합한 것이다(1981). 인지발달 수준과 사회문화적 영향으로 성유형화가 형성되며, 이러한 과정에서 성도식화gender schematization가 중요한 역할을 한다고 본다. 벰에 의하면 영유아는 어떤 물체나 행동 또는 역할이 어떤 성에 적합한 것인지에 대한 단순한 도식을 습득하게 된다. 또한 자신의 성정체감을 인지하면서 이에 적합한 도식에 대한 정보를 더 많이 받아들여 자신의 성도식을 구성하며 이와 일치하도록 행동하려고 노력한다. 인간은 외부의 정보가 자신의 태도와 일치하거나 많이 알고 있는 정보일수록 보다 잘 기억하고 선호하는 경향이 있다. 따라서 성도식이론의 관점에 의하면, 영유아는 자신의 성도식에 근거하여 선택적으로 기억하고 선호하는 과정을 통해 자신이 인지한 성과 부합되는 성역할발달을 이루게 된다. 일단 성도식이 발달하면 자신의 성도식에 맞지 않는 새로운 정보를 왜곡하거나 쉽게 받아들이지 않는 경향이 있다.

3) 영유아기 성개념의 발달

성에 대한 인식과 이해는 연령이 증가함에 따라 발달한다. 영유아의 성개념 concept about gender 발달은 성정체감, 성안정성, 성항상성의 개념을 획득하는 단계를 통해 이루어진다(Slaby & Frey, 1975).

(1) 1단계 : 성정체감의 발달

인간은 태어날 때부터 성별이 결정되지만, 자신이 여자 또는 남자라는 성정체성 gender identity은 출생 후 성장하면서 형성하게 된다. 2~3세경이 되면 자신이 남자인지 여자인지를 구별할 수 있다. 즉, 성이 신체나 외모와 같이 겉으로 드러나는 속성 중의 하나임을 인식하게 된다.

(2) 2단계 : 성안정성의 발달

4세경이 되면 유아는 성은 시간이 지나도 변하지 않는다는 것을 이해한다. 현재 여아는 앞으로도 여성이므로 자라서 엄마와 할머니가 될 것이며, 현재 남아는 남성이므로 아빠와 할아버지가 될 것이라는 성안정성 gender stability over time을 인지한다.

(3) 3단계 : 성항상성의 발달

6~7세경이 되면 아동은 상황이 변화해도 성은 변하지 않음을 이해한다. 남자가 긴 머리에 파마를 하고 화장을 했더라도 남자임에는 변함이 없으며 엄마처럼 치마를 입고 요리를 하더라고 여전히 남자라고 답할 수 있다. 성항상성 gender consistency across situations에 대한 이해는 아동기의 보존개념의 획득 및 가역적 사고와 관련이 있다. 대상의 외형이 달라지더라도 내재된 속성은 그대로 유지된다는 것을 알고 있

으며, 대상을 원래의 상태로 돌이켜 사고할 수 있는 가역적 사고가 가능하므로 성항상성을 가지게 된다.

4) 성역할 고정관념

(1) 성역할 고정관념의 개념

성역할 고정관념gender-role stereotype은 성에 따라 외모, 행동 양식, 말씨, 감정표현방식 등이 다르다고 규정하는 인식을 뜻한다. 특정한 행위나 특성이 남성 또는 여성에게 배타적으로 적합하다고 판단하는 것이다. 대개의 경우 각 문화권의 편견에 근거를 둔 편협하거나 잘못된 관념을 사용하여 여성과 남성의 특징을 규정하고 가치 평가하는 것을 의미한다.

(2) 성역할 고정관념의 발달

성역할 고정관념은 영유아가 자신의 생물학적인 성을 인식하고 성정체감을 획득하는 시기부터 나타날 수 있다. 2세 미만의 영아는 아직은 어떤 활동과 장난감이 성별에 따라 적합한 것인지를 구분하지 못한다. 3~4세경이 되면 유아는 성별에 따라 옷과 장신구, 소품, 장난감 등을 구분할 수 있게 되면서 성 고정관념에 대한 많은 것을 습득하게 된다. 이때부터 유아는 놀이친구를 선택할 때 동성을 선호하는 경향을 보이며, 5세가 되면 성 분리현상이 강해지고, 초등학교 시기가 되면 이성친구보다 동성친구와 보내는 시간이 훨씬 많아진다.

4세를 대상으로 한 연구 결과에 의하면, 남아는 경찰이나 의사를 선호하고 여아는 간호사나 선생님을 선호함으로써 직업에 대한 성역할 고정관념을 가지고 있는 것으로 나타났다(박선영, 2001). 또한 남아는 멋있고 힘이 세며 여아는 예쁘고 힘이 약하다고 인식하며, 여자색은 분홍이고 남자색은 파랑이라고 답하여, 이 시기의 유아가 직업뿐 아니라 장난감이나 물건, 성격 특성, 색 등에서 성역할 고정관념을 가지고 있음을 알 수 있다. 이와 같이 성역할 고정관념은 유아기부터 형성되기 시작한다. 따라서 성에 적합한 정체성을 확립하는 것은 필요하겠으나, 특정 성역할을 지나치게 강조하여 어려서부터 강한 성역할 고정관념을 가지는 것은 바람직하지 않으므

심리적 양성성

전통적인 성역할 모델은 남성성과 여성성을 단일 차원으로 간주하여 개인의 성역할을 배타적으로 구분한다. 즉, 남성성이 높으면 여성성이 낮고 여성성이 높으면 남성성이 낮다고 본다. 이에 벰(1981)은 남성성과 여성성의 두 가지 차원에 따른 성역할 지향 모형을 사용하여 심리적 양성성(psychological androgyny)이라는 새로운 개념을 제안하였다. 양성성을 뜻하는 androgyny는 그리스어에 어원을 두고 있는데, 남성을 일컫는 'andro'와 여성을 일컫는 'gyn'의 합성어이다. 즉, 양성성은 하나의 유기체 내에 남성적 특성과 여성적 특성이 함께 존재하는 것을 의미한다.

벰의 이론에 의하면 남성성과 여성성은 단일 차원의 양극이 아니라 두 개의 독립된 차원이다. 남성적 유형은 바람직한 남성적 고정관념 특성을 많이 가지고 있으며 여성적 고정관념 특성을 적게 가지고 있는 경우이다. 여성적 유형은 반대로 여성적 고정관념 특성을 많이 가지고 있으며 남성적 고정관념 특성을 적게 가진다. 여성적 · 남성적 고정관념 특성이 모두 높은 경우를 양성적 유형으로 보았으며, 두 가지 특성이 모두 낮은 경우를 미분화된 유형으로 보았다.

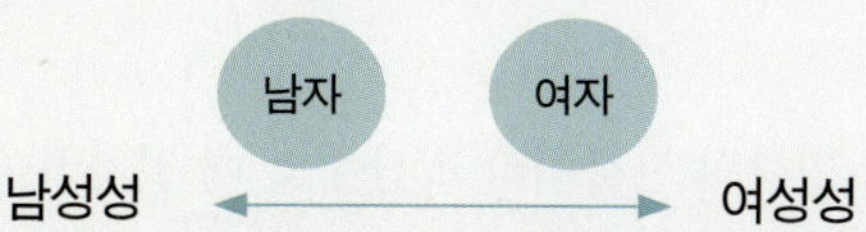

전통적인 성역할 모형

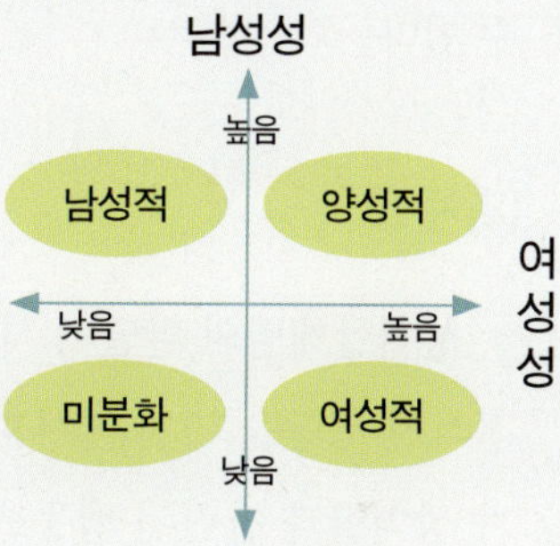

벰의 성역할 모형

전통적 성역할 모형과 벰의 성역할 모형

벰은 심리적 양성성이라는 새로운 개념이 전통적 성역할개념보다 더 기능적이라고 주장한다. 심리적 양성성이 발달된 개인은 남성적이면서도 여성적인 특성을 모두 가지고 있으므로 상황에 따라 다른 특성을 표출할 수 있다. 또한 성 고정관념적 사고에서 벗어나 유연하고 융통성 있게 행동할 수 있으므로, 자신이 지닌 다양한 능력을 더 잘 발휘할 수 있어 다원화된 현대사회에 더욱 잘 적응할 수 있다.

오늘날 한국사회에서는 남아 선호사상이 약화되었으며 한 자녀 가정이 증가하고 있다. 이와 함께 대다수의 젊은 부모들은 성차별 없이 자녀의 사회화를 지원하고자 노력한다. 생물학적인 성은 생식 이외의 영역에서 크게 의미 있지 않으므로, 이분적인 전통적 성역할 관점에서 벗어나 영유아의 양성성을 길러주는 상호작용이 바람직하다.

로 부모와 교사가 유의할 필요가 있다.

5) 성역할발달에 영향을 미치는 요인

(1) 생물학적 특성

성역할개념의 발달은 생물학적으로 타고난 특성에 의해 영향을 받는다. 남성과 여성은 생식체계의 해부학적 특성 및 성염색체와 성호르몬 수준에서 차이가 있으며 이는 영유아의 성역할개념발달에 일차적으로 영향을 미친다. 영유아기에는 골격이나 성징에 있어서 큰 차이가 나타나지 않으나, 대개의 경우 남아가 여아보다 몸무게가 많이 나가며 힘이 세고 더 활동적이다. 영유아는 이 같은 생물학적 요인에 기인한 성차를 경험하면서 남아와 여아에 대한 당연한 특성이라고 자연스럽게 인식할 수 있다.

(2) 부모

성역할개념의 발달이 사회문화적 영향의 산물이라고 간주할 때 일차적이고도 직접적인 영향을 미치는 사회적 요인은 가족 내 부모와의 상호작용이다. 부모는 자녀가 성역할과 관련된 행동을 보였을 때 일차적으로 강화자의 역할을 하며, 모델링의 대상이 되어 자녀의 성역할개념을 발달시킨다.

한편, 성역할에 대한 관념이 변화하고 현대사회에서 양성성이 강조되고 있다. 이에 부모 스스로가 바람직하지 않은 성고정관념을 가지고 있지 않은지, 또한 영유아가 부모로부터 성역할 고정관념을 습득하는지 살펴볼 필요가 있다. 대부분의 부모는 자녀가 태어나기 전부터 성별을 궁금해 하며, 성별에 따라 옷이나 환경 등을 차이 나게 제공하는 경향이 있다. 자녀에게 집안일을 시킬 때에도 여아에게는 정리나 화분 가꾸기와 같은 일을, 남아에게는 쓰레기 버리기나 물건 옮기기와 같은 일을 시킨다. 전통적인 가부장제인 한국사회에서는, 특히 아버지에 의해 성역할 고정관념이 강화된다. 아버지는 아들에게 엄격하고 비판적으로 대함으로써 도구적 역할의 성역할을 습득시키고 딸에게는 관대하고 애정적으로 대함으로써 표현적 성역할을 발달시키는 경향을 나타낸다.

(3) 형제

형제의 수, 출생 순위, 형제들과의 관계 등의 형제요인은 영유아의 성역할발달에 영향을 미친다. 일반적으로 동성의 형제가 있을 경우 같은 성의 형제끼리 놀이에 자주 참여함으로써 성에 적합한 행동을 빨리 습득하게 된다. 예컨대, 남자 형제가 있는 여아는 자매만 있는 경우보다 더 공격적이고 활달한 경향을 보인다. 또 다른 예로 아버지가 없는 남아의 경우, 남자 형제, 특히 손위 형제가 있을 때 남성성발달에 문제가 없는 것으로 나타나 형제가 성역할발달에 영향을 미치는 요인임을 알 수 있다.

그림 9-9 형제자매관계와 발달

(4) 보육 · 교육기관

영유아의 보육 · 교육기관에서의 경험은 성역할 지식 습득과 성역할 유형화에 영향을 미친다. 성역할개념발달에 미치는 또래의 영향은 특히 유아기에 두드러지게 나타난다. 4~5세가 되면 동성의 놀이집단이 자연스럽게 형성되면서 성유형화된 놀이 성향은 더욱 강해지는 경향을 보인다. 유아들은 성에 적합한 행동은 서로 보상하고, 부적합한 행동에 대하여는 비판하거나 의도적 망신을 주어 이 시기의 성정체성 발달과 성에 적합한 행동을 실행하는 기회를 제공한다.

또래집단만큼 강하지는 않으나 교사 또한 영유아의 성역할발달에 영향을 미친다. 영유아교사의 성비를 살펴보면 보호와 양육의 역할을 동시에 요구하므로 여성의 비율이 현격하게 높으며, 하루 일과 경험에서도 차분하고 정돈된 진행을 통해 여성적 특성이 강조될 수 있다. 이는 자칫하면 여성의 바람직한 역할에 대한 고정관념을 무의식중에 갖도록 하거나 남아의 성정체성발달에 혼란을 줄 수 있다. 따라서 교사는 영유아가 특정한 성과 무관하게 다양한 놀이에 골고루 참여하도록 안내하며 성고정관념이나 편견을 가지지 않도록 상호작용하는 것이 바람직하다.

(5) 대중매체

동화책이나 교재교구, TV, 비디오, 영화 등의 다양한 매체는 영유아의 성역할개념발달에 간접적이지만 지속적으로 영향을 미친다. 동화책에 나타난 성역할을 살펴보면, 여성은 대체로 가사 노동을 하는 모습으로 많이 묘사된 반면, 남성은 다양한 종류의 직업에 종사하는 것으로 자주 묘사된다(김아름, 2011). 또한 남성은 주로 문제해결력과 창의력을 보여 주는 역할로, 여성은 주로 사랑을 강조하며 정적인 역할로 묘사되는 경향이 두드러졌다(조한숙, 2002). TV 프로그램이나 비디오, 영화에서도 남성은 주로 활동적이고 중요한 역할을 맡는 한편 여성은 수동적이고 의존적이며 남성에게 봉사하고 도움을 받는 역할을 맡는 경향이 있다. 대중매체에서 곧잘 묘사되는 여성의 수동적이고 복종적 태도는 영유아의 성에 대한 인습적 개념으로 이어질 수 있다. 대중매체가 전통적인 성역할개념에서 벗어나 평등하고 양성적인 성역할개념을 묘사한다면 영유아의 바람직한 성역할개념발달에 도움이 될 수 있을 것이다. 또한 그림책이나 교수매체를 선정할 때 성역할 고정관념이 반영되어 있지 않은지 확인하여, 영유아가 양성성의 개념을 발달시킬 수 있도록 노력하는 것이 바람직하다.

생각해보기

친사회적 행동

이타성이란 타인의 행복을 위해 자신을 희생하고 배려하는 마음을 말하며, 친사회적 행동(pro-social behavior)이란 타인이나 집단의 이익이나 도움을 위해 이타성을 표출하는 자발적이고 긍정적인 행동을 뜻한다. 영유아기에 나타나는 친사회적 행동요소에는 관심 갖기, 감정이입하기, 나누기, 도와주기, 위로하기, 보살피기, 협조하기 등이 있다(조형숙 외, 2013). 이 같은 친사회적 행동은 자아존중감, 자기조절력, 도덕성의 발달 등과 밀접하게 관련 된다.

- **관심 갖기** 상대에게 자신의 생각과 마음을 집중하는 것
- **감정 이입하기** 상대의 생각과 감정에 공감하면서 반응을 보이는 것
- **나누기** 상대의 필요와 요구를 알고 자신이 가진 것을 주는 것
- **도와주기** 상대에게 필요한 도움을 알고 자신의 능력을 활용하여 도와주는 것
- **위로하기** 상대의 어렵고 힘든 상황을 이해하고 격려해 주는 것
- **보살피기** 상대의 필요를 알고 정성을 다해 상대를 돌보아 주는 것
- **협조하기** 어떤 목표를 위해 서로 마음과 힘을 하나로 모으는 것

이와 같은 친사회적 행동은 모든 인간에게 선천적으로 내재되었다고 볼 수 있다. 신생아도 옆의 아기가 울면 따라 우는 행동을 나타내며, 6개월 된 영아는 얼굴을 식별하게 되면 선택적으로 사회적 미소를 보인다. 또한 2세 이전의 영아도 또래가 넘어지거나 아파할 때 공감적 반응을 보이며, 사랑하는 엄마가 울 경우 눈물을 닦아주려고 시도한다. 그러나 친사회적 행동의 잠재력을 가지고 있더라도 이를 외현적 행동을 통해 실천하고 나아가 이타적 행동으로 발전시키기 위해서는 어려서부터 적절하게 학습해야 한다.

CHAPTER 10 이상발달

Chapter 10

인간의 발달은 생의 주기에 따라 주요하게 성취해야 할 발달과업들이 있다. 이러한 발달과업은 개인에 의해서만 결정되는 것이 아니라 그 개인이 속한 다양한 환경과 관계에서 영향을 받게 된다. 영유아를 둘러싼 주요 환경은 가정과 어린이집이나 유치원이 될 것이며 그 속에서 긴밀하게 맺게 되는 부모-자녀관계, 형제와 또래 및 교사와의 다양한 상호작용에서 영향을 주고받게 된다. 영유아가 속한 여러 맥락들은 영유아의 발달에 중요한 역할을 하며 영유아의 발달을 촉진하거나 또는 저해하는 요인이 될 수도 있다. 이 장에서는 영유아들이 성장하는 발달과정에서 어떠한 도전을 받게 되는지, 특별한 요구가 생긴 영유아들의 행동특징은 무엇인지에 대한 내용을 다루고자 한다. 본 장에서 사용하는 '영유아의 특별한 요구'는 정상발달의 상대적인 용어인 '이상발달'과 함께 통칭될 것이다.

1. 영유아기 이상발달의 진단

1) 이상발달의 정의

영유아의 발달을 이해한다는 것은 각 시기마다 영유아의 특정행동이 어떻게 변화할 것인지 예측할 수 있음을 포함한다. 영유아의 행동이 변화하는 시기를 결정할 수 있다는 것은 관찰한 영유아의 행동이 해당 연령에 적합한 것인지 아닌지를 판단할 수 있음을 의미하는 것이다. 예를 들면, 1세 영아가 소변을 가리지 못하는 것은 신체발달이 미숙하기 때문에 성숙과 함께 배변훈련의 과정을 경험하게 되면 적절하게 가릴 것임을 예측할 수 있다. 반면, 5세 유아가 매일 소변 실수를 하는 행동을 관찰하였다면 이 행동은 5세의 정상적인 발달행동으로 판단하지 않게 되고 해당 유아의 행동 원인을 찾게 될 것이다. 발달경로란 특정 행동의 순서와 타이밍을 말하는 것이며 시간 경과에 따라 드러나는 행동들 사이의 알려지거나 짐작되는 관계를 조명하게 된다(Loeber, 1991).

이상발달은 발달경로 중 예측할 수 있는 순서와 타이밍에 맞추어 나타나지 않는 경우에 해당된다. 김경희2007는 이상행동을 확인하고 진단하는 준거는 의학적 준거보다 유동적인 판단에 기초하고 있다는 점에 유의해야 한다고 보고 과잉 또는 부족, 규범을 어기는 것, 발달의 부적절성, 부적응의 4가지 관점을 고려하여 이상발달을 정의해야 한다고 보았다.

표 10-1 이상행동을 판단하는 4가지 관점

구분		내용
관점 1	과잉 또는 부족	대부분의 사람들이 비슷한 상황에서 보통의 행동과 확연히 다른 행동을 보일 때 이상이라고 판단할 수 있다.
관점 2	규범을 어기는 것	부모의 말을 듣지 않거나 말썽을 부리고 반항하는 것이 해당될 수 있다.
관점 3	발달의 부적절성	어린 영유아의 경우 떼를 쓸 수 있으나 보다 나이든 아동은 사회적으로 수용되는 방식으로 감정을 처리할 수 있는 것이 기대되는데, 이러한 기대에 못 미치는 것은 발달적으로 부적절한 것이다.
관점 4	부적응	어떤 행동이 정상적인 발달과정을 방해해서 해당 개인과 그 주위 사람들에게 심한 고통을 가져오는 경우에 이상으로 간주된다.

출처 : 김경희(2007).

영유아의 이상발달을 정의할 때 유의할 점은 이상행동을 기술하는 용어는 사람을 기술하는 용어가 아니라는 점이다. 이상행동이라는 것은 어떤 상황에서 일어날 수 있거나 일어날 수 없는 행동 양상을 기술하는 것이기 때문에 '지체아동' 또는 '자폐아동'과 같은 표현에서 드러나는 것처럼 사람과 장애를 동일시하는 실수를 범하지 않도록 조심해야 한다(Mash & Wolfe, 1999). 이 장에서는 이상발달이 있는 영유아의 경우 '특별한 요구가 있는 영유아'로 기술함으로써 영유아와 영유아의 이상행동을 동일시하지 않도록 유의하려고 한다.

영유아의 이상발달을 이해하기 위해서는 영유아의 정상발달을 이해하고 발달의 경로에 대한 지식을 우선적으로 가지고 있어야 한다. 따라서 취학 이전까지 영유아기의 정상적인 발달 특징과 발달과업, 일반적인 문제행동을 살펴보는 것이 중요하다. 일반적인 문제행동은 발달과정에서 나타날 수 있는 행동이며 부모나 교사의 적절한 지도를 통해 개선될 수 있으나 이러한 행동이 앞서 살펴본 4가지 관점

표 10-2 정상발달, 일반적 문제행동과 임상적 장애

대상연령	정상발달	일반적 문제행동	임상적 장애
0~2세	• 섭식 • 수면 • 애착	• 고집불통 • 떼를 씀 • 배변훈련의 문제	• 정신지체 • 섭식장애 • 자폐장애
2~5세	• 언어 • 배변훈련 • 자조기술 • 자기통제 • 또래관계	• 주의 끌기(다툼, 요구) • 불복종 • 공포 • 과활동 • 수면시간 무시	• 언어장애 • 아동학대와 아동방임에서 오는 문제들 • 공포증 • 불안장애
6~11세	• 학교기술과 규칙준수 • 규칙이 있는 게임하기 • 단순한 책임감	• 다툼 • 주의집중력 부족 • 자의식 • 자기과시	• ADHD • 학습장애 • 학교 거부 행동 • 품행장애
12~20세	• 정상적 이성관계 • 자기정체감 확립 • 가족으로부터 독립 • 강한 책임감	• 다툼 • 허풍	• 식욕부진증 • 대식증 • 비행 • 자살 시도 • 약물과 알코올 남용 • 정신분열증 • 우울증

출처 : 김경희(2007).

에서 이상행동으로 판단될 때 영유아 개인의 특별한 요구에 맞추어 치료적 접근을 해야 한다.

이상행동은 행동장애, 행동의 역기능, 행동문제, 심리적 문제, 부적응행동, 손상, 결함, 정신병리 등의 명칭으로 불리고 있다(김경희, 2007). 또한 영유아의 정신건강의 측면에서 영유아의 발달이상에 대한 정의를 내려볼 수 있다. 보스턴 아동정신병원에서 출간한 《영유아정신백과사전》에서는 정신건강을 인간의 정서적 · 행동적 · 사회적 측면에서의 안녕을 지칭하는 일반용어로 규정하고 있으며(정미라, 배소연, 이영미, 2006) 영유아의 정신건강과 대비되는 용어로 정신질환은 '기대되는 인지, 사회, 정서발달로부터의 심각한 일탈'로 정의하고 있다(U. S. Department of Health and Human Services, 1999).

2) 영유아의 이상발달 이해를 위한 맥락

영유아의 유전적 문제나 내분비체계의 이상, 태내기와 출생 후 발생한 뇌손상으로 인한 개인 내적인 요인 외에 영유아를 포함하는 환경적 맥락을 이해하기 위해서 브론펜브레너의 생태학적 모델을 살펴볼 수 있다(제1장 참조).

영유아의 행동은 가족과 지역사회를 포괄하는 문화적 가치가 있는 것이고 영유아의 행동에서 이상이라고 보는 것은 문화에 따라 변할 수도 있다(Lambert, Weisz, Knight, Desrosiers, Overly, & Thesiger, 1992). 아시아 국가 중 유교의 영향을 받은 문화권에서는 연장자에 대한 존경과 순응, 사회적 공손함이 영유아의 사회적 행동에서 중요한 가치가 되기 때문에 어른이 영유아를 혼낼 경우 고개를 숙이고 아무 말을 하지 않는 행동에 대해 이상한 행동으로 판단하지 않는다. 반면, 서구 문화권에서는 이러한 영유아의 행동은 어른에게 반항하고 적대적인 의도를 가지고 있는 것으로 여겨질 가능성이 있다.

영유아의 행동에 영향을 미치는 환경적인 주요 문제들은 다음과 같다(Mash & Wolfe, 1999).

- 주요 지지집단에 관한 문제 : 가족 성원의 죽음, 가족의 건강문제, 별거, 이혼, 불화로 인한 가족의 붕괴, 부모의 재혼, 성적 · 신체적 학대, 부모의 과보호, 부

적절한 훈육, 형제자매와의 불화, 동생의 태어남

- 사회적 환경과 관련된 문제 : 친구의 죽음이나 이별, 문화적 적응문제, 차별
- 경제문제 : 빈곤, 경제적 어려움, 충분치 않은 복지후생
- 그 외 환경적 문제 : 재난, 전쟁, 적대행위에 노출

영유아 개인에게 특별한 요구의 원인이 될 수 있는 다양한 맥락을 이해함으로써 영유아에게 가장 필요한 중재를 할 수 있을 것이다.

영유아의 발달을 전문적으로 평가하는 사람들은 교육현장에 있는 교사와 임상현장에 있는 치료자들에 의해 이루어진다. 부모들은 자녀의 발달에 대해서 주관적으로 평가하는 경향이 있으나 이를 보완할 수 있는 사회적 지원체계가 있다면 부모 양육과 영유아의 발달을 동시에 지원할 수 있게 된다. 국내에서는 보건복지부의 영유아 건강검진을 통해 6세 미만 의료급여수급권자 영유아를 대상으로 검진기관으로 지정된 인근병원과 의원 및 보건기관에서 2~3종의 건강교육과 발달 평가 및 상담을 제공받을 수 있도록 하고 있다(보건복지부, 2016). 부모가 체크한 문항으로 발달 평가를 하여 영유아의 이상발달을 진단받을 수 있도록 지원하고 있는 것이다.

국내의 어린이집이나 유치원에서도 영유아를 대상으로 교사의 관찰과 평가가 이루어지고 있지만 영유아의 이상발달을 진단하고 지원하기 위한 구체적인 지원체계

사례 10-1 특별한 요구가 있는 영유아의 부모 면담 사례

호윤이는 2세에 어린이집에 처음 입소하였다. 초기 적응기에 다른 영아들을 자주 물고 적응하는 과정도 길었으며 울음도 많았다. 표현하는 언어가 거의 없어서 부모와 면담을 하였으나 부모는 '말이 늦은 아이'로 생각하고 있었고 전혀 문제가 아니라고 생각하고 있었다. 물기 행동은 점차 사라지는 것처럼 보였으나 1년이 지나고 3세 유아반이 되자 학기 초에 다시 또래들을 무는 행동이 나타났다. 교사는 호윤이가 예민한 유아이기 때문에 3세반의 적응과정 중에 발생할 수 있는 행동이라고 판단하였다. 그런데 1학기가 지나가는 즈음 호윤이의 놀이행동을 보았을 때 여전히 혼자 놀이만 하고 있는 것을 관찰하였으며 언어도 표현 어휘가 거의 없다는 것을 발견하였다. 교사는 관찰 결과와 교육적 평가를 통하여 부모 면담을 통해 전문기관에 가서 호윤이가 검사를 받을 것을 권유하였다. 부모는 다음날 원장에게 교사가 호윤이를 잘못 평가하였다고 화를 냈으며 해당 교사에 대한 불만을 제기하였다.

는 없다. 훈련받은 교사가 영유아의 행동을 관찰하고 부모와의 면담을 통해 평가를 한다고 하더라도 정확한 진단을 위해서는 임상적으로 훈련받은 전문가의 진단이 필요하다. 교육적인 접근과 임상적 접근에서는 차이가 있을 수 있으며 영유아 개인의 특별한 요구에 맞추기 위해서는 교사 외에 임상적 전문가가 진단해야 하기 때문이다. 그러나 국내에서 이러한 진단을 받기 위해서는 부모가 영유아를 데리고 직접 전문기관에 의뢰해야 한다. 앞의 사례에서 보듯이 교사가 할 수 있는 관찰과 평가를 통해 영유아의 특별한 요구를 전달할 때 전문기관으로 갈지의 여부는 전적으로 부모에 의해 결정된다. 즉, 부모가 이를 수용하지 못한다면 영유아 개인의 특별한 요구를 지원받을 가능성은 없게 되는 것이다.

그럼에도 불구하고 교사는 영유아의 성장과 발달을 위해 영유아의 발달과정을 부모에게 알려줄 교육적인 의무와 책임이 있으며 관찰과 평가를 위한 전문적인 지식의 습득과 훈련을 연마해야 한다. 이를 통해 집단에서 교육적인 접근을 통하여 영유아의 행동을 지도할 수 있는 영역과 개별로 치료나 지도를 해야 하는 임상적 또는 상담적 영역을 구분할 수 있게 된다. 더 나아가서는 영유아의 정상발달 안에서 일어날 수 있는 행동에 대한 이해를 통해 교사의 생활지도전략을 영유아 개인에게 맞게 수정하도록 하고 발달경로에서 벗어난 경우로 판단될 경우 영유아 개인의 특별한 요구에 맞추어진 지원을 가능하게 도와줄 수 있다.

영유아발달에 대한 평가는 다음의 목표를 가지고 시행한다.

- 영유아의 발달은 정상적인 발달의 과정에 있는가?
- 영유아의 관찰된 이상행동의 원인은 무엇인가?
- 이상발달의 경우 이를 위한 치료를 어떻게 계획할 것인가?
- 치료를 하고 있다면 해당 치료가 효과적으로 작용하고 있는가?

첫 번째와 두 번째 목적은 영유아를 위한 교사와 임상 전문가가 모두 갖는 목표이지만 세 번째부터 네 번째까지의 목표는 임상이나 치료적 접근에서 필요한 목표이다. 영유아가 속한 기관의 교사가 임상이나 치료적 접근을 하는 것이 아니라 부모에게 동의를 구하여 이러한 지원을 받도록 하거나 부모가 직접 치료적 접근을 자녀와 함께 할 수 있도록 하는 것이 중요한 것이다. 이에 대해 정리해 보면 그림 10-1과 같다.

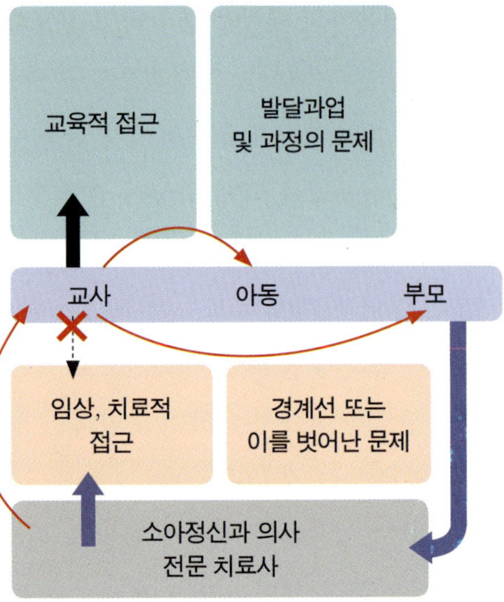

그림 10-1 교육적 접근과 임상, 치료적 접근의 구분

출처 : 김상림, 김송이, 양성은, 이윤선, 한준아, 김지현(2014).

영유아의 행동을 철저하고 신중하게 진단하고 평가하는 것에서 교육 또는 치료의 시작으로 출발할 수 있게 되는 것이다. 이러한 평가방법에는 발달검사가 있는데, 발달검사는 여러 심리검사 중의 하나이며 영유아의 발달과정에서 특별한 요구가 있는 영유아인지를 선별할 수 있다. 영유아의 개인적-사회적 기능, 적응기능, 운동기능, 의사소통기능, 인지기능을 평가할 수 있으며, 각 기능별로 구체적인 평가영역을 살펴보면 표 10-3과 다음과 같다.

표 10-3 발달 선별검사의 평가영역

개인적-사회적 영역	적응적 영역	운동영역	의사소통영역	인지적 영역
• 성인과의 상호작용 • 감정/정서표현 • 자기개념 • 또래와의 상호작용	• 주의집중 • 식사 • 옷 입기 • 대 · 소변	• 근육조절 • 신체협응 • 이동능력 • 소근육기능	• 수용적 의사소통 • 비언어적 의사소통 • 언어적 의사소통	• 지각식별 • 기억 • 추론과 학업기능 • 개념발달

출처 : Mash & Wolfe(1999).

2. 영유아기 이상발달의 유형

영유아가 정상적인 발달의 경로를 거치는 과정에는 형제나 또래와의 다툼, 부모나 교사의 주의를 끌기 위한 방해행동과 비순응적인 행동이 나타나거나 어떤 상황이나 대상에 대한 두려움 또는 불안감을 자주 표현할 수도 있다. 부모나 교사의 입장에서 영유아의 이러한 행동은 간혹 문제로 인식된다. 영유아와의 관계 형성에서 긍정적인 신뢰감을 기반으로 적절한 생활지도를 하여 더 이상 문제행동으로 진행되지 않는 경우도 있으나 어떤 행동들은 지도를 통해서 개선되지 않음을 발견하게 된다.

앞서 영유아기의 이상발달을 영유아의 정신건강과 대비되는 측면에서 '기대되는 인지 · 사회 · 정서발달로부터의 심각한 일탈'로 정의하였다(U. S. Department of Health and Human Services, 1999). 이와 같은 심각한 일탈을 임상적 장애로 진단하기 위해서는 다음의 조건이 충족되어야 한다(Bilmes & Welker, 2012).

- 증상은 자주 그리고 오랜 기간 지속된다.
- 증상이 하나 이상의 환경에서 나타난다.
- 증상이 심각한 고통이나 기능상의 손상 혹은 두 가지 모두를 야기한다.

이러한 조건에 부합되는 영유아의 행동은 부모나 교사의 생활지도나 교육적인 접근으로는 변화되기가 어렵기 때문에 영유아 개인의 특별한 요구에 맞추어진 치료적 접근이 필요하다.

1) 수면 · 섭식 · 배설장애

잘 자고 먹고 배변을 할 수 있다는 것은 영유아의 정신건강 이전에 신체건강을 위하여 중요한 습관이 된다. 먹고 자고 용변을 보는 것은 인간의 기본적인 생존 욕구와 연결되는 것이며 출생 직후부터 영아는 일상에서 수면, 섭식, 배변의 경험을 양육자와 함께 경험한다. 영아기에는 주로 양육자의 도움을 받아 수면과 섭식, 배변이 이루어지는데, 유아기가 되면 이 3가지를 모두 스스로 잘 하기를 기대한다. 이러한 기대는 문화권에 따라 더 이른 연령에 자율적으로 하기를 바라거나 그렇지 않을 수 있으나 양육자가 영유아의 발달에 맞는 적절한 기준을 갖고 도움을 주거나 스스

표 10-4 수면 · 섭식 · 배설장애 증상

수면장애	섭식장애	배설장애
• 잠들기 어려움 • 혼자서 잘 수 없음 • 밤중에 일어나 자주 부모의 침대로 감 • 악몽 • 야경증 • 몽유병	• 성장에 충분한 음식을 먹지 않음 • 몸무게 감소 • 음식에의 흥미 결여 • 식사시간에 격한 감정표현 • 음식에 매우 까다로움	• 부적절한 장소나 시간에 대 · 소변 실수(대변은 최소 4세, 소변은 최소 5세인 경우)

출처 : Bilmes & Welker(2012).

로 하도로 격려하는 것은 수면, 섭식, 배설에서 영유아가 긍정적인 습관을 형성하도록 도울 수 있다.

영유아가 일반적으로 기대되는 수준의 수면, 섭식, 배설을 조절하지 못하는 경우 다음의 증상에 해당되는지 관찰해야 한다.

(1) 수면

수면장애는 영유아기 발달 초기에 나타나지만 사춘기 전후로는 대부분 사라진다(김경희, 2007). 자녀가 수면문제로 어려움을 경험하는 과정은 부모도 잠을 자지 못하는 문제로 연결되기 때문에 교사보다는 부모의 보고를 통해 인식되는 경우가 많다. 영유아의 정신건강실태를 알기 위해 광명시의 4~6세까지 유아 211명의 부모를 대상으로 자녀의 수면문제에 대한 어려움을 조사했을 때 전반적으로 '한 달에 1~2번'에 가까운 수면문제가 있다고 보고하였으며 잠들기까지의 걸리는 시간은 15~30분이 107명51.0%으로 가장 많았고 30분 이상은 15명7.7%으로 나타났다(한국건강증진재단, 2012).

영유아들이 겪는 수면장애는 잠드는 과정에서 어려움을 겪거나 수면 중에 심하게 놀라거나 수면 중 걸어다니는 행동으로 분류하여 살펴볼 수 있다.

영유아의 악몽과 수면 경악은 구분이 된다. 수면 경악은 환상이 없으며 부모를 인식하거나 부모를 통해 위안을 느끼지 못하는 반면 악몽은 꿈을 생생하게 기억하고 부모를 통해 안정감을 느끼는 점이 차이점이라고 볼 수 있다(Blum & Carey, 1996).

표 10-5 영유아기 수면장애의 유형

구분	내용
수면 중 경악장애	영유아는 밤마다 두려움으로 비명을 지르며 일어난다. 몸이 땀으로 젖어 있고 심장이 두근거리고 있다. 영유아는 일어나 있지만 실제로 잠에서 깨어난 것은 아니다.
악몽장애	안전과 생존을 위협하는 악몽 때문에 깨어난다. 악몽에서 깨어난 후 경계를 하면서 마음을 진정시켜주는 활동으로 안정을 찾는다.
수면 중 보행장애	밤에 일어나 침대에서 내려와 주위를 걸어 다닌다. 일어나 있지만 실제는 수면 중이다. 간혹 누군가에게 반응하기도 하지만 다음 날 아침에는 그 사건을 기억하지 못한다.
수면 곤란장애	영유아가 잠들기 매우 어렵거나 자다가 자주 깨는 경우를 포함한다. 먼저 잠들기 어려운 영유아는 누군가 자기 옆에 있어 주기를 자주 요구한다. 방에 아무도 없으면 잠이 들기까지 몇 번이나 반복해서 누군가를 부른다. 영유아가 이러한 장애로 진단되기 위해서는 최소한 4주 동안 1주일에 5일은 밤마다 이러한 문제가 일어나야 한다.

출처 : Bilmes & Welker(2012).

수면 중 경악장애, 악몽장애, 수면 중 보행장애에 공통적으로 해당되는 치료방법은 영유아가 피로와 스트레스를 느끼지 않도록 하는 것이며(Mash & Wolfe, 1999) 가정에서 잠드는 과정과 수면 중에 발생하는 행동이므로 부모가 곁에서 해야 할 역할이 가장 중요하다고 볼 수 있다.

표 10-6 수면장애 중재를 위한 부모지침

수면 중 경악
영유아를 깨우려 하지 말고 영유아가 안전한지를 살펴본다. 수면 중 경악은 수면 부족과 관련될 수 있기 때문에 영유아를 깨우면 더 심하게 움직이고 방향을 잡지 못한다. 이러한 사건들은 부모를 당황하게 만들 수 있지만 영유아는 보통 5분 내에 다시 잠들고 이 일에 대해서는 이후 기억하지 못한다. 수면 중 경악은 보통 영유아가 잠들고 난 후 1~3시간 후에 발생한다.
수면 중 보행
수명 중 경악처럼 영유아를 깨우려고 시도하지 않는다. 단지 부드러운 태도로 영유아가 침대에 들어가도록 안내한다. 수면 중 보행은 영유아에게 위험할 수 있기 때문에 상해의 예방이 필수적이다. 부모는 창문이나 문을 잠그는 것을 잊지 말아야 하고 영유아의 방이 1층이 아니라면 층계 입구에 문을 설치하도록 한다. 또한 영유아가 방 밖으로 나갈 때 이를 알릴 수 있는 알림장치를 마련한다. 종이나 소리가 나는 고안장치를 영유아의 방문에 설치하는 것도 좋은 방법이다. 영유아가 충분히 잘 수 있도록 스트레스를 줄여주는 것이 중요하다.
악몽
악몽을 꾸었을 때 영유아를 편안하게 해준다. 영유아가 악몽을 대해 이야기를 하고 싶어하면 잘 들어주되 억지로 이야기하도록 강요하지는 않는다. 대부분 부모가 함께 있으면 안정감을 느끼고 다시 잠이 든다.

출처 : Gimpel, Peacock, & Holland(2003).

표 10-6은 영유아가 수면 중 경악, 보행을 나타내거나 악몽을 반복하여 꿀 경우 부모가 해야 할 일에 대한 지침이다.

수면장애는 영유아의 수면 욕구에 맞추어 부모가 일관되게 지도하도록 하는 것이 중요하다. 잠자기 직전까지 영유아가 과도하게 동적인 활동을 하게 하거나 자극적인 대중매체나 게임에 노출되게 하는 것, 잠자는 수면환경이 편안하지 않게 조성되어 있는 것밝은 불, 소음이나 시끄러운 대화 등 등은 영유아가 수면 중 방해를 받는 요인이 되거나 잠들기를 거부하는 환경이 될 수 있다. 악몽의 경우 증상이 더 심해지고 악화되면 취침에 대한 공포와 불안장애로 이어질 수 있으므로 원인 파악과 이에 대한 대처를 마련한다.

(2) 섭식

UN의 새천년 개발 목표 중 기아 퇴치 분야의 자료에 따르면 전 세계적으로 5세 미만 영유아 6명 중 1명은 저체중이며 4명 중 1명은 발육부진이라고 한다(이종현, 김경수, 김정태, 2013). 반면, 지구의 다른 한편에서는 먹을 것이 있음에도 영유아가 먹지 않는 문제로 부모가 여러움을 겪는 문제가 발생한다. 출생 후 수유와 이유의 과정에서 까다로움을 보였던 영아는 유아기가 되어서도 잘 먹지 않고 편식이 유지되거나 더 심해지는 경향이 있다.

부모가 영유아의 식습관발달에 대한 적절한 기대 수준을 갖지 못할 경우 또한 식사 지도에서 이루어지는 상호작용이 영유아에게 적절하지 않을 때 위와 같은 사례

사례 10-2 식습관과 관련된 부모 면담 사례

4세 유아반의 김교사는 경력 4년차의 교사이다. 최근 김교사는 간식과 점심시간에 준희라는 여자 아이를 지도하기가 가장 어렵다. 편식이 무척 심하여 점심의 밥과 반찬은 거의 먹지 않고 오후 간식 때 자신이 좋아하는 빵이 나오면 많이 먹지만 과일이나 채소 등이 들어 있는 간식은 전혀 먹지 않기 때문이다. 어머니와 면담을 하자 집에서는 먹이기가 더욱 힘들어 교사가 먹여주기를 당부하는 것으로 면담을 끝냈다. 김교사는 앞으로 자신이 무엇을 어떻게 해야 할지 난감하기만 하였다.

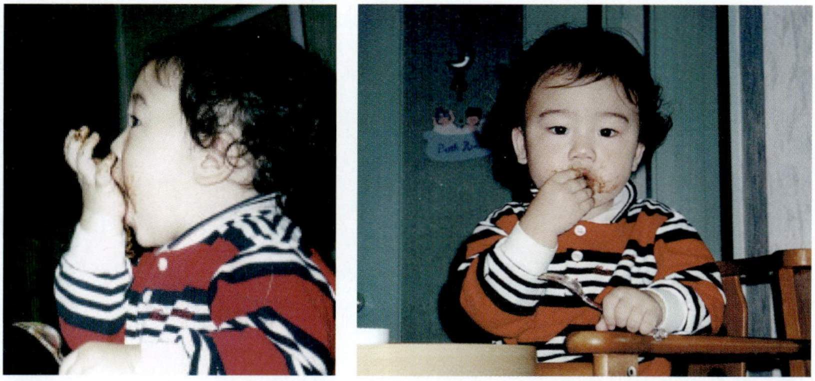

그림 10-2 2세 미만의 영아가 음식을 손으로 탐색하여 먹고 흘리는 것은 자연스러운 식습관 형성의 과정이다.

가 발생할 수 있다. 부모가 적절한 기대 수준을 갖도록 하기 위해서는 어린 영아기에는 음식을 손으로 탐색하는 행동을 반복적으로 하고 청결하게 먹는 것도 어렵다는 것을 이해할 수 있도록 부모 면담이나 교육을 통해 지도를 해야 한다. 부모가 식사시간을 단축하기 위해 영유아가 좋아하는 것고기류, 가공류, 소스류 등으로만 빨리 먹이거나 부모가 전적으로 도움을 주어 입에 넣어 먹여 주는 것은 결국 영유아 스스로 음식을 잘 먹는 것을 방해하는 행동임을 알려주는 것이 중요하다.

영유아가 스스로 잘 먹도록 하기 위해서는 다음의 내용을 안내한다.

- 하루 일과에서 규칙적으로 허기를 느낄 수 있는 시간의 조절이 필요하다. 영유아가 있는 어린이집이나 유치원 등의 단체생활을 하는 기관의 경우 규칙적인 간식과 식사시간이 계획되어 있으나 가정에서 아침과 저녁을 부모의 요구 중심으로 불규칙하게 제공하면 영유아는 섭식에 문제가 생길 수 있다.
- 영유아가 많이 움직이지 않고 정적인 활동예 : 앉아서 놀기, TV나 게임하기에만 참여하기를 기대한다면 영유아는 허기를 느끼지 않을 때 식사를 할 것을 요구받기 쉽다. 따라서 신체 움직임이 많은 활동에 적극적으로 참여시키기를 통해 영유아가 배가 고파 잘 먹을 수 있도록 지도하는 것이 중요함을 강조한다.

다음은 영유아가 특정음식에 대한 강한 거부를 나타낼 경우 도와줄 수 있는 지침이다.

- 영유아가 거부하는 음식의 형태, 색깔, 재료에 대해 관찰하고 이를 변화할 수 있는 조리방법이나 제공방법을 바꾸어 보는 것이다. 예를 들면, 죽이나 으깬 감자, 호박을 공통적으로 거부하는 영유아는 보다 딱딱한 재료로 다시 제공해 본다.
- 영유아가 조금이라도 먹어 본 것에 대해 격려하고"전혀 먹어 보지 않았던 감자를 오늘 먹었구나", "어제보다는 오늘 더 많이 먹었구나" 영유아가 거부하는 재료로만 식단을 구성하지 않도록 유의한다.
- 영유아가 한 번에 모든 것을 다 먹는 것을 기대하는 말"다 먹자", "남기지 말자"을 사용하지 않고 대신 영유아가 선택할 수 있는 방법"김치를 세 번 먹을까? 네 번 먹을까?"을 제안하도록 한다.

또한 먹는 것을 중심으로 부모나 교사가 영유아와 불필요하게 힘겨루기를 하지 않도록 해야 한다. 영유아가 무엇인가를 모두 먹고 나면 장난감을 사준다거나 영유아가 좋아하는 특별한 무엇인가를 하게 하는 방법은 오히려 영유아가 먹는 것을 가지고 부모를 조절하는 강력한 힘을 주게 되는 과정임을 알려주어야 한다.

부모가 식습관 지도를 개선하지 않는다면 영아기부터 영유아기까지 지속되어 왔던 부적절한 지도는 변하지 않기 때문에 기관에서 교사가 어떠한 노력을 해도 영유아의 행동이 개선되기는 매우 어렵다.

대부분 영유아가 경험하게 되는 식사와 관련된 어려움은 가정에서 적절한 부모의 지도와 바른 식습관 환경, 기관과 가정 연계로 인한 식습관 지도의 활성화 등으로 개선이 된다. 개선이 되지 않을 경우 영유아기 먹는 것의 문제가 심리적인 섭식장애로 이해되기 위해서는 다음의 내용을 확인해야 한다.

- 위장이나 구강에서 의학적 질환의 문제가 있는가?
- 해당 문제는 1개월 이상 지속되고 있는가?
- 해당 연령의 기대되는 정상체중에서 미달되었는가?
- 이 문제로 인해 영유아의 영양과 건강에 위험한 영향이 보이는가?
- 18개월 이상의 연령임에도 음식이 아닌 것들을 반복적으로 먹는가?

이식증은 1세 영아들이 입에 무엇인가를 넣어 탐색하는 것과는 구별되어야 한다. 3세 이상의 유아가 되었는데도 음식이 아닌 것예 : 플라스틱, 머리카락, 낙엽, 모래나 흙 등을 한 달 이상 먹는다면 이식증 진단을 고려할 수 있다. 정신지체나 자폐장애와 관련지을 수도 있는데, 이러한 가능성을 판단하기 위해서는 전문적인 진단을 받아야 한다. 이식증의 경우 영유아의 생명과 건강에 치명적일 수 있기 때문에 관찰되는 경우 반드시 중재되어야 한다.

(3) 배변

영유아가 배변훈련을 완성하기 위해서는 먹는 것, 자는 것에 비해 더 많은 전제 조건이 필요하다. 배변훈련과 관련된 전제조건은 배변의 욕구를 참고 의사표현을 하는 것, 배변장소까지 이동을 혼자 할 수 있는 것, 옷을 혼자 벗는 것, 배변 후 잘 닦는 것, 물을 내리는 것 등이 포함된다.

방광과 괄약근을 조절하고 밤 사이 소변을 참을 수 있으며 소변을 볼 때 방광을 완전히 비우고 소변을 보고 싶다는 자각을 하는 신체적 성숙은 3세경이 되어야 가능하다. 이러한 생리적인 준비 외에도 화장실로 걸어가고 옷을 벗고 입는 것, 변기에 앉는 것과 같은 운동성 이동능력도 갖추어야 하는 것이다(Howe & Walker, 1992 ; Kuhn, Marcus, & Pitner, 1999). 가정에서는 영유아가 이러한 능력이 준비되는 것과 함께 배변훈련과정을 거칠 수 있도록 해야 한다. 국내 어린이집의 경우 2세 영아기부터 3세가 될 때까지 가정과 연계하여 배변을 성공적으로 조절할 수 있도록 보육 프로그램 내에 배변훈련 프로그램을 계획하여 실행한다.

배변훈련과정을 잘 습득한 영유아는 일반적으로 배변에 대한 의사표현을 하고 스스로 화장실에 가서 배변을 할 수 있다. 영유아기 배변훈련의 완성 연령은 대변은 최소 4세, 소변은 최소 5세까지로 기대한다. 해당 연령은 만 나이로 국내에서 사용하는 세는 나이와 구분된다. 배변장애의 경우 영유아가 부적절한 장소나 시간에 대 · 소변 실수를 하는 것을 의미하는데, 미국정신의학회American Psychiatric Association : APA에서 개발한 정신장애 진단 및 통계 편람Diagnostic and Statistical Manual of Mental Disorders : DISM의 최근 분류인 DSM-5에서는 영유아기 배설장애를 유뇨증과 유분증으로 구분하여 표 10-7과 같이 진단 기준을 제시하고 있다.

표 10-7 DSM-5 정신질환의 진단 및 통계 편람

구분	내용
유뇨증	• 침구 또는 옷에 불수의적이든 의도적이든 반복적으로 소변을 본다. • 이러한 행동은 임상적으로 확연하게 나타나며, 적어도 연속된 3개월 동안 주 2회 이상의 빈도로 일어나고, 사회적, 학업적(직업적) 또는 다른 중요한 기능영역에서 임상적으로 현저한 고통이나 손상을 초래한다. • 생활연령이 적어도 5세 이상이다(또는 이와 동일한 발달 수준에 있음). • 이러한 행동은 물질(예 : 이뇨제, 항정신병 치료약물)의 생리적 효과나 다른 의학적 상태(예 : 당뇨, 척수이분증, 발작장애)로 인한 것이 아니다. • 다음 중 하나를 명시할 것 – 야간형 단독 : 야간 수면 시에만 소변 배출 – 주간형 단독 : 깨어 있는 시간 동안에 소변 배출 – 주 · 야간형 복합 : 앞의 2가지 아형의 혼합형
유분증	• 부적절한 장소(예 : 옷, 바닥)에 불수의적이든 의도적이든 반복적으로 변을 본다. • 이러한 상황이 적어도 3개월 동안에 월 1회 이상 나타난다. • 생활연령이 적어도 4세 이상이다(또는 이와 동일한 발달 수준에 있음). • 이러한 행동은 물질(예 : 완화제)의 생리적 효과나 변비를 일으키는 기전을 제외한 다른 의학적 상태로 인한 것이 아니다. • 다음 중 하나를 명시할 것 – 변비 및 범람 변실금을 동반하는 경우 : 신체 검진이나 병력상 변비의 증거가 있다. – 변비 및 범람 변실금을 동반하지 않는 경우 : 신체 검진이나 병력상 변비의 증거가 없다.

출처 : APA(2015).

유뇨증의 경우 유전일 가능성이 높은데, 부모가 유뇨증일 경우 이 부모의 자녀는 77%가 유뇨증일 가능성이 있다. 쌍생아를 대상으로 한 연구에서도 유전을 원인으로 설명할 수 있는데, 일란성 쌍생아일 경우에는 유뇨증이 일치할 비율이 68%였고 이란성 쌍생아일 경우에는 36%인 것으로 나타났다(Bakwin, 1973).

배변을 잘 조절하던 영유아가 외상 후 스트레스나 동생이 태어남과 같은 큰 사건을 경험하면서 유뇨증을 나타낼 수 있다. 따라서 영유아를 포함한 전반적인 맥락을 구체적으로 살펴보고 진단을 받을 수 있도록 해야 한다.

야뇨 경보기는 잠옷에 부착시키도록 고안된 장치이며 속옷이 소변에 젖게 되면 내장된 작은 감지기를 통해 배터리로 작동하는 벨경보기이 울림으로써 소변을 볼 수 있도록 한다. 이 장치의 치료성공률은 다른 치료에 비해 높아서 40~70%이고, 재발률은 20~30% 정도가 된다. 일단 치료에 성공하면 매우 효과적이며 재발률도 적으나 실제 시행하기가 번거롭고, 치료 결과가 나타나기까지 4개월 이상 시간이 걸리는 단점이 있어 부모나 유아들이 이 장치의 사용을 꺼리는 경우가 많다. 또한 적절한 약물요법을 영유아의 상황에 맞게 병행할 수 있는데, 부모들의 사전교육을 통해 적극적인 치료 의지를 갖도록 하는 것이 무엇보다 중요하다(Park, 2002).

유분증이 있는 유아는 만성변비를 가지고 있는데(Gimpel, Peacock, & Holland, 2003), 지나치게 빠른 배변훈련의 시작18개월 이전에 배변훈련을 시작하는 것이 유분증과 관련이 있다는 보고도 있다(Kim, Yun, & Jang, 2009). 김경희(2003)는 어머니와 자녀 관계에서 유분증의 원인을 설명하는데, 영유아는 어머니의 사랑을 얻기 위해 자신의 고유한 선물대변을 선사하고 야단을 맞게 됨에도 영유아는 이것을 사랑의 표현으로 받아들인다고 본다.

변비나 대변실금이 없고 의도적으로 눈에 띄는 장소에 대변을 누는 행동은 영유아의 반항행동장애나 품행장애와 관련될 수 있다고 보기도 한다(Mash & Wolfe, 1999). 이러한 경우 유분증의 원인이 되는 더 많은 맥락을 찾아야 한다.

유분증 치료를 위해서는 약물치료와 행동 중재를 위한 배변 강화 훈련 프로그램이 효과적인 것으로 나타났다(김정은, 정순섭, 박웅채, 2002).

2) 불안장애

영유아뿐만 아니라 어른도 개나 뱀, 나방과 같은 특정 곤충에 대해 두려움을 갖는 경우가 있다. 현실 세계에서 해당 대상을 보고 일시적으로 놀라거나 두려움을 갖는 등 혐오감이나 무서움을 표현하는 것은 정상적인 행동으로 판단된다.

불안과 공포는 유사해 보이나 구분이 되는 정서 반응이다. 공포는 현재의 위험에 대한 현재 지향적인present-oriented 정서 반응이기 때문에 교감신경계에서 모든 것이 가동되며 공포를 느끼는 상황에서 강하게 탈출하려는 경향이 있다. 반면, 불안은 앞으로 다가올 사건에 대한 통제 부족과 염려를 수반하는 미래 지향적인future-oriented 감정상태이다. 공포와 달리 불안은 현실적인 위험이 없음에도 자주 느끼게 된다(Barlow, 1988).

영아기부터 유아기까지 일반적으로 느끼는 공포와 불안을 살펴보면 표 10-8과 같다.

표 10-8 출생부터 6세까지 정상적인 공포의 요인

구분	내용
0~6개월	지지의 상실, 큰 소음, 빨리 움직이는 물체와 같은 돌발적인 사건들
7~12개월	낯선 사람, 갑작스러운 대상들, 익숙한 성인과의 분리
1세	부모와 분리, 상처, 화장실 문제, 낯선 사람
2세	큰 소음, 동물, 어두운 방, 부모와 분리, 큰 물건 또는 기계, 개인적인 환경 변화
3세	가면, 어두움, 도움, 부모와의 분리
4세	부모와의 분리, 어두움, 소음
5세	동물, '나쁜' 사람들, 어두움, 부모와의 분리, 신체 상처, 유령, 괴물과 같은 공상적인 창조물
6세	유령이나 마녀와 같은 초자연적인 것, 상처, 천둥과 번개, 어두움, 혼자 자는 것, 부모와의 분리

출처 : 김경희(2007) ; Klein & Last(1989).

영아기부터 유아기까지 정상적으로 갖는 공포 중 공통으로 포함된 요인은 부모로 대표되는 익숙한 양육자와의 분리임을 알 수 있다. 어린이집에 오게 되는 경우 많은 영아들이 분리불안을 경험하게 된다. 적응 프로그램을 거쳐 집단보육에 적응하는 영아가 있을 수 있으나 분리불안이 심해질 경우 집단보육에 적응하지 못하는 영아들도 있다. 유아기가 되어 3세에 처음으로 어린이집이나 유치원을 가게 되는 경우, 초등학교에 입학할 때도 이러한 분리불안은 나타날 수 있다. 영유아들이 집 또는 애착대상과 떨어졌을 때 불안감을 느끼고 표현하는 것은 정상적이다.

분리불안장애의 여부는 이러한 정상적인 불안이 아니라 불안 수준의 정도와 증상에 따라 결정된다. 분리불안장애 진단을 받기 위해서는 이 중 3가지 이상의 증상을 보여야 한다(Bilmes & Welker, 2012).

- 집을 떠나거나 다른 사람에게 맡겨질 때 자주 완강하게 저항한다. 이러한 행동은 부모와 분리가 일어나기도 전에 발생할 수 있다.
- 부모가 떠날 때 영유아는 교사를 때리고 공격하기도 한다. 머리를 찧거나 팔을 깨무는 것과 같은 자해행동을 할 수도 있다.
- 자신의 생활에서 부모가 사라질까봐 많은 걱정을 한다. 부모가 기관으로 자신을 데려오는 것을 잊어버리거나 부모가 납치되어 다시는 볼 수 없게 될 것이라는 걱정을 한다.

- 기관에 가지 않고 부모 옆에 남아 있기 위해 저항한다. 밖으로 나갈 준비를 하는 것에 저항하여 울거나 숨거나 버둥거린다.
- 부모를 시야에 붙잡아 두기 위해 고군분투한다. 분리되지 않으려고 끊임없이 집 주변에서 부모를 따라 다닌다. 집을 벗어나면 부모의 다리나 손에 매달리기도 한다.
- 부모가 방에 없으면 깊이 잠들지 못한다.
- 부모로부터 분리되는 악몽이나 무서운 꿈을 자주 꾼다.
- 부모가 떠날 때 구토를 하거나 매우 심한 딸꾹질을 하기도 한다. 머리나 배가 아프다고 하거나 구토를 할 것 같다고 말한다.

영유아의 분리불안장애는 부모와 영유아 간의 애착상태를 점검하며 영유아 개인뿐만 아니라 부모가 함께 치료에 참여하도록 하여 영유아와 부모의 애착을 강화하는 것에 주안점을 두게 된다. 영유아의 불안을 중재하는 것은 부모의 참여가 중요함을 강조하며 영유아가 두려움의 대상이 되는 것에 점진적으로 노출시키도록 하는 '체계적 둔감법'과 영유아의 부정적인 생각을 '긍정적인 말로 바꾸기', 자녀에게 적절한 상호작용을 보여 주는 '모델링'과 같은 방법을 강조하고 있다(Gimpel, Peacock & Holland, 2003). 개에 대해 두려움이 있는 영유아라면 앞서 제시한 3가지 기법을 표 10-9의 예처럼 적용할 수 있다.

표 10-9 부모가 참여하는 불안중재기법 적용의 예

기법	예
체계적 둔감법	개의 그림 보기 → 개를 관찰하기 → 개와 함께 있어 보기 → 개를 만져 보기의 단계로 노출 훈련하기
긍정적 자기 말	영유아가 "밖에 개가 있어. 나는 나갈 수 없어. 개는 무서워"라고 하는 말 → "개는 무서울 수 있지만 밖에 있는 개는 순하고 너는 용감해. 네 자신에게 너는 용감하다고 말해 봐. 그럼 밖에서도 아무 일 없을 거야."라고 말을 바꾸어 주기
모델링	부모가 개에게 다가가 "참 착하고 순한 개로구나. 내가 쓰다듬어 보고 싶다."라고 말하고 시범 보이기

3) 주의력결핍과잉행동장애

주의력결핍과잉행동장애는 ADHDAttention Deficit Hyperactivity Disorder로 통용되고 있으나 이 용어 안에는 주의력결핍과 충동적인 행동을 보이는 과잉행동이라는 2개의 범주로 구분할 수 있다. ADHD에 대한 역사적 기록은 독일의 의사였던 하인리히 호프만Heinlich Hoffmann이 만든 그림책에서 살펴볼 수 있는데, 《부산한 필립Zappel-Philipp》이라는 이야기를 보면 바로 현재의 ADHD와 유사한 행동을 기술했음을 알 수 있다(김경희, 2007).

가만히 앉아 있거나 서 있지 못하고 시작한 어떠한 것을 제대로 끝낼 수도 없고 마치 자기 멋대로 원하는 것만을 하고 있는 듯한 유아의 행동은 유아가 속한 가정의 가족구성원과 기관의 교사, 또래들에게 스트레스를 주게 된다. 국내의 어린이집과 유치원의 교육과정은 유아의 놀이를 중심으로 운영되기 때문에 유아의 ADHD와 관련된 행동은 잘 관찰되지 않을 수 있다.

제시된 사례처럼 유아의 연령이 증가하면 자유롭게 선택하는 자유놀이보다 함께 모여 듣고 기다려야 하는 구조적인 활동 참여에 대한 기대를 갖게 되는데, ADHD

사례 10-3 ADHD 사례

민수는 3세반에 재원했을 때도 움직임이 많고 충동적인 유아로 관찰되었다. 자유선택놀이시간에는 자신이 좋아하는 블록을 만드는 것에 몰입하는 것을 볼 수 있었지만 교사가 주도하는 대집단시간에 모여서 앉아 있는 것은 매우 힘들어 하였다. 교사는 민수가 다른 일부 유아들처럼 교사의 이야기나 활동에 관심이 없어서라고 생각이 들었다. 5세가 되어 대집단의 시간이 다소 길어지자 민수의 행동은 더욱 두드러졌다. 때로는 이를 거부하고 교사에게 화를 내며 대들기도 하였다. 또래와의 의사소통에서도 자신의 순서와 상관없이 자리를 가로채거나 가만히 있는 유아들의 신체를 만지고 툭툭 건드리는 행동으로 분쟁이 점점 심해지는 것을 알 수 있었다. 어머니와 면담을 하자 어머니도 최근 민수의 행동에 대해 관찰한 상황을 말하였다. "얼마 전에 친척 집에 민수를 데리고 갔었어요. 마침 명절이라 민수 연령의 다른 아이들 대여섯 명과 절을 하라고 어른들이 시키셨지요. 저는 음식을 내오느라 서서 기다리는데, 민수는 잠시도 자기 몸을 가만히 두지 않는 걸 보았어요. 꼼지락거리고 흔들고 옆에 있는 아이에게 몸을 부딪히다 그만 들고 오는 음식상에 부딪혀 음식을 엎었지 뭐예요." 엄마는 지금까지 민수의 행동을 어릴 때 혈기왕성한 아이로만 보았을 뿐이었는데, 다른 유아들의 행동과 다르다는 것을 이제야 알았다고 말했다.

그림 10-3 부산한 필립

증상이 있는 유아에게 이러한 구조적인 경험은 매우 어렵고 견디기 힘든 시간이 됨을 발견하게 된다. 유아가 초등학교에 입학해서야 ADHD 증상이 있는 것으로 진단받기도 한다. 학교는 영유아교육기관과 다르게 앉아 있어야 하는 시간이 길고 주의집중을 해야 하는 많은 과제들이 있기 때문이다.

ADHD 증상이 있는 유아는 적대적 반항장애 및 품행장애와 같은 동반장애를 지니고 있는 비율이 점점 증가하는데, 이러한 외현적인 증상에 국한되지 않고 불안, 우울과 같은 기분장애도 함께 나타난다고 보고하고 있다(이정림, 강경숙, 2012).

ADHD 증상이 있는 유아를 위한 치료 프로그램은 다음과 같은 내용을 고려해야 한다(Mash & Wolfe, 1999).

- ADHD 치료법이라고 알려진 것은 현재 없다.
- 다양한 약물치료, 행동 변화 치료 및 교육적 중재는 ADHD가 있는 영유아와 그들의 부모가 효과적으로 대처하고 주된 증상을 관리할 수 있도록 도와줄 수 있다.
- 가장 효과적인 ADHD 중재법은 집중적이고 진행 중인 여러 치료들을 사용한다.
- ADHD는 수행상의 장애이기 때문에 치료는 교실이나 가정과 같은 실제 상황에서의 수행 시점에 맞출 필요가 있다.
- 치료가 효과적이기 위해서는 영유아의 발달 수준과 영유아 및 가족의 개인적인 감정과 요구에 민감해야 한다.

4) 반응성 애착장애

영아가 생애 초기에 맺게 되는 애착은 유아기부터 아동기 이후 맺게 되는 다양한 사회적 관계에 중요한 영향을 미치게 된다. 반응성 애착장애는 자폐성 장애와는 구별되며 부모와 영유아 간의 친밀한 관계 형성이 치료의 기본이 된다. 따라서 반응성 애착장애 영유아들은 자폐 영유아와 달리 양육환경이 긍정적으로 변화될 때, 즉 신뢰감 있는 애착관계를 형성할 때 빠른 회복을 보인다(이사라, 이주연, 박민선, 송승민, 박선영, 2015). 반응성 애착장애는 주로 5세 이전에 나타나며 애착문제와 반응성 애착장애의 증상을 정리하면 다음과 같다.

애착문제와 반응성 애착장애의 증상

- 사회적인 관여가 어렵거나 종종 외부와 단절한다.
- 신경질적이거나 쉽게 놀란다.
- 애정을 주고 편안하게 해주려는 다른 사람의 시도를 거부한다.
- 공격성을 보인다.
- 혼자놀이에 몰입한다.
- 적대적인 행동을 보인다.
- 낯선 사람에게 과도한 친근감을 보인다.
- 매달리고 떨어지지 않으려고 한다.
- 부적절한 접촉을 한다.
- 사람들이 왔다 갈 때 매우 동요한다.

출처 : Bilmes, & Welker(2012).

영유아 초기 애착관계의 문제의 원인을 살펴보면 다음 몇 가지로 정리될 수 있다 (Bilmes & Welker, 2012).

- 예상치 못한 주 양육자의 상실예 : 양육자의 사망, 구속, 유기
- 영유아가 필요로 할 때 일관되게 함께 하지 못하는 양육자예 : 양육자가 우울하거나 정신적인 질병을 가진 경우

- 강압적이거나 분노를 많이 표현하는 양육예 : 양육자가 스트레스가 많거나 영유아의 요구를 감당하지 못할 때
- 학대, 방임적인 양육중복되거나 이 중 하나에 해당될 때
- 양육자의 잦은 교체예 : 위탁양육 또는 친척들이 돌아가며 양육하는 경우

5) 자폐성장애와 아스퍼르거증후군

자폐증이란 다른 사람과 상호관계가 형성되지 않고 정서적인 유대감도 일어나지 않는 아동기 증후군으로 '자신의 세계에 갇혀 지내는' 것 같은 상태라고 하여 이름 붙여진 발달장애이다(보건복지부, 2016). 자폐증이란 장애가 독립된 장애로 된 것은 1940년대 미국의 캐너Kanner와 오스트리아의 아스퍼르거Asperger의 연구에 기인한다. 캐너는 자폐증 영유아 부모들의 묘사에 따라 영유아들이 혼자 있을 때 마치 조가비 속에서 살고 있는 것 같이 주위에 아무도 없는 듯 행동한다고 보고하고 있으며 자폐증 증후를 요약하면 다음과 같다(김경희, 2007).

- 사람과 접촉을 꺼리는 대인관계 형성 장애
- 말을 하지 않거나함묵증, 반향음echolalia : 대답을 못하고 상대가 한 말을 그대로 따라하는 증세을 내는 등의 언어장애
- 변화에 대한 저항
- 동일한 행동을 반복하는 경향좌우로 고개 흔들기
- 자기 입술을 뜯어 먹거나 머리를 벽에 마구 부딪히는 등의 자해행동드물게 나타남

아스퍼르거는 자폐적 유아들이 학교에 입학할 때까지 상당한 언어능력을 발달시키고 성인처럼 현학적으로 말을 할 수 있다고 보고하고 있다. 어휘력과 문법능력이 좋은데도 불구하고 대화기술이 손상되어 있거나 말소리의 크기, 흐름이 이상하게 표현되기도 하며 기발한 사고를 하고 한 가지 관심사에 지나치게 몰두하여 어떤 유아의 경우 전체 인지능력은 지체되어 있으나 특별한 관심 분야에서는 상당한 지식을 갖는다고 보았다. 캐너와 아스퍼르거의 자폐증에 대한 관점 차이는 자폐성장애캐너증후군와 아스퍼르거증후군으로 구분할 수 있다(김경희, 2007).

표 10-10 캐너증후군과 아스퍼르거증후군

구분	캐너증후군	아스퍼르거증후군
발현 연령	생후 1개월~3세	2~3세
눈 맞춤	전혀 없음 또는 짧음	거의 없음
성별	소년과 소녀 모두	주로 소년
운동발달	비교적 눈에 띄지 않음	운동적으로 서툼
운동적 상동형(stereotype)	항상 나타남	빈번히 나타남
특수흥미	가벼운 형태로만 나타남	논리적으로 연결성 없는 지식 저장 또는 수집적 경향
언어발달	언어발달장애, 언어 불능	언어 시작이 빠름, 말하기 전에 걷기부터 함
지능	중도부터 심도의 지능 저하	평균 또는 평균 이상

출처 : 김경희(2007).

영 유 아 발 달

PART 4
발달과 생태학적 맥락

제4부에서는 영유아발달과 생태학적 맥락에 대한 내용을 다루었다. 제11장에서는 영유아의 가족환경으로서 부모와 자녀관계, 형제관계를 다루며, 또한 변화하는 현대사회의 다양한 가족과 아동학대에 대해 살펴보고 있다. 제12장에서는 영유아의 가족 외 환경으로 또래관계, 전자미디어, 보육에 대해 살펴보고 있다. 이 장들을 통해 영유아의 발달과 관련된 다양한 생태학적 맥락을 이해하고, 영유아의 건강한 발달에 도움을 주고자 한다.

CHAPTER 11

가족환경

1. 부모 | 2. 형제관계 | 3. 다양한 가족 유형 | 4. 아동학대

Chapter 11

가족은 사회의 기본 단위로서 한 사회를 존속시키고 유지시키는 기능을 하며, 개인의 사회화 과정에 가장 큰 영향을 미치는 집단이다. 가족은 발달하는 체계이다. 모든 가족구성원은 발달하고 있는 개인이며, 부부간의 관계, 부모와 자녀, 형제간의 관계 등 가족구성원 간의 관계는 각 가족구성원의 발달에 영향을 미칠 수 있으며 변화해 간다. 또한 부모의 이혼, 재혼 등 예측하지 못한 가족환경의 변화는 가족 간의 상호작용이나 영유아의 발달에 큰 영향을 미칠 수 있다. 본 장에서는 영유아의 발달과 관련된 가족환경인 부모, 형제관계, 현대사회의 다양한 가족에 대해 살펴보고, 아동학대에 대해 살펴보고자 한다.

1. 부모

부모는 영유아가 세상에 태어나 최초로 맺는 사회적 관계이며, 아동은 부모와의 상호작용을 통해 세상에 대한 지식을 습득하고, 사회화의 기초를 형성하게 된다. 즉, 부모를 중심으로 형성되는 영유아기의 경험은 아동의 인격 형성과 발달에 많은 영향을 미친다.

1) 부모의 역할행동에 영향을 주는 요인

부모가 된다는 것은 하나의 생물학적인 사건이지만 동시에 심리적이고 사회적인 변화를 초래한다. 부모의 자녀 양육방식이 개인마다 다른 것은 부모역할행동이 매우 다양한 요인의 영향을 받기 때문이다. 부모역할행동에 영향을 미치는 요인은 부모의 특성, 자녀의 특성 그리고 맥락적 특성으로 구분하여 살펴볼 수 있다(Belsky, 1984).

(1) 부모의 특성

부모의 양육행동 특성은 가정마다 다른데, 이는 부모가 자라온 역사가 양육행동에 반영되어 부모-자녀 간의 상호작용의 질에 영향을 미친다. 즉, 부모가 되기 이전의 원가족에서 겪은 부모의 발달적 경험은 다양한 방식으로 자녀 양육에 영향을 미친다. 예를 들면, 어린 시기에 부모와 형성한 안정 애착은 성인이 되었을 때 자녀와의 안정 애착 형성과 관련이 있다. 또한 어린 시기에 부모와 긍정적인 유대를 형성하였던 어머니는 자녀에게 합리적이고 애정적인 긍정적 양육행동을 보이는 경향이 있다(Belsky, 1984). 즉, 부모가 자신의 부모로부터 경험한 양육방식은 성인이 되어 부모역할을 할 때 역할 모델이 된다.

또한 부모역할은 부모 자신의 성격 특성에 의해 영향을 받는다. 부모의 성격 특성은 부모 자신의 발달적 경험의 산물이라 할 수 있으며, 부모역할행동을 할 때 영향을 미친다. 부모의 민감성, 자녀에게 정서표현이나 탐색의 자유를 허용하는 정도, 자녀의 행동에 한계를 설정하는 것, 자녀의 미숙함을 수용하는 정도 등과 같은 중요한 양육 차원 역시 부모의 성격 특성에 의해 영향을 받을 수 있다(김지현, 정지나, 조윤주, 한준아, 2013). 부모의 심리적 기능 역시 부모역할 수행과 밀접한 관련이 있다. 만성적인 우울증을 가진 부모는 그렇지 않은 부모에 비해 자녀에게 거부적이며 비일관적인 양육행동을 보이는 경향이 있으며, 스트레스를 받거나 우울한 어머니는 자녀의 행동을 까다롭게 지각하고, 자녀에게 부정적인 양육행동을 보인다(Cummings, 1995).

(2) 영유아 자녀의 특성

자녀의 기질은 부모의 행동을 결정짓는 중요한 변인이다. 순한 기질의 자녀를 양육하는 부모는 자녀에게 애정을 더 많이 표현하고 자녀의 욕구를 존중해 주는 방식으로 반응할 가능성이 높지만, 까다로운 기질의 자녀를 양육하는 부모는 자녀에게 쉽게 화를 내고 강압적인 양육 태도를 취하는 경향이 있다. 예를 들면, 부모의 지시를 따르지 않는 충동적인 영유아는 어머니가 강압적이고 처벌을 많이 하는 양육행동을 하게 만들며, 어머니의 강압적인 양육행동은 자녀를 더욱 반항적으로 만들 수 있다(Crockenberg & Litman, 1990). 그러나 부모-자녀관계에서 보다 중요한 것은 어떤 기질을 가졌느냐가 아니라 부모와 아동의 기질이 얼마나 조화를 잘 이루느냐는 것이다. 양육자인 부모는 영유아의 기질을 이해하고, 영유아의 기질에 따라 적절한 양육방식을 취하여야 한다(제8장 참조).

영유아의 성에 따라 부모는 동일한 행동에 대해서도 다른 기대와 반응을 보인다. 예를 들면, 여아의 활동성은 거친 것으로 인식하여 활동을 제한하는 반면, 남아의 활동성은 씩씩하고 남성적인 특성으로 간주하여 더욱 강화하는 경향이 있다. 또한 자녀의 출생순위에 따라서도 부모는 다른 태도를 취하는데, 첫 자녀에게는 기대 수준이 높을 수 있으며, 막내 자녀에게는 허용적일 수 있다.

자녀의 연령에 따라 발달 수준과 특징이 다르므로 부모가 자녀를 양육하는 방식에 변화가 필요하다. 즉, 영아기 자녀를 양육하는 부모와 유아기 자녀를 양육하는 부모는 자녀의 발달단계에 따라 다른 부모역할을 수행하여야 한다. 이는 자녀가 발달함에 따라 자녀의 요구나 자녀가 필요로 하는 자극의 종류가 달라지고, 부모가 이러한 변화에 적응하는 과정을 의미한다. 자녀의 연령에 따라 부모역할이 변화한다

그림 11-1 영아기 자녀와 어머니

그림 11-2 유아기 자녀와 어머니

는 것은 부모역할이 발달적인 성격을 가진다는 것을 의미한다(Galinsky, 1987).

(3) 맥락적 특성

만족스러운 부부관계, 배우자의 적극적인 자녀 양육 참여는 부모역할의 지지체계로서 긍정적인 부모역할행동을 촉진하는 요인이 될 수 있다. 예를 들어, 남편과 행복한 관계를 맺고 있는 어머니는 결혼생활에 갈등이 많고 자녀를 혼자 키우는 것처럼 느끼는 어머니보다 영아기 자녀에게 좀 더 민감하고 참을성 있게 상호작용을 한다(Cox, Owen, Henderson, & Margand, 1992). 또한 부모가 사회적 관계망으로부터 얻는 적절한 지원은 부모역할을 수행하는 데 필요한 인내심과 민감성을 증진시키지만, 반대로 부모의 사회적 고립은 아동학대와 같은 역기능적 부모역할행동을 증가시키는 위험요소가 될 수 있다(Cochran, 1993). 이 외에 부모의 취업상태 및 직장생활, 종교, 대중매체, 사회의 아동관 등이 부모역할의 수행에 영향을 미칠 수 있다(Cochran, 1993). 이상에서 살펴본 바와 같이 다양한 요인이 부모역할 수행에 직·간접적인 방식으로 영향을 미친다. 그러나 이러한 영향은 일방향적인 것이 아니며, 자녀도 부모의 행동과 자녀양육방법에 영향을 미친다.

2) 부모 양육행동

부모 양육행동은 부모–자녀관계와 영유아의 발달에 중요한 영향을 미친다. 부모의 양육행동 유형은 자녀를 양육하는 과정의 다양한 상황에서 나타나는 부모행동들의 복합체이다. 부모 양육행동 유형화의 대표적 학자인 바움린드Baumrind, 1967는 유아원 아동을 관찰하고 부모를 면접한 후 부모와 자녀 간의 상호작용을 관찰하여 부모 양육행동 유형을 권위 있는authoritative, 권위주의적authoritarian, 허용적permissive인 양육행동 유형으로 제시하였다. 권위 있는 양육행동 유형의 부모는 합리적인 이유를 제시하면서 자녀의 행동에 분명한 통제를 가하면서도 온정적이며, 자녀에게 성숙한 태도를 요구하였고, 자녀의 독립심을 격려하였다. 권위주의적 양육행동 유형의 부모는 엄격한 규준에 따라 아동을 통제하고, 자녀가 원하는 것에 둔감하며 완고하였고, 부모가 내린 결정이나 규칙을 어기는 것을 용납하지 않았다. 허용적인 양육행동 유형은 자녀에게 양육적으로 단호한 제한을 설정하지 못하였고, 성숙한 태도를 요구하지 않았으며, 대체로 아동을 수용하였다.

한편, 멕코비와 마틴(Maccoby & Martin, 1983)은 부모의 양육행동 유형을 온정warmth과 통제control라는 두 가지 차원으로 나누어 네 가지 유형으로 설명하고 있다. 온정 차원은 부모가 자녀에게 애정을 표현하고, 얼마나 수용하며 반응하는지, 정서적으로 지지하는 정도로서, 즉 부모가 자녀에게 온화하고 다정한가 혹은 냉정하고 무심한가를 의미한다. 통제 차원은 부모가 자녀의 행동에 대해 얼마나 확고한 규칙과 훈육의 기준을 설정한 정도로서, 즉 자녀를 엄격하게 통제하는가 혹은 자녀에게 많은 자율성을 허용하는가를 의미한다. 멕코비와 마틴은 바움린드의 세 유형에 비요구적이고, 거부적이면서, 애정도 없는 유형을 추가하여 권위 있는authoritative, 권위주의적authoritarian, 익애적indulgent, 방임적neglectful 양육행동의 네 가지 유형을 제시하였다. 본 장에서는 부모 양육행동의 가장 대표적인 학자인 바움린드의 세 가지 부모 양육행동 유형과 멕코비와 마틴의 방임적 양육행동 유형이 영유아의 발달에 어떠한 영향을 미치는지 자세히 살펴보고자 한다.

권위 있는authoritative 양육행동은 자녀를 양육하는 데 있어서 가장 성공적인 접근방식으로 이 유형의 부모는 애정적이고 반응적이며, 자녀에게 상당한 자유를 허용하나 행동을 제한할 때는 합리적인 요구를 하며 개입한다. 이 유형의 부모들은 자녀에 대해 더 많이 수용하고 반응적인 자세를 취하며, 자녀의 행동에 대해 자녀 스스로 결정하는 적절한 자율성을 형성할 수 있도록 하며, 자녀들이 가족의사결정과정에 참여하도록 하는 경우가 많다. 부모는 자신들이 설정한 제한에 자녀들이 따르도록 설명을 하고, 부모와 자녀가 의견이 불일치할 경우 자녀의 관점을 이해하고 존중하는 합리적이고 민주적인 방식으로 통제하려는 경향을 보인다. 또한 이러한 제한을 자녀들이 따르고 있는지를 확인하는 것에 대해 조심스러운 자세를 취한다. 권위 있는 부모의 자녀는 활력이 있고 또래에 대해 긍정적으로 반응하며 사교적이고, 집단 활동에 적극적으로 참여하였고, 집단 안에서 리더십을 발휘하는 것으로 나타났다. 또한 호기심, 자립심 및 자아통제 수준이 높으며, 높은 성취 동기를 가지고 있었고, 지적 탐구를 선호하는 것으로 나타났다(Baumrind, 1991 ; Steinberg et al., 1994).

그림 11-3 온정적인 어머니와 자녀

허용적permissive 부모들은 요구를 거의 하지 않고 자녀들이 가능한 한 스스로 활동해 나가는 것을 허용한다. 온정적이고 수용적이지만 느슨한 자녀 양육행동 유형으로서 이 유형의 부모들은 비교적 자녀들에게 요구를 적게 하며, 자녀들의 감정과 욕구를 자유롭게 표현하도록 허용하고, 자녀들의 활동을 세세히 모니터링하지 않으며, 또한 엄격한 행동 통제를 거의 하지 않는다. 자녀의 연령에 따라 점진적으로 자율성을 인정하는 대신 자녀가 그러한 능력이 없는 나이에도 많은 결정을 하도록 한다. 이러한 가정의 유아는 자신감이 있고 적응을 잘 하는 편이나, 규율을 무시하고 충동적이며 제멋대로 행동하는 경향이 있으며, 특히 남아의 경우 공격적인 성향이 강하였다. 허용적 유형의 부모 밑에서 자란 유아는 청소년이 되었을 때 책임감이나 독립심이 부족하고, 학교 수행이 저조하고 미성숙하며 보다 공격적이 되는데, 부모가 자녀의 공격성에 대해 허용적일 때 더욱 그러한 경향을 보였다(Baumrind, 1991 ; Steinberg et al., 1994).

권위주의적authoritarian 부모 양육행동은 매우 엄격한 자녀 양육행동 유형으로 이 유형의 부모들은 자녀의 요구에 대해 비교적 덜 수용적이며, 많은 규칙을 자녀에게 적용하고, 절대적인 순종을 기대하는 반면에 이러한 규칙을 따라야 할 필요에 대해서 자녀에게 설명하는 경우는 적다. 즉, 자녀의 마음이나 생각에 민감하지 않으며, 자녀의 행동과 태도를 통제하려고 하고, 절대적인 기준이나 정해진 틀에 의해 그들을 끼워 맞추려고 한다. 절대적인 복종에 가치를 두고 자녀가 부모의 기준에 반대되는 행동을 했을 때는 강하게 벌을 준다. 권위주의적인 부모의 자녀는 일반적으로 우울하고 불안해하며 쉽게 화를 내고, 수동적이며 적대적이고, 또래와의 관계에서 부적응적이거나 사회적으로 위축되는 경향을 보였다(Baumrind, 1977, 1991 ; Steinberg et al., 1994).

방임적neglectful 부모의 양육행동은 부모가 자녀의 요구에 대한 수용 정도가 낮고, 통제도 거의 하지 않는 방법으로 양육하는 것을 일컫는다. 방임적 양육행동을 하는 부모는 자녀와 정서적으로 유리되어 있고, 자신의 문제나 스트레스에 압도되어 자녀 양육에 많은 시간과 에너지를 투자하지 못한다(Maccoby & Matin, 1983). 방임적 부모의 자녀들은 3세 무렵이 되면 공격성이 높으며 외현화 문제행동을 나타내고, 또한 독립심이 없으며 자기통제력이 부족한 경향이 있다. 또한 최악의 경우 모든 발달에서 문제를 일으키는 아동학대 유형 중 하나인 방임의 단계에 이르기도 한다.

2. 형제관계

형제자매관계는 한 개인의 삶 동안 가장 오래 지속되는 관계이며, 형제자매는 영유아의 발달에서 부모와는 또 다른 영향을 미치는 중요한 가족구성원이다. 형제관계는 부모–자녀관계에 비해 평등한 관계이며, 형제간의 상호작용은 또래 간의 상호작용과도 유사한 면이 있다. 즉, 형제는 정서적인 지지자이며, 경쟁자인 동시에 협동적인 관계를 맺으며, 놀이 친구로서 다양한 역할을 형성하고, 중요한 사회화의 역할 모델이 되기도 한다. 형제간의 경쟁적인 관계는 손아래 동생이 태어나면서 시작이 되는 경우가 많다. 동생이 태어나면 첫 아이의 입지는 다소 도전을 받게 되며, 부모의 관심을 얻기 위해 경쟁을 하게 된다.

한편, 형제간의 상호작용은 서로에게 애착을 형성하고, 놀이 친구로서의 긍정적인 측면도 나타난다(Hetherington & Parke, 1993). 형제관계의 중요한 기능 가운데 하나는 정서적 지지를 제공하는 것이다. 스튜어트(Stewart, 1983)는 10~20개월

된 영아들을 대상으로 변형된 에인스워스의 낯선 상황 실험을 하였는데, 낯선 방에 4세 형제와 함께 있게 하면서 영아의 반응을 관찰하였다. 영아들은 어머니가 방을 나가면 스트레스의 징후를 보였고, 스트레스를 받은 영아는 손위 형제에게 접근하였으며, 4세인 형제 자매는 영아인 동생을 감싸거나 돌보는 반응과 같은 행동을 보였다. 그리고 또 다른 연구는 같은 상황에서 영아인 동생을 잘 돌보는 손위 형제들은 어머니와 안정 애착을 형성한 경우였으며(Teti & Ablard, 1989), 부모가 안 보일 때 어린 동생을 보호하고 위로하는 정서적 지원을 하는 역할을 하는 것으로 나타났다. 즉, 형제자매들은 서로를 신뢰하며 힘든 때에는 서로를 보호하고 위로해 주기도 한다. 특히, 연령차가 크지 않은 형제관계는 오히려 부모보다 더욱 효과적으로 의사소통하고, 서로 간의 문제를 더 잘 이해할 수 있다(Cicirelli, 1994).

그림 11-4 어린 동생을 돌보는 유아

손위의 형제들은 손아래 형제들을 돌보는 양육자 역할을 해준다. 특히, 우리 사회는 손위의 형제들, 특히 손위의 여자 형제들은 손아래의 형제들을 돌보거나 배려하도록 요구받는 경우가 많다. 이러한 양육자로서의 역할 외에 손위의 형제들은 어린 동생들에게 새로운 기술을 가르치는 데 모델이 되거나 직접 지도를 하는 경험을 제공하며, 영아들도 손위 형제들의 행동을 모방하거나 손위 형제의 장난감을 물려받으며 손위 형제들에게 관심을 나타낸다(Brody, Kim, Murry, & Brown, 2003).

또한 형제관계의 경험은 사회적 유능감에 긍정적 영향을 미친다. 형제들은 자신들이 원하는 것, 요구, 갈등 등 다양한 의사소통을 많이 하게 되며, 이러한 형제간의 상호작용은 효과적인 의사소통기술을 발달시키고, 마음의 이론을 형성하는 데 도움을 주며, 조망수용기술, 정서적 이해, 더 성숙한 도덕 추론을 발달하는 데 도움을 준다(Brown & Dunn, 1996 ; Howe, Petrakos, & Rinaldi, 1998).

형제관계가 경쟁적인 관계로, 혹은 긍정적인 관계를 유지할 수 있는가는 어머니의 양육방식 및 부모-자녀관계에 의해 좌우된다. 첫째 아이가 새로 태어난 동생에게 어떻게 적응하는지 연구한 결과에 의하면, 어머니들은 대체로 아기가 태어난 후 첫째와 덜 놀아주는 경향이 있으며, 첫째에게 따뜻하고 즐거운 주목을 덜 하는 경향이 있어서 손위 형제는 이러한 어머니의 행동 변화에 분개하고 아기에 대해 미움과 질투 감정을 가지게 되어 동생인 아기를 때리거나 꼬집기도 하는 것으로 나타났다(Dunn & Kendrick, 1982). 즉, 이러한 부모의 양육방식은 형제간의 질투, 미움 등의 경쟁 구도를 만들게 한다. 그러나 동생이 태어나기 전에 첫째 아이와 부모 사이에 안정적인 관계가 형성되어 있고, 동생이 태어난 이후에도 긴밀한 유대관계가 지속된다면, 동생 출생에 따른 형제의 적응과정은 훨씬 수월해진다(Dunn & Kendrick, 1982). 그러므로 부모들은 가능하면 계속해서 손위 형제들에게 관심과 애정을 주고, 손위 형제들이 아기의 요구를 인식하고 새로운 형제를 돌보는 것을 돕게 하는 것도 긍정적인 형제관계에 도움이 된다.

3. 다양한 가족 유형

사회가 변화하면서 가족생활 및 구조에도 많은 변화가 일어나고 있다. 결혼이 늦어지고, 출산율이 낮아졌으며, 경제활동에 참여하는 여성이 점점 늘어나면서 맞벌이 가족은 꾸준히 증가하는 추세이다. 또한 결혼과 가족에 관한 개인의 선택권이 확대됨에 따라 다양한 가족이 출현하고 있다. 한편, 가족에서 보호받지 못하고 학대받는 아동은 여전히 우리 사회에서 늘어나고 있다.

1) 맞벌이 가족

맞벌이 가족dual-career family은 부부 모두가 직업을 가지고 가족을 위한 경제 활동을 하는 가족을 말하며, 부부가 둘 다 취업함에 따라 가족의 기능이나 역할에 있어서 변화가 요구되는 가족 형태를 말한다. 즉, 결혼한 부부가 아내도 직업을 가지고 있는 경우로서, 산업발달과 여성의 교육 수준 향상으로 많은 여성들이 직업을 가지고 경제 활동을 하면서 맞벌이 가족이 증가하고 있다.

[그림 11−5]에 제시된 바와 같이 2022년 연령별 여성의 경제활동참가율은 20대 후반(73.9%), 50대 초반(68.9%), 30대 초반(68.5%) 순으로 높은 반면, 30대 후반(60.5%)은 상대적으로 낮은 것으로 나타났다. 특히, 30대 초반 고용률(68.5%)이 2010

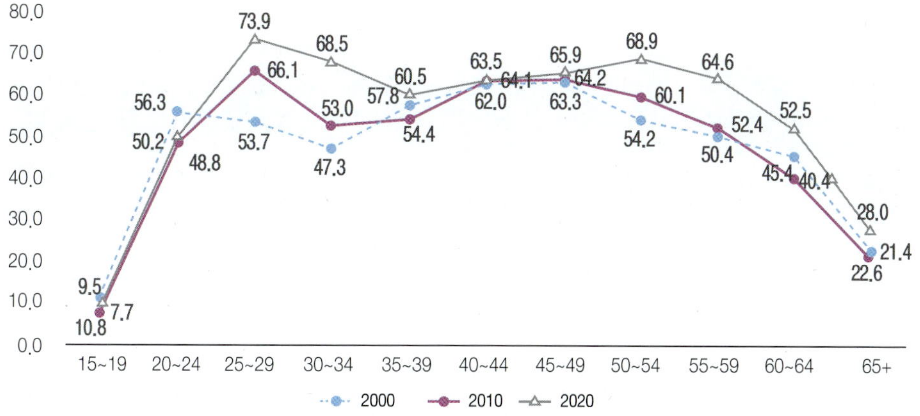

그림 11-5 연령대별 여성 고용률

출처: 통계청(2023b).

년 대비 큰 폭(15.5%p) 증가했고, 다음으로 50대 후반(12.2%p), 60대 초반(12.1%p) 순으로 상승폭이 큰 것으로 나타났다. 2022년 15세~64세 여성 고용률은 60.0%로, 2010년(52.7%) 대비 7.3%p 상승해 처음으로 60%에 진입하였다. 그러나 여성 고용률은 30대에 결혼, 임신, 출산, 육아 등의 경력단절 발생으로 감소 후 40대에 다시 노동시장으로 진입하는 M자형의 구조를 여전히 보이고 있다. 한편 여성 고용률 저점이 2010년 30대 초반(53.0%)에서 2022년 30대 후반(60.5%)으로 변화하였다.

이와 같이 맞벌이 가족이 일과 가정을 양립하는 데 어려움이 있음을 알 수 있다. 맞벌이 가족이 직면하는 가장 큰 문제는 자녀양육으로, 특히 영유아 자녀를 양육하는 맞벌이 가족은 적절한 대리양육자를 구하는 문제에서 많은 어려움을 겪는다. [표 11-1]에 제시된 바와 같이 2022년 12월 총 어린이집은 30,923개소로 2014년 이후 감소 추세가 이어지고 있다. 이 중 국공립 어린이집은 18.8%(5,801개소)이며 사회복지법인 어린이집은 4.1%(1,254개소), 법인단체 어린이집 2.0%(610개소), 민간어린이집은 31.5%(9,726개소), 가정어린이집은 39.2%(12,109개소), 부모협동어린이집은 0.4%(132개소), 직장어린이집은 4.2%(1,291개소)를 차지한다(보건복지부, 2023).

2021년 어린이집 보육실태조사에서, 조사 대상 어린이집을 이용하는 아동은 총 112,055명이며, 이 중 취업모 가족 영아는 34.3%, 유아는 23.4%이었다. 이전 2018년 어린이집 보육실태조사에 비해 영아는 20%p, 유아는 30%p 가까이 줄었다. 출생

표 11-1 2022년 어린이집 현황

(단위: 개소, %)

구분	총계	국공립 어린이집	사회복지법인 어린이집	법인 · 단체 어린이집	민간 어린이집	가정 어린이집	부모협동 어린이집	직장 어린이집
어린이집 수	30,923	5,801	1,254	610	9,726	12,109	132	1,291
(비중)	100.0	18.8	4.1	2.0	31.5	39.2	0.4	4.2

출처: 보건복지부(2023).

아 수 감소 및 코로나19 확산, 공립유치원 확대 등으로 영아와 유아 비율이 크게 줄었다. 영아 비율은 가정어린이집이거나 도시지역일수록 어린이집 규모가 작을수록 높고, 유아 비율은 직장어린이집이거나 대도시 또는 농어촌, 어린이집 규모가 클수록 높은 것으로 나타났다(육아정책연구소, 2021a).

또한 2021년 전국 가구를 대상으로 한 보육실태조사에서 취업 중인 부모의 자녀 양육 관련 어려움에 대해 조사한 결과, 이른 출근, 늦은 퇴근시간과 긴급상황, 보육·교육 기관 부모참여 부담에서 5점 척도 평균 2.9점 이상으로 어려움을 느끼는 것으로 나타났다. 이로써, 보육지원체계 개편으로 인한 이용 시간 보장 하에서도 여전히 어린이집 운영시간과 근무시간 간의 미스매치, 그리고 긴급한 상황에 자녀돌봄에 대한 대응의 어려움을 나타내고 있으므로 보육시간 운영과 틈새보육 및 긴급보육의 운영 체계를 보완할 필요가 있다(육아정책연구소, 2021: 125).

한편, 맞벌이 가족에서 부모는 흔히 역할 과중과 역할 갈등을 경험한다. 역할 과중이란 동시에 여러 역할을 해야 하는 상황에서 발생한다. 한 사람에게 역할 과중이 일어날 때 역할 갈등도 경험하게 된다. 역할 갈등이란 한 사람이 주어진 시간에 서로 기대가 다른 두 가지 이상의 역할을 해야 할 때 발생하는 것을 의미한다. 취업모는 가사와 자녀 양육 책임 등 가정적 역할과 직업적 역할로 역할 갈등을 경험할 수 있다. 이러한 갈등은 맞벌이 가족의 남편에게도 일어난다. 취업모의 '슈퍼우먼 콤플렉스'나 최근 이에 상응하는 '슈퍼 대디'에 대한 요구는 맞벌이 가족의 부부 모두를 힘들게 한다고 할 수 있다. 맞벌이 가족에서 부모가 가지는 불필요한 죄책감은 부모 자신뿐 아니라 자녀에게도 부정적인 영향을 미칠 수 있다. 즉, 맞벌이 가족에서 부모의 지나친 죄책감, 과잉보호는 자녀로 하여금 부모의 상황을 잘못 인식하고 부모의 취업에 대해 그릇된 개념을 형성할 수 있다. 따라서 맞벌이 가족 부모는 많은 시간을 자녀와 함께 있지 못한다는 죄책감을 가지기보다는 자녀와 시간을 같이 보내려고 노력하고, 함께 하는 시간 동안 잘 놀아주고 대화하며 더 많은 온정 및 관심을 보여 주는 것이 필요하다.

과거와 달리 맞벌이 가족은 이제 현대사회의 가장 보편적인 가족 유형이 되었다. 맞벌이 가족 부모의 역할 과중과 스트레스는 자녀 양육에 부정적인 영향을 미칠 수 있으므로 이를 해소하기 위한 다양한 지원책이 필요하다. 맞벌이 가족의 부모는 서로의 직장생활을 존중하고 지지하며, 가사 분담 및 자녀 양육에 공동 책임자로서 적극적으로 역할을 수행하여야 한다. 또한 맞벌이 가족의 자녀 양육문제를 개인 및 가족의 문제로 치부할 것이 아니라 사회적, 국가적으로도 맞벌이 가족의 육아에 대한 지원체제가 더욱 확고해질 필요가 있다. 이를 위해 다양한 보육시설의 확충 및 질적 수준의 제고가 필요하며, 육아 휴직제가 정착되고 강화되어야 한다.

2) 이혼 가족

현대사회에서 결혼생활에 대한 가치관이 변화하고, 부부간의 경제적 독립성이 강화되며, 여성의 교육 수준과 사회경제적 지위의 향상 및 개인의 삶의 질을 중시하는 인식이 높아지면서 부부의 이혼은 우리 주변에서 빈번하게 발생하고 있다.

(1) 이혼 가족의 현황

우리나라의 이혼율은 1982년 이후 계속 증가하였으며, 해마다 증가하던 이혼율은 2003년 조이혼율이 3.4로 최고조에 달하였으나, 이혼 정책의 변화와 함께 최근 혼인율의 감소로 감소하는 추세를 보이고 있다. 2022년 이혼은 9만 3천 건으로 2021년보다 8.3% 감소하였으며, 조이혼율인구 천 명당 이혼 건수은 1.8건으로 전년보다 0.2건 감소하였다(통계청, 2023b). 2022년 이혼한 부부를 살펴보면, 평균 혼인지속기간은 17.0년으로 전년 대비 0.3년 증가하였으나, 10년 전 대비 3.3년 증가하였다. 이혼율의 가파른 증가가 최근 10년간 주춤하는 추세를 보이기는 하지만 누적된 이혼 가족의 증가 및 가족 구조의 변화를 엿볼 수 있다.

한편, 2022년 이혼한 부부 중 41.7%인 38,900쌍이 미성년 자녀를 두고 있는 것

표 11-2 총 이혼건수 및 조이혼율 (단위: 천 건)

구분	2012	2013	2014	2015	2016	2017	2018	2019	2020	2021	2022
이혼건수(천 건)	114.3	115.3	115.5	109.2	107.3	106.0	108.7	110.8	106.5	101.7	93.2
증감(천 건)	0.0	1.0	0.2	-6.4	-1.8	-1.3	2.7	2.1	-4.3	-4.8	-8.4
증감률(%)	0.0	0.9	0.2	-5.5	-1.7	-1.2	2.5	2.0	-3.9	-4.5	-8.3
조이혼율*	2.3	2.3	2.3	2.1	2.1	2.1	2.1	2.2	2.1	2.0	1.8

* 인구 1천 명당 건
출처: 통계청(2023a).

표 11-3 미성년 자녀 유무별 이혼 건수 및 구성비 (단위 : 천 건, %)

구분	2015	구성비	2013	2014	2015	2016	2017	2018	2019	2020	2021	2022	구성비	전년대비 증감률
계*	114.3	(100.0)	115.3	115.5	109.2	107.3	106.0	108.7	110.8	106.5	101.7	93.2	100.0	-8.3
미성년 자녀있음	60.3	(52.8)	59.0	57.2	52.8	51.0	50.1	49.4	49.0	45.0	41.2	38.9	41.7	-5.5
1명	29.9	(26.2)	30.1	30.0	27.8	27.3	26.7	27.0	26.2	23.9	22.0	20.6	22.1	-6.4
2명	26.2	(23.0)	24.7	23.3	21.2	20.0	19.7	18.7	19.0	17.5	15.9	15.2	16.3	-4.8
3명 이상	4.1	(3.6)	4.2	3.9	3.8	3.7	3.7	3.7	3.8	3.5	3.2	3.1	3.3	-3.0
미성년 자녀없음	53.7	(47.0)	56.1	58.1	55.6	55.4	54.4	57.6	59.4	58.7	57.9	51.2	54.9	-11.6

* 미상 포함
출처: 통계청(2023a).

으로 나타났다(표 11-3 참조). 미성년 자녀를 둔 부부의 이혼율은 지속적인 감소세이나, 매년 많은 미성년 자녀들이 본인의 의사와 관계없이 부모의 이혼을 경험하게 된다. 즉 부모의 이혼은 자녀의 의사와는 관계없이 결정된 일이지만, 자녀의 생활과 환경에 변화를 가져오므로 자녀의 일생에 중대한 사건이다.

(2) 이혼 가족의 적응

이혼은 부부관계를 인위적으로 해소함으로써 가족구성원 개개인에게 변화를 요구하게 된다. 일반적으로 이혼을 긍정적인 측면으로 보기보다는 부정적인 측면으로 간주하는 것은 이혼이 부부간의 갈등을 해결하는 수단으로 보기에는 결과적으로 수반되는 여러 가지 생활의 변화와 부담이 많이 있기 때문이다. 부모의 이혼은 자녀에게 예상하지 못했던 다양한 변화와 스트레스를 경험하게 한다.

이혼을 경험하는 가족이 가장 심각한 위기를 경험하는 기간은 첫 1~2년으로(Hetherington, 1989), 부모의 이혼으로 인한 부정적 영향은 장기간 지속될 수도 있다(Amato, 1999). 이혼 가족의 부모는 일상 생활의 여러 측면에서 새로운 변화와 스트레스에 직면하게 된다. 이혼 이후에는 부부가 함께 공유하던 경제적 책임, 자녀 양육, 가사일 등을 혼자 감당해야 할 뿐만 아니라 사회적 고립에서 비롯되는 다양한 스트레스를 경험하게 된다. 이혼으로 인해 부모가 경험하는 스트레스가 부모의 사회적, 심리적 기능을 손상시키게 되면 자녀를 제대로 양육하기 어려워지고, 이와 같은 부모의 부적절한 양육이 아동의 적응에 부정적인 영향을 미치게 된다(Hetherington, 1989). 이혼 부모 대부분은 이혼 이후 심리적 문제를 경험하게 되는데, 우울과 분노, 가족과 역할의 상실, 자녀에 대한 죄의식 그리고 전 배우자에 대한 애착 등을 경험하게 된다(Glick, Berman, & Clarkin, 1999). 이혼 부모의 심리 · 정서적 어려움은 다른 가족에게도 부정적 영향을 미칠 수 있으므로, 이혼 부모를 위해서는 자녀 양육에 실질적인 도움을 줄 수 있는 부모교육과 자조 모임의 활성화 등 다양한 지원방안이 필요하다(김상림 외, 2014).

유아기 자녀들은 부모의 이혼에 매우 놀라고, 혼란스러워하며, 울거나 고집을 부리고, 다른 영유아를 때리는 등의 스트레스 징후를 보인다. 유아기의 인지발달 특성상 유아는 자신의 잘못으로 부모가 이혼을 하였다고 생각하는 경향이 있다. 또한 이 시기의 아동은 자신이 유기되거나 다른 곳으로 보내질 것을 두려워하는 경향이 있으며 퇴행행동을 보이거나 과잉 의존적 행동, 위축행동, 신체적 접촉을 갈망하는 경향을 나타낸다. 그리고 이혼 후에 유아기 자녀들은 양육을 하는 부모에게 이전보다 까다롭고, 순종하지 않는 특성을 보여서, 양육을 하는 부모는 갑자기 이전보다 더 통제적이고 처벌적이기 쉽다. 부모의 이혼과 양육하는 부모의 새로운 강압적 양육태도로 인한 스트레스는 자녀에게 다시 영향을 미칠 수 있다.

또한 부모의 이혼으로 인해 자녀는 함께 살고 있지 않은 한쪽 부모와의 관계를 상실하게 되며, 부모의 이혼으로 거주지의 변화, 이로 인한 어린이집 · 유치원, 동네 친구 및 교사의 변동, 양육 부모의 양육방식의 변화, 조부모 등 확대가족과의 관계의 변화, 경제적 어려움과 다양한 스트레스를 일으키는 상황적 요인에 의해 어려움을 겪을 수 있다. 이러한 변화로 인해 자녀는 불안, 우울, 상실감 등과 같은 심리적 어려움을 경험하고, 이혼 후 부모의 부적절한 양육과 생활의 변화로 인해 다양한 적응상의 문제를 경험하게 된다(Amato, 1999 ; Cherlin & Chase-Lansdale, 1998).

켈리Kelly, 2000는 1990년대의 경험적 연구들을 종합하여 고찰한 후, 부모의 이혼이 자녀에게 미치는 부정적인 결과가 그 이전 시기의 연구들에서 보고된 것만큼 크지 않지만, 이혼 가족의 자녀는 이혼하지 않은 가정의 자녀에 비해 여전히 적응문제를 더 많이 보인다고 하였다. 그러나 지속적으로 부부의 갈등이 내재된 양부모 가족의 자녀보다 안정적인 이혼 가정의 아동이나 재혼 가족의 자녀가 더 잘 적응한다는 연구 결과는 이혼을 통해 부부간의 갈등이 해소되면 오히려 자녀의 발달에 긍정적인 영향을 미칠 수도 있음을 보여 준다(Hetherington, 1989). 자녀가 이혼 후에 보이는 적응의 어려움은 이혼 그 자체의 문제보다 오랜 기간에 걸쳐 지속적인 부부 갈등에 노출되었기 때문인 것으로 보고하는 연구 결과도 있다(Amato & Keith, 1991). 이혼 후 2년이 지날 무렵에는 이혼 가족의 생활 및 관계의 변화, 다양한 긴장 상황 등에서 재균형의 과정을 거치면서, 대부분의 이혼 가족 자녀들은 적응을 잘 하는 것으로 보고되고 있다(Hetherington, 1999).

그리고 이혼 가족의 자녀 모두가 부적응을 경험하는 것은 아니다. 부모의 이혼 자체가 자녀에게 부정적인 영향을 미친다기보다는 이혼 가족 자녀는 이혼하지 않은 가족의 자녀에 비해 발달이나 적응에 도움이 되는 지지적인 사회적 자원이 부족한 반면, 가족구조, 역할, 관계상의 변화나 스트레스를 주는 사건의 증가 등과 같은 사회적 위험요소에 직면할 가능성이 높기 때문에 적응상의 문제를 더 많이 경험할 수 있다(한준아, 2008). 이혼이 자녀의 적응에 부정적 영향을 미치는 심각성이나 지속기간은 이혼 가족 자녀의 성, 연령, 기질, 성격, 자존감 등 자녀 개인의 특성과 자녀에게 노출된 부모의 부부 갈등의 양, 이혼 후 시간이 지난 정도, 부모-자녀관계의 질, 지원체계 등에 의해 다양하게 영향을 받는다(Hetherington, 1999).

부모의 이혼을 경험한 영유아의 건강한 발달과 적응을 위해 영유아의 발달적 특성과 연령을 고려하여 자신이 처한 스트레스 상황을 이해하고 극복하도록 도움을 주는 것이 필요하다. 부모는 영유아의 감정에 민감하게 반응하며 자녀로 하여금 버림받았다는 느낌을 극복하도록 돕고, 죄의식을 느끼는 자녀의 감정을 풀어주며, 친밀한 인간관계를 맺도록 도와주어야 한다.

3) 재혼 가족

재혼 가족은 자녀의 유무에 관계없이 한쪽 배우자가 재혼인 경우 형성되는 가족을 의미하며, 부부 중 어느 쪽이든 전혼에서 얻은 자녀가 최소한 한 명 이상 있는 가족을 계부모 가족step family이라고 한다.

(1) 재혼 가족의 현황

우리나라에서 1980대 중반 이후 이혼율의 증가는 이혼으로 형성된 한부모 가족의 증가를 수반하고 아울러 재혼 가족의 증가로 이어지고 있다. 2023년 통계청에서 발표한 자료에 의하면, 2022년 혼인은 192,000건이며, 전체 결혼 건수 중 재혼의 비율은 22.1%로 나타났다(통계청, 2023a). 재혼이 전체 혼인에서 차지하는 비중은 남녀 모두 2005년을 정점으로 감소하는 추세이다. 재혼의 비율은 꾸준히 증가하는 추세였으나, 최근 이혼율의 감소로 재혼의 비율도 다소 감소하는 것으로 나타났지만, 그동안 형성된 재혼 가족의 수와 더불어 동거를 하며 사실혼 관계에 있는 재혼 가족도 적지 않으므로 현실적으로 재혼 가족은 보다 많을 것으로 여겨진다.

표 11-4 혼인 종류별 건수 및 구성비

(단위: 천 건, %)

구분		2012	2013	2014	2015	2016	2017	2018	2019	2020	2021	2022			전년 대비
													구성비	증감	증감률
계*		327.1	322.8	305.5	302.8	281.6	264.5	257.6	239.2	213.5	192.5	191.7	100.0	−0.8	−0.4
남자	초혼	275.9	273.8	257.9	256.4	238.1	222.5	216.3	199.5	180.1	161.2	160.1	83.5	−1.1	−0.7
	재혼	51.1	48.9	47.5	46.4	43.3	41.7	41.1	39.4	33.3	31.1	31.2	16.3	0.1	0.5
여자	초혼	270.5	268.4	251.5	250.0	232.4	216.8	210.3	193.9	175.0	156.5	156.0	81.4	−0.5	−0.3
	재혼	56.5	54.3	53.9	52.7	48.9	47.4	46.7	44.5	38.1	35.6	35.0	18.3	−0.6	−1.7
남(초)+여(초)		257.0	255.6	239.4	238.3	221.1	206.1	200.0	184.0	167.0	149.2	148.3	77.4	−0.9	−0.6
남(재)+여(초)		13.5	12.8	12.0	11.7	11.1	10.5	10.2	9.8	7.9	7.1	7.4	3.9	0.3	4.3
남(초)+여(재)		18.9	18.2	18.4	18.0	16.7	16.2	15.9	15.0	12.8	11.7	11.3	5.9	−0.4	−3.2
남(재)+여(재)		37.6	36.1	35.5	34.7	32.1	31.1	30.7	29.4	25.2	23.8	23.5	12.3	−0.3	−1.1

* 미상 포함, 남(초):남자 초혼, 남(재):남자 재혼, 여(초):여자 초혼, 여(재):여자 재혼

출처: 통계청(2023a). 2022년 혼인 이혼 통계

(2) 재혼 가족의 특성

초혼 가족과 구별되는 재혼 가족의 특성은 다음과 같다(김상림 외, 2014 ; Berger, 2000). 첫째, 초혼 가족과는 달리 재혼 가족은 시작부터 몇 개의 관계를 지니고 시작되어 좀 더 복잡한 구성 단위로 되어 있다. 둘째, 자녀들은 때로는 두 가정의 구성원이다. 이러한 상황은 자녀들이 행동하는 데 있어서나 정서적으로 복잡하게 만들며 서로 다른 가정환경의 규칙과 기대에 적응하기 어려울 수 있다. 또한 전 배우자와 전 조부모들은 새로운 재혼 가족에 지속적으로 영향을 미칠 수 있다. 셋째, 어딘가에 또는 기억 속에 친부모가 자리 잡고 있다. 현재의 양육 부모나 계부모와 살지 않고, 친부모와 살았으면 더 행복할 것이라는 믿음을 가질 수 있다. 넷째, 계부모 가족구성원들은 서로 다른 가족사를 가졌다. 재혼 가족들은 하나의 단위로서 공유하는 역사가 길지 않으므로 새로운 상호작용 유형을 만들어야 하고, 가족 공동의식을 발달시켜 새로운 가족사를 만들어야 한다. 다섯째, 부모와 자녀 간의 유대가 배우자 간의 유대보다 더 오래되어서 친밀한 부부 관계 형성에 어려움이 있을 수 있다. 특히, 계부모 가족에서 남편이나 아내가 전혼 자녀와의 관계가 밀착되었을 경우, 친밀한 부부관계의 형성을 어렵게 할 수 있다. 계자녀들은 계부모를 자신의 부모에 대한 애정과 관심의 경쟁자로 여겨 부모와 계부모와의 친밀한 관계에 대해 배신감을 느끼며, 계부모와의 친밀한 관계 형성을 거부할 수 있다. 따라서 계부모 가족 내의 부부는 친밀한 부부관계 형성과 함께 부모-자녀관계 유지, 그리고 계부모-자녀 간의 유대를 함양시켜야 한다. 여섯째, 개인, 부부, 가족의 생활 주기가 일치하지 않을 수 있다. 재혼 부부들은 연령 차이가 크게 나는 자녀들이 있을 수 있으며, 가족의 생활 주기가 일치하지 않을 수 있다. 또한 부부 중 한쪽이 초혼인 경우 결혼을 함과 동시에 자녀를 양육하게 되는 경우가 있다. 일곱째, 재혼 가족은 모든 가족이 부모의 죽음이나 별거와 같은 중요한 상실의 경험 및 몇 번의 가족 변화 후에 형성된다. 마지막으로, 자녀와 성인은 이전 가족의 경험에 근거하여 재혼 가족에 대한 비현실적 기대를 가지고 재혼생활을 시작한다. 즉, 재혼을 할 때 새로운 결혼관계는 이전 결혼에서의 문제점과 결점을 극복하거나 보상할 것이라고 기대하는 경향이 있다. 이러한 기대는 새로운 결혼에 과도한 부담을 주며, 재혼 초기에 발생하는 다양한 문제를 회피하거나 인정하려 하지 않아 재혼 가족의 적응에 방해를 줄 수 있다.

(3) 재혼 가족의 적응

재혼으로 인해 부부는 심리적 안녕을 도모할 수 있고, 두 가정의 결합으로 가정의 경제적 안정을 도모할 수 있으며, 자녀 양육으로 인한 한부모의 부담을 줄인다는 이점이 있다. 그러나 하나의 새로운 가족을 구성해 나가는 과정 속에서 발생하는 부정적인 효과도 있다. 특히, 재혼 가족에서 자녀 양육에 대한 계부모의 정신적 부담은 상당히 크다. 재혼 가족의 계부모에 대한 사회적 편견과 통념은 재혼 가족을 힘들게 하는 주 요인이다. 우리는 '신데렐라'나 '콩쥐팥쥐' 등의 동화를 통해 재혼 가족에 대한 신화를 가지고 있으며, 과거 사회적 이슈가 되었던 '울산계모사건', '칠곡계모사건' 등 계부 · 계모의 아동학대사건은 재혼을 한 계부모에 대한 불안하고 부정적인 시각을 가지게 한다. 재혼 가족의 성공적인 가족생활을 위해서는 우선 재혼 가족에 대한 사회적 편견이나 통념이 변화해야 한다. 특히, 우리 사회의 이혼율의 증가와 더불어 재혼은 필연적으로 새로운 가족체계를 수반하고 있으므로, 재혼 가족을 한국사회의 주요한 가족 형태로 인정하여야 하며, 재혼 및 계부모에 대한 부정적인 인식의 변화가 필요하다.

재혼 가족의 자녀는 이미 부모의 죽음이나 이혼과정을 거치면서 가족의 큰 변화를 경험하였고, 부모의 재혼에 의해 새로운 가족이 생기는 또 다른 가족환경의 변화를 경험하게 된다. 부모의 재혼으로 인해 영유아는 친부모를 빼앗겼다는 상실감과 친부모의 재결합에 대한 환상이 깨어지는 상실감을 경험할 수 있다. 영유아가 이러한 상실감을 극복하지 못한다면 부모의 재혼을 받아들이는 것을 친부모에 대한 배반으로 여길 수 있다(Kaufman, 1993). 유아들은 같이 살고 있지 않는 다른 친부모에 대한 충성심 갈등 때문에 죄책감을 느끼기도 한다. 특히, 이혼 가정 유아의 경우 자신이 부모의 이혼 원인이었다는 죄책감과 부모의 이혼과 재혼을 막지 못한 죄책감으로 계부모와의 관계에 의식적으로 부정적이 될 수 있다.

재혼 가족의 부모-자녀관계는 친부모 자녀관계보다 소원하며, 갈등이 크고, 스트레스의 원천이 될 가능성이 크다. 초혼 가족과는 달리 혈연적 유대도 없고 서로 다른 역사를 가진 계부모 가족에서 자녀와 원만한 관계를 형성하는 것은 재혼 가족이 해결해야 할 가장 중요한 문제이다. 재혼한 부모의 가장 성공적인 전략은 초기에 계자녀와 따뜻한 관계를 형성하고, 친부모의 훈육방식을 지지하며, 갑자기 통제적 훈육자의 역할을 수행하는 것을 자제하는 것이다(Hetherington, 1992). 재혼 가족이 하나의 가족으로 기능하기 위해서는 시간이 필요하며, 가족구성원들이 소속감을 가지도록 노력을 하여 가족정체성을 확립하여야 한다. 영유아의 입장에서 부모의 재혼은 함께 살고 있는 부모와 영유아의 관계에 변화를 주며, 새로운 부모와 가족 관계를 형성하고, 함께 살고 있지 않은 부모 및 조부모와의 관계 및 접촉에 변화를 준다는 점을 기억하여야 한다. 재혼 가족의 부모는 영유아기 자녀의 기억 속에 있는 함께 살지 않는 친부모와의 기억을 인정해주며, 자녀와 비친권자인 부모와의 지속적 관계를 유지하도록 하는 것이 재혼 가족 자녀의 적응에 도움이 된다(김상림 외, 2014).

재혼 가족 적응을 위해 재혼을 앞둔 사람들을 대상으로 성공적인 재혼생활을 위한 체계적 준비를 돕는 재혼준비교육이 필요하며, 특히 자녀를 가진 재혼 가족의 경우 부모교육, 계부모 자녀관계 및 부부관계를 강화할 수 있는 내용이 포함되어야 할 것이다.

4) 다문화 가족

다문화 가족이란 우리와 다른 민족 또는 다른 문화적 배경을 가진 사람들이 포함된 가정을 총칭하는 용어이다. 이 용어는 2003년 건강가정시민연대가 '국제결혼', '혼혈아' 등의 차별적 용어 대신 '다문화 가족'이나 '다문화 가족 2세'로 부르자 제안함으로써 사용되기 시작하였다. 2008년 3월 제정되어 2009년 9월부터 시행된 다문화가족지원법은 다문화 가족에게 필요한 생활 정보 제공과 교육 지원, 아동의 보육 및 교육 지원, 다국어에 의한 서비스 제공 등 결혼이민자와 가족구성원의 사회 적응을 위한 정책을 주요 내용으로 한다. 다문화가족지원법에서 다문화 가족은 결혼이민자와 출생 시부터 대한민국 국적을 취득한 자로 이루어진 가족과 귀화 허가를 받은 자와 출생 시부터 대한민국 국적을 취득한 자로 이루어진 자로 이루어진 가족을 말한다.

(1) 다문화 가족의 현황

다문화 가족은 2002년 이후 도시 저소득층, 농촌 지역 남성의 결혼 문제와 결부되어 결혼 이민자 중심으로 급속히 증가하였으며, 다문화 가족은 전체 38.5만 가구

(가구원 112만명)로 전체 가구 대비 1.8%(가구원 2.2%)를 차지하며, 다문화 가족 증가세가 강화되고 있다. 2020년~2021년에 코로나 19 확산으로 연간 다문화 혼인 건수는 감소하였으나, 결혼이민자, 귀화자의 15년 이상 거주 비율이 2018년 27.6%에서 2021년 39.9%로 증가하는 등 결혼이민자 및 귀화자의 국내 체류가 장기화되고 있다(여성가족부, 2023).

다문화 가족에서 출산되는 자녀에 대해 살펴보면, 2022년 다문화 가족의 출생아는 12,526명으로 전년(14,322명)보다 1,796명(12.5%) 감소하였다. 2022년 전체 출생이 24만 9천명으로 전년보다 4.4% 감소한 데 비해, 다문화 부모의 출생아는 12.5% 감소하여 상대적으로 감소폭이 컸다. 전체 출생에서 다문화 출생이 차지하는 비중은 5.0%로 전년보다 0.5%p 감소하였다. 다문화 출생아 중 남아는 6,410명, 여아는 6,116명으로 성비(여아 100명당 남아 수)는 104.8명으로, 한국인(출생기준) 부모(104.7명)보다 높은 것으로 나타났다(표 11-5, 그림 11-6 참조).

2022년 12월 31일 기준으로, 어린이집을 이용하는 다문화 가족 영유아는 총 37,678명으로 민간어린이집에 17,748명(47.1%), 국공립어린이집에 9,434명(25.0%), 가정어린이집에 4,655명(12.4%)이 다니고 있었다(표 11-6 참조). 즉 다문화 가족 영유아는 민간어린이집을 가장 많이 이용하고 있으며, 국공립어린이집, 가정어린이집 순으로 많이 이용함을 알 수 있었다. 지역별로는 농어촌에 12,534명, 중소도시에 13,553명, 대도시에 11,591명이 거주하고 있는 것으로 나타났다.

표 11-5 출생아 수 및 출생성비

(단위: 명, %, 여아 100명당 남아 수)

구분		전체*			다문화 부모			출생기준 한국인 부모		
		2020	2021	2022	2020	2021	2022	2020	2021	2022
출생아 수		272,337	260,562	249,186	16,421	14,322	12,526	253,226	244,144	234,051
비중		100.0	100.0	100.0	6.0	5.5	5.0	93.0	93.7	93.9
전년 대비	증감	−30,339	−11,775	−11,376	−1,518	−2,099	−1,796	−28,448	−9,082	−10,093
	증감률	−10.0	−4.3	−4.4	−8.5	−12.8	−12.5	−10.1	−3.6	−4.1
남아		139,362	133,516	127,454	8,265	7,322	6,410	129,763	125,164	119,731
여아		132,975	127,046	121,732	8,156	7,000	6,116	123,463	118,980	114,320
출생성비		104.8	105.1	104.7	101.3	104.6	104.8	105.1	105.2	104.7

* 부모 국적 미상(기아, 영아 사망 등) 포함

출처: 통계청(2023).

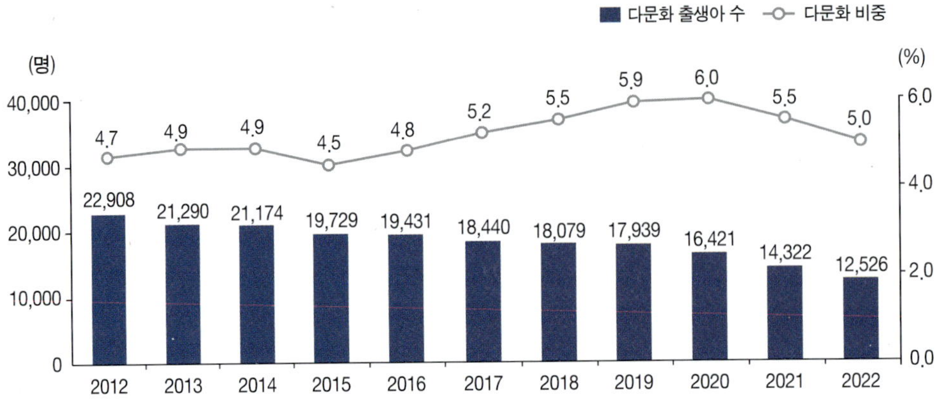

그림 11-6 다문화 출생아 수 및 전체 출생 중 다문화 비중 추이, 2012~2022

출처: 통계청(2023).

2021년 전국 다문화 실태조사에서 미취학 연령에 해당하는 만 5세 아동을 대상으로 영유아 보육 및 교육 기관(Early Children Education and Care: ECEC) 참여 여부와 이에 따른 양육 수당 수급 여부 실태 조사를 하였다(여성가족부, 2022). 다문화 가족 자녀의 영유아 보육 및 교육 기관 참여율은 71.9%로 나타났으며, ECEC 미참여 아동의 23.3%가 양육수당을 받은 것으로 확인되었다. ECEC에 참여하지 않음에도 양육 수당을 받지 않는 아동의 비율은 2.6%이고, 2.2%의 응답자는 아동의 양육 수당 여부를 알지 못한다고 보고하였다. 3년 전에 실시되었던 2018년 전국 다문화 실태조사와 비교해 보면 ECEC 참여율을 낮아진 대신 양육 수당 수급 비율은 높아진 것으로 나타났다. 그러나 2021년 전국 다문화 실태조사가 2년째 팬더믹 상황에서 실시되었으므로 이 결과만을 가지고 다문화 가족의 자녀가 영유아 보육 및

표 11-6 지역유형별 어린이집에 재원하고 있는 다문화 가족 영유아 현원 (단위 : 명, %)

구분	총계	국공립 어린이집	사회복지 법인 어린이집	법인 · 단체 어린이집	민간 어린이집	가정 어린이집	협동 어린이집	직장 어린이집
대도시	11,591	3,762	650	247	5,547	1,324	13	138
중소 도시	13,553	2,759	685	358	7,268	2,372	10	101
농어촌	12,534	3,003	2,457	1,103	4,933	959	7	72
전국 총계	37,678	9,434	3,792	1,708	17,748	4,655	30	311

출처: 보건복지부(2023).

교육기관 참여율이 낮다고 단언하기는 적절하지 않다. 한편 ECEC 추요 참여 연령인 3~5세 아동을 대상으로 분석한 결과, 다문화 가족 3~5세 아동의 ECEC 참여율은 91.8%이며, 양육수당 수급 비율은 6.0%로 대다수 유아들이 어린이집이나 유치원에 다니는 것으로 나타났다. 2019년 기준 우리나라 3~5세 아동의 ECEC 참여률이 최하 91.5%임을 감안하면, 다문화 가족 자녀의 ECEC 참여율은 우리 나라 대다수의 아동과 비슷한 수준인 것으로 추측된다(여성가족부, 2022: 45–46)

다문화 가족 영유아의 어린이집 및 유치원의 이용률이 과거에 비해 높아진 것은 언어와 문화의 차이를 완전히 극복하지 못한 어머니가 자녀 교육의 상당 부분을 담당함으로써 빚어지는 다문화 가족 자녀의 발달 및 교육의 어려움을 질 높은 영유아 보육 및 교육 프로그램을 영유아아에게 제공하여 보완할 수 있으므로 의미가 있다.

(2) 다문화 가족의 자녀 양육과 교육

다문화 가족이 빠른 속도로 증가하고 있는 한국 사회에서 다문화 가정 자녀에 대한 차별과 무관심은 여전히 남아 있다. 2021년 전국보육실태조사에 의하면, 다문화 가족 영유아는 언어발달지연의 문제가 44.1%로 가장 심각한 것으로 나타났으며, 그 외에 자신감, 자아정체감 부족, 기본생활습관 문제가 각 7.9%, 7.8%, 또래관계 형성 문제 7.3%, 학습발달지연 5.1%로 조사되었다(육아정책연구소, 2021a). 다문화 가족 영유아가 겪는 어려움으로 다른 어려움에 비해 언어발달 지연이 압도적으로 높은 수치를 보였다. 이는 2015년과 2018년 조사에서도 나타난 결과로 다문화 가정 영유아의 언어발달 지연 관련 어려움이 지속해서 나타나고 있다는 것을 시사한다. 영유아 시기의 언어발달은 의사소통 능력, 인지발달, 사회정서 발달과도 연관성이 커서 다문화가정 영유아의 언어발달 지원을 위한 실효성 있는 대책 마련이 요구되며, 다문화 가족 영유아를 위한 특화된 언어 발달 지원이 필요하다(육아정책연구소, 2021a; 385). 다문화 가족 자녀의 경우 부모가 외국인임으로 인해서 가정에서 습득하는 언어 습관에 차이가 있을 수 있다. 부모의 이중 언어 사용으로 다문화 가족 자녀는 한국어 습득을 하는데 어려움이 있다. 자녀의 언어 발달 지연은 어머니의 한국어 구사능력과 상당한 관련을 가지게 되는데, 하루 종일 집 밖에서 일하는 아버지와 한국말을 할 수 없는 어머니 사이에서 자녀는 긍정적인 피드백을 받을 수 없을 뿐 아니라 의사소통의 흐름이 원활하지 못하여 언어 발달이 지연되거나 정체되는 경우가 발생한다. 언어발달 지연의 문제는 학습 발달지연이나 그에 따른 자신감의 부족 등의 문제로 파생시킬 수 있으며, 또래 집단과의 언어 소통의 어려움은 집단 따돌림의 중요한 요인의 하나로도 작용할 수 있어서 이에 대한 대책이 필요하다(양재찬, 2006). 또한 다문화 가정에서 적절하게 지도되지 못하여 나타나는 기본생활습관 문제에 대해서도 다양한 가족지원이 필요하다.

다문화 가족을 대상으로 자녀 양육 지원에 대해 살펴본 장명림 외(2013)의 연구에 따르면, 다문화 가족 어머니들은 자녀의 양육과정에서 자신의 다문화 배경에 대해 양가적인 측면을 경험하고 있는 것으로 나타났다. 다문화 가족 어머니들은 다문화 가족임에 자부심을 느끼며 장점이 있다고 생각하는 경우가 자녀가 위축될까 염려하는 경우보다 높게 나타났다. 하지만 어머니의 한국어 실력이 낮은 집단에서 다문화 가족이어서 자녀가 위축될까 염려하는 비율이 50.7%로 높게 나타났다. 자녀 양육에 유리하게 여겨지는 부분은 이중언어의 습득(38.5%), 이중문화의 습득(18.9%), 사회적 다양성에 대한 이해(15.5%), 다문화 가족에 대한 다양한 혜택(14.3%) 등이며, 유리한 점이 없다는 응답도 12.3%로 나타났다. 자녀 양육에 불리하게 여겨지는 부분은 언어문제로 인한 상호작용 한계(34%)가 가장 크며, 다문화 가족에 대한 사회적 편견(23.8%), 육아정보 획득의 어려움(13.8%), 경제적 어려움(12.8%)의 순으로 높게 나타났고, 전혀 불리한 점이 없다는 응답도 10.9%로 나타났다.

서문희(2012)의 연구에 따르면, 다문화 가족 어머니가 어린이집이나 유치원 이용 시 가장 어려워하는 점은 교사나 원장과의 의사소통, 알림장 및 가정통신문의 이해, 기관 준비물 준비 순으로 나타났다. 어머니가 한글을 사용할 수는 있지만 발음과 어휘력이 능숙하지 못하여 이에 영향을 받은 자녀가 언어체계 형성에 어려움을 가질 가능성이 크며, 이는 자녀에게 무능력한 어머니로 비춰질 수 있다. 또한 어머니가 한국어를 제대로 익히지 못한 상태에서 자녀를 양육하다보니 다문화 가족 영유아의 언어발달이 늦어, 취학이 늦춰지는 경우도 있다(오성배, 2005).

다문화 가족 영유아의 적응을 위해서는 다문화 가족 영유아를 대상으로 초등학교 입학 전 지원 프로그램이 필요하다. 다문화 가족 영유아가 언어능력 및 의사소통문제로 이후 학교생활 적응에 어려움을 겪지 않도록, 다문화 가족 영유아가 다니고 있는 어린이집이나 유치원에서 방과 후 프로그램이나 특별 활동으로 한글, 한국어교육 프로그램, 사회정서 프로그램을 운영하는 것이 도움이 될 것이다(서문희, 2012).

2021년 전국보육실태조사에 의하면, 일반 영유아 대상으로 다문화 이해교육을 실시하는 어린이집은 59.4%에 그치고 실시 빈도도 1년에 1~2회 정도가 대부분이었다. 또한 영유아를 담당하는 보육교직원 대상의 교육도 58.7%가 이루어졌고, 대부분 인터넷 교육에 의존하고 있었다(육아정책연구소, 2021a: 384). 다문화 가족 영유아가 사회 구성원으로서 자리 매김하기 위해서는 어린 연령부터 다문화에 대한 이해가 올바르게 길러져야 하며, 영유아가 오랜 시간을 보내는 어린이집, 유치원과 가정이 연계될 때 일관성 있는 양육 지원이 가능하므로 영유아교육기관에서 다양한 문화를 편견 없이 수용할 수 있는 분위기 조성 및 적극적인 다문화 보육 프로그램 운영이 필요하다.

또한 다문화 가족을 지원하기 위해서는 다문화 가족의 특성, 문화적 배경 등을 고려하여 부모의 양육 역량 강화 교육을 할 필요가 있다. 즉, 다문화 가족 지원센터의 다양한 프로그램으로 자녀 양육을 위한 부모 역량을 강화하며, 다문화 가족 배경 국가나 부모 개인의 특성에 따라 양육 지원의 내용과 방법에서 차별화를 할 필요가 있다. 또한 다문화 가족 아버지의 양육 지원 및 역량 강화를 위한 방안과 더불어 자녀 양육에 많은 관여를 하는 조부모도 부모교육 대상에 포함하는 것도 바람직하다.

영유아가 오랜 시간을 보내는 어린이집, 유치원과 가정이 연계될 때 일관성 있는 양육지원이 가능하므로, 다양한 부모교육 및 부모참여 프로그램을 통해 다문화 가족 부모의 참여를 도모하고, 다문화 가족과 다문화 가족이 아닌 가족이 자녀 양육에 대한 정보와 양육기술을 상호교류할 수 있는 기회를 제공하는 것도 다문화 가족 지원에 도움이 될 것이다. 다문화 가족 영유아의 건강한 발달을 지원하는 것은 우리의 미래 사회를 이끌 시민을 위한 것이며, 이후 발생할 수 있는 사회적 비용의 감소를 위한 선도적인 접근 방안일 수 있다.

4. 아동학대

2000년 아동학대 예방을 위한 국가 차원의 체계가 설립된 이후 학대받는 아동을 보호하기 위해 최근 아동학대에 대한 국가의 대응제도에서 큰 변화가 있었다.

2014년 9월 '아동복지법'이 개정되며, '아동학대 범죄의 처벌 등에 관한 특례법'이 시행됨에 따라 아동학대 사례 개입에 있어서 아동학대를 범죄로 강력히 대응할 수 있게 되었고, 학대 행위자에 대한 강제적인 조치인 교육 및 상담, 치료 등이 가능하게 되었다.

1) 아동학대의 개념 및 유형

아동학대에 대해 아동복지법 제3조 제7호에서 다음과 같이 명시하고 있다. '아동학대란 보호자를 포함한 성인이 아동의 건강 또는 복지를 해치거나 정상적 발달을 저해할 수 있는 신체적 · 정신적 · 성적 폭력이나 가혹행위를 하는 것과 아동의 보호자가 아동을 유기하거나 방임하는 것을 말한다'(보건복지부, 2014). 아동 학대에 대한 이러한 정의에는 적극적인 가해행위뿐만 아니라 소극적 의미의 단순 체벌 및 훈육까지 명확히 포함되어 있으므로, 이를 근거로 하여 아동 학대의 유형을 신체학대, 정서학대, 성학대, 방임으로 구분할 수 있다.

(1) 신체학대

신체학대physical abuse는 보호자를 포함한 성인이 아동의 건강 또는 복지를 해치거나 정상적 발달을 저해할 수 있는 신체적 폭력이나 가혹행위를 하는 것이다아동복지법 제3조 제7호. 아동권리보장원에서 제시하고 있는 신체학대의 내용과 구체적인 신체

표 11-7 신체학대의 예

구분	설명
내용	신체 학대는 보호자를 포함한 성인이 아동에게 우발적인 사고가 아닌 상황에서 신체적 손상을 입히거나 또는 신체손상을 입도록 허용한 모든 행위를 말한다.
구체적인 신체학대행위 예	• 직접적으로 신체에 가해지는 행위(손, 발 등으로 때림, 꼬집고 물어뜯는 행위, 조르고 비트는 행위, 할퀴는 행위 등) • 도구를 사용하여 신체를 가해하는 행위(도구로 때림, 흉기 및 뾰족한 도구로 찌름 등) • 완력을 사용하여 신체를 위협하는 행위(강하게 흔듦, 신체 부위 묶음, 벽에 밀어붙임, 떠밀고 잡음, 아동 던짐, 거꾸로 매닮, 물에 빠트림 등) • 신체에 유해한 물질로 신체에 가해지는 행위(화학물질 혹은 약물 등으로 신체에 상해를 입히는 행위, 화상을 입힘 등)

출처 : 아동권리보장원(www.ncrc.or.kr)

학대 행위 예는 다음과 같다. 생후 36개월 이하의 영아에게 가해진 체벌은 어떠한 상황에서도 심각한 신체학대이며, 신체적 학대는 신체적 징후가 있어서 발견해 내기가 쉽다.

(2) 정서학대

정서학대는 보호자를 포함한 성인이 아동의 건강 또는 복지를 해치거나 정상적 발달을 저해할 수 있는 정신적 폭력이나 가혹행위를 하는 것이다아동복지법 제3조 제7호. 아동권리보장원에서 제시하고 있는 정서학대의 내용과 구체적인 정서학대 행위 예는 다음과 같다. 정서학대는 눈에 두드러지게 보이는 것도 아니고 당장 그 결과가 심각하게 나타나지 않기 때문에 그냥 지나칠 수도 있다는 점에서 더욱 유의하여야 한다.

표 11-8 정서학대의 예

구분	설명
내용	보호자를 포함한 성인이 아동에게 행하는 언어적 모욕, 정서적 위협, 감금이나 억제, 기타 가학적인 행위를 말하며 언어적 · 정신적 · 심리적 학대라고도 한다.
구체적인 정서학대행위 예	• 원망적/거부적/적대적 또는 경멸적인 언어폭력 등 • 잠을 재우지 않는 것 • 벌거벗겨 내쫓는 행위 • 형제나 친구 등과 비교, 차별, 편애하는 행위 • 가족 내에서 왕따시키는 행위 • 아동이 가정폭력을 목격하도록 하는 행위 • 아동을 시설 등에 버리겠다고 위협하거나 짐을 싸서 쫓아내는 행위 • 미성년자 출입금지 업소에 아동을 데리고 다니는 행위 • 아동의 정서발달 및 연령상 감당하기 어려운 것을 강요하는 행위(감금, 약취 및 유인, 아동 노동 착취) • 다른 아동을 학대하도록 강요하는 행위

출처: 아동권리보장원(www.ncrc.or.kr)

(3) 성학대

성학대는 보호자를 포함한 성인이 아동의 건강 또는 복지를 해치거나 정상적 발달을 저해할 수 있는 성적 폭력이나 가혹행위를 하는 것이다아동복지법 제3조 제7호. 아동권리보장원에서 제시하고 있는 성학대의 내용과 구체적인 성학대 행위 예는 다음과 같다.

표 11-9 성학대의 예

내용	보호자를 포함한 성인이 자신의 성적 충족을 목적으로 18세 미만의 아동에게 행하는 모든 성적 행위를 말한다.
구체적인 성학대행위 예	• 자신의 성적 만족을 위해 아동을 관찰하거나 아동에게 성적인 노출을 하는 행위(옷을 벗기거나 벗겨서 관찰하는 등의 관음적 행위, 성관계 장면을 노출, 나체 및 성기 노출, 자위행위 노출 및 강요, 음란물을 노출하는 행위 등) • 아동을 성적으로 추행하는 행위(구강추행, 성기추행, 항문추행, 기타 신체 부위를 성적으로 추행하는 행위 등) • 아동에게 유사성행위를 하는 행위 • 성교를 하는 행위(성기삽입, 구강성교, 항문성교) • 성매매를 시키거나 성매매를 매개하는 행위

출처: 아동권리보장원(www.ncrc.or.kr)

(4) 방임

방임은 아동의 보호자가 아동을 유기하거나 방임하는 것이다아동복지법 제3조 제7호. 아동권리보장원에서 제시하고 있는 방임의 내용과 구체적인 방임의 유형 예는 다음과 같다. 방임의 징후는 비위생적인 신체 상태, 건강상태 불량, 아동에게 악취가 나는 경우, 계절에 맞지 않는 부적절한 옷차림, 지속적인 피로 또는 불안정감 호소, 잦은 결석 등이 있다.

표 11-10 방임의 예

내용	보호자가 아동에게 위험한 환경에 처하게 하거나 아동에게 필요한 의식주, 의무교육, 의료적 조치 등을 제공하지 않는 행위를 말하며, 유기란 보호자가 아동을 보호하지 않고 버리는 행위를 말한다.
방임 유형의 예	**물리적 방임** • 기본적인 의식주를 제공하지 않는 행위 • 불결한 환경이나 위험한 상태에 아동을 방치하는 행위 • 아동의 출생신고를 하지 않는 행위, 보호자가 아동들을 가정 내 두고 가출한 경우 • 보호자가 아동을 시설 근처에 두고 사라진 경우 • 보호자가 친족에게 연락하지 않고 무작정 아동을 친족 집 근처에 두고 사라진 경우 등 **교육적 방임** • 보호자가 아동을 특별한 사유 없이 학교(의무교육)에 보내지 않거나 아동의 무단결석을 방치하는 행위 ※ 의무교육은 6년의 초등교육 및 3년의 중학교를 의미함(교육기본법 제8조 제1항) – 초등학교 및 중학교의 장은 해당 학교에 취학할 예정인 아동이나 취학 중인 학생이 ① 입학 · 재취학 · 전학 또는 편입학 기일 이후 2일 이내에 입학 · 재취학 · 전학 또는 편입학하지 아니한 경우,

방임 유형의 예	② 정당한 사유 없이 계속하여 2일 이상 결석하는 경우, ③ 학생의 고용자에 의하여 의무교육을 받는 것이 방해당하는 때 지체 없이 그 보호자 또는 고용자에게 해당 아동이나 학생의 취학 또는 출석을 독촉하거나 의무교육을 받는 것을 방해하지 아니하도록 경고하여야 함(초 · 중등교육법 시행령 제25조) **의료적 방임** • 아동에게 필요한 의료적 처치 및 개입을 하지 않는 행위 **유기** • 아동을 보호하지 않고 버리는 행위 • 시설 근처에 버리고 가는 행위

출처: 아동권리보장원(www.ncrc.or.kr)

이상에서 제시한 아동학대의 유형은 상호배타적이지 않다는 것을 주목하여야 한다. 아동학대의 발생은 어느 한 유형에 국한되어 일어나기보다는 중복적인 학대 유형의 사례가 많다.

2) 아동학대 현황

2022년 아동학대로 신고 접수된 건은 46,103건, 아동학대로 판단된 사례는 27,971건이었다. 2022년 신고 접수 건수는 2021년 53,932건 대비 감소하였으나, 2021년은 16개월 입양아 사망사건 등으로 국민적 관심이 제고되었던 점 등의 요인으로 예외적으로 신고 접수 건이 급증하였음을 감안하면 최근 5년간 증가 추세는 유지되고 있다. 2018년부터 2022년까지 아동학대 사례의 유형별 현황을 살펴보면, 2022년을 제외하고 2018년부터 2021년까지 중복학대가 가장 많이 발생하였다. 또한 2022년도 발생 현황을 보면, 정서학대가 38.0%로 가장 높은 발생 빈도를 나타내며, 중복학대, 신체학대, 방임, 성학대의 순으로 많이 발생하는 것으로 나타났다.

정서학대의 경우 눈에 두드러지게 보이는 것도 아니고 당장 그 결과가 심각하게 나타나지 않기 때문에 정서학대만으로 신고되기보다는 다른 유형의 학대가 함께 발생하였을 때 신고될 가능성이 높다. 또한 정서학대와 방임이 동시에 발생한 중복학대는 다른 유형에 비해 학대를 의심할 만한 징후가 눈에 띄기 어려워 외부에 노출될 가능성이 적을 수 있다.

또한 성학대는 가장 낮은 비중을 나타내었지만, 성학대가 다른 학대 유형보다 더욱 심각한 후유증을 초래하고 있다. 성학대를 경험한 아동들은 신체적, 정신적, 사회적으로 심각한 문제를 나타낼 뿐 아니라, 성인이 된 이후에도 정상적인 부모로서의 역할 수행이나 부부관계의 문제 및 사회·경제적으로 심각한 문제를 유발할 수 있다. 또한 대부분의 피해아동은 학대 사실을 성인에게 알리는 것에 대해 익숙하지 않거나 외부에 알리는 것을 두려워할 수 있는데, 이는 아직 드러나지 않은 성학대가 많을 수 있다는 것을 뜻한다. 따라서 영유아를 대상으로 성학대 사전 예방 수칙, 성학대 피해 시 성인에게 즉시 알리는 방법 등에 대해 교육이 필요할 것이다. 더불어 부모 및 교사 등을 대상으로 성학대 징후 및 피해아동에 대한 대응방안 등을 교육을 통하여 숙지하게 함으로써 이에 대한 피해를 최소화하는 것이 중요하다.

방임되는 아동의 가정은 경제적으로 어렵고, 부모의 소득이 낮은 경향을 보이며, 방임 가정의 학대 행위자는 사회적으로 고립되어 있거나, 자녀 양육능력이 부족하거나 정신질환 등의 특성을 갖는 경우가 있다. 방임은 유아에게 신체, 인지, 사회, 정서 발달 영역에 걸쳐 미치는 영향력이 크므로 방임 가능성이 높은 고위험군 가정 발굴을 통한 예방 차원의 접근이 필요하다(보건복지부, 중앙아동보호전문기관, 2013: 198).

2022년도 학대 피해 아동의 연령 분포를 살펴보면 [그림 11-7]에 제시된 바와 같이 13~15세 아동이 전체의 24.7%로 가장 많았고, 다음으로는 10~12세 23.3%, 7~9세가 19.1%, 4~6세가 12.0%, 16~17세가 11.2%, 1~3세가 8.1%, 1세 미만이 1.7%의 순으로 나타났다. 자료를 통해 볼 때 초등학교 연령에 해당하는 아동이 아동학대에 가장 많이 노출되어 있었는데, 이는 학동기 아동이 학교 및 학원 등 외부

표 11-11 아동학대 연도별 아동학대 사례 현황

(단위 : 건, %)

연도	신체학대	정서학대	성학대	방임	중복학대	계
2018년	3,436(14.0)	5,862(23.8)	910(3.7)	2,604(10.6)	11,792(47.9)	24,604(100.0)
2019년	4,179(13.9)	7,622(25.4)	883(2.9)	2,885(9.6)	14,476(48.2)	30,045(100.0)
2020년	3,807(12.3)	8,732(28.3)	695(2.2)	2,737(8.9)	14,934(48.3)	30,905(100.0)
2021년	5,780(15.4)	12,351(32.8)	655(1.7)	2,793(7.4)	16,026(42.6)	37,605(100.0)
2022년	4,911(17.6)	10,632(38.0)	609(2.2)	2,044(7.3)	9,775(34.9)	27,971(100.0)

출처: 보건복지부(2023a).

환경에 상대적으로 많은 시간 노출되어 학대 사실이 발견될 가능성이 높기 때문인 것으로 보인다. 영유아기의 아동도 전체에서 21.8%에 달하였는데, 영유아기에는 외부 환경에 노출되는 시간이 상대적으로 적을 뿐 아니라 자기방어 능력이 없고, 자신의 의사를 표현하는 데 한계가 있으므로 영유아기에 아동학대가 발생하였음에도 사실이 밝혀지지 않고 오랜 시간 아동학대가 지속될 가능성이 있다. 영유아기는 아동이 부모와 주요한 애착을 형성하는 중요한 시기이기 때문에 만약 부모에 의해 학대가 이루어질 경우 영유아의 발달에 부정적인 영향을 미칠 수 있다. 따라서 영유아 아동학대 예방을 위한 체계 구축이 필요하다. 먼저 영유아를 둔 부모를 대상으로 아이사랑카드 발급 또는 예방접종 시 아동학대 내용을 포함한 부모교육을 필수적으로 실시할 수 있도록 해야 하고, 영유아건강검진제도를 활용하여 건강교육 실시 및 발달검사 항목에 아동학대 의심 지표를 추가함으로써 영유아 대상으로 아동학대를 조기발견할 수 있도록 해야 할 것이다(보건복지부, 중앙아동보호전문기관, 2015: 108).

2022년 우리나라의 아동학대 사례 27,971건 중 부모에 의해 발생한 경우는 23,119건으로 82.7%를 차지하였으며, 이는 아동학대 사례 중 10건 중 8건 이상은 부모에 의해 이루어졌음을 알 수 있다(표 11-12 참조). 이중 친부모의 학대는 22,358건으로 80%에 이르며, 부모 중 친부에 의한 학대 사례가 12,796건, 친모에 의한 학대 사례가 9,562건으로 나타났다. 계모와 계부에 의한 학대 사례는 각각 511건(1.8%), 201건(0.7%) 순으로 높게 나타났다. 아동을 보호하고 가장 안정감을

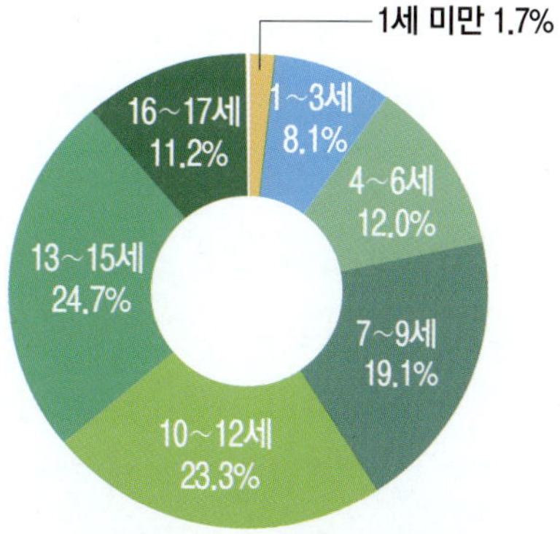

그림 11-7 학대 피해 아동 연령 분포

출처: 보건복지부(2023a). 2022년 아동학대 주요 통계

주어야 하는 부모가 아동을 학대하는 것은 아동에게 큰 상처를 주며, 가정 내에서 일어나는 학대는 외부 공식기관에 의해 학대가 발견되기까지 시간이 걸리는 한계가 있으므로 주위의 관심이 절실하다. '아동학대 범죄의 처벌 등에 관한 특례법'이 시행되기 전에는 아동복지법에서 학대 행위자 상담 · 교육에 대한 강제 이수 조항이 없어 학대행위자에 대한 조치의 한계가 있었지만, '아동학대 범죄의 처벌 등에 관한 특례법'(2014년 9월29일) 시행 이후 학대행위자의 상담 및 치료 또는 교육 명령을 강제화 할 수 있게 되었다.

한편 학대 장소도 가정 내에서 발생한 사례가 22,738건(81.3%)으로 가장 높게 나타났다. 2021년 1월 민법상 징계권 조항이 폐지되고, 2022년 3월 양형기준도 강화되었으나, 체벌 금지에 대한 인식 전환과 아동학대에 대한 경각심 제고가 여전히 필요하다.

부모가 자녀 양육방법과 지식이 부족할 경우 학대 관련 인식의 결여로 이어져 자녀를 학대하기 쉽다. 즉 부모교육을 통해 아동학대에 대한 인식을 높이고, 아동학대 예방에 대한 동기를 부여해 주는 노력이 필요하다. 또한 아동 학대 치료 서비스는 피학대 영유아와 학대행위자인 부모 모두에게 제공되어야 한다. 아동학대의 심각성은 학대의 경험이 신체적, 정신적 상처와 스트레스, 충격으로 남을 뿐 아니라 영유아로 하여금 생존을 위해 부적절한 대처 방식을 학습하게 하고, 후유증이 평생에 걸쳐 나타날 수 있다. 그러므로 학대 영유아에 대한 치료가 위기 개입 수준에 머물러서는 안 되며, 상담 및 치료 등을 통하여 영유아의 심리적 상처를 회복시키고, 잠재적인 아동학대의 상황을 능동적으로 대처할 수 있도록 하여야 한다.

한편, 대리양육자에 의한 아동 학대 사례의 경우 3,047건으로 전체 아동학대 사례 중 10.9%에 해당하였다. 대리양육자 중에서도 초 · 중 · 고교 직원은 1,602건(5.7%), 보육교직원은 600건(2.1%), 학원 및 교습소 종사자는 254건(0.9%)으로 나타냈다. 아동복지시설과 어린이집 등과 같은 기관은 아동과 많은 시간을 보내며 아동의 일상생활을 지원해주는 등 아동을 보호하고 교육하는 매우 중요한 역할을 하고 있기 때문에 아동학대 발생을 막기 위한 노력들이 요구된다. 특히 영유아와 많은 시간을 보내며 영유아의 일상 생활을 지원해 주는 등 영유아에 대한 보호와 교육의 의무가 있는 보육 교직원에 의한 학대는 부모에 의한 학대 이상으로 아동에게 큰 상처와 후유증을 남길 수 있다. 따라서 보육 교직원과 아동복지시설 종사

표 11-12 아동학대행위자와 피해아동과의 관계

(단위 : 건, %)

관계		건수(비율)
부모	친부	12,796(45.7)
	친모	9562(34.2)
	계부	511(1.8)
	계모	201(0.7)
	양부	29(0.1)
	양모	20(0.1)
	소계	23,119(82.7)
친인척	친조부	114(0.4)
	친조모	215(0.8)
	외조부	68(0.2)
	외조모	112(0.4)
	친인척	246(0.9)
	형제, 자매	124(0.4)
	소계	879(3.1)
대리양육자*	부모의 동거인	193(0.7)
	유치원 교직원	100(0.4)
	초 • 중 • 고교 직원	1,602(5.7)
	학원 및 교습소 종사자	254(0.9)
	보육교직원	600(2.1)
	아동복지시설 종사자	175(0.6)
	기타시설 종사자	69(0.2)
	청소년관련시설 종사자	8(0.0)
	위탁부	2(0.0)
	위탁모	9(0.0)
	아이돌보미	35(0.1)
	소계	3,047(10.9)
타인	이웃	119(0.4)
	낯선 사람	454(1.6)
	소계	573(2.0)
기타		353(1.3)
계		27,971(100.0)

* 대리양육자란 어떤 형태로든 다른 사람의 자녀를 하루의 일정시간 동안 대신 양육해 주는 사람.

출처 : 보건복지부(2023a). 2022년 아동학대 주요 통계

자들을 대상으로 아동학대 예방 교육을 강화하고 체계적인 관리 감독을 하여야 한다(김상림 외, 2014: 324). 또한 아동학대예방교육 뿐만 아니라 신체적인 체벌 대

신에 대안적인 훈육 방법을 활용할 수 있도록 이에 대한 교육과 훈련이 지속적으로 필요하다. 또한 아동복지시설 종사자 및 보육교직원의 근무환경 및 처우개선을 통해 이들의 스트레스를 감소시키는 것이 궁극적으로 아동학대를 예방하는 방안이 될 수 있다(보건복지부, 중앙아동보호전문기관, 2015: 116).

CHAPTER 12

가족 외 환경

1. 또래관계 | 2. 전자미디어 | 3. 보육

Chapter 12

영유아가 성장하면서 영유아의 사회적 환경은 가정을 벗어나 다른 사회집단으로 확대된다. 본 장에서는 영유아의 가족 외 환경으로 영유아기의 또래관계를 살펴보며, 인터넷 및 정보산업의 성장과 발달로 영유아의 삶에 일부분이 된 전자미디어에 대해 알아보기로 한다. 또한 현대사회의 영유아가 가정 외에 오랜 시간을 보내는 어린이집, 보육에 대해 살펴보고자 한다.

1. 또래관계

영유아가 성장함에 따라 영유아의 사회적 환경은 가정에서 다른 사회집단으로 확대된다. 최근 영유아가 이른 시기부터 보육기관을 통해 또래관계를 경험하게 되고, 가정에서 또래와 유사한 관계를 맺는 형제자매의 수가 감소하면서, 영유아의 사회성발달에 기반이 되는 또래관계의 중요성은 더욱 커지고 있다.

1) 또래관계의 정의

또래는 '사회적으로 동등한 사람' 혹은 '행동 복잡성 수준에서 비슷하게 행동하는 사람'으로 정의된다(Lewis & Rosenbaum, 1975). 따라서 나이가 어느 정도 다른 영유아여도 공통의 관심이나 목표를 추구하기 위해 서로의 능력이나 요구에 맞추기 위해 행동을 바꾸어 간다면 이러한 관계도 또래로 간주할 수 있다. 쉐퍼(Shaffer, 1994)는 동등함에 대해 다음과 같이 설명하였다. 영유아는 성인을 포함해 자신보다 나이가 많은 타인과의 상호작용에서 흔히 지시를 받고 따르는 종속적인 위치에 있는 반면, 또래와의 상호작용에서는 상대방으로부터 지시와 비판을 덜 받으며, 자신의 생각과 행동을 자유롭게 시도해 볼 수 있는 수평적 위치에 있다. 따라서 또래는 영유아로 하여금 동등한 입장에서의 상호작용이므로 자신과 마찬가지인 사람의 관점을 이해하고 평가할 수 있게 해주며, 가정의 위계적 관계 속에서 배우기 어려운 사회성발달을 돕는다.

2) 또래관계의 역할

또래관계는 영유아가 가정 밖에서 갖게 되는 최초의 동등한 사회적 관계이며, 또래와의 상호작용은 영유아의 인지적 · 정서적 · 사회성발달에 중요한 영향을 미친다. 또래관계의 역할은 다음과 같다.

첫째, 즐거움과 정서적 지지를 제공한다. 영유아에게는 또래와 함께 시간을 보내며 놀이와 활동을 함께 하는 것 자체가 재미있고 즐거운 일이다. 또한 또래는 새로운 환경을 자유스럽게 탐색할 수 있는 안전기지를 제공하는 정서적 지지의 기반을 제공하기도 한다.

둘째, 또래는 영유아의 사회화에 있어 중요한 기능을 하는데, 또래는 영유아의 사회화 과정에서 강화자로서, 모델, 비교 준거의 역할을 한다(Bandura & Walters, 1963). 즉, 또래와의 상호작용은 영유아에게 사회적 행동에 대한 모델을 제공해주고, 또래는 보상을 주는 강화자로서 역할을 한다. 또래는 상호 간에 강화와 모방을 통해서 영유아에게 영향을 미치며, 그 영향력은 성인의 영향력보다 클 수도 있다. 즉, 영유아는 성인보다 또래집단이 자신과 더 유사하다고 여기므로 또래가 더 영향력 있는 모델이 될 수 있다.

셋째, 또래는 영유아의 사회적 · 인지적 발달을 촉진하는 역할을 한다. 영유아는 또래와의 관계를 통해 영유아 자신과 타인에 대한 이해를 발달시키며, 자기 중심적인 행동과 태도를 보다 성숙한 상태로 변화시키게 된다고 본다. 즉, 또래관계를 통하여 또래가 자기를 어떻게 보느냐를 나름대로 지각하고 자신에 대한 견해, 자아의식을 발달시키게 되며, 타인의 사고, 정서, 의도를 이해하는 능력을 기르게 된다. 영유아는 또래와의 상호작용을 통하여 대인관계를 학습하고, 부정적인 정서를 처리하는 방법을 배우며, 또래의 반응을 통해 자신의 정서와 행동을 조절하는 것의 중요성을 배우게 된다. 또한 또래관계는 영유아가 새로운 기술을 배우고, 현재의 기술을 정교화시킬 기회를 준다. 비고츠키는 근접발달지대 원리를 제안하며, 유능한 또래나 의미 있는 성인과의 상호작용이 유아의 인지성장과 발달에 도움이 된다고 보았다.

3) 영아기의 또래관계

영아들은 출생 후 첫 달부터 다른 영아들에게 관심을 보이지만, 약 6개월이 되기 전까지는 진정한 상호작용이 나타나지 않는다. 약 6개월이 되었을 때 영아들은 또래에게 웃고, 옹알이를 하고, 장난감을 서로 주고받으며, 몸짓으로 상호작용을 한다(Vandell & Mueller, 1995 ; Vandell, Wilson & Buchanan, 1980). 그러나 이러한 몸짓의 대부분은 상대방의 주목을 끌지 못하고 비상호적으로 지나가버린다.

12~18개월경이 되면 영아는 서로의 행동에 대해 보다 적절히 반응하기 시작한다. 그러나 12~18개월경의 영아들은 또래를 자신들이 통제할 수 있으며, 또래를 반응이 있는 놀잇감으로 여기는 경향이 있다(Brownell, 1986). 즉, 이 시기에 영아는

또래를 사회적 상호작용의 대상으로 보다는 일종의 물리적 대상으로 인식하며, 놀잇감이나 다른 대상에 대한 매력 때문에 서로에게 접촉을 하는 경향을 보인다.

18개월경이 되면 거의 모든 영아들은 또래를 모방하면서 매우 즐거워하며, 상대방을 주시하고 미소를 짓는 등 또래와 분명한 상호작용을 보이기 시작한다(Eckerman & Stein, 1990 ; Howes & Matheson, 1992). 이러한 변화는 18~24개월의 영아가 거울 속에서 자신을 처음 인식하게 되고, 사진 속에서 다른 또래와 자신을 구별할 수 있는 시기에 나타난다. 즉, 영아의 상호작용능력은 인지발달 수준에 의존한다는 것을 시사한다.

24개월이 되면 영아는 사회적 행동의 습득에 놀라운 발전을 하게 되는데, 이는 운동능력의 발달과 언어를 사용하는 능력이 발달하기 때문이다(Eckerman & Didow, 1996). 이 시기에 영아의 또래와의 상호작용의 시간은 길어지고, 서로의 행동을 상호 모방하는 경향이 급증하며, 술래잡기 놀이에서 한 영아는 숨고 다른 영아는 찾아다니는 경우와 같이 서로 보완적인 역할을 한다. 일반적으로 2살이 지나면 서로를 향해 직접적인 상호작용을 시작한다. 그러나 아직까지 2세아도 또래 친구보다 그 외 환경과 놀잇감에 더 많은 관심을 쏟고, 다른 또래와 같이 노는 경우에도 가까이에서 놀 뿐이지 서로 간의 상호작용이나 우정은 없다. 그러나 2세 영아는 이전보다 또래에 관심을 가지고 특별한 친구를 사귀고자 하며, 친구와 언어로 상호작용할 수 있다. 그리고 친구의 행동을 모방하고 '공주고 받기'와 같은 상호적 놀이를 한다. 그러나 놀잇감에 대한 갈등이 생겨 또래와 다투기도 한다. 이 시기는 발달단계 중 처음으로 친구라는 용어를 사용할 수 있는 시기이다(Segal, Bardige, Woika, & Leinfelder, 2006).

한편, 생후 2년 동안 영아의 초기 애착의 질은 또래관계발달에 기여를 하게 된다. 양육자에게 안정 애착된 영아들은 불안정 애착된 영아들보다 이후 유아기에 더 사교적이고 또래들에게 더 인기가 있는 것으로 나타났으며(Waters, Wippman, & Sroufe, 1979), 이후 학동기에도 안정 애착 아동들이 또래관계가 좋았고, 가까운 친구들을 가질 가능성이 높은 것으로 나타났다(Elicker, Englund, & Sroufe, 1992). 또한 불안정 애착 중 혼란 애착 유형의 영아들은 또래로부터 거부될 가능성이 있는 적대적이고 공격적인 아동이 될 위험이 있는 것으로 나타났다(Lyons-Ruth, Easterbrooks, & Cibelli, 1997). 즉, 안정 애착된 영아들이 양육자에게 받아 온 민감하고 반응적인 양육이 사회성발달에 긍정적인 방향으로 작용함을 의미한다.

4) 유아기의 또래관계

유아들은 영아기에 비하여 또래 지향적으로 변하며, 또래와 상호작용하는 기술도 변화하게 된다. 유아의 사회적 관계는 연령에 따라 각기 다른 특징을 보인다(Segal, Bardige, Woika, & Leinfelder, 2006).

3세가 되면 또래와 함께 놀이하는 빈도가 점차 증가한다. 아직 자기중심적이지만 사회적으로 용납되는 상호작용방법을 배우며, 또래와의 상호작용도 더 많이 나타나고, 사회적 기술이 더 발전된다. 3세아는 혼자 놀기를 좋아하며 놀이 시 또래에게 양보하지 않으려 하고 성인과 가까이에서 논다. 남아, 여아의 구별 없이 또래와 사귀며, 상상력을 이용한 상징놀이가 나타난다. 이와 같이 이 시기는 자기중심성이 강하면서도 타인에 대한 이해가 시작되고 사회적 관계의 기초가 형성되는 시기로 친구관계가 중요한 시기이다.

4세가 되면서 유아는 친구에 대해 관심이 많아지고 특히 동성의 또래에 대한 관심이 증가한다. 혼자 놀이보다 또래와 어울리는 놀이를 선호하기 시작하며, 타인을 이해하는 능력이 발달하기 시작한다. 이 시기의 유아는 타인의 요구사항을 이해하게 되고 규칙을 배울 수 있으며, 상대방의 입장을 고려하고 도와주기도 한다. 규칙 지키기, 양보하기, 순서 지키기 등과 같은 친사회적 행동을 하지만 아직 서툴러 종종 갈등 상황으로 끝난다. 그러나 이러한 갈등을 해결하는 과정에서 유아의 사회적 기술은 더욱 향상된다. 이 시기의 유아는 상황을 이해하는 능력이 빨라지고 자신의 부정적인 감정을 통제하기 위해 노력하지만, 아직까지는 감정에 따라 행동하는 경우가 많다.

5세아는 사회적으로 타인에 관심이 많아지고, 다른 유아와 상호작용하는 기술이 발달되며 협동하기, 돕기, 협상하기 등의 사회적 기술과 규칙을 배울 수 있고, 상대방의 생각과 견해를 알게 된다. 친구와의 놀이에 주도적으로 참여하고 싶은 욕구가 있으며, 또래에게 인정받는 것에 민감하다. 친구와 함께 놀이나 활동 계획을 세울 수 있으며, 놀이 규칙을 만들고 지킬 수 있다. 친구와의 관계가 증가하면서 또래와의 갈등 상황도 많아진다. 그러나 이 시기에는 신체적인 다툼이 점차 감소하고 언어적으로 다투고 화가 나도 다른 활동을 통해 화를 조절할 수 있다.

또래와의 친밀하고 지속적인 애정적 유대를 우정이라 한다. 유아기에도 또래와 우정을 형성하지만, 유아들은 지속적인 관계에 관심이 있는 것이 아니라 일시적인 놀이상대로서 또래에게 관심을 가진다.

그림 12-1 또래와의 규칙이 있는 게임을 즐기는 유아

유아의 또래관계를 지원하기 위해 유아의 또래관계가 존중되고 격려되는 환경을 만들어 주는 것은 중요하다. 이를 위해 유아에게 또래와 함께 있을 수 있는 비형식적인 기회를 제공하며, 다양한 활동에서 유아들을 짝지어 주고, 수줍어하는 유아는 더 어린 유아와 짝지어 주어서 사회적 기술을 연습할 수 있는 기회를 주며, 유아에게 자신과 타인의 정서를 인식하도록 도와주는 것이 효과적이다(Kostelink, Whiren, Soderman, & Gregory, 2009).

5) 또래관계의 어려움

또래관계는 부모와 다른 성인이 힘이나 통제로 영유아와 수직적인 관계를 갖는 것과는 달리 수평적인 관계 속에서 영유아를 사회화시키는 중요한 존재이다. 그러나 수평적인 관계라고 할 때 또래 간의 힘이 균등할 것으로 여겨지나, 실제로 많은 연구들은 또래 간의 힘이 불균등함으로써 서로 수용하기도 하지만 거부되거나 지속적인 괴롭힘이 발생하는 등 또래 간의 다양한 사회적인 모습을 보고한다(Coie, Dodge, & Kupersmidt, 1990 ; Ladd, 1999 ; Newcomb, Bukowski, & Pattee, 1993 ; Rubin, 2003 ; Rubin, Bukowski, & Parker, 2006).

특히, 유아기 또래와의 관계에서 나타나는 긍정적인 또는 부정적인 참여의 패턴은 아동기와 그 이후까지 지속되므로 초기 또래와의 경험은 매우 중요하다. 또래관계에서 성공하지 못한 아동은 또래에게 무시되거나 거부되는 경향을 보인다.

또래에게 무시되는 유아는 전형적으로 수줍음을 많이 타고 수동적인 경향이 있으며, 놀이집단에 끼려는 시도를 더 적게 시도하고, 또래의 관심을 끄는 것을 좋아하지 않는다(Coie, Dodge, & Kupersmidt, 1990). 또래로부터 무시되는 유아는 다른 또래의 관심을 끌기 위해서 사회적으로 수용되는 방식이 어떤 것인지 모르거나, 적절한 개입방식을 사용하지 않으므로 또래로부터 무시되는 경향이 있으며, 또래로부터 무시된 유아는 고립되었다고 느끼게 된다(Rubin, 2003).

또래로부터 거부되는 유아는 공격적 유형과, 위축되는 유형으로 나눌 수 있다. 또래로부터 거부되는 것은 유아로 하여금 소외감과 적대감을 느끼도록 만들며, 이후 부적응적인 심리상태와 행동을 발달시킬 수 있다. 공격적 유형의 거부 아동은 힘을 사용하며, 약한 아이를 괴롭히고, 또래의 상호작용에서 지배적이며, 타인을 비판하고, 협력하지 않으며, 타인의 행동을 적대적인 것으로 해석하는 경향이 있다(Newcomb, Bukowski, & Pattee, 1993). 위축 유형의 또래 거부 유아는 사회적으로 서툴러서 미성숙하거나 특이한 행동을 보이며, 또래집단의 기대에 민감하지 못한 경향이 있다. 이러한 유형의 유아는 외로움을 느끼고, 우울해 하며, 낮은 자아존중감을 가지는 경향이 있으며, 따돌림의 대상이 된다(Rubin, Bukowski, & Parker, 2006). 또래와 지속적인 어려움을 경험하는 유아는 이후의 심리적 어려움을 경험할 가능성이 크므로 성인의 적절한 개입이 필요하다.

2. 전자미디어

최근 정보 통신 기술의 발달로 인해 텔레비전, 인터넷, 스마트폰, 컴퓨터 등의 전자미디어 매체는 우리 사회 구성원의 일상 생활에 여가 활동으로서 큰 부분을 차지하고 있다. 특히 인터넷과 스마트폰 보급의 빠른 성장은 영유아의 삶에도 영향을 미치고 있다. 텔레비전, 인터넷, 스마트폰, 컴퓨터 등 시각과 청각을 모두 사용하여 정보를 전달하는 매체를 전자미디어라고 한다(국가청소년위원회, 2007). 정보통신기술과 뉴미디어의 발전으로 전자미디어를 쉽게 접할 수 있는 환경이 조성되면서, 전자미디어를 처음 이용하는 연령이 빠르게 하향화되어(한국언론진흥재단, 2020: 13), 영유아에게도 전자미디어 이용이 보편적인 현상이 되고 있다. 2020년에 만 3세 이상 만 9세 이하 어린이의 보호자를 대상으로 실시된 '어린이 미디어 이용 조사'에서는 만 3세~9세 이하 아동도 텔레비전 90.1%, 스마트폰 82.8% 등 전자미디어 이용률이 매우 높게 나타났으며 어떠한 전자미디어도 이용하지 않는다는 응답은 1.1%에 불과했다(한국언론진흥재단, 2020: 62–63). 또한 이용 시간도 하루 평균 텔레비전 2시간 10분, 스마트폰 80.9분, 태블릿pc 48.3분, 컴퓨터 25.6분 등 4시간 45분에 이르는 것으로 나타났다(한국언론진흥재단, 2020: 64). 그동안 영유아의 전자미디어 이용은 스마트폰 과의존 실태조사 등 관련 조사에서 나타난 영유아 관련 조사 결과를 통해 파악되었지만, 태어나면서부터 미디어 기기에 둘러싸여 자라나는 환경이 익숙한 '디지털 네이티브'의 미디어 이용 행태를 구체적으로 파악할 수 있는 체계적 조사의 필요성으로 2020년 처음으로 한국언론진흥재단에서 '어린이 미디어 이용 조사'가 실시되었다(한국언론진흥재단, 2020: 13). 영유아의 건강한 신체적, 정신적 발달을 위해 전자미디어 매체의 적절한 활용과 과몰입 등 부정적 결과를 예방하려는 노력이 필요하다.

1) 텔레비전

영유아의 생활에 있어 텔레비전이 차지하는 비중은 절대적이며, 하루 일과에서 텔레비전을 보면서 보내는 시간이 큰 비중을 차지한다. 영유아의 미디어 매체 노출과 관련된 이정림, 도남희, 오유정(2013)의 조사를 살펴보면, 2013년 4월 기준으로 텔레비전 보유율은 98.9%이며, 영아는 94.5%, 유아는 94.9%가 이용하는 것으로 나타났다. 또한 가정의 컴퓨터 보유율은 97.4%이며, 영아 15.1%, 유아 48.5%가 이용하였으며, 스마트폰의 가정 보유율이 98.5%이며, 영아 이용 34.9%, 유아 이용 68.4%이었다. 가정 내 텔레비전, 컴퓨터, 스마트폰의 보유율은 각각 모두 97% 이상으로 거의 대부분의 가정에서 보유하고 있으며, 세 가지 미디어매체 중 영유아의 이용률이 높은 매체는 텔레비전으로 나타났다.

영아의 경우 미디어 이용을 자제하여야 한다. 이 시기에는 활동성과 부모와의 접촉이 가장 중요한 시기이므로 영아들이 최대한 텔레비전에 노출되지 않도록 하며 부모가 영아들과 직접적으로 의사소통을 할 필요가 있다. 프랑스의 경우 영화, 케이블 등의 알림 자료에 "3세 이하 영유아들의 텔레비전 시청은 수동성, 언어 지체, 수면장애, 흥분 등의 장애나 혼란을 발생시킬 수 있다"는 문구를 삽입하도록 하였으며, 미국 소아과학회(AAP)는 한 주에 10시간 이하로 텔레비전 시청을 제한할 것과

생각해보기

텔레비전을 바르게 시청하기 위한 약속 정하기

유아와 함께 텔레비전 시청에 관한 약속을 정하는 것은 텔레비전에 대한 바른 사용 및 주체적인 사용의 기본이 되는 활동이다. 약속을 정할 때에는 텔레비전 시청에 관하여 연령에 맞는 프로그램을 보도록 유도하고 스스로 선정할 수 있도록 도와준다. 이때 아이의 의견을 존중하는 방향으로 약속을 정하는 것이 좋다.

• **적절한 프로그램의 선정**

– 유아가 선택한 프로그램이 유아의 연령과 발달에 적합한 것인지 확인한다.

– 부모가 문제의식을 갖지 않고 자녀에게 실제 보여 주는 프로그램 중에는 유아에게 적합하지 않은 프로그램들이 많다(폭력적이고 선정적인 장면이 들어 있는 드라마, 비속어, 유행어 같은 말을 사용하는 개그 프로그램, 폭력적인 만화 등).

– 영유아에게 적절한 대중매체 경험을 격려한다. 교육적이고, 친사회적이며 연령 및 발달에 적합한 프로그램을 시청할 때 인지적 기술과 사회적 기술이 향상될 수 있다.

– 교육방송을 보는 어린이용 프로그램이라 할지라도 무조건 보도록 허용하는 것은 바람직하지 않다. 프로그램의 내용과 시간을 선별해야 한다.

– 아이가 리모컨을 가지고 채널을 계속 돌려보는 것은 바람직하지 않다.

• **적절한 시간의 결정**

– 유아가 장시간 텔레비전을 시청하는 것은 바람직하지 않다.

– 미국 소아과학회(AAP)는 한 주에 10시간 이하로 텔레비전 시청을 제한할 것과 3세 미만의 영아에게는 아예 보여 주지 말라고 권고하고 있다.

– 유아가 텔레비전을 보는 시간을 정할 때에는 부모가 함께 참여하고 부모와 시청시간을 정하여 함께 지켜 나가야 한다.

– 텔레비전 프로그램을 미리 정한 뒤 그 시간대에만 텔레비전을 켜도록 한다.

– 텔레비전 시청시간을 보상으로 사용하지 않는다.

• **바른 시청 태도**

– 텔레비전을 시청할 때에는 텔레비전 대각선 길이의 4~5배 정도 떨어진 곳에서 시청하는 것이 바람직하다.

– 음식을 먹으며 텔레비전을 보거나 누워서 보는 태도는 좋지 않다.

– 텔레비전을 올려다 보는 것은 눈과 어깨 등에 무리를 줄 수 있으므로 눈 높이를 맞추어 시청하는 것이 좋다.

– 가능하면 자녀와 같이 텔레비전을 시청한다.

출처 : 여성가족부(2011).

3세 미만의 영아에게는 아예 보여 주지 말라고 권고하고 있다. 영유아가 텔레비전에 지속적으로 노출될 경우, 영유아의 놀이를 방해하고 장난감을 가지고 집중하여 놀이에 참여하는 시간을 감소시킨다(Courage & Howe, 2010).

여러 연구에서 텔레비전의 폭력성과 유아의 공격성 간에 높은 상관관계가 있다고 보고하고 있다(Singer & Singer, 1988 ; Steur, Applefield, & Smith, 1971). 텔레비전의 폭력성은 적대적 사고와 언어적, 신체적, 관계적 공격행동의 가능성을 높인다(Comstock & Scharrer, 2006 ; Ostrov, Gentile, & Crick, 2006). 텔레비전의 공격성은 특히 유아기와 저학년 아동에게 심각한데, 이들은 텔레비전의 공격성을 즉시 모방하기 때문이다. 폭력성이 높은 프로그램을 많이 시청하는 유아는 공격적인 행동을 많이 나타내며, 규칙을 잘 지키지 않고 인내심이 부족한 경향이 있는 것으로 나타났다(Singer & Singer, 1988). 또한 유아가 텔레비전을 통해 관찰한 공격성을 실제로 행동에 옮기지 않는다 할지라도 공격적인 행동을 문제해결의 방안으로 인식할 수 있으며, 공격성에 대해 무뎌지게 하여 공격성에 덜 저항하게 만든다(Anderson, Berkowiz, Donnerstein, Huesmann, Johnson, Linz, Malamuth, & Wartella, 2003 ; Slaby, Roedell, Arezzo, & Hendrix, 1995 ; Thomas, Horton, Lippincott, & Drabman, 1977).

한편, 협동적이고 도움을 주거나 위로하는 행동을 포함한 텔레비전 프로그램은 감정 이입과 친사회적 행동을 습득하도록 돕는 역할을 한다(Hearold, 1986). 그러나 친사회적 텔레비전 프로그램이 유아의 친사회적 행동에 미치는 영향력은 단기적인 경향이 있으며, 성인이 그 프로그램을 모니터링하고, 유아에게 프로그램에서 배운 친사회적 내용을 반복적으로 연습하도록 하며, 실행하도록 격려해 줄 때 그 효과가 지속될 수 있다(Friedrich & Stein, 1975 ; Liebert & Sprafkin, 1988).

영유아에게 미치는 텔레비전의 부정적인 영향을 최소화하고 긍정적인 영향을 극대화하기 위해서는 부모는 영유아가 시청하는 프로그램의 선정에 유의하고, 영유아와 함께 시청하며, 영유아에게 프로그램의 내용을 설명하는 등 성인의 적극적인 개입이 필요하다.

2) 인터넷 및 스마트미디어 사용

한국지능정보사회진흥원(2023a)에서 조사한 인터넷 이용 실태조사 결과, 2022년 7월 기준으로 만 3세 이상 국민의 인터넷 이용률은 93.0%이며, 가구 인터넷 접속률은 거의 100%로 근접하여 인터넷이 우리의 일상생활 전반에 깊숙이 자리 잡은 것을 알 수 있다. 또한 만 3~9세 아동의 인터넷 이용률은 91.7%로 10세 미만의 저연령층의 신규 인터넷 이용자가 지속적으로 늘어나고 있으며, 인터넷을 이용하는 연령이 하향화 속도가 두드러진 것으로 나타났다(한국지능정보사회진흥원(2023a). 더욱이 인터넷은 컴퓨터뿐만 아니라 최근 스마트폰이나 태블릿 PC 등의 기기와 결합되면서 시공을 초월하여 보다 쉽게 이용할 수 있게 되었다. 특히, 스마트폰의 보편화에 힘입어 스마트폰 역시 인터넷과 마찬가지로 초등학생 및 유아에게까지 그 사용의 범위가 확장되고 있다.

전자미디어는 영상, 음악, 이미지 등 다양한 형태의 콘텐츠를 가지고 있어, 유아에게 사실적인 이미지와 정보 제공을 하며, 유아의 교육 및 학습에 활용되고 있다. 또한 가상공간 속에서 다양한 형태의 멀티 미디어적 정보와 지식을 얻을 수 있으며, 이는 유아의 동기 및 흥미를 유발하여 유아의 능동적인 지식 구성의 활동이 이루어질 수 있도록 하는 효과적인 학습 도구이다.

그러나 오랜 시간 전자미디어를 사용하면 전자파의 노출, 체력 저하 등 신체적인 위험이 있다. 그리고 유아의 발달에 부적절한 유해 정보에 노출시킬 가능성이 있으며, 발달단계의 특성상 현실과 상상을 잘 구분하지 못하는 유아에게 현실과 가상의 경계를 더욱 혼미하게 하여 위험한 상황에 노출시킬 가능성을 높인다는 것이다. 또

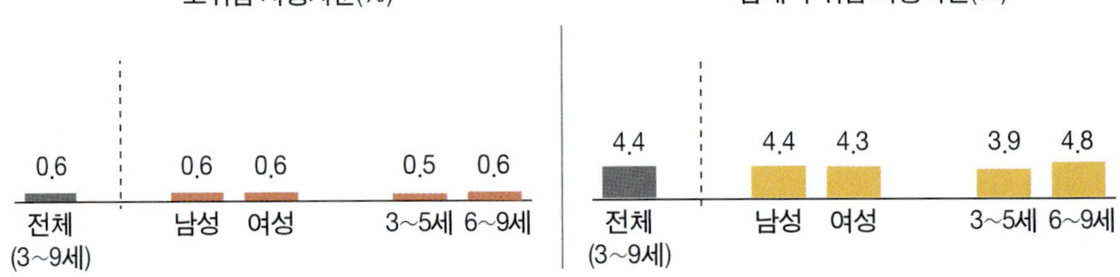

그림 12-2 유아동 인터넷 과의존 위험군 현황

출처 : 한국정보화진흥원(2016).

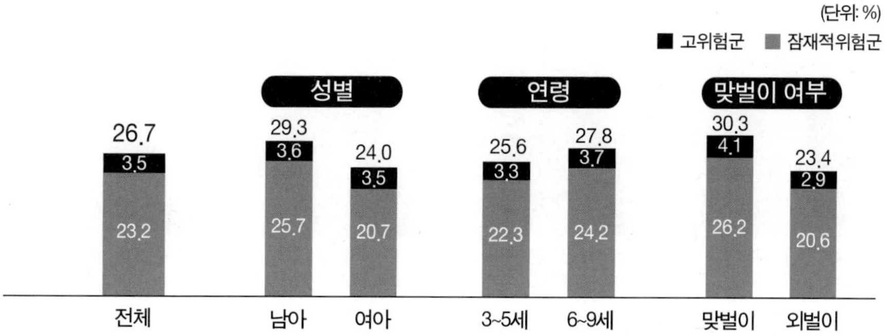

그림 12-3 유아동 스마트폰 과의존 위험군 현황

출처: 한국지능정보사회진흥원(2023).

한 유아의 전자미디어에 대한 몰입은 사회적 관계에 대한 관심의 저하를 일으킬 수 있으며, 사회적 고립의 위험이 있다(여성가족부, 2011).

최근 유아의 인터넷을 이용하는 시간이 증가하며, 게임이나 인터넷, 모바일에 지나치게 몰입되면서 중독증상을 보이는 유아가 발생하고 있다. 한국정보화진흥원에서 2015년도에 실시한 인터넷 과의존 실태조사에 따르면, 인터넷을 이용하는 유아동3~9세 중 0.6%가 인터넷 과의존 위험군, 4.4%가 잠재적 위험군으로 조사되었으며, 이는 2012년 유아동 대상 중 인터넷 과의존 위험군 0.8%, 잠재적 위험군이 6.5%로 조사되었던 것에 비해 소폭 감소 추세를 보이고 있다(그림 12-2).

연령에서는 5~9세의 잠재위험군 비율이 4.8%로 3~5세3.9%보다 0.9%p 높게 나타났다. 전반적으로 과의존 위험성이 인터넷에서 스마트폰으로 옮겨가는 추세를 보이고 있으며, 스마트폰 위험군은 지속적으로 증가하고 있고, 인터넷 위험군은 소폭 감소 추세를 보이고 있어 이에 따른 정책적, 사회적 대응 변화가 필요하다. 유아기의 인터넷 중독은 그 이후 발달에까지 영향을 미치며, 중독된 유아들은 신체적, 심리사회적 어려움을 경험하는 것으로 나타났다(김승옥, 김혜수, 이경옥, 2007 ; 박지영, 이정수, 이경옥, 2006).

영유아의 스마트폰 노출 실태를 살펴보면, 서울 · 경기 지역에 0~5세의 최초 스마트폰 이용 시기는 평균 2.27세로 3세가 되기 이전인 영아기에 이미 노출되어 있으며, 10명 중 4명이 주 3~4회 스마트폰을 이용하는 것으로 나타났다(이정림, 도남희, 오유정, 2013). 이와 같은 실태조사 결과는 영유아의 이용률이 높아짐에 따라

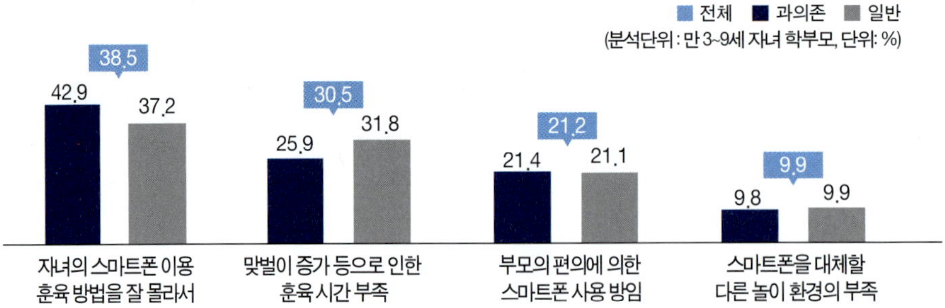

그림 12-4 유아동 자녀를 둔 부모가 응답한 자녀의 스마트폰 과의존 주요 원인

출처: 한국지능정보사회진흥원(2023).

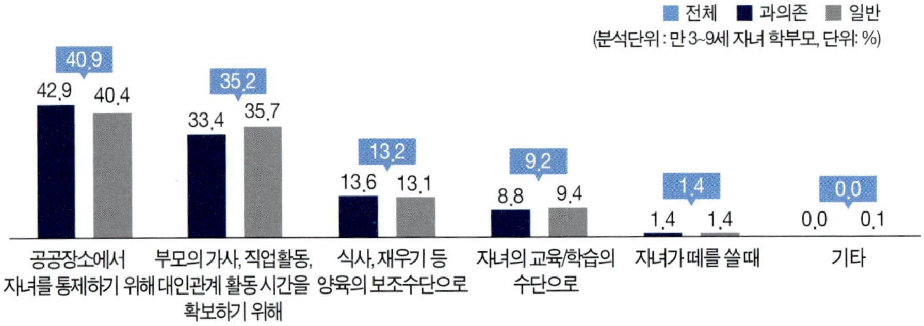

그림 12-5 유아동 자녀를 둔 부모가 자녀에게 스마트폰을 보여주는 상황

출처: 한국지능정보사회진흥원(2023).

과다 사용의 경향도 높아질 것이라는 예측을 가능하게 하고 연령이 낮을수록 부정적 영향에 적절히 대응할 수 있는 능력이 부족하므로 영유아의 전자미디어 매체 사용에 대한 관심 및 적절한 안내와 교육이 필요하다. 한국지능정보사회진흥원(2023)에서 2022년도 실시한 스마트폰 과의존 실태조사에 따르면, 유아동 스마트폰 이용자(3~9세) 중 고위험군 비율은 3.5%, 잠재적 위험군은 23.2%로 조사되었다. 성별이 남아인 경우 29.3%가 과의존 위험군으로 여아(24.0%)보다 상대적으로 취약한 것으로 나타났다. 그리고 3~5세(25.6%)보다 6~9세(27.8%)가 과의존 위험이 더 높은 것으로 나타났다. 또한 부모의 맞벌이 여부에 따라 맞벌이 가정의 유아동 중 30.3%가 스마트폰 과의존 위험군으로 외벌이(23.4%)보다 스마트폰 과의존 위험에 취약한 것으로 나타났다(한국지능정보사회진흥원, 2023). 또한 3~9세 유아동 자녀의 부모들은 자녀의 스마트폰 과의존 주요 원인으로 '자녀의 스마트폰 이용 훈육 방법을 잘 몰라서'가 38.5%로 가장 높으며, 그 다음으로 '맞벌이 증가 등으로 인한 훈육 시간 부족'(30.5%), '부모의 편의에 의한 스마트폰 사용 방임'(21.2%), '스마트폰을 대체할 다른 놀이 환경의 부족'(9.9%) 순으로 응답하였다. '맞벌이 증가 등으로 인한 훈육 시간 부족'의 응답은 일반 사용자군(31.8%)이 과의존위험군(25.9%)보다 5.9%p 높게 나타났다. '스마트폰을 대체할 다른 놀이환경의 부족'의 응답은 고위험군(14.4%)이 잠재적 위험군(8.6%)보다 5.7%p 높은 것으로 나타났다.

자녀에게 스마트폰을 보여주는 상황으로는 '공공장소에서 자녀를 통제하기 위해'가 40.9%로 가장 높으며, 다음으로 '부모의 가사, 직업활동, 대인관계 활동 시간을 확보하기 위해'(35.2%), '식사, 재우기 등 양육의 보조수단으로'(13.2%) 등의 순으로 나타났다. 특히 '공공장소에서 자녀를 통제하기 위해'의 응답은 과의존 위험군(42.9%)이 일반 사용자군(40.4%)보다 2.5%p 높게 나타났다. '자녀의 교육/학습의 수단으로'의 응답은 잠재적 위험군(10.6%)이 고위험군(1.6%)보다 8.9%p 높게 나타났다.

유아의 스마트미디어 사용 실태에 관한 연구(박소영, 문혁준, 2015)에 따르면, 유아의 스마트미디어 사용시간이 주중에 비하여 주말에 많은 것으로 나타났다. 이러한 결과는 주중에 비하여 주말에 부모가 자녀와 함께 시간을 보내면서, 스마트미디어를 더욱 쉽게 놀잇감으로 제공한다고 해석할 수 있다. 유아는 부모로 인해 스마트폰을 처음 접하게 되고 부모와 함께 있을 때 사용하는 경우가 많다(박소영, 문혁준, 2015 ; 이원석, 성영화, 2012). 즉, 유아들은 스스로 스마트미디어를 소지하며 사용할 수 없어 유아와 제일 가까운 양육자의 스마트미디어 사용습관과 허용에 따라 유아의 스마트미디어의 사용 여부가 결정되기 때문에 부모의 신중한 태도가 필요하다. 또한 가정에서 유아에게 스마트미디어를 허용하는 경우 가정 내 규칙, 즉 사용시간을 계획하거나 제한하는 등의 적절한 사용시간에 대한 지침을 가지고 있어야 한다(Kaiser Family Foundation, 2003).

아직 가치관이 형성되지 않은 유아에게 좋은 미디어 활용 습관을 길러주는 것은 매우 중요하다. 또한 현대사회에서 유아들이 전자미디어의 순기능을 최대화하고, 역기능을 최소화하며 전자미디어를 효과적으로 잘 사용하고 관리하기 위해서는 유아를 대상으로 한 전자미디어 교육이 필요하며, 유아가 건전한 매체 이용 습관을 형성할 수 있도록 지도하는 것이 중요하다. 다음은 유아를 위한 전자미디어 교육의 원리이다(여성가족부, 2011).

첫째, 유아가 사용하는 콘텐츠나 내용을 수시로 모니터링하여, 발생할 수 있는 문제를 사전에 예방한다. 즉, 유아를 유해한 내용으로부터 보호할 수 있는 선택 및 활용에 대한 안내와 지속적인 관리가 필요하다.

둘째, 성인의 관리가 부재한 상황에서의 전자미디어 사용은 해가 되므로 유아의 발달 수준에 적합하게 사용하는지, 부모의 지도가 필요한 부분은 무엇인지 관심을 갖고 함께 활동하며 확인한다. 즉, 전자미디어를 영유아의 돌보미로 사용하지 말아야 한다.

셋째, 자기조절력과 관리를 통해 유아가 미디어의 주체적인 이용자가 되도록 한다.

넷째, 성인은 유아와 함께 검색을 하고, 관련 자료를 찾는 등 다양한 교수학습을 지원하는 구체적인 경험을 통해 유아가 전자미디어의 기능을 활용하도록 돕는다.

다섯째, 유아가 자신과 타인에 대한 인터넷 세계에서의 존중과 배려의식을 가질 수 있도록 정보통신 이용 윤리의식을 지도한다.

3. 보육

현대사회는 가족구조의 변화, 취업모의 증가 등으로 인해 보육 수요가 크게 증가하고 있으며, 보육을 경험하게 되는 영유아의 연령이 낮아지고 있다. 자녀 양육이 사회적 · 국가적 책임이라는 인식이 일반화되면서 영유아의 보육 및 교육 기회의 확대와 질 높은 보육 프로그램 및 서비스의 제공에 대한 관심이 증가하고 있다. 우리 사회는 보육과 교육이 필요한 모든 영유아에게 서비스를 제공하고 보호자가 안심하고 편리하게 자녀를 맡길 수 있는 양육 환경을 조성하며, 전문적 인력에 의한 질 높은 보육 서비스와 교육 프로그램을 제공할 수 있는 여건을 조성하고자 노력하게 되었다.

1) 보육 현황

어린이집 설치 현황을 살펴보면, [표 12-1]에 제시된 바와 같이 2022년 12월 31

표 12-1 어린이집 연도별 설치 운영 현황

(단위 : 개소)

연도	총계	국공립 어린이집	사회복지법인 어린이집	법인 · 단체 어린이집	민간 어린이집	가정 어린이집	협동 어린이집	직장 어린이집
2022	30,923	5,801	1,254	610	9,726	12,109	132	1,291
2021	33,246	5,437	1,285	640	10,603	13,891	142	1,248
2020	35,352	4,958	1,316	671	11,510	15,529	152	1,216
2019	37,371	4,324	1,343	707	12,568	17,117	159	1,153
2018	39,171	3,602	1,377	748	13,518	18,651	164	1,111
2017	40,238	3,157	1,392	771	14,045	19,656	164	1,053
2016	41,084	2,859	1,402	804	14,316	50,598	157	948
2015	42,517	2,629	1,414	834	14,626	22,074	155	785
2014	43,742	2,489	1,420	852	14,822	23,318	149	692
2013	43,770	2,332	1,439	868	14,751	23,632	129	619
2012	42,527	2,202	1,444	869	14,440	22,935	113	523
2011	39,842	2,116	1,462	870	14,134	20,722	89	449
2010	38,021	2,034	1,468	888	13,789	19,367	74	401

출처: 보건복지부(2023).

표 12-2 어린이집 정원, 현원 보육아동 현황

(단위 : 명, %)

구분	총계	국공립 어린이집	사회복지법인 어린이집	법인 · 단체 어린이집	민간 어린이집	가정 어린이집	부모협동 어린이집	직장 어린이집
정원	1,476,686	343,104	108,825	43,619	654,154	226,994	4,401	95,589
현원	1,095,450	276,670	64,503	27,743	477,628	184,053	3,203	61,650
이용률	74.2	80.6	59.3	63.6	73.0	81.1	72.8	64.5

출처: 보건복지부(2023).

일 기준으로 전국의 어린이집은 총 30,923개소이다. 이는 영유아보육법이 제정된 1991년(3,690개소)의 약 8배에 해당하는 수치이다. 어린이집의 유형은 국공립 어린이집, 법인 어린이집, 민간 어린이집, 가정어린이집, 직장어린이집, 협동어린이집으로 구분되는데, 이 중 가정 어린이집과 민간어린이집이 가장 많이 설치되어 전체 어린이집 중 각각 39.2%, 31.5%를 차지하고 있다.

어린이집의 이용하는 영유아의 수를 어린이집의 정원과 비교하여 보면, 어린이집 평균 정원충족률은 74.2%이며, 가정 어린이집이 81.1%로 가장 높은 것으로 나타났으며, 국공립 어린이집의 이용률도 80.6%로 높게 나타났다(표 12-2 참조). 전국의 어린이집을 이용하는 영유아는 총 1,095,450명으로 0세 126,606명(11.6%), 1세 239,157명(21.8%), 2세 285,937명(26.1%), 3세 165,335명(15.1%), 4세 135,413명(12.4%), 5세 138,322명(12.6%), 6세 이상이 4,680명(0.4%)이다. 즉 2022년 기준 연령별 보육 아동 수는 2세가 26.1%로 가장 높은 비중을 차지하며, 그 다음으로는 1세가 21.8%이고, 방과후를 제외하면 0세 비율이 11.6%로 가장 낮게 나타났다.

보육 서비스의 질적 수준의 제고와 유지 방안에 관심이 증가하면서 국가 수준의 보육과정인 '표준보육과정'을 개발, 실시하기 위한 법적 근거가 2004년 1월 개정된 영유아보육법 제29조 제2항에 마련되었고, 2007년 2월 표준보육과정의 구체적인 보육 내용과 교사 지침 고시가 이루어졌다. 이후 두 차례 개정안을 통하여 2013년 1월에는 0~1세 보육과정, 2세 보육과정, 3~5세 보육과정누리과정의 구성체계를 갖춘 제3차 어린이집 표준보육과정이 고시되었다. 제3차 어린이집 표준보육과정에서는 3~5세를 위한 누리과정의 내용을 포함하여 표준보육과정의 기초, 목적과 목표, 편성과 운영을 개정하여, 0~5세까지 연계를 이루고, 나아가 초등학교 교육과정과 연계되도록 하였다.

2019년 7월 교육부와 보건복지부는 3~5세 연령별 누리과정을 고시하고 2020년 3월부터 시행하도록 하였다. 2019 개정 누리과정에서는 유아가 주도하는 놀이를 통해 배움이 구현될 수 있도록 유아·놀이 중심 교육과정으로 나아가고자 하였다. 2019 개정 누리과정에서는 국가 수준의 공통 기준을 최소화하여 교사의 자율성과 다양성을 존중하며. 교사가 자율성을 기반으로 유아가 놀이하며 배운다는 것을 믿고 유아가 중심이 되고 놀이가 살아나는 교육과정을 유아와 함께 실천해 갈 수 있도록 하였다.

3~5세 연령별 누리과정이 전부 개정 고시됨에 따라, 보건복지부는 2020년 4월 제4차 어린이집 표준보육과정을 고시하고, 동년 9월부터 시행하도록 하였다. 제4차 어린이집 표준보육과정은 2019 개정 누리과정의 변화를 반영하되, 영유아를 모두 포함하는 종일 보육의 중요성을 감안하여, 개별 영유아의 의사표현 존중, 민감한 반응의 중요성을 강조하였다(이미화 외, 2019).

한편 정부에서는 양적으로 팽창한 어린이집의 질적 수준을 관리하기 위하여

그림 12-6 어린이집에서 또래, 교사와 상호작용을 하는 유아들

2003년 어린이집 평가 인증제 모형을 개발하여, 2004년 영유아보육법 제30조에 어린이집 평가인증의 법적 근거를 마련하고 2005년 시범 운영을 거쳐 2006년부터 어린이집 평가인증제도를 본격적으로 확대 시행하였다. 어린이집 평가인증제도는 우리나라 어린이집의 질적 수준을 향상하는 데 기여하였고, 효과적인 보육서비스 질 관리 체계로 안착되었다. 어린이집 평가인증제도는 보육교직원의 역량 강화와 더불어 보육서비스의 질적 수준에 대한 정보를 제공하여 부모들이 합리적으로 어린이집을 선택할 수 있도록 하였으며, 정부가 보육현장을 효율적으로 지원하고 관리하는 체계를 확립하였다.

하지만 평가인증제도가 어린이집의 자발적 신청에 의해 운영됨에 따라 미인증 어린이집으로 인한 질 관리 사각지대 문제가 발생하였고, 아동 권리 보호, 아동 학대 예방, 안전 관리 강화에 대한 사회적 요구의 증가로 인해 전체 어린이집의 질 관리에 대한 필요성이 제기되었다. 이에 2018년 12월 영유아보육법 개정을 통하여 영유아의 건강한 성장 및 발달을 위해 모든 어린이집을 대상으로 하는 의무 평가제의 법적 근거가 마련되었으며, 2019년 6월 12일부터 어린이집 평가제가 시행되었다(보건복지부, 2020).

어린이집 평가제는 전체 어린이집의 질 관리를 위하여 평가 자체에 목적을 두기보다는 정기적인 평가를 통해 어린이집이 지속적으로 보육의 질적 수준을 향상시키고 유지하도록 하여, 영유아의 안전과 건강, 조화로운 성장과 발달을 도모하고자 한다. 이를 위해 영유아의 인권과 놀 권리를 보장하고, 영유아가 건강하고 행복하게 성장할 수 있는 안심 보육 환경을 조성한다(보건복지부, 2020).

2) 보육의 질과 영유아발달

보육의 질은 구조적 질, 과정적 질로 구분되어 정의할 수 있다(Phillips, Voran, Kisker, Howes, & Whitebook, 1994). 첫째, 보육의 구조적 질이란 교사 대 아동의 비율, 학급의 크기, 교사의 영유아교육에 대한 교육 정도와 훈련 수준, 교사의 이직률 등과 같이 객관적으로 측정할 수 있는 것이며, 정책적으로 규제할 수 있는 변인들을 의미한다. 즉, 교사 대 아동의 비율이 낮을수록, 학급의 크기가 작을수록, 교사의 교육 정도와 훈련 수준이 높을수록, 교사의 이직률이 낮을수록 영유아의 발달에 긍정적인 영향을 미치는 것으로 나타났다.

둘째, 보육의 과정적 질은 보육과정 실제를 통해 나타나는 교사와 아동의 상호작용의 질과 형태, 교사의 민감성과 반응성, 교사의 행동이나 영유아의 경험, 발달에 적합한 활동 등을 의미하며, 구조화되지 않은 측면을 의미한다. 보육의 과정적 질은 보육과정 중에 나타나므로 교사 변인에 의해 큰 영향을 받으며, 교사의 능력 및 자질, 가치관 등은 보육의 질에 영향을 미친다. 교사의 보육 신념이 권위적이지 않을수록 영유아들을 더 민감하게 보육하며, 교사가 긍정적이고 적극적인 직업정신을 가질수록 질 높은 보육을 제공하는 경향이 있다. 또한 보육교사의 민감성과 반응성은 영유아의 사회정서발달에 영향을 미치는 것으로 알려져 있다(Howes & Hamilton, 1992). 즉, 민감하고 반응적인 교사는 영유아와 적절한 상호작용을 하며, 이를 통해 정서적으로 안정된 환경을 제공할 수 있다. 보육의 과정적 질은 아동의 학습 준비도, 인지, 학습, 사회성발달에 영향을 주고, 특히 보육의 구조적인 질은 보육의 과정적 질에 영향을 미치며, 보육의 전반적인 질적 수준은 다양한 요소들이 복합적으로 작용한다고 볼 수 있다(Howes, Philips, & Whitebook, 1992).

어린이집의 질적 수준과 영유아발달과의 관계를 연구한 선행 연구들은 질적 수준이 높은 어린이집에 다니는 영유아가 질적 수준이 낮은 어린이집에 다니는 영유아에 비해 발달의 여러 영역에서 우수함을 나타내고 있다. 언어발달과 관련된 연구를 살펴보면, 상대적으로 질 높은 보육 프로그램을 이용한 영유아들은 그렇지 않은 영유아들에 비해 언어발달이 높은 것으로 나타났으며(Burchinal et al., 2000), 취학 전에 질적 수준이 높은 어린이집에 다닌 영유아가 가정에서 양육된 영유아에 비해 인지능력과 언어능력이 앞선다는 사실이 보고되었다(NICHD Early Child Care Research Network, 2000). 또한 영유아의 사회성발달과 관련된 선행 연구들은 질적 수준이 높은 어린이집에 다니는 영유아는 사회적 상호작용에서 자신감이 있고, 협동을 잘 하며, 독립심이 강한 것으로 나타났다(Holloway & Reichhart-Erickson, 1988; McCartney, Scarr, Phillips, Grajek & Schwarz, 1982). 또한 어린이집의 질적 수준이 높을수록 교사의 놀이 참여 수준이 우수하였고, 유아는 수준 높은 놀이행동을 더 많이 하는 것으로 나타났다(송혜린, 2004).

한편, 보육의 질은 영유아의 발달에 대한 보육의 효과에 결정적인 요인으로, 영아기부터의 보육 경험이 유아에게 미칠 수 있는 부정적인 효과를 중재할 수 있다는 연구 결과들이 보고되고 있다. 즉, 질적으로 우수한 보육 프로그램은 영유아의 발달에 장애가 되지 않으며, 오히려 긍정적인 영향을 미칠 수 있다는 연구 결과에 따라 보육의 질은 보육 효과를 설명하는 영향력 있는 변인으로 관심을 받고 있다(Howes, 1990). 보육의 질은 조기 보육 경험이 유아의 사회적 적응에 미치는 영향을 중재하는 것으로 나타났다. 즉, 1세 이전에 질이 낮은 보육시설에 다닌 유아의 경우 유아기에 또래관계에서 많은 어려움을 보였으며, 과제 지향성이 낮고 산만한 것으로 나타났다. 그러나 걸음마기 시기에 양질의 보육시설을 다닌 유아는 유아기에 사회적 가작화 놀이에 보다 많이 참여하였고, 친사회적이며, 과제 지향성이 높은 것으로 나타났다(Howes, 1990). 이와 같이 질적 수준이 높은 보육은 영유아의 발달에 긍정적인 영향을 미친다는 것을 알 수 있다.

참고문헌

국내문헌

강문희, 임미혜, 정정옥, 김광자, 금승경(2015). **영아발달**. 교문사.

강중구, 고재환, 김영훈, 김은성, 김진영, 노정래, 박문일, 이정재, 임옥룡(2007). **소문난 임신 출산책**. 웅진리빙하우스.

곽금주, 박혜원, 김청택(2001). **K-WISC-III(한국 웩슬러 아동 지능검사) 지침서**. 도서출판 특수교육.

국가청소년위원회(2007). **미디어와 함께 건강하게 살아가요**. 서울: 여성가족부

국민건강정보포털 의학정보(2016). **산후우울증**.

김경희(2003). **아동심리학**(개정판). 박영사.

김경희(2007). **아동과 청소년의 이상심리학**. 박영사.

김기현, 김미애, 김선숙, 전은화, 황윤숙(2014). **유아발달**. 공동체.

김미영(2014). **유아발달**. 정민사.

김상림, 김송이, 양성은, 이윤선, 한준아, 김지현(2014). **유아발달**. 양서원.

김승옥, 이정수, 이경옥(2007). 인터넷 안전 교육에 대한 유아교사의 인식 및 인터넷 안전교육 실태. **한국교원교육연구, 25**(1), 191-208.

김아름(2011). 유치원 교육과정 동화에 나타난 성역할 고정관념 분석. 전북대학교 교육대학원 석사학위 청구논문.

김영옥, 백혜리, 최미숙, 황윤세(2012). **아동발달론**. 공동체.

김정은, 정순섭, 박웅채(2002). Treatment outcome in patients with pediatric encopresis. **대한대장항문학회지, 18**(5), 294-299.

김지현, 정지나, 조윤주, 한준아(2013). **부모교육**. 양서원.

남규, 이지현(2009). 교사의 그림책 읽기 상호작용 유형에 따른 영아의 언어발달 비교. **아동학회지, 30**(4), 257-276.

대한소아과학회(1998). www.pediatrics.or.kr

도남희, 김정숙, 하민경(2013). **영유아의 생활시간조사**. 육아정책연구소.

문수백, 변창진(1997). **K-ABC 실시채점요강**. 학지사.

박선영(2001). 유아의 성인식과 성역할 고정관념에 관한 문화기술적 연구. 중앙대학교 대학원 석사학위 청구논문.

박소영, 문혁준(2015). 유아의 스마트미디어 사용 실태에 관한 연구. **한국가정관리학회 학술발표대회 자료집**, 189−195.

박주연(2010). 우리나라 소아의 과체중 및 비만유병률: 소아−청소년 코호트 연구 결과를 중심으로. http://cdc.go.kr/CDC/cms/content/81/22181_view.html 에서 2014년 7월 25일 인출.

박지영, 이정수, 이경옥(2006). 만5세 유아의 인터넷 인식에 관한 연구. **사회과학연구, 12**, 145−166.

박찬옥, 서동미, 엄은나(2013). **유아사회교육**. 정민사.

박혜원, 곽금주, 박광배(1994). 한국형 유아지능검사(WPPSI−P)의 표준화 : 예비연구. **한국심리학회지 : 발달, 7**(2), 38−52.

보건복지부(2014). **아동복지법**. 서울: 보건복지부.

보건복지부(2014a). 건강검진 실시기준. http://minwon.nhis.or.kr/static/html/wbmf/b/wbmfb0104.html에서 2014년 7월 25일 인출.

보건복지부(2014b). 2014 어린이집 평가인증 안내(40인 이상어린이집). http://central.childcare.go.kr/ccis/central/content_11200.jsp에서 2014년 7월 25일 인출.

보건복지부(2016a. 11. 26). 영유아건강검진. http://www.bokjiro.go.kr/welInfo/retrieveGvmtWelInfo.do?searchIntClId=02&searchCtgId=003&welInfSno=322&pageGb=1&domainName=&firstIndex=0&recordCountPerPage=9&cardListTypeCd=list&welSrvTypeCd=01&searchSidoCode=&searchCggCode=&searchWelInfNm=&pageUnit=9&key1=list&stsfCn= 에서 2016년 11월 26일 인출.

보건복지부(2016b. 11. 26). 자폐증. http://health.mw.go.kr/Main.do 에서 2016년 11월 26일 인출.

보건복지부(2020). 2021 어린이집 평가 매뉴얼(어린이집용). 서울: 보건복지부

보건복지부(2023). 2022년 보육통계. 서울: 보건복지부

보건복지부(2023a). 2022년 아동학대 주요 통계. 서울: 보건복지부.

보건복지부, 중앙아동보호전문기관(2013). **2012년 전국 아동학대 현황 보고서**. 서울: 보건복지부.

보건복지부, 중앙아동보호전문기관(2015). **2014년 전국 아동학대 현황 보고서**. 서울: 보건복지부.

서문희(2012). 다문화가족 자녀 양육 지원 방안 : 다문화가족지원센터 사업을 중심으로. 서울: 육아정책연구소.

서울대학교 의학정보(2016). naver 인출.

손미정(2007). 아동이 지각한 교사행동과 자아개념이 학교생활 적응과의 관계. 서강대학교 교육대학원 석사학위 청구논문.

송하나, 강민주, 신나나, 양성은(2016). **논문작성과 출판양식**. 학지사.

송혜린(2004). 어린이집의 질적 수준 및 교사의 놀이참여와 아동의 놀이행동 간의 관계. 연세대학교 대학원 박사학위 청구논문.

신명희, 서은희, 송수지, 김은경, 원영실, 노원경, 김정민, 강소연, 임호영(2013). **발달심리학**. 학지사.

신정혜, 황상민(1994). 성별과 사회경제적 환경이 학령전 아동의 언어발달에 미치는 효과 : 도형과 색을 이용한 언어검사를 통해 평가한 언어능력의 비교. **한국심리학회지 : 발달, 7**(2), 74–91.

아동권리보장원(2024). www.ncrc.or.kr

안전행정부(2014). 2014년 외국인주민현황 조사. 서울: 안전행정부.

양재찬(2006. 5). 동남아 혼혈 더는 외면하면 안 된다. 월간중앙, 263–271.

여성가족부(2011). **건강한 미디어 사용으로 가족사랑을 키워요**. 서울: 여성가족부

여성가족부(2011b). **미디어와 함께 건강하게 살아가요**. 서울: 여성가족부.

여성가족부(2022). 2021년 전국 다문화 실태조사. 서울: 여성가족부.

여성가족부(2023). 제4차 다문화가족정책 기본계획(2023~2027). 서울: 여성가족부.

오성배(2005). 코시안 아동의 성장과 환경에 관한 사례 연구, **한국교육, 32**(3), 61–83.

우수경, 정원주, 박숙희, 신혜경, 이정미(2013). **영아발달**. 공동체.

유니세프한국위원회(2010). 어린이발전백서 No. 9. 유니세프한국위원회.

육아정책연구소(2021). 2021년 전국보육실태보고: 가구 조사 보고. 서울: 보건복지부.

육아정책연구소(2021a). 2021년 전국보육실태보고: 어린이집 조사 보고. 서울: 보건복지부.

윤선영, 정혜숙(2010). 유아의 자아존중감에 영향을 미치는 부모의 양육행동 탐색. **유아교육학논집, 14**(5), 27–54.

EBS(2006. 5. 1). EBS 특별기획 아기성장보고서 1편 : 세상을 향항 첫걸음.

EBS(2006. 5. 2). EBS 특별기획 아기성장보고서 2편 : 아기는 과학자로 태어난다.

EBS 제작팀(2009). **아이의 사생활**. 지식채널.

이미화, 이윤진, 염혜경(2019). 어린이집 개정 누리과정 적용지원방안연구. 서울: 육아정책연구소.

이사라, 이주연, 박민선, 송승민, 박선영(2015). **영아발달**. 파워북.

이승은(2010). 유아의 정서에 관한 연구: 정서이해, 정서유발원인, 표현방식, 연령차를 중심

으로. **유아교육연구, 30**(6), 67–94.

이영, 이미란, 홍희영, 한성희, 민성혜, 박신진, 유영미, 신혜원, 민현숙, 정지나, 문영경(2015). **영아발달**. 학지사.

이원석, 성영화(2012). 유아의 스마트폰 이용과 관련된 어머니의 인식. **육아정책연구, 6**(1), 20–38.

이재용(2006). **어린이 비만관리를 위한 부모 · 교사 지침서**. 국민건강보험공단.

이정림, 강경숙(2012). ADHD의 특성, 정의의 변화 및 생활에의 영향. **한국아동심리치료학회지, 7**(1), 115–137.

이정림, 도남희, 오유정(2013). 영유아의 미디어 매체 노출실태 및 보호대책. 서울: 육아정책연구소.

이종현, 김경수, 김정태(2013). 유엔새천년개발목표 보고서 2013–2014. 유엔새천년개발목표보고서 한국위원회, 지구촌빈곤퇴치시민네트워크.

이지연, 곽금주(2008). 아동초기 사회경제적 지위(SES)와 가정환경이 언어발달에 미치는 영향. **한국심리학회지 : 발달, 21**(3), 151–165.

이창우, 서봉연(1974). **한국판 WISC**. 배영사.

이희성(2012). 어린이 · 청소년을 위한 비만과 식사장애 예방가이드. 식품의약품안전청 식품안전국 영양정책관 영양정책과.

장명림, 권미경, 김혜진, 공요은(2013). **취약가족의 자녀 양육 지원 방안**. 서울: 육아정책연구소.

장유경, 이근영, 곽금주, 성현란(2003). 어머니의 언어적 입력이 영아의 초기어휘발달에 미치는 영향. **한국심리학회지 : 발달, 16**(4), 227–241.

장재천(2009년). 한국 전통 태교의 특징과 역사적 의의. **한국사상과 문화, 49**, 203–222.

전현진(1997). 부모의 아동기 경험, 인성 및 결혼 만족도가 양육행동에 미치는 영향. 이화여자대학교 대학원 석사학위논문.

정미라, 배소연, 이영미(2006). **영유아건강교육**. 양서원.

정옥분(2005). **아동발달의 이해**. 학지사.

정옥분(2008). **영유아발달의 이해**. 학지사.

정옥분(2013). **아동발달의 이해**. 학지사.

제일병원(2015). **임신육아출산대백과**. 비타북스.

조복희, 도현심, 유가효(2016). **인간발달**. 교문사.

조성연, 이정희, 천희영, 심미경, 황정혜, 나종혜(2010). **아동발달**. 신정.

조성연, 이정희, 천희영, 심미경, 황혜정, 최혜영, 전효정(2014). **영아발달**. 신정.

조성연, 이정희, 황혜정, 나종혜, 양성은(2008). **아동관찰 및 행동연구**. 신정.

조한숙(2002). 유아용 그림동화에 나타난 성역할 분석. 가톨릭대학교 교육대학원 석사학위 청구논문.

조형숙, 박은주, 강현경, 김태인, 배정호(2013). **유아발달**. 학지사.

주영희(2000). 유아 언어발달의 사회적 기초. **인천교육대학교 교육논총, 17**, 37–59.

질병관리본부 예방접종관리과(2014). 표준 예방접종 일정표 https://nip.cdc.go.kr/irgd/index.html 에서 2014년 7월 25일 인출.

통계청(2016). 2016 일 · 가정양립지표. http://kosta.go.kr

통계청(2023). 2022년 다문화 인구 동태 통계. 대전: 통계청.

통계청(2023a). 2022년 혼인 이혼 통계. 대전: 통계청.

통계청(2023b). 2023 통계로 보는 남녀의 삶. 대전: 통계청.

하정훈(1997). **삐뽀삐뽀 119 소아과**. 그린비.

한국건강증진재단(2012). **한국 영유아 정신건강 증진을 위한 실태조사 및 서비스 요구도 연구**. 보건복지부.

한국교육개발원(1987). **KEDI-WISC 검사요강**. 민족문화문고 간행회.

한국아동학회 한솔교육문화연구원(2001). **아동발달백서**. 한솔교육.

한국언론진흥재단(2020). 2020 어린이 미디어 이용 조사. 서울: 한국언론진흥재단.

한국정보화진흥원(2015). **2015년 인터넷 중독 실태조사**. 서울: 한국정보화진흥원

한국지능정보사회진흥원(2023). 2022 스마트폰 과의존 실태조사. 서울: 한국지능정보사회진흥원.

한국지능정보사회진흥원(2023a). 2022 인터넷 이용 실태조사. 서울: 한국지능정보사회진흥원.

한유미, 김혜선, 권희경, 양연숙, 백은정(2013). **영유아 언어교육의 이해**. 학지사.

한준아(2008). 이혼 가정 아동의 자아지각 및 문제 행동. 연세대학교 대학원 박사학위 청구논문.

황진복(2012). 영유아 성장장애의 임상적 접근 : 새로운 패러다임. **대한의사협회지, 55**(8), 770–776.

국외문헌

Ainsworth, M. D. S., Blehar, M. C., Waters, E., & Wall, S.(1978). *Patterns of attachment:*

A study on the strange situation. Hillsdale, NJ: Erlbaum.

Amato, P. R.(1999). Children of divorced parents as young adults. In E. M. Hetherington(Ed.), Coping with divorce, single parenting, and remarriage: A risk and resiliency perspective(pp. 147–163). Marwah, NJ: Lawrence Erlbaum Associates.

Amato, P. R., & Keith, B.(1991). Parental divorce and the well–being of children: A meta–analysis. *Psychological Bulletin, 110*, 126–146.

American Psychiatric Association(APA)(2015). **DSM–5 정신질환의 진단 및 통계 편람**. 권준수(역). 학지사(2013년 원저 발간).

Anderson, C. A., Berkowiz, L., Donnerstein, E., Huesmann, R., Johnson, J. D., Linz, D., Malamuth, N. M., & Wartella, E.(2003). The influence of media violence on youth. *Psychological Science in the Public Interest, 4*(3), 81–106.

Aslin, R. N., Jusczyk, P. W., & Pisony, D. B.(1998). Speech and auditory processing during infancy: Constraints on and precursors to language. In W. Damon (ed.), Handbook of child psychology(Vol. 2). New York: Wiley.

Bakwin, H.(1973). The genetics of enuresis. In I. Kolvin, R. C. MacKeith, S. R. Meadow(Eds.). Bladder Control and Enuresis,(pp. 73–77). philadelpia: Lippincott.

Bandura, A.(1977). *Social leaning theory*. NJ: Englewood Cliffs, NJ: Prentice–Hall.

Bandura, A., & Walters, R. H.(1963). *Social learning and personality development*. New York: Holt, Rinehart and Winston.

Barlow, D. H.(1988). Anxiety and Its Disorders: The Nature and Treatment of Anxiety and Panic. New York: Guilford Press.

Baumrind, D.(1967). Child care practices anteceding three patterns of preschool behavior. *Genetic Psychology Monograph, 75*, 43–88.

Baumrind, D.(1977). Socialization determinants of personal agency. Paper presented at the biennial meeting of the Society for Research in Child Development. New Oreans.

Baumrind, D.(1991). Effective parenting during the early adolescent transition. In P. A. Cowan & M. Hetherington(Eds.), Family transitions. Hillsdale, NJ: Erlbaum.

Belsky, J.(1984). The determinants of parenting. *Child Development, 55*, 83–96.

Belsky, J., & Rovine, M. J.(1988). Nonmaternal care in the first year of life and security of infant–parent attachment. *Child Development, 59*, 157–167.

Belsky, J., Robins, E., & Gamble, W.(1984). *The determinants of parental competence:*

Toward a contextual theory. NY: Plenum.

Bem, S. L.(1981). Gender schema theory: A cognitive account of sex typing. *Psychological Review, 88*, 354–369.

Berger, R.(2000). Remarried families of 2000: Definitions, description, and interventions. In W. C. Nichols, M. A. Pace–Nichols, D. S. Becvar, & A. Y. Napier(Eds.), Handbook of family development (pp. 371–390). NY: Wiley.

Berk, L. E.(1996). *Infants, children, and adolescents*(2nd ed.). Needham Heights, MA: Allyn & Bacon.

Berk, L. E.(2012). **아동발달**. Child Development. 이종숙, 이옥, 신은수, 안선희, 이경옥(공역). 시그마프레스(2006년 원저 발간).

Berk, L. E.(2015). **아동발달**. 이종숙, 신은수, 안선희, 이경옥(공역). 시그마프레스(2013년 원저 발간).

Bilmes, J., & Welker, T.(2012). **영유아기 심리적 장애**. 정계숙, 박명화, 노진형, 이은하, 김미정, 윤갑정, 이정희(공역). 창지사(2006년 원저 발간).

Bjorklund, D. F.(1995). *Children's thinking: Developmental function and individual differences*. Pacific Grove, CA: Brooks/Cole.

Blum, N. J., & Carey, W. B.(1996). Sleep problems among infants and young children. *Pediatrics in Review, 17*(3), 87–93.

Bornstein, M H., & Lamb, M. E.(1992). *Development in infancy: An introduction*. New York: McGraw–Hill.

Bourgeois, J.(2001). Synaptogenesis in the neocortex of the newborn: The ultimate frontier for individuation.In C. A. Nelson, & M. Luciana (Eds.), Handbook of Developmental Cognitive Neuroscience(pp. 23–34). MIT Press.

Bridges, K. M. B.(1930). Genetic theory of emotions.*Journal of Genetic Psychology, 37*, 514–517.

Bridges, L., & Grolnick, W.(1995). The development of emotional self–regulation in infancy and early childhood. In N. Eisenberg(Ed.), Social development: Review of child development research (pp. 185–211). Thousand lakes, CA: Sage.

Brody, G. H., Kim, S., Murry, V. M., & Brown, A. C.(2003). Longitudinal direct and indirect pathways linking older sibling competencies to the development of younger sibling competence. *Developmental Psychology, 39*, 618–628.

Brooks, P. J.(2004). Grammatical competence is not a psychologically valid construct. *Journal of Child Language, 31*, 467–470.

Brown, J. R., & Dunn, J.(1996). Continuities in emotion understanding from three to six years. *Child Development, 67*, 789–802.

Brownell, C. A.(1986). Convergent deveiopments: Cognitive–developmental correlates of growth in infant/toddler peer skills. *Child Development, 57*, 275–286.

Bruner, J. S.(1983). *Child talk*. New York: W. W. Norton.

Bryant, J. C.(1986). *Perceptual and motor development in infants and children*. Prentice–Hall.

Burchinal, M. R., Roberts, J. E., Riggins, R. Jr., Zeisel, S. A., Neebe, F., & Bryant, D.(2000). Relating quality of center–based child care to early cognitive and language devrlopment longitudinality. *Child Development, 71*(2), 339–357.

Buss, A. H., & Plomin, R.(1984). Temperament: Early developing personality traits. Hillsdale, NJ: Lawrence Erlbaum Associates.

Case, R.(1985). Intellectual development: Birth to adulthood. Orlando, Fl: Academic Press.

Cherlin, A. J., & Chase–Lansdale, P. L.(1998). Effects of parental divorce on mental health throughout the life course. *American Sociological Review, 3*, 239–249.

Chomsky, N.(1957). *Syntactic structures*. The Hangue: Mouton.

Cicirelli, D.(1994). Sibling relationships in cross–cultural perspective. *Journal of Marriage and the Family, 56*, 7–20.

Clarke, A. M., & Clarke, A. D.(1989). The later cognitive effects of early intervention. *Intelligence, 13*, 289–297.

Clarke–Stewart, A., Friedman, S., & Koch, J.(1985). *Child development*. New York: John Wiley & Sons.

Cochran, M.(1993). Parenting and personal social networks. In T. Luster & L. Okagaji(Eds), Parenting: An ecological perspective.(pp. 235–274). New Jersey: Lawrence Erlbaum Associates.

Coie, J. D., Dodge, K. A., & Kupersmidt, J. B.(1990). Peer group behavior and social status. In S. R. Asher & J. D. Coie(Eds.), Peer rejection in childhood (pp. 17–59). New York: Cambridge University Press.

Comstock, G., & Scharrer, E.(2006). Media and popular culture. In K. A. Renninger & I. E. Sigel (Eds.), Handbook of child psychology: Vol. 4. Child psychology in practice(6th ed., pp/817–863). Hoboken, NJ: Wiley.

Courage, M. L., & Howe, M. L.(2010). To watch or not to watch: Infants and toddlers in a brave new electronic world. *Developmental Review, 30*, 101–115.

Cox, M. J., Owen, M. T., Henderson, V. K., & Margand, N. A.(1992). Prediction of infant father and infant mother attachment. *Developmental Psychology, 28*, 474–483.

Crockenberg, S., & Litman, C.(1990). Automony as competence in 2–year–olds: maternal correlates of child defiance, and self–assertion. *Developmental Psychology, 26*, 961–971.

Cummings, E. M.(1995). Security, emotionality, and parental depression: A commentary. *Developmental Psychology, 31*, 425–427.

Damasio, A.(1999). *The feeling of what happens: Body and emotion in the making of consciousness*. New York: Harcourt Brace.

Darwin, C.(1872). The expression of the emotions in mand and animals. New York: Philosophical library.

DeHart, Sroufe, & Cooper(2004). *Child Development: Its Nature and Course*. Mc Graw Hill.

Dempster, F. N.(1981). Memory span: Sources of individual and developmental differences. *Psychological Bulletin, 89*, 63–100.

Denham, S. A., Mitchell–Copeland, J., Standberg, K., Auerbach, S., & Blair, L.(1997). Parental contributions to preschoolers' emotional competence: Direct and indirect effects. *Motivation and Emotion, 21*, 65–86.

Denham, S. A., Wyatt, T. M., Bassett, H. H., Echeverria, D., & Knox, S. S.(2009). Assessing social–emotional development in children from a longitudinal perspective. *Journal of Epidemiology and Community Health, 63*, 37–52.

Dodd, B., & McEvoy, S.(1994). Twin language or phonological disorder. *Journal of Child Language, 21*, 273–289.

Dunn, J., & Kendrick, C.(1982). Siblings: Love, envy, and understanding. Cambridge, MA: Harvard University Press.

Eccles, J. S., Midgley, C., Wigfield, A., Buchanan, C. M., Reuman, D., Flanagan, C., & Iver, D.(1993). Development during adolescence: The impact of stage–

envonment fit on young adolescents' experiences in schools and in families. *American Psychologist, 48*, 90–101.

Eckerman, C. O., & Didow, S. M.(1996). Nonverbal imitation and toddlers' mastery of verbal means of achieving coordinated action. *Developmental Psychology, 32*, 141–152.

Eckerman, C. O., & Stein, M. R.(1990). How imitation begets imitation and toddlers' generation of games. *Developmental Psychology, 26*, 370–378.

Edwards, W.(2010). Motor Learning and Control: From Theory to Practice. Wadsworth: Cengage Learning.

Eisenberg, N., Pidada, S., & Liew, J.(2001). The relations of regulation and negative emotionality to Indonesian children's social functioning. *Child Development, 72*(6), 1747–1763.

Ekman, P.(1973). Cross–cultural studies of facial expression. In P. Ekman(Ed.), Darwin and facial expression. New York: Academic Press.

Elicker, J., Englund, M., & Sroufe, L. A.(1992). Predicting peer competence and peer relationships in childhood from early parent–child relationships. In R. D. Parke & G. W. Ladd (Eds.), Family–peer relationships: Modes of linkage. Hillsdale, NJ: Erlbaum.

Fabes, R., Eisenberg, N., Karbon, M., Beraweig, J., Speer, A., & Carlo, G.(1994). Socialization of children's vicarious emotional responding and prosocial behavior. *Developmental Psychology, 30*, 44–55.

Fasig, L. G.(2000). Toddlers'understanding of ownership: Implications for self–concept development. *Social Development, 9*(3), 370–382.

Friedrich, L. K., & Stein, A. H.(1975). Prosocial television and young children: The effects of verbal labeling and role playing on learning and behavior. *Child Development, 46*, 27–36.

Galinsky, E.(1987). *The six stages of parenthood*. NY: Addison Wesely Publishing Co.

Gardner, H.(1983). *Frames of mind: The theory of multiple intelligences*. New York: Basic Books.

Garza, C., & de Onis, M.(2004). Rationale for developing a new international growth

Gibson, E. J., & Walker, R. D. (1960). The visual cliff. *Scientific American, 202*, 64–71.

Gimpel, G. A., Peacock, G. G., & Holland, M. L.(2003). Emotional and behavioral problems of young children: Effective interventions in the preschool and kindergarten years. New York: Guilford Press.

Glick, I. D., Berman, E. M., & Clarkin, J. F.(1999). *M arital and family therapy*. (4th Eds.)

Glover, V., Bergman, K., & O'Connor T. G.(2008). The Effects of Prenatal Stress on Child Behavioural and Cognitive Outcomes Start at the Beginning. *Journal of Child Psychology and Psychiatry, 49*(10), 1089–1098.

Goldstein, E. B.(1984). *Sensation and perception*. Wadsworth.

Goleman, D.(1995). Emotional Intelligence. New York, NY, England: Bantam Books, Inc.

Gopnik, A., & Choi, S.(1990). Do linguistic differences lead to cognitive differences? A cross–linguistic study of semantic and cognitive development. *First Language, 10*, 199–215.

Haiken, B.(2016. December 28). Toddler motor development: 10 red flags. Retrieved December 28, 2016, from https://www.babycenter.com/0_toddler–motordevelopment–10–red–flags_11640.bc

Harlow, H.(1958). The nature of love. *American Psychologist, 13*, 573–685.

Hart, B., & Risley, T. R.(1995). Meaningful differences in everyday experience of young American children. Baltimore, MD: Paul Brookes Publishing Co.

Harter, S.(2003). The development of self–representations during childhood and adolescence. In M. R. Leary & J. P. Tangney(Eds.), Handbook of self and identity(pp. 610–642). New York: Guilford.

Hearold, S.(1986). A synthesis of 1043 effects of television on social behavior. In G. Comstock (Ed.), Public communications and behavior: Volume Ⅰ(pp.65–133). New York: Academic Press.

Hetheringon, E. M.(1999). Social capital and the development of youth from nondivorced, divorced, and remarried families. In W. A. Collins & B. Laursen(Eds.), The Minnesota Symposia on Child Psychology(vol. 30, pp. 177–209). New Jersey: Lawrence Erlbaum Associates.

Hetherington, E. M.(1989). Coping with family transitions: Winners, losers, and survivors. *Child Development, 60*, 1–14.

Hetherington, E. M.(1992). Coping with marital transitions: A family systems perspectove. *Monograph of the Society for Research in Child Development.* 57, 114.

Hetherington, E. M., & Parke, R. D.(1993). *Child psychology*(4th ed.). New York: McGraw–hill.

Holloway, S. D., & Reichhart-Erickson, M.(1988). The relationship of day care quality to children's free play behavior and social problem-solving skills. *Early Childhood Research Quality, 3*, 39–53.

Howe, A. C., & Walker, C. E.(1992). Behavioral management of t oilet training, enuresis, and encopresis. *Pediatric Clinics of North America, 39*(3), 413–432.

Howe, N., Petrakos, H., & Rinaldi, C. M.(1998). "All the sheeps are dead. He murdered them": Sibling pretense, negotiation, internal state language, and relationship quality. *Child Development, 69*, 182–191.

Howes, C.(1990). Can the age of entry into child care and the quality of child care predict adjustment in kindergarten?. *Developmental Psychology, 26*(2), 292–303.

Howes, C., & Hamilton, C. E.(1992). Children's relationships with caregivers: Mothers and child care teachers. *Child Development, 63*(4), 859–866.

Howes, C., & Matheson, C. C.(1992). Sequences in the development of competent play with peers: Social and social pretend play. *Developmental Psychology, 28*, 961–974.

Howes, C., Philips, D. A., & Whitebook, M.(1992). Threeholds of quality implication for the social development of children in center–based child care. Child *Development, 63*, 449–460.

Huttenlocher, J., Haight, W., Bryk, A., Seltzer, M., & Lyons, T.(1991). Early vocabulary growth: Relation to language input and gender. *Developmental Psychology, 27*, 236–248.

Izard, C. E.(1994). Innate and universal facial expressions: Evidence from developmental and cross-cultural research. *Psychological Bulletin, 115*, 288–299.

Jensen, A. R.(1969). How much can we boost IQ and scholastic achievement?. *Harvard Educational Review, 39*, 1–123.

Johnson, J., & Newport, E.(1989). Crtical period effects in second language learning: The influence of maturational state on the acquisition of English as a second language. *Cognitive Psychology, 21*, 60–69.

Kaas, J. H.(2000). Why is brain size so important: Design problems and solutions as neocortex gets biggeror smaller. *Brain and Mind, 1*(1), 7–23.

Kagan, J.(1992). Behavior, biology, and the meanings of temperamental constructs. *Pediatrics, 90*, 510–513.

Kail, R. V.(2008). **아동과 발달**. Children and Their Development. 권민균, 김정민, 최형성(공역). 시그마프레스(2006년 원저 발간).

Kaiser Family Foundation(2003). Zero to six: Electronic media in the lives of infant, toddlers and preschoolers. CA, Menlo Park: Author.

Kaufman, A. S., & Kaufman, N. L.(1983). *Kaufman assessment battery for children: Interpretive manual*. Circle Pines, MN: American Guidance Service.

Kaufman, T. S.(1993). *The combined family*. NY: Plenum Press.

Kelly, J. B.(2000). Children's adjustment in conflicted marriage and divorce: A decade review of research. *Journal of the American Academy of Child and Adolescent Psychiatry, 39*, 963–973.

Kim, E. O., Yun, S. H., & Jang, Y. T.(2009). A study on the toilet training and influencing factors. *Korean Journal of Pediatrics, 52*(7), 778–784.

Klein, R. G., & Last, C, G.(1989). *Anxiety Disorders in Children*. Newbury Park, CA: SAGE.

Kohlberg, L. A.(1966). Cognitive development analysis of children's sex–role concepts and attitudes. In E. E. Maccoby(Ed.), The development of sex differences. Stanford, California: Stanford University Press.

Kohlberg, L. A.(1981). The philosophy of moral development: moral stages and the idea of justice. San Fancisco: Harper & Row.

Kolb B.(2009). Brain plasticity and behavioral change. Retrieved July 25, 2014, from http://e–book.lib.sjtu.edu.cn/iupsys/Proc/mont2/mpv2ch05.html#Kolb

Kostelink, M. J., Whiren, A. P., Soderman, A. K., & Gregory, K. M.(2009). Guiding children's social development and learning(6th ed.). Cengage Learning.

Kuhn, B. R., Marcus, B. A., & Pitner, S. L.(1999). Treatment guidelines for primary nonretentive encopresis and stool toileting refusal. *American Family Physician, 59*(8), 2171–2178.

Ladd, G. W.(1999). Peer relationship and social competence during early and middle childhood. Annual Review of Psychology, Vol. 50, Palo Alto, CA: Annual Reviews.

Lambert, M. C., Weisz, J. R., Knight, F., Desrosiers, M., Overly, K., & Thesiger, C.(1992). Jamaican and American adult perspectives on child psychopathology: Further exploration of the threshold model. *Journal of Consulting and Clinical Psychology, 60*(1), 146.

Lazinski, M. J., Shea, A. K., & Steiner M.(2008). Effects of maternal prenatal stress on offspring development: a commentary. *Archires of Women's Mental Health, 5*, 363–375.

Levitt, P.(2005). **유전자, 경험과 뇌발달. 삼성복지재단 국제학술대회 영유아 정신의 성장과 보육**, 9–73.

Lewis, M.(1999). The role of the self in cognition and emotion. In Dalgleish & M. J. Power(Eds.), Handbook of cognition and emotion(pp. 125–142). Chichester, UK: Willey.

Lewis, M.(2007). Early emotional development. In A. Slater & M. Lewis(Eds.), Introduction to infant development (pp. 216–232). Oxford, NY: Oxford University Press.

Lewis, M., & Brooks–Gunn, J.(1979). *Social cognition and the acquisition of self.* New York: Plenum.

Lewis, M., & Michalson, L.(1983). *Children's emotions and moods: Developmental theory measurement*. new York: Plenum Press.

Lewis, M., & Rosenbaum, M. A.(1975). *Friendship and peer relations*. NY: Willy.

Liebert, R. M., & Sprafkin, J.(1988). *The early window: Effects of television on children and youth*(3th ed.). New York: Pregamon Press.

Loeber, R.(1991). Questions and advances in the study of developmental pathways. In D. Cicchetti & S. Toth(Eds.), Rochester symposium on developmental psychopathology (Vol. 3, pp. 97–116). Rochester, NY: University of Rochester Press.

Lyons–Ruth, K., Easterbrooks, M. A., & Cibelli, C. D.(1997). Infant attachment strategies, infant mental lag, and maternal depressive symptons: Predictors of internalizing and externalizing problems at age 7. *Developmental Psychology, 33*, 681–692.

Maccoby, E. E., & Jacklin, C. N.(1974). *The psychology of sex differences*. Stanford. CA: Stanford University Press.

Maccoby, E., & Martin, J.(1983). Socialization in the context of the family: Parent−child interaction. In E. M. Hetherington(Ed.), P. H. Mussen(Series Ed.), Handbook of child psychology: Vol. 4. Socialization, personality, and social development (pp. 1−101). New York: John Wiley and Sons.

MacFarlane, A.(1977). *The psychology of childbirth*. Cambridge, MA: Harvard University Press.

Main, M, & Solomon, J.(1990). Procedures for indentifying infants as disorganized/ disoriented during the Ainsworth Strange Situation. In M. Greenberg, D. C. Icchetti, & M. Cummings(Eds.), Attachment during Preschool Years, 121−160. Chicago: University of Chicago Press.

Malina, R. M., & Bouchard, C.(1991). *Growth, Maturation, and Physical Activity*. Champaign, Illinois: Human Kinetics Publishers.

Maratos, M. P.(1989). Innateness and plasticity in language acquisition. In M. L. Rice & R. C. Schiefelbusch(Eds.). The teachability of language. Baltimore: Paul H. Brookes.

Mash, E. J., & Wolfe, D. A.(1999). Abnormal Child Psychology . Brooks/Cole−Wadsworth.

McCartney, K., Scarr, S., Phillips, D., Grajek, S., & Schwarz, J. C.(1982). Environmental differences among day care centers and their effects on children's development. In E. Zigler & E. Gordon(Eds.), Day care: Scientific and social policy issues. Boston: Auburn.

McGee, L. M., & Richgels, D. J.(1996). **영유아의 문해발달 및 교육**. 김명순, 신유림(공역). 학지사.

Moerk, E. L.(1989). The LAD was a lady and the tasks were ill−defined. *Developmental Review, 9*, 21−57.

Mowrer, O.(1954). The psychologist looks at language. *American Psychologist, 9*, 660−694.

Newborg, Stock, j. R., and Wnek, L.(1984). Battelle Developmental Inventory. Chicago: Riverside Publishing.

Newcomb, A. F., Bukowski, W. M., & Pattee, L.(1993). Children's peer relations: A meta−analytical review of popular, rejected, controversial and average sociometric status. *Psychological Bulletin, 113*, 99−128.

NICHD Early Child Care Research Network.(2000). The relation of child care to cognitive and language development. *Child Development, 71*(4), 960–980.

NICHD Early Child Care Research Network.(2001). Child–care and family predictors of preschool attachment and stability from infancy. *Developmental Psychology, 37*, 847–862.

Omstein, P. A., Naus, M. J., & Liberty, C.(1975). Rehearsal and organizational processes in children's memory. *Child Development, 46*, 818–830.

Osgood, C.(1963). On understanding and creating sentences. *American Psychologist, 18*, 735–751.

Ostrov, J. M., Gentile, D. A., & Crick, N. R.(2006). Media exposure, aggression, and prosocial behavior during early childhood: A longitudinal study. *Social Development, 15*, 612–627.

Owen, R. E.(2010). **언어발달**. 이승복, 이희란(공역). 시그마프레스.

Oxford Dictionaries(2016). http://www.oxforddictionaries.com/definition/english/emotion에서 2016년 10월 7일 인출.

Park, Y. H.(2002). Evaluation and management of nocternal enuresis. *Korean Journal of Pediatrics, 45*(4), 425–434.

Phillips, D., Voran, M., Kisker, E., Howes, C., & Whitebook, M.(1994). Child care for children in poverty: Opportunity or inequity? *Child Development, 65*, 472–292.

Porter, R. H., Makin, J. W., Davis, L. B., & Christensen, K. M.(1991). An assessment of the salient olfactory environment of formula–fed infants. *Physiology and Behavior, 50*, 907–911.

Porter, R. H., Makin, J. W., Davis, L. B., & Christensen, K. M.(1991). An assessment of the salient olfactory environment of formula–fed infants. *Physiology and Behavior, 50*, 907–911.

Ramey, C. T., & Ramey, S. L.(1990). Intensive educational intervention for children of poverty. *Intelligence, 14*, 1–9.

Raven, J. C.(1983). *Raven Progressive Matrices Test*. San Antonio, TX: Psychological Corporation.

Roberton, M. A.(1984). Changing motor patterns during childhood. In J. R. Thomas (Ed.), Motor development during childhood and adolescence (pp. 48–90). Minneapolis: Burgess. Roberts.

Rossi, E., & Rossi, S. I.(1965). Concept utilization, serial order and recall in nursery school children. *Child Development, 36*, 771–778.

Rothbart, M. K., Derryberry, D., & Hershey, K.(2000). Stability of temperament in childhood: Laboratory infant assessment to parent report at seven years. In V. Molfese & D. Molfese(Eds.), Temperament and Personality Development Across the Life Span(pp. 85–120). Mahwah NJ: Erlbaum.

Rovee-Collier, C. K.(1997). Dissociations in infant memory: Rethinking the development of implicit and explicit memory. *Psychological Review, 104*, 467– 498.

Rovee-Collier, C. K.(1987). Learning and memory. In J. D. Osofsky(Ed.), *Handbook of infant development*(2nd ed.). New York: Wiley.

Rubin, K. H.(2003). The friendship factor: helping our children negative their social world and why it matters for their success and happiness. NJ, NY: Penguin Group.

Rubin, K. H., Bukowski, W. M., & Parker, J. G.(2006). Peer interactions, relationships, and groups. In N. Eisenberg, W. Damon, & R. M. Lerner(Eds.), *Handbook of child Psychology*(pp.571–645). Hoboken, NJ: Wiley.

Santrock, J. W.(1998). *Adolescence*. New York: McGraw–Hill.

Segal, M., Bardige, B., Woika, M. J., & Leinfelder, J.(2006). All about child care and early education. Boston, MA: Allyn and Bacon.

Shaffer, D. R.(1994). Social and personality development(3rd ed.). Pacific Grove, CA: Brooks/Cole.

Shaffer, D. R., & Kipp, K.(2010). Developmental Psychology: Childhood and Adolescence. Wadsworth, Gengage Learning.

Singer, J. L., & Singer, D. G.(1976). Can TV stimulate imaginative play? *Journal of Communication, 26*, 74–80.

Skinner, B. F.(1957). Verbal behavior. East Norwalk, CT: Appleton–Century–Crofts.

Slaby, R. G., & Frey, K. S.(1975). Development of gender constancy and selective attention to same–sex models. *Child Development, 46*, 849–856.

Slaby, R. G., Roedell, W. C., Arezzo, D., & Hendrix, K.(1995). Early violence prevention. Washington, DC: National Association for the Education of Young Children.

Sorce, J. F., Emde, R. N., Campos, J. J., & Klinnert, M. D.(1985). Maternal emotional signaling: Its effect on the visual cliff behavior of 1–year–olds. *Developmental Psychology, 21*, 195–200.

Sø rensen, T I A., Holst, C., & Stunkard, A. J.(2011). Adoption study of environmental modifications of the genetic influences on obesity. *International Journal of Obesity & Related Metabolic Disorders, 22*(1), 73–82.

Sroufe, L. A. (1979). Socioemotional development. In J. D. Osofsky(Ed), Handbook of infant development(pp. 462–516). New York: Wiley.

Stein, N. L., & Trabasso, T.(1989). Children's understanding of changing emotional states. In C. Saarni & P. L. Harris(Eds.), Children's understanding of emotion. Cambridge: Cambridge University Press.

Steinberg, L., Lamborn, S. D., Darling, N., Mounts, N. S., & Dornbusch, S. M.(1994). Over–time changes in adjustment and competence among adolescents from authoritative, authoritarian, indulgent, and neglectful families. *Child Development, 65*, 754–770.

Sternberg, R. J.(1985). Beyond IQ: A triarchic theory of human intelligence. Cambridge: Cambridge University Press.

Sternberg, R. J.(1997). The concept of intelligence and its role in lifelong learning and success. *American Psychologist, 52*, 1030–1037.

Steur, F. B., Applefield, J, M., & Smith, R.(1971). Television aggression and interpersonal aggression of preschool children. *Journal of Experimental Child Psychology, 11*, 442–447.

Stewart, R. B.(1983). Sibling attachment relationships: child–infant interactions in the strange situations. *Developmental Psychology, 19*, 192–199.

Teale, W. H., & Sulzby, E.(1987). Young children's storybook reading: Longitudinal study of parent–child interaction and children's independent functioning . Final Report to the Spence Foundation. University of Michigan, Ann Arbor.

Terman, L. M.(1921). A symposium: Intelligence and its measurement. *Journal of Educational Psychology, 12*, 127–133.

Teti, D. M., & Ablard, K. E.(1989). Security of attachment and infant–sibling relationships: A laboratory study. *Child Development, 60*, 1519–1528.

Thomas, A., & Chess, S.(1977). Temperament and Development. New York: Brunner/ Mazel.

Thomas, M. H., Horton, R. W., Lippincott, E. C., & Drabman, R. S.(1977). Desensitization to portayals of real–life aggression as a function of exposure to television violence. *Journal of Personality and Social Psychology, 35*, 450–458.

US Department of Health and Human Services. Office of the Surgeon General.(1999). Mental health: A report of the Surgeon General. Rockville, MD: US Department of Health and Human Services, Substance Abuse and Mental Health Services Administration, Center for Mental Health Services, National Insitutes of Hralth Insitute of Mental Health.

Vandell, D. L., & Mueller, E. C.(1995). Peer play and friendships during the first two years. In H. C. Smith, A. J. Chapman, & J. R. Smith(Eds.), Friendships and social relations in children(pp. 181–208). New Brunswick, NJ: Transaction.

Vandell, D. L., Wilson, K. S., & Buchanan, N. R.(1980). Peer interaction in the first year of life: An examination of its structure, content, and sensitivity to toys. *Child Development, 51*, 481–488.

Walden, T. A., & Ogan, T. A. (1988). The development of social referencing. *Child Development, 59*, 1230–1240.

Waters, E., Wippman, J., & Sroufe, L. A.(1979). Attachment, positive affect, and competence in the peer group: Two studies in construct validation. *Child Development, 50*, 821–829.

Watson, J. B.(1930). *Behaviorism*. New York: W. W. Norton.

Wechselr, D.(1958). The measurement of appraisal of adult intelligence. Baltimore, MD: Williams & Wilkins Co.

Williams, H., & Monsma, E.(2006). Assessment of gross motor development in preschool children. In B. Barcken, R. Nagle(Eds.), The Psychoeducational Assessment of Preschool Children(pp. 397–434). NJ: Lawrence Erlbaum; Hillsdale.

Wittmer, D. S., & Peterson, S. H.(2011). **영아발달과 반응적 교육**. Infant and Toddler Development and Responsive Program Planning: A Relationship-Based Approach. 이승연, 김은영, 강재희(공역). 학지사.

Wood R. M.(2009). Changes in cry acoustics and distress distress ratings while the infant is crying. *Infant and Child Development, 18*, 163–177.

찾아보기

ㅇ

저 ◦ 자 ◦ 소 ◦ 개

김상림 연세대학교 아동학과(학사)
연세대학교 대학원 아동학과(석사)
University of Houston, Department of Curriculum and Instruction(Ed.D.)
현재 인천대학교 유아교육과 교수

양성은 연세대학교 아동학과(학사)
연세대학교 대학원 아동학과(석사)
University of Minnesota, Department of Family Social Science(Ph.D.)
현재 인하대학교 아동심리학과 교수

이윤선 연세대학교 아동학과(학사)
연세대학교 교육대학원 유아교육학과(석사)
연세대학교 대학원 아동가족학과(문학박사)
현재 배화여자대학교 아동보육과 교수

한준아 이화여자대학교 유아교육과(학사)
연세대학교 대학원 아동가족학과(석사)
연세대학교 대학원 아동가족학과(문학박사)
현재 수원과학대학교 아동보육상담과 교수

배선영 연세대학교 아동학과(학사)
연세대학교 대학원 아동가족학과(석사)
연세대학교 대학원 아동가족학과(문학박사)
현재 배화여자대학교 아동보육과 교수

김지현 연세대학교 아동학과(학사)
University of Wisconsin-Madison, Department of Child and Family Studies(M.S.)
연세대학교 대학원 아동가족학과(문학박사)
현재 한양사이버대학교 청소년상담학과 교수

영유아발달 개정판

2017년 3월 6일 초판 발행
2024년 3월 5일 개정판 발행

지은이 | 김상림 · 양성은 · 이윤선 · 한준아 · 배선영 · 김지현
발행인 | 유제구
발행처 | 파워북
주 소 | 경기도 고양시 일산동구 호수로 358-25
동문굿모닝타워2차 529호
전 화 | (02) 730-1412
F A X | (031) 908-1410
등 록 | 1997. 1. 1 제 300-1997-13

정가 23,000원
ISBN 978-89-8160-517-9 (93370)